2024年版

共通テスト
過去問研究

地理B

✅ 共通テストってどんな試験？

　大学入学共通テスト（以下，共通テスト）は，大学への入学志願者を対象に，高校における基礎的な学習の達成度を判定し，大学教育を受けるために必要な能力について把握することを目的とする試験です。一般選抜で国公立大学を目指す場合は原則的に，一次試験として共通テストを受験し，二次試験として各大学の個別試験を受験することになります。また，私立大学も9割近くが共通テストを利用します。そのことから，共通テストは50万人近くが受験する，大学入試最大の試験になっています。以前は大学入試センター試験がこの役割を果たしており，共通テストはそれを受け継いだものです。

✅ どんな特徴があるの？

　共通テストの問題作成方針には「思考力，判断力，表現力等を発揮して解くことが求められる問題を重視する」とあり，「思考力」を問うような出題が多く見られます。たとえば，日常的な題材を扱う問題や複数の資料を読み取る問題が，以前のセンター試験に比べて多く出題しています。特に，授業において生徒が学習する場面など，学習の過程を意識した問題の場面設定が重視されています。ただし，高校で履修する内容が変わったわけではありませんので，出題科目や出題範囲はセンター試験と同じです。

✅ どうやって対策すればいいの？

　共通テストで問われるのは，高校で学ぶべき内容をきちんと理解しているかどうかですから，普段の授業を大切にし，教科書に載っている基本事項をしっかりと身につけておくことが重要です。そのうえで出題形式に慣れるために，過去問を有効に活用しましょう。共通テストは問題文の分量が多いので，過去問に目を通して，必要とされるスピード感や難易度を事前に知っておけば安心です。過去問を解いて間違えた問題をチェックし，苦手分野の克服に役立てましょう。

　また，共通テストでは思考力が重視されますが，思考力を問うような問題はセンター試験でも出題されてきました。共通テストの問題作成方針にも「大学入試センター試験及び共通テストにおける問題評価・改善の蓄積を生かしつつ」と明記されています。本書では，共通テストの内容を詳しく分析し，過去問を最大限に活用できるよう編集しています。

　本書が十分に活用され，志望校合格の一助になることを願ってやみません。

Contents

共通テストの基礎知識……………………………………………… 003
共通テスト対策講座………………………………………………… 011
共通テスト攻略アドバイス………………………………………… 035
過去問 INDEX……………………………………………………… 039
解答・解説編
問題編（別冊）
    マークシート解答用紙 2 回分

●過去問掲載内容
＜共通テスト＞
  本試験　3 年分（2021〜2023 年度）
   地理A　本試験 2 年分（2022・2023 年度）
  追試験　1 年分（2022 年度）
  第 2 回　試行調査　地理B
  第 1 回　試行調査　地理B
＜センター試験＞
  本試験　5 年分（2016〜2020 年度）

* 2021 年度の共通テストは，新型コロナウイルス感染症の影響に伴う学業の遅れに対応する選択肢を確保するため，本試験が以下の 2 日程で実施されました。
第 1 日程：2021 年 1 月 16 日（土）及び 17 日（日）
第 2 日程：2021 年 1 月 30 日（土）及び 31 日（日）
* 第 2 回試行調査は 2018 年度に，第 1 回試行調査は 2017 年度に実施されたものです。

地理B

共通テストについてのお問い合わせは…

独立行政法人　大学入試センター

志願者問い合わせ専用（志願者本人がお問い合わせください）03-3465-8600
9：30〜17：00（土・日曜，祝日，5 月 2 日，12 月 29 日〜1 月 3 日を除く）

https://www.dnc.ac.jp/

共通テストの基礎知識

本書編集段階において，2024年度共通テストの詳細については正式に発表されていませんので，ここで紹介する内容は，2023年3月時点で文部科学省や大学入試センターから公表されている情報，および2023年度共通テストの「受験案内」に基づいて作成しています。変更等も考えられますので，各人で入手した2024年度共通テストの「受験案内」や，大学入試センターのウェブサイト（https://www.dnc.ac.jp/）で必ず確認してください。

共通テストのスケジュールは？

A 2024年度共通テストの本試験は，1月13日（土）・14日（日）に実施される予定です。

「受験案内」の配布開始時期や出願期間は未定ですが，共通テストのスケジュールは，例年，次のようになっています。1月なかばの試験実施日に対して出願が10月上旬とかなり早いので，十分注意しましょう。

- **9月初旬**　「受験案内」配布開始
  → 志願票や検定料等の払込書等が添付されています。
- **10月上旬**　出願　（現役生は在籍する高校経由で行います。）
- **1月なかば　共通テスト**　2024年度本試験は1月13日（土）・14日（日）に実施される予定です。
  自己採点
- **1月下旬**　国公立大学の個別試験出願
  私立大学の出願時期は大学によってまちまちです。
  各人で必ず確認してください。

共通テストの出願書類はどうやって入手するの？

A　「受験案内」という試験の案内冊子を入手しましょう。

　「受験案内」には，志願票，検定料等の払込書，個人直接出願用封筒等が添付されており，出願の方法等も記載されています。主な入手経路は次のとおりです。

現役生	高校で一括入手するケースがほとんどです。出願も学校経由で行います。
過年度生	共通テストを利用する全国の各大学の窓口で入手できます。 予備校に通っている場合は，そこで入手できる場合もあります。

 ## 個別試験への出願はいつすればいいの？

A　国公立大学一般選抜は「共通テスト後」の出願です。

　国公立大学一般選抜の個別試験（二次試験）の出願は共通テストのあとになります。受験生は，共通テストの受験中に自分の解答を問題冊子に書きとめておいて持ち帰ることができますので，翌日，新聞や大学入試センターのウェブサイトで発表される正解と照らし合わせて**自己採点**し，その結果に基づいて，予備校などの合格判定資料を参考にしながら，出願大学を決定することができます。

　私立大学の共通テスト利用入試の場合は，出願時期が大学によってまちまちです。大学や試験の日程によっては**出願の締め切りが共通テストより前**ということもあります。志望大学の入試日程は早めに調べておくようにしましょう。

 ## 受験する科目の決め方は？

A　志望大学の入試に必要な教科・科目を受験します。

　次ページに掲載の6教科30科目のうちから，受験生は最大6教科9科目を受験することができます。どの科目が課されるかは大学・学部・日程によって異なりますので，受験生は志望大学の入試に必要な科目を選択して受験することになります。

　共通テストの受験科目が足りないと，大学の個別試験に出願できなくなります。第一志望に限らず，**出願する可能性のある大学の入試に必要な教科・科目は早めに調べ**ておきましょう。

● 科目選択の注意点

地理歴史と公民で2科目受験するときに，選択できない組合せ

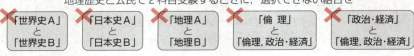

共通テストの基礎知識　005

● 2024 年度の共通テストの出題教科・科目（下線はセンター試験との相違点を示す）

教　科		出題科目	備考（選択方法・出題方法）	試験時間（配点）
国　語		『国語』	「国語総合」の内容を出題範囲とし，近代以降の文章（2 問 100 点），古典（古文（1 問 50 点），漢文（1 問 50 点））を出題する。	80 分（200 点）
地理歴史		「世界史 A」「世界史 B」「日本史 A」「日本史 B」「地理 A」「地理 B」	10 科目から最大 2 科目を選択解答（同一名称を含む科目の組合せで 2 科目選択はできない。受験科目数は出願時に申請）。『倫理，政治・経済』は，「倫理」と「政治・経済」を総合した出題範囲とする。	1 科目選択 60 分（100 点）
公　民		「現代社会」「倫理」「政治・経済」『倫理, 政治・経済』		2 科目選択*1 解答時間 120 分（200 点）
数学	①	「数学 I」『数学 I・数学 A』	2 科目から 1 科目を選択解答。『数学 I・数学 A』は，「数学 I」と「数学 A」を総合した出題範囲とする。「数学 A」は 3 項目（場合の数と確率，整数の性質，図形の性質）の内容のうち，2 項目以上を学習した者に対応した出題とし，問題を選択解答させる。	70 分（100 点）
	②	「数学 II」『数学 II・数学 B』『簿記・会計』『情報関係基礎』	4 科目から 1 科目を選択解答。『数学 II・数学 B』は，「数学 II」と「数学 B」を総合した出題範囲とする。「数学 B」は 3 項目（数列，ベクトル，確率分布と統計的な推測）の内容のうち，2 項目以上を学習した者に対応した出題とし，問題を選択解答させる。	60 分（100 点）
理科	①	「物理基礎」「化学基礎」「生物基礎」「地学基礎」	8 科目から下記のいずれかの選択方法により科目を選択解答（受験科目の選択方法は出願時に申請）。A　理科①から 2 科目　B　理科②から 1 科目　C　理科①から 2 科目および理科②から 1 科目　D　理科②から 2 科目	【理科①】2 科目選択*2 60 分（100 点）【理科②】1 科目選択 60 分（100 点）
	②	「物理」「化学」「生物」「地学」		2 科目選択*1 解答時間 120 分（200 点）
外国語		『英語』『ドイツ語』『フランス語』『中国語』『韓国語』	5 科目から 1 科目を選択解答。『英語』は，「コミュニケーション英語 I」に加えて「コミュニケーション英語 II」および「英語表現 I」を出題範囲とし，「リーディング」と「リスニング」を出題する。「リスニング」には，聞き取る英語の音声を 2 回流す問題と，1 回流す問題がある。	『英語』*3【リーディング】80 分（100 点）【リスニング】解答時間 30 分*4（100 点）『英語』以外【筆記】80 分（200 点）

- *1 「地理歴史および公民」と「理科②」で2科目を選択する場合は、解答順に「第1解答科目」および「第2解答科目」に区分し各60分間で解答を行うが、第1解答科目と第2解答科目の間に答案回収等を行うために必要な時間を加えた時間を試験時間（130分）とする。
- *2 「理科①」については、1科目のみの受験は認めない。
- *3 外国語において『英語』を選択する受験者は、原則として、リーディングとリスニングの双方を解答する。
- *4 リスニングは、音声問題を用い30分間で解答を行うが、解答開始前に受験者に配付したICプレーヤーの作動確認・音量調節を受験者本人が行うために必要な時間を加えた時間を試験時間（60分）とする。

理科や社会の科目選択によって有利不利はあるの？

A 科目間の平均点差が20点以上の場合、得点調整が行われることがあります。

共通テストの本試験では次の科目間で、原則として、「20点以上の平均点差が生じ、これが試験問題の難易差に基づくものと認められる場合」、得点調整が行われます。ただし、受験者数が1万人未満の科目は得点調整の対象となりません。

● 得点調整の対象科目

地理歴史	「世界史B」「日本史B」「地理B」の間
公　　民	「現代社会」「倫理」「政治・経済」の間
理　科　②	「物理」「化学」「生物」「地学」の間

得点調整は、平均点の最も高い科目と最も低い科目の平均点差が15点（通常起こり得る平均点の変動範囲）となるように行われます。2023年度は理科②で、2021年度第1日程では公民と理科②で得点調整が行われました。

2025年度の試験から、新学習指導要領に基づいた新課程入試に変わるそうですが、過年度生のための移行措置はありますか？

A あります。2025年1月の試験では、旧教育課程を履修した人に対して、出題する教科・科目の内容に応じて、配慮を行い、必要な措置を取ることが発表されています。

「受験案内」の配布時期や入手方法、出願期間などの情報は、大学入試センターのウェブサイトで公表される予定です。各人で最新情報を確認するようにしてください。

WEBもチェック！ 〔教学社 特設サイト〕
共通テストのことがわかる！
http://akahon.net/k-test/

試験データ

※ 2020年度まではセンター試験の数値です。

最近の共通テストやセンター試験について，志願者数や平均点の推移，科目別の受験状況などを掲載しています。

● 志願者数・受験者数等の推移

	2023年度	2022年度	2021年度	2020年度
志願者数	512,581人	530,367人	535,245人	557,699人
内，高等学校等卒業見込者	436,873人	449,369人	449,795人	452,235人
現役志願率	45.1%	45.1%	44.3%	43.3%
受験者数	474,051人	488,384人	484,114人	527,072人
本試験のみ	470,580人	486,848人	482,624人	526,833人
追試験のみ	2,737人	915人	1,021人	171人
再試験のみ	—	—	10人	—
本試験＋追試験	707人	438人	407人	59人
本試験＋再試験	26人	182人	51人	9人
追試験＋再試験	1人	—	—	—
本試験＋追試験＋再試験	—	1人	—	—
受験率	92.48%	92.08%	90.45%	94.51%

※ 2021年度の受験者数は特例追試験（1人）を含む。
※ やむを得ない事情で受験できなかった人を対象に追試験が実施される。また，災害，試験上の事故などにより本試験が実施・完了できなかった場合に再試験が実施される。

● 志願者数の推移

008 共通テストの基礎知識（試験データ）

● 科目ごとの受験者数の推移（2020～2023 年度本試験）　　　　　（人）

教　科	科　目	2023 年度	2022 年度	2021 年度①	2021 年度②	2020 年度
国　　語	国　　語	445,358	460,967	457,305	1,587	498,200
地 理 歴 史	世 界 史 A	1,271	1,408	1,544	14	1,765
	世 界 史 B	78,185	82,986	85,690	305	91,609
	日 本 史 A	2,411	2,173	2,363	16	2,429
	日 本 史 B	137,017	147,300	143,363	410	160,425
	地　　理　A	2,062	2,187	1,952	16	2,240
	地　　理　B	139,012	141,375	138,615	395	143,036
公　　民	現 代 社 会	64,676	63,604	68,983	215	73,276
	倫　　理	19,878	21,843	19,955	88	21,202
	政 治・経 済	44,707	45,722	45,324	118	50,398
	倫理,政治·経済	45,578	43,831	42,948	221	48,341
数　　学	数 学 ① 数　　学　Ⅰ	5,153	5,258	5,750	44	5,584
	数 学 Ⅰ・A	346,628	357,357	356,493	1,354	382,151
	数 学 ② 数　　学　Ⅱ	4,845	4,960	5,198	35	5,094
	数 学 Ⅱ・B	316,728	321,691	319,697	1,238	339,925
	簿 記・会 計	1,408	1,434	1,298	4	1,434
	情 報 関 係 基 礎	410	362	344	4	380
理　　科	理 科 ① 物 理 基 礎	17,978	19,395	19,094	120	20,437
	化 学 基 礎	95,515	100,461	103,074	301	110,955
	生 物 基 礎	119,730	125,498	127,924	353	137,469
	地 学 基 礎	43,070	43,943	44,320	141	48,758
	理 科 ② 物　　理	144,914	148,585	146,041	656	153,140
	化　　学	182,224	184,028	182,359	800	193,476
	生　　物	57,895	58,676	57,878	283	64,623
	地　　学	1,659	1,350	1,356	30	1,684
外 国 語	英 語（R※）	463,985	480,763	476,174	1,693	518,401
	英 語（L※）	461,993	479,040	474,484	1,682	512,007
	ド イ ツ 語	82	108	109	4	116
	フ ラ ン ス 語	93	102	88	3	121
	中　国　語	735	599	625	14	667
	韓　国　語	185	123	109	3	135

・2021 年度①は第 1 日程，2021 年度②は第 2 日程を表す。
※英語の R はリーディング（2020 年度までは筆記），L はリスニングを表す。

● 科目ごとの平均点の推移（2020〜2023 年度本試験）　　　　　（点）

教　科	科　目	2023 年度	2022 年度	2021 年度①	2021 年度②	2020 年度
国　語	国　　　　語	52.87	55.13	58.75	55.74	59.66
地 理 歴 史	世 界 史 A	36.32	48.10	46.14	43.07	51.16
	世 界 史 B	58.43	65.83	63.49	54.72	62.97
	日 本 史 A	45.38	40.97	49.57	45.56	44.59
	日 本 史 B	59.75	52.81	64.26	62.29	65.45
	地 　理　 A	55.19	51.62	59.98	61.75	54.51
	地 　理　 B	60.46	58.99	60.06	62.72	66.35
公　民	現 代 社 会	59.46	60.84	58.40	58.81	57.30
	倫 　　　理	59.02	63.29	71.96	63.57	65.37
	政 治・経 済	50.96	56.77	57.03	52.80	53.75
	倫理, 政治·経済	60.59	69.73	69.26	61.02	66.51
数学①	数 　学　 I	37.84	21.89	39.11	26.11	35.93
	数 学 I・A	55.65	37.96	57.68	39.62	51.88
数学②	数 　学　 II	37.65	34.41	39.51	24.63	28.38
	数 学 II・B	61.48	43.06	59.93	37.40	49.03
	簿 記・会 計	50.80	51.83	49.90	—	54.98
	情 報 関 係 基 礎	60.68	57.61	61.19	—	68.34
理科①	物 理 基 礎	56.38	60.80	75.10	49.82	66.58
	化 学 基 礎	58.84	55.46	49.30	47.24	56.40
	生 物 基 礎	49.32	47.80	58.34	45.94	64.20
	地 学 基 礎	70.06	70.94	67.04	60.78	54.06
理科②	物 　　　理	63.39	60.72	62.36	53.51	60.68
	化 　　　学	54.01	47.63	57.59	39.28	54.79
	生 　　　物	48.46	48.81	72.64	48.66	57.56
	地 　　　学	49.85	52.72	46.65	43.53	39.51
外 国 語	英 語 （R※）	53.81	61.80	58.80	56.68	58.15
	英 語 （L※）	62.35	59.45	56.16	55.01	57.56
	ド イ ツ 語	61.90	62.13	59.62	—	73.95
	フ ラ ン ス 語	65.86	56.87	64.84	—	69.20
	中 　国　 語	81.38	82.39	80.17	80.57	83.70
	韓 　国　 語	79.25	72.33	72.43	—	73.75

・各科目の平均点は 100 点満点に換算した点数。
・2023 年度の「理科②」，2021 年度①の「公民」および「理科②」の科目の数値は，得点調整後のものである。
　得点調整の詳細については大学入試センターのウェブサイトで確認のこと。
・2021 年度②の「—」は，受験者数が少ないため非公表。

010 共通テストの基礎知識（試験データ）

● 数学①と数学②の受験状況（2023年度）　　　　　　　　　　　　　　　（人）

受験科目数	数　学　①		数　学　②				実受験者
	数学Ⅰ	数学Ⅰ・数学A	数学Ⅱ	数学Ⅱ・数学B	簿記・会計	情報関係基礎	
1科目	2,729	26,930	85	346	613	71	30,774
2科目	2,477	322,079	4,811	318,591	809	345	324,556
計	5,206	349,009	4,896	318,937	1,422	416	355,330

● 地理歴史と公民の受験状況（2023年度）　　　　　　　　　　　　　　　（人）

受験科目数	地理歴史						公　民				実受験者
	世界史A	世界史B	日本史A	日本史B	地理A	地理B	現代社会	倫理	政治・経済	倫理, 政経	
1科目	666	33,091	1,477	68,076	1,242	112,780	20,178	6,548	17,353	15,768	277,179
2科目	621	45,547	959	69,734	842	27,043	44,948	13,459	27,608	30,105	130,433
計	1,287	78,638	2,436	137,810	2,084	139,823	65,126	20,007	44,961	45,873	407,612

● 理科①の受験状況（2023年度）

区分	物理基礎	化学基礎	生物基礎	地学基礎	延受験者計
受験者数	18,122 人	96,107 人	120,491 人	43,375 人	278,095 人
科目選択率	6.5%	34.6%	43.3%	15.6%	100.0%

・2科目のうち一方の解答科目が特定できなかった場合も含む。
・科目選択率＝各科目受験者数／理科①延受験者計×100

● 理科②の受験状況（2023年度）　　　　　　　　　　　　　　　　　　（人）

受験科目数	物理	化学	生物	地学	実受験者
1科目	15,344	12,195	15,103	505	43,147
2科目	130,679	171,400	43,187	1,184	173,225
計	146,023	183,595	58,290	1,689	216,372

● 平均受験科目数（2023年度）　　　　　　　　　　　　　　　　　　　（人）

受験科目数	8科目	7科目	6科目	5科目	4科目	3科目	2科目	1科目
受験者数	6,621	269,454	20,535	22,119	41,940	97,537	13,755	2,090

平均受験科目数
5.62

・理科①（基礎の付された科目）は，2科目で1科目と数えている。

・上記の数値は本試験・追試験・再試験の総計。

共通テスト
対策講座

　ここでは，これまでに実施された試験をもとに，共通テスト地理をわかりやすく解説し，具体的にどのような対策をすればよいかを伝授します。

- ❤ どんな問題が出るの？　012
- ❤ 共通テスト徹底分析　013
- ❤ 過去問の上手な使い方　016

012 地理

どんな問題が出るの？

　まずは，大学入試センターから発表されている資料から，共通テストの作問の
方向性を確認しておきましょう。

共通テスト「地理Ｂ」の問題作成の方針を見てみると，次の点が示されています。

- 地理に関わる事象を多面的・多角的に考察する過程を重視する。地理的な見方
  や考え方を働かせて，地理に関わる事象の意味や意義，特色や相互の関連を多
  面的・多角的に考察したり，地理的な諸課題の解決に向けて構想したりする力
  を求める。
- 問題の作成に当たっては，思考の過程に重きを置きながら，地域を様々なスケ
  ールから捉える問題や，地理的な諸事象に対して知識を基に推論したり，資料
  を基に検証したりする問題，系統地理と地誌の両分野を関連付けた問題などを
  含めて検討する。

　すなわち，共通テスト「地理Ｂ」の特徴は

①地理的事象について多面的・多角的に考える「過程」を重視
②系統地理と地誌の分野横断的な問題が出題される可能性もある

といえます。ただ，2020年度以前に行われていたセンター試験や試行調査の「地理
Ｂ」でも①や②を満たす問題は出題されていたため，これらの試験と共通テストは少
なからず共通点をもっています。
　そこで，過去に実施された試験を比較・分析しながら，共通テスト「地理Ｂ」がど
のようなものかを把握していきましょう。

共通テスト徹底分析

次に，過去に行われた試験の分析を通じて，共通テスト「地理B」の具体的な出題傾向をつかみましょう。

共通テストの分析

🔍 試験時間・配点

共通テストの試験時間は 60 分，配点は 100 点です。

🔍 大問構成

共通テストは大問 5 題で，〔1〕が自然環境，〔2〕が資源と産業，〔3〕が人口・村落・都市・生活文化，〔4〕が世界地誌，〔5〕が地域調査という構成です。2022・2023 年度は，かつてセンター試験で大問単位で出題されていた比較地誌が〔4〕の世界地誌に組み込まれていました。

なお，共通テストの大問 5 題のテーマは試行調査およびセンター試験と同一です。

🔍 問題の分量

第 1 回試行調査は小問 30 問で解答個数 30 個，第 2 回試行調査は小問 30 問で解答個数 32 個でした。共通テストもこの分量を概ね踏襲しており，2021 年度の本試験第 1 日程は小問 31 問で解答個数 32 個，第 2 日程は小問 30 問で解答個数 30 個，2022・2023 年度本試験は小問 30 問で解答個数 31 個でした。

🔍 問題中の資料の分量

共通テストでは**多くの資料**が問題中で使用されています。その種類は地形図から調べ学習のまとめ資料まで多様です。また，1 つの資料から読み取らなくてはならない情報量も非常に多いです。様々な資料から情報を読み取ること，また読み取った情報を活用して解答を導くことが求められています。

014 地理

共通テスト本試験の資料使用数

資料の種類	2023 年度	2022 年度	2021 年度
地図	5	11	4
地形図	2	3	1
分布図	19	19	15
模式図	12	0	3
統計表	3	6	4
グラフ	16	20	12
写真類	3	4	8
その他 （調べ学習の まとめ資料など）	1	1	4
合計	61	64	51

※ 2021 年度は第 1 日程を集計。

🔍 問題の場面設定

　共通テストでは「調べ学習」や「アクティブラーニング」を意識した問題が多く出題されています。たとえば「気候の成り立ちやその変動の影響について各班で探究する」や「世界で発生している土砂災害についてクラスで探究する」といったものです。2021〜2023 年度の本試験および第 2 回試行調査は大問 2 題，第 1 回試行調査に至っては大問 3 題がこのような場面設定でした。調べ学習形式の問題はセンター試験でも〔6〕の地域調査を中心に出題されてきましたが，ほとんどの年度はその 1 題のみにとどまっていました（2015 年度以降では 2018 年度本試験のみ大問 2 題分）。

　センター試験から共通テストへ移行するにあたってこのような変化があったのは，**地理的事象を身近なところに置きなおして考えるということがより重視されるように**なったからだとみることができます。

🔍 解答形式

　全問マーク式です。試行調査では，「該当する選択肢を過不足なく選択・解答する設問」が出題されましたが，2019 年 4 月に大学入試センターから「出題上のメリットはあるものの，（中略）マークシートを前提とした共通テスト導入当初から実施することは困難であると考えられる」と発表されていた通り，2021 年度以降の共通テストでこのような形式の設問は出題されていません。一方で，同じく試行調査で出題

された「9つの選択肢から1つを選択・解答する設問」は，2021年度共通テスト本試験（第2日程）でも出題されました。ほかに，「解答個数は1のままで，選択肢内の正誤の組合せが複雑に設定された設問」も出題されており，選択肢を吟味させる意図が表れています。今後は「該当する選択肢を順不同で2つ選択・解答する設問」なども出題される可能性があります。

難易度

解答するにあたり参照すべき資料の総数が多く，また解答に時間のかかる組合せ問題が大きな割合を占めているため（2021～2023年度本試験は全体の約6割），**時間的な余裕はありません**。総合的にみれば，**共通テスト地理は，高得点をとるという意味でやや難度が高い**といえるでしょう。このことは，「地理B」の2016～2020年度のセンター試験の平均点（60.10～67.99点）と2021～2023年度の共通テストの平均点（58.99～62.72点）の比較からもいえます。しかし，**問われている知識自体はセンター試験以来大きく変わっていない（＝教科書の範囲の学習が基本となる）**ということはおさえておきましょう。

まとめと対策

共通テストは，大問数・設問数や解答形式などに多少の変動はあれど，今後もセンター試験以来続く傾向をある程度引き継いでいくと予想されます。「思考力」を問うとされる共通テストですが，2021年のセンター試験からの移行の際にも，変化は比較的小さいものでした。これは，もともとセンター試験の地理において様々なかたちで思考力が問われていたことを裏付けています。

したがって，やっておくべき対策も特殊ではありません。
　①教科書や『地理用語集』（山川出版社），地図帳などで基礎を固めること
　②過去問をはじめとする問題を解き，弱点を洗い出すこと
　③最初に用いた教材に戻って補強をすること
この基本的な3点を繰り返しながら，次ページ以降で挙げてあるポイントも頭に入れ，本番に向けた準備を進めていきましょう！

過去問の上手な使い方

共通テストでは，思考力を問う数々の良問が出題されています。こうした良問が出題される傾向は，共通テストの前身であるセンター試験の頃から一貫しています。ここでは，過去問の中から，とりわけ共通テスト「地理B」のエッセンスが詰まった問題を紹介します。新傾向・形式の問題が出ても対応できるよう，過去問を大いに有効活用しましょう！

いかに資料を読み解くか

共通テスト「地理B」では，教科書に載っていないような細かい知識が問われるのではなく，与えられた地図やデータをもとに考える**地理的考察力**が試されます。このような資料問題は，読み取った情報を自分がもっている知識と結びつけて解答を導く力を測る，いわば応用問題です。下の2014～2023年度の「センター試験および共通テスト地理B本試験の全設問における資料利用問題の割合」というグラフを見てみましょう。2016年度のみ69％と比較的割合が小さかったものの，他の年度，また過去10年の平均では全設問の約80％が何らかの資料を利用した設問になっています。2022・2023年度は，すべての設問に資料が含まれていました。よって，**資料問題の攻略こそが共通テスト「地理B」で高得点を取るための最大のポイント**といえるでしょう。

では，問題演習に軸足を置いて対策を進める際，どのような点を意識すればよいのでしょうか。代表的な資料の種類別に，共通テストやセンター試験で実際に出題された問題を取り上げながら，そのポイントを探っていきましょう。

'23　100%
'22　100%
'21　90%
'20　77%
'19　86%
'18　86%
'17　77%
'16　69%
'15　83%
'14　81%

センター試験および共通テスト「地理B」本試験の全設問における資料利用問題の割合
※'21は本試験第1日程

地図上での位置が大切
白地図利用問題

白地図利用問題では，個々の地名そのものより，問題となっている地域が地図上の**どこに位置しているか**ということについてよく問われることを知っておきましょう。

次のア〜ウの文は，図1中のA〜C付近のいずれかにみられる特徴的な地形について述べたものである。ア〜ウとA〜Cとの正しい組合せを，下の①〜⑥のうちから一つ選べ。

2017年度 本試験 第4問 問1

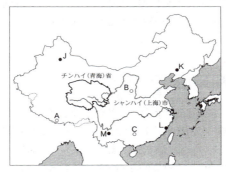

図　1

- ア　風で運ばれたレスが厚く堆積している高原がみられる。
- イ　石灰岩が侵食されたタワーカルストがみられる。
- ウ　氷河によって形成されたモレーンがみられる。

	①	②	③	④	⑤	⑥
ア	A	A	B	B	C	C
イ	B	C	A	C	A	B
ウ	C	B	C	A	B	A

中国の地図中，Aはヒマラヤ山脈，Bはホワンツー（黄土）高原，Cはコイリン（桂林）付近を示している。このような特別な地理的特徴をもつ地域については，その特徴に関する豊富な知識をもっておくことが望ましい。

説明文アは「レスが厚く堆積」していることから，レスが黄土と呼ばれること，付近にレスを供給する砂漠があることが想起されるとBと判断できる。イの「タワーカルスト」で，観光客に人気のあるコイリンの石灰岩の岩塔が浮かぶとよいが，石灰岩を溶食する雨や地下水の豊富なCを選択できればよい。ウは，高緯度には位置しない中国で氷河がみられるのは，標高の高い地域と考え，ヒマラヤ山脈のAを選択したい。

（正解④）

対策 地名と場所はセットで覚える

学習の際に出てきた地名は，必ずその位置も地図帳で確認し，セットで把握しておきましょう。ある地域を概観するときは，その地域と赤道・南北回帰線との距離，経度0度の位置などを確認しておくとよいです。

英語の文章を読んでいて知らない単語に出くわしたときに辞書をひくのと同様，地理で知らない地名に出くわしたときには地図帳を開きましょう。手元に置いて勉強することを強くオススメします。紙の辞書には，調べたい単語だけではなく，その前後にある単語も目に入ってくるために相乗効果が生まれるという利点があります。地図帳もまた視覚に訴えるもので，付加情報が記憶に残ります。

差がつきやすい 分布図利用問題

過去の試験では，組合せのもととなる図や選択肢自体が，文章ではなく分布図やグラフになっている問題も多く出題されてきました。こうした問題は，設問文だけでなく選択肢をも読み解く力が問われるため，難度は高くなります。しかし，その分差がつきやすい所ともいえるので，徹底的な演習を通じて得意分野にしておきましょう。

文化・レジャーにかかわる施設や文化財の分布には，自然環境や歴史，都市規模によって様々な傾向がみられる。次の図3中のサ～スは，公立の劇場・音楽堂*，国宝（建造物），国立公園の広報・展示施設**のいずれかの分布を示したものである。指標名とサ～スとの正しい組合せを，下の①～⑥のうちから一つ選べ。

2019年度 本試験 第3問 問6

*客席数1,500以上のホールをもつ施設であり，国立の施設を含まない。
**環境省直轄の施設に限る。

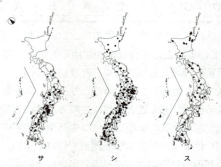

統計年次は，公立の劇場・音楽堂と国宝（建造物）が2016年，国立公園の広報・展示施設が2015年。
文化庁の資料などにより作成。

図3

	①	②	③	④	⑤	⑥
公立の劇場・音楽堂 国宝（建造物） 国立公園の広報・展示施設	サ シ ス	サ ス シ	シ サ ス	シ ス サ	ス サ シ	ス シ サ

　与えられた施設や文化財の立地上の特徴を考えると，まず，国宝の建造物には寺院や神社などが浮かぶが，それらは古代に都がおかれた奈良や京都に多く分布し，逆に古代からの建造物が残っていない北海道には分布しないと考えられる。分布図をみて京都や奈良に分布が集中している**サ**が該当する。次に，国立公園の広報・展示施設であるが，国立公園は風光明媚で特有の自然環境をもつ地域に多いが，北海道や，各地の離島などにも多く分布することを考えるとよい。また，自分が知っている具体的な国立公園の位置を想起してもよい。分布図に北海道の知床や鹿児島県の屋久島などが示されている**ス**が該当する。公立の劇場・音楽堂は，残る**シ**が該当する。これらの施設は一般に人口が多く文化活動が盛んな三大都市圏などの大都市に多く分布するが，近年は文化振興を盛んに図っている地方都市にも立地していることをおさえたい。

(正解③)

対策 木も見て，森も見る

　「木を見て森を見ず」という言葉がありますが，概観して特徴がつかめなければ，**分布が偏っている国・地域や自分がよく知っている国・地域に注目**するのも一つの方法です。その地域に関する知識をフル活用すれば，ヒントがみえてくる場合があります。

　地名だけでなく，各種地理事項についてもその白地図上の位置や分布が認識できているかどうかが試されるということを意識しましょう（「コーンベルト」であれば，語の定義だけでなく，その分布地域もイメージできるようになるということです）。

020 地理

起伏がイメージできるかどうかがカギ
地形断面図問題

　地形断面図の問題はしばしば出題されています。世界地図やその一部で問われる場合は，主に**世界の大地形の分布**を把握しているかどうかが，地形図で問われる場合は，地形図から起伏が読み取れるかどうかが問題となります。詳細な知識はそれほど必要ありませんが，世界の地体構造の分布に対する理解や地形図の読図力が求められます。

次の図2中の①〜④は，図1中の線A〜Dのいずれかに沿った地形断面を示したものである。線Bに該当するものを，図2中の①〜④のうちから一つ選べ。

2019年度 本試験 第1問 問2

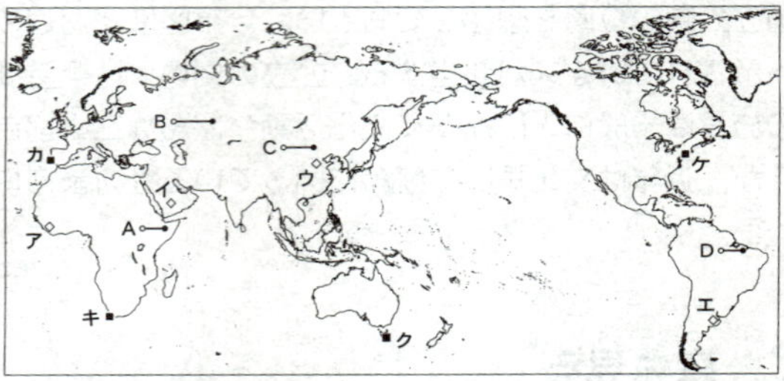

線A〜Dの実距離は等しい。

図 1

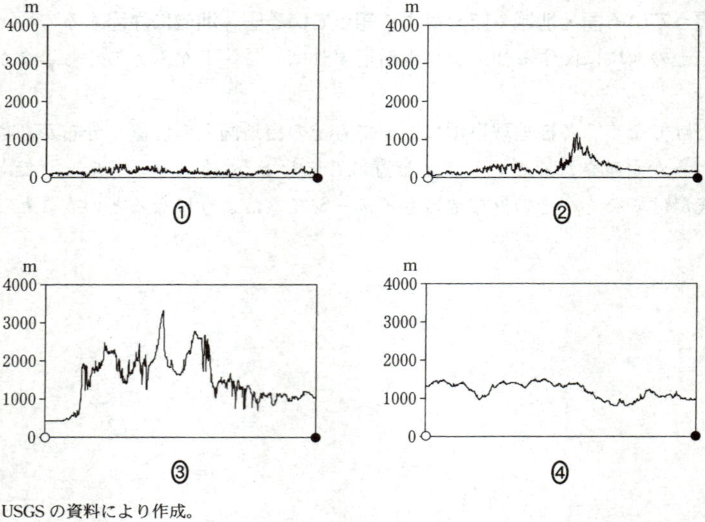

①

②

③

④

USGSの資料により作成。

図 2

共通テスト対策講座　021

　　図中，A～Dのそれぞれの線に沿ってみられる地形を考えてみよう。まず，Aは
エチオピア高原に位置し，急峻な高原とアフリカ大地溝帯（グレートリフトヴァレ
ー）を横切ると考えられる。よって起伏の大きい複雑な地形断面を示す③が該当す
る。次に，Cはゴビ砂漠付近に位置し，標高1000～1500mのなだらかな高原を横
切っている。標高と地形断面のなだらかな起伏から④が該当する。BとDは，残る
標高の低い地形断面を示す①と②が該当する。このうちカザフステップ付近に位置
するBは，標高は低いが古期造山帯に属するウラル山脈を横切っていることを想起
したい。そこで，断面図の一部に起伏がみられる②が該当する。残るDはアマゾン
盆地に位置するが，一面に低平な平原が広がるので①が該当する。　　（正解②）

対策 差がつきやすい！　世界の大地形

　　世界地図を用いて地形断面図が問われる場合，わずかな標高の差や細かな起伏の違
いまでは問われないと考えても問題ありません。世界の大地形，具体的には**新期造山
帯・古期造山帯・安定陸塊（卓状地・楯状地）の分布**を確認しておけば，ほぼ対応で
きるはずです。

　　地形図を用いて地形断面図が問われる場合は，**標高**とともに**尾根・谷**を読み取れる
ようにしておきましょう。次の「地形図読図問題」の項も参照してください。

　　地形断面図問題は，それほど難しくない問題でも正答率は低めであることが多いの
で，しっかり対策を講じて試験に臨みたいところです。

022 地理

得点源にしよう①
地形図読図問題

　地形図から読み取れることについての正誤判定や写真撮影地点の判定，同じ場所の新旧2枚の地形図を比較するパターンなどがあります。そのほか，標高差や距離・面積などの計算が必要な場合もあります。地勢図が用いられることがあるのも一つの特徴です。

　タロウさんは，宮津市の中心部が城下町であったことに関心をもち，現在の地形図と江戸時代に描かれた絵図を比較して，地域の変化を調べることにした。次の図3中のアは，宮津市中心部の現在の地形図であり，イは，アとほぼ同じ範囲の江戸時代に描かれた宮津城とその周辺の絵図を編集したものである。図3から読み取れることがらとして最も適当なものを，次の①～④のうちから一つ選べ。

2021年度 本試験（第1日程）第5問 問2

① 新浜から本町にかけての地区には，江戸時代は武家屋敷が広がっていた。
② 体育館の北側にある船着き場は，近代以降の埋立地に立地している。
③ 宮津駅から大手橋までの道は，江戸時代から城下町の主要道であった。
④ 宮津城の本丸の跡地には，市役所を含む官公庁が立地している。

地理院地図により作成。

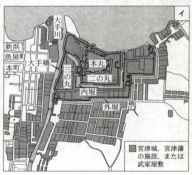
弘化2（1845）年に描かれた絵図を編集したものであるため歪みがある。
『宮津市史』をもとに作成。

図　3

新旧2枚の地形図・絵図から得られる情報として適当かどうか，選択肢の文章を判断する問題である。まずは図よりも先に設問を読み，登場する地名などを把握してから図へ移り，時間のロスを防ごう。そして読図の際には，2枚の図に共通する地名や街路形態，場所が変化しづらい寺社などを見つけ，比較のための目印にするとよい。②は現在の体育館北側の船着き場の位置が旧絵図では海だったことから埋立地に立地していると考えられ，適当。①は旧絵図の武家屋敷の範囲より不適。③は現在の地形図の宮津駅から大手橋までの道の位置を旧絵図に置き換えて考えると不適。④は，宮津城の本丸の跡地には市役所を含む官公庁が立地しておらず不適。

(正解②)

対策 地図記号をおさえ，その地域の地形をイメージしよう

まずは，**基本的な地図記号を確実に覚えて**，示される範囲の土地利用や植生，建築物などを把握しましょう。

次いで，**等高線の粗密などから**，その地域の景観を頭の中に描いてみましょう。そのためには，扇状地（扇頂・扇央・扇端）・氾濫原（自然堤防・後背湿地・蛇行・三日月湖・天井川）・三角州，河岸段丘・海岸段丘と段丘面・段丘崖，尾根線・谷線，砂嘴・砂州・陸繋島・陸繋砂州，カール・U字谷，ドリーネ・ウバーレ・ポリエなどが**地形図ではどのように表現されているのか**，等高線がどのような形状を示すのか，あらかじめ確認しておくことが必要です。

地域の写真や鳥瞰図，断面図などを示してどの方向からみたものかを問うような出題もみられます。地形図をみたら，地形図の示す範囲について，北，東，南，西の上空からみるとどのようにみえるのかイメージできるようにしておきましょう。

対策 標高の読み取りや計算の必要な問題は，あわてず丁寧に

標高差や距離・面積の計算などでは，**地図の縮尺が判断できることが前提**です。ただし，多くの場合は縮尺が問題文に示されています。

標高については，等高線を丁寧に追っていき，**主曲線・計曲線**だけでは標高がわかりにくい場合には，近くにある**三角点・水準点**や**標高点**などの数値も総動員して判断しましょう。

距離・面積の計算は単純な四則計算なので，数学的に難しいということはないはずです。単位やケタ数を間違えるようなケアレスミスをしないように注意しましょう。

地形図読図問題は，他の問題と比べて時間がかかりがちですが，基本的な読図能力さえ身につけておけば対処できるものがほとんどです。したがって，多くの地形図読図問題に当たって，様々な地形図を読みこなせるようにしておきましょう。

得点源にしよう②
写真利用問題

写真が用いられる問題は，難度こそ比較的低いものが多いですが，世界各地のビジュアルイメージに対する知識がなければ対応できません。つまり，用語だけでなく，それが実際にどのようなものなのかという理解が求められています。

次の写真1中のア～エは，世界の都市でみられる住宅景観を示したものである。写真1中のア～エを説明した文として下線部が**適当でないもの**を，下の①～④のうちから一つ選べ。

2017年度 本試験 第3問 問1

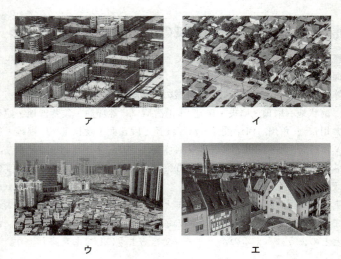

写真 1　＊編集の都合上，類似の写真に差し替え。
写真提供：ユニフォトプレス

① アはモスクワであり，建物が整然と配置された集合住宅地区が郊外に形成されている。
② イはロサンゼルスであり，庭や車庫を持つ低層の戸建て住宅地区が都心部に形成されている。
③ ウはアモイ（中国）であり，さまざまな大きさや高さの建物が高密度に混在している。
④ エはニュルンベルク（ドイツ）であり，教会などの歴史的建築物や高さのそろった中層の建物からなる旧市街が保存されている。

共通テスト対策講座　025

　4枚の写真に表された視角的に特徴がある都市の住宅景観をしっかり読み取ろう。ただし，本問のように，写真だけでは読み取れない説明文の正誤の判断が求められる場合があるので，注意が必要である。①のモスクワは整然とした集合住宅群がみられる。建設地が郊外であるかどうかは写真からは読み取れないが，モスクワの中心部は政府関係の機関が多く，郊外に形成されていると考えられよう。②のロサンゼルスは庭付き一戸建て住宅が整然と建てられ，余裕のある土地利用がみられる。①と同様にこの写真からは都心部にあるかどうかは読み取れないが，このような住宅地区は，ロサンゼルスのような大都市では都心部に形成されているとは考えにくく，郊外にみられると判断したい。③のアモイは古い港町で，経済特区に指定され経済成長を遂げている。計画性がなく大小様々な建物が密集していることが読み取れる。④のニュルンベルクは，教会がみえ，デザインなどが統一された美しい街並みが読み取れる。成立が古いドイツの都市の多くは，今日もこうした歴史的建築物や美しい街並みの整備，保存活動を進めている。

(正解②)

対策 アンテナを張りめぐらそう

　資料集に載っている写真や図版にはよく目を通し，特に世界各地の建築物（家屋，宗教施設）や風景，また人々の服装，祭りなどの伝統行事といった文化的景観を確認しておきましょう。過去に出題されたこのタイプの設問は，地理の問題の中でも難度の比較的低い設問となっているので，取りこぼしのないようにしましょう。また，勉強の合間の息抜きとして，各国大使館や外務省のウェブサイト，無料でもらえる旅行のパンフレットなどに目を通してみるのもよいでしょう。その地域の典型的な風景や建物が載っていることが多くあります。興味があれば，旅行もののテレビ番組や雑誌なども有効な対策になるでしょう。

ヒントはそこに隠れている
統計表利用問題

　本番の試験では，初めて目にする統計データもあると思います。統計データはその対象や方法によって様々に異なるため，数値や順位をすべて覚えるのは不可能ですし，無意味です。求められるのは，細かい統計数値や順位に関する知識ではなく，あくまでも**数字の背後にある地理的事項に関する理解**であることを常に意識しましょう。

026 地理

　次の表1は，いくつかの都市について，コンテナ貨物取扱量と都市別の総生産を示したものであり，①～④は，シドニー，シャンハイ（上海），シンガポール，東京のいずれかである。シャンハイに該当するものを，表1中の①～④のうちから一つ選べ。
2018年度 追試験 第3問 問4

表　1

| | コンテナ貨物取扱量（千TEU[*]） | | 都市別の総生産 |
	1990年	2010年	（億ドル，2015年）
①	5,224	28,431	3,079
②	1,555	4,285	9,598
③	477	2,020	3,048
④	456	29,069	3,835

[*]TEU はコンテナ貨物の容量を示す単位。
Containerization International Yearbook などにより作成。

　統計表に用いられた指標を考えると，まずコンテナ貨物取扱量は，貿易や工業が盛んな国の港湾都市が多い。また，都市別の総生産は，工業，商業，サービス機能の規模の大きな都市が多いと考えられよう。与えられた4つの都市のうち，都市別の総生産が他の都市に比べて突出している②は，世界都市の東京が該当する。残る3つの都市のうち，シャンハイとシンガポールは今日世界でも有数のコンテナ貨物取扱量をもち，①か④のいずれかと考えられる。そこで，統計数値の年次変化に注目すると，シンガポールはアジアNIEsの一国として1970年代から80年代に急成長を遂げたため，1990年時点のコンテナ貨物取扱量が多いと考え①が該当する。また，シャンハイは1990年以降，中国が経済成長を遂げる2010年にかけての成長が大きいと考え④が該当する。シドニーは残る③が該当する。　　　　　（正解④）

対策 特徴のある数値に着目しよう

　統計データが与えられたら，まず数値が他の数値と比べて極端に大きい箇所や小さい箇所（グラフであれば急減や急増）など，**特徴的な箇所**に注目します。そして，そのことを自分がもっている知識と結びつけて考えましょう。当たり前ですが，出題者は与えられた情報のみで正解に至ることを求めていますから，必ずヒントは隠されているはずです。すべてのデータに理由付けができない場合は消去法を積極的に使うことも効果的です。また，主要国の面積や人口に関するおおまかな数値を知っておくと，基準にできるので便利です。たとえば，日本の人口と面積（1.25億人・38万km^2）などを知っていることで，正解により早くたどり着くことができる場合があります。

何を示しているのかをとらえる
グラフ利用問題

グラフを見て答える問題は，正解への糸口が比較的わかりやすい形で隠されていることが多いです。しかし，グラフの読み取り自体を誤ってしまうと正解は難しく，またグラフ自体は簡単でも用語の意味がわからず正解にたどり着けない場合もあります。いずれにせよ，**問題で与えられた情報をすべて活用する**つもりで臨むのが攻略のカギです。

次の図3中のカ～クは，オーストラリア，韓国，ケニアのいずれかの国における，国全体の人口および人口第1位の都市の人口に占める，0～14歳，15～64歳，65歳以上の人口の割合を示したものであり，aとbは，国全体あるいは人口第1位の都市のいずれかである。オーストラリアの人口第1位の都市に該当する正しい組合せを，下の①～⑥のうちから一つ選べ。　2021年度 本試験（第1日程）第3問 問2

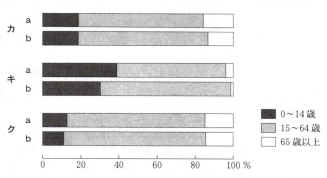

統計年次は，オーストラリアが2016年，韓国が2018年，ケニアが2019年。
Australian Bureau of Statistics の資料などにより作成。

図　3

① カ－a　　② カ－b　　③ キ－a
④ キ－b　　⑤ ク－a　　⑥ ク－b

028 地理

　複数のグラフを比較する場合，それぞれが示す統計内容の中で他と大きく異なる点に着目し，手掛かりにしよう。年齢別人口構成の割合を示した**カ～ク**の３つの国のうち，まず**キ**は年少人口の割合が他の２国よりかなり高いことから発展途上国と考え，ケニアが該当する。残る**カ**と**ク**の年少人口を比較して，年少人口の割合が高い**カ**をオーストラリア，低い**ク**を韓国と判断しよう。判断にあたっては，この２国はともに先進国であるが，オーストラリアは出生率が比較的高いのに対し，韓国は近年出生率が低下し，少子化が問題になっているという知識が必要である。次に**a**，**b**については，人口第１位の都市はその国の政治，経済の中心であることが多く，15～64歳の生産年齢人口の割合が国全体より高いことが想起できると，**カ～ク**のいずれの国でも割合が高い**b**が該当する。

（正解②）

対策 グラフに慣れよう

　まずは設問文をよく読み，グラフの縦軸・横軸の指標・単位をきちんと確認しましょう。図や表があると，どうしても先にそちらに目がいってしまうので注意が必要です。設問文をよく読んだ上で，グラフから読み取れることをフルに使うつもりで，地理的事項と結びつけて考えましょう。

　また，違いがはっきりとしないグラフが用いられた問題もあると思われます。そのような問題が出題された場合は，「違いがあまりない」という特徴もヒントであると考えることができます。

　どうしてもグラフからはっきりとした特徴がわからない場合は，まず仮説を立て，問題で示されているデータがそれに当てはまるかどうかを試してみましょう。最初はわからなくても，正解への根拠を自分の力で導き出そうとするうちに，自分の立てた仮説に何が足りなかったのかがチェックできるようになります。

グラフ利用問題（気候）

位置・地形→気候 のメカニズム

雨温図・ハイサーグラフを使用した気候判定問題で，馴染みのない都市・地域の気候分布が問われる場合は，白地図などで示された位置が手がかりとなります。つまり，その都市・地域の気候の特色を覚えているかどうかではなく，**各気候の特色**と与えられた**地図上の位置**とを合わせて考え判定できるかどうかが問われているのです。

ユウさんは，ヨーロッパ各地の気候の違いについて調べた。次の図2中の①～④は，図1中のアテネ，ダブリン，タリン，マドリードのいずれかの地点における月平均気温と月降水量を示したものである。ダブリンに該当するものを，図2中の①～④のうちから一つ選べ。　　　　　　　　　　　　　　　第1回 試行調査 第4問 問1

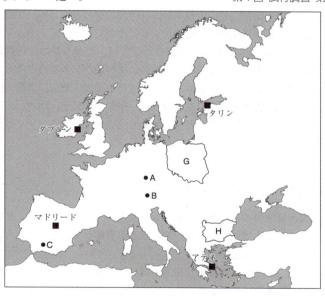

図　1

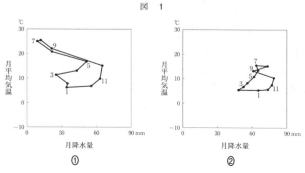

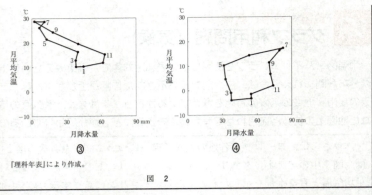

図 2

　ハイサーグラフから該当都市を特定する気候区判定の典型的な問題である。4つの地点のケッペンの気候区分による気候の特色がわからなくても，緯度，海流，隔海度などの気候因子から該当都市を特定することができる。アテネとマドリードより緯度が高く，北緯50度より北に位置するダブリンとタリンは，日射量が少ないため，4つのグラフのうち特に夏の気温が低い②か④が該当すると考えられよう。そのうち，大西洋に近いダブリンは，近海を流れる暖流の北大西洋海流の影響で，冬の気温は内陸側に位置するタリンより高く，気温の年較差は小さいと考えられ②が該当する。なお，タリンは④，ともに地中海性気候に属するアテネは③，マドリードは①が該当する。

(正解②)

対策 メカニズムを理解しよう

　各気候の気温・降水量の年変化のパターンを整理しておきましょう。また，沿岸部と内陸部，大陸東岸と大陸西岸の気候の違いなども理解しておきましょう。河川流量の季節変化のグラフにも注意が必要です。
　白地図などが示されている場合は，赤道や回帰線の位置を描き込むと気候分布を推定するヒントとなります。気候を読み取る際，高地であったり，海が近かったりというその**地図上の地点**が大きなヒントとなるのです。
　気候を制する者は地理をも制す，といっても過言ではありません。気候条件は人間の生活に密接に関わっており，植生，農業，衣服，住居，食料など，どれを取っても気候との関連を抜きには考えられません。地理的思考力を駆使し，なぜそうなるのかという**メカニズム**から事象や人間の生活を理解すれば，どんな問題にも対応できる応用力がつき，それがさらなる自信にもつながるはずです。

焦らず内容を見極めよう
「調べ学習」のまとめ資料利用問題

　共通テストでは，〔5〕の地域調査の問題で生徒の活動や会話文を取り入れるなど，「調べ学習」や「アクティブラーニング」を意識した出題がみられます。ただ，問題が「調べ学習」の設定であるからといって，**設問への特別なアプローチ方法があるわけではありません**。目新しい資料が多用されるかもしれませんが，示された資料を正確に読み取り，身につけた知識・技能を活かして柔軟に問題に当たりましょう。

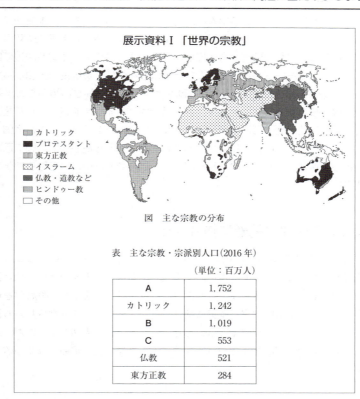

図は *Alexander Schulatlas* により作成。
表は *The World Almanac and Book of Facts* により作成。

032 地理

　ミズホさんたちは，世界の宗教の多様性を示すために，主な宗教の分布や人口について，展示資料Ⅰにまとめた。展示資料Ⅰの表中のＡ〜Ｃは，イスラーム，ヒンドゥー教，プロテスタントのいずれかである。Ａ〜Ｃと宗教・宗派名との正しい組合せを，次の①〜⑥のうちから一つ選べ。　　　　　第2回 試行調査 第3問 問1

	①	②	③	④	⑤	⑥
イスラーム	A	A	B	B	C	C
ヒンドゥー教	B	C	A	C	A	B
プロテスタント	C	B	C	A	B	A

　信者数がカトリックよりも多いＡは，北アフリカから西アジアや中央アジアにかけて広く分布し，人口の多い南アジアや東南アジアにも普及した世界宗教のイスラームが該当する。対照的に民族宗教のヒンドゥー教の分布は，インド周辺にほぼ限られる。インドにおいてもイスラームなど他宗教を信仰する国民も少なからず存在するが，インドの総人口約13億の約8割をヒンドゥー教徒が占めるため，Ｂはヒンドゥー教が該当する。プロテスタントの信者は，ドイツ，北ヨーロッパ諸国のほか，旧イギリス植民地などに分布しているが，先進国であるアメリカ合衆国，カナダ，オーストラリアにはカトリックや他宗教を信仰する移民も多い。図に示された宗教分布の面積はヒンドゥー教よりも広いが，信者数では少ないＣはプロテスタントが該当する。

(正解①)

対策 大きなテーマの問題に慣れよう

　「調べ学習」の問題設定は，幅広い多くの分野の設問に展開し，様々な資料を用いることが可能です。したがって，環境問題や食料問題など，大きなテーマは格好の素材といえます。そのために特別な学習が必要なわけではありません。教科書を中心に地理的事象に関する基礎的知識を確実に身につけ，さらに様々な地理資料から正確に情報を読み取り，問題を処理する応用力を身につけることが大切です。ただ，地理的事象に対して積極的に問題意識をもって学習することは，強く求められているといえるでしょう。

複数の資料の複合問題

資料間の関連性を見抜く

複合問題は，複数の多種多様な資料から得られる情報を合わせて考察する必要があり，単に用語暗記だけの学習では歯が立たず，難度が高いといえます。初めて目にする図や統計表などの資料であってもあわてずに，資料を丁寧に読み取り，普段の学習で身につけた知識や技能を駆使して問題に対処する姿勢が大切です。

次の図5は，スペインとドイツの国土を四分割*したものであり，下の図6中の**カ**と**キ**は，図5のように分割した範囲に含まれるスペインとドイツのいずれかの人口規模上位20位までの都市について，都市数を示したものである。また，次ページの表1は，スペインとドイツの人口規模上位5都市における日系現地法人数**を示したものであり，DとEはスペインまたはドイツのいずれかである。図6中の**カ**と**キ**および表1中のDとEのうち，ドイツに該当する正しい組合せを，次ページの①〜④のうちから一つ選べ。　　　　　　　　　2017年度 本試験 第5問 問3

*島嶼部を除いた大陸部分の国土を対象に正方位で四分割した。
**日本企業の出資比率が10%以上（現地法人を通じた間接出資を含む）の現地法人数。

統計年次は，スペインが2012年，ドイツが2013年。
Demographic Yearbook 2013などにより作成。

図　6

034　地理

表　1

(単位：社)

	人口規模順位				
	1　位	2　位	3　位	4　位	5　位
D	58	64	2	0	1
E	8	33	32	12	36

統計年次は 2011 年。
『海外進出企業総覧　2012（国別編）』により作成。

	①	②	③	④
都市数	カ	カ	キ	キ
日系現地法人数	D	E	D	E

　本問では 3 つの資料の読み取りが求められている。1 つ目は，スペインとドイツ
の国土を 4 分割した白地図で，それぞれの地域の地理的な特徴を把握する必要があ
る。2 つ目は，その国土を 4 分割した範囲に含まれる人口規模上位の都市数を示し
た図の読み取りである。この図では，他地域に比べて極端に数が多い**カ**の左上の
11 都市がいずれの国に該当するか考えるとよい。ドイツの北西部はライン川の下
流域にあたり，ルール地方のコナーベーションを含むため，都市の数が多いと考え
られよう。よってドイツが該当する。3 つ目は，表 1 のそれぞれ人口規模上位 5 都
市における日系現地法人数の読み取りである。両国の大都市について，政治・経済
などの都市機能の国家規模での集中の度合いを考えるとよい。D は法人数が 1 位，
2 位の 2 つの都市に集中しており，マドリードとバルセロナの 2 大都市があるスペ
インが該当する。E は法人数が 5 位までの都市に分散していることから，連邦制の
もとで，ベルリンのほか，ハンブルク，ミュンヘン，ケルンなど国内各地に中核都
市がみられるドイツが該当する。よって**カ**と**E**の組合せが該当する。　　（正解②）

対策 資料に関する洞察力を身につけよう

　複数の資料が利用されているといっても，それぞれの資料を丁寧に読み解いていく
と，その関連性や解答の筋道がみえてくることがあります。ただし，本問のような問
題に対処するには，地理的事象についての深い知識が必要です。普段から地理的事象
を複数の資料を用いて研究し，それらの資料を比較，検討しながら学習を進める習慣
を身につけましょう。また，できるだけ多く過去問に当たり，思考力や判断力がどの
ように試されているかを知ることも大切です。

共通テスト 攻略アドバイス

先輩方が共通テスト攻略のために編み出した「秘訣」があります。これらのセンパイ受験生の声をヒントに，あなたも攻略ポイントを見つけ出してください！

✓ 思考の土台を作ろう！

当たり前ですが，やはり学校の授業は大切です。わからないところがあれば，積極的に先生に質問をして，習ったことを確実に自分のものにしましょう。他にも，思考のヒントとなるような知識は身の回りにたくさんあるはずです。本書の解説には，設問に直接関係はないけれども，関連事項として同時に覚えておいた方がよいことも盛り込んであります。

> 人口1億以上の国を覚えておくと統計問題で便利です。地理は特に授業を大事にしましょう。　　　　　　　　　H. O. さん・筑波大学（理工学群）

共通テストでは，細かい知識というよりも全体を俯瞰する必要のある問題が多く出題されますが，それでも基本的な知識は欠かせないと思います。私は学校での授業を基本にして，さらに自宅で過去問を解くようにしていました。　　　　　　　　　　　　　　　K. K. さん・早稲田大学（国際教養学部）

網羅系の参考書で土台を作りましょう。時間が足りなければ，過去問題集や予想問題集で知識の抜けを確認しカバーするだけでもいいので，基本知識を蓄えてください。　　　　　　　　　Y. S. さん・東京農工大学（農学部）
オススメ　『村瀬のゼロからわかる地理B　系統地理編』（学研プラス）

学校での学習だけでなく，テレビやインターネット，本などで世界情勢や世界の国々について，「へえーそうなのか，おもしろい！」となるような学習の体験を繰り返すと，地理の勉強が苦にならなくなると思います。
　　　　　　　　　　　　　　　　　　　R. S. さん・静岡大学（工学部）

✅ 地理力をつけるコツ！

「地理力」とわざわざ傍点をつけましたが，地理では特に「資料を読み取る」，そして「根拠を見つける」力が必要とされます。先輩方はこんなふうに言っていますよ。

問いの答えだけでなく，各選択肢の内容もよく考えてみましょう。これを続けると地理的思考力が身につきます。特に気候分野は，どうしてそのような現象が起こるのか根本的に学ぶことが必要です。
　　　　　　　　　　　　　　　　　　松本航青さん・山口大学（経済学部）
オススメ　瀬川聡の 大学入学共通テスト 地理B［系統地理編］超重要問題の解き方（KADOKAWA）

全く違う地域の国同士で似た特徴があったりします。そういった特徴を把握すると地理の理解が深まると思います。また，様々なグラフも見ておくと，統計がわかりやすくなります。　　　　　K. B. さん・長崎大学（医学部）
オススメ　共通テスト地理B集中講義（旺文社）

自然現象も社会現象も，まずは起こる過程とそれは何故かということをある程度頭に入れると，応用問題が出たときに強くなります。どの知識も何かしら他の事物と関係があるので，それを見つけ，関連付けて覚えることが大切です。　　　　　　　　　　　　　D. S. さん・金沢大学（理工学域）

地図を活用しよう！

　地理では暗記ではなく，考える力が問われます。世界地図や日本地図のイメージ，重要な都市や地形の場所，経度・緯度・気候分布の大雑把な目安など，完全な暗記ではなく全体をイメージすることがとても大切です。

> 　地理の勉強は必ず地図帳を使って行うことが大事です。解答・解説で知らない地名が出てきたら場所を確認することはもちろん，その地域の気候も見ておくことで理解が深まります。　　R. S. さん・東京理科大学（理学部）

> 　地理は地図と知識を結び付けることが大切です。地図帳にふせんなどで知識を貼り付けて場所をビジュアルで覚えるようにするのが効果的です。どんどん地図帳を育てましょう。　　K. T. さん・東北大学（工学部）

> 　地図帳にたくさん書き込んで，ひと目で色々理解できるようにしましょう。自分なりの，世界に1つだけの地図帳を作って暇な時間に見るとよいです。
> 　　S. S. さん・東京医科歯科大学（歯学部）

過去問演習は道しるべに最適！

　「よく問われるのはどんな事項？」「どんなグラフが出るの？」「制限時間以内で解ける？」　問題演習をする際，不安な思いを抱く人は多いかもしれません。そのような場合，テストを知るためにも，また自分の弱点を把握し補っていくためにも，過去問が道しるべとして最適です。

　徹底的な問題演習を通して勘所をつかみながら，どんな問われ方をされても落ち着いて力を発揮できるようにしましょう。

> 　時間制約がかなりきついです。90秒考えてわからない時は思い切って後回しにしましょう。焦った状態から一呼吸おいて，余った時間に考え直すと解けたりします。　　A. O. さん・金沢大学（人間社会学域）

> 　地理では，初見の問題に対する考え方が重要になります。共通テスト特有の思考力が必要な問題は，参考書を使用して対策するとよいと思います。一方で，ある程度出題のしかたが似ている問題も多いので，過去問を一定量解くと得点が安定してきます。　　A. U. さん・名古屋市立大学（薬学部）

地理

地理は高得点をとるのが難しいとされる科目です。ただ語句を暗記するのではなく、現象を理解するのが大切です。できるだけ早く演習に入り、演習量をこなすのが高得点への道だと思います。K. S. さん・広島大学（医学部）

過去問を使って、問題をどのように解釈するか、どの知識を使うかといった視点で練習をすべきです。「古い問題はデータが古いので使いものにならない」と言われますが、自然環境や地域調査をはじめ使える問題もあります。共通テストの文章量に慣れるという目的であれば、予想問題を解いてもよいと思います。　　　　　　　　　　R. I. さん・神戸大学（工学部）

あまり見たことのない資料も出題されますが、それまでに習った知識を使えば解ける問題がほとんどです。わからない資料が出ても、自分の習った知識へと帰着できるように訓練する必要があると思います。

T. K. さん・京都大学（理学部）

受験にまつわるさまざまなエピソードを川柳形式で募集しています。

楽しくユニークな作品や、世相を反映した作品、心温まる作品など、受験の思い出がぎゅっと詰まっています。受験勉強の息抜きに、家族のだんらんに、ぜひ。

過去問 INDEX

共通テスト3年分，センター試験4年分を徹底分析！
＊共通テスト本試験4回分・追試験1回分，センター試験本試験4回分（2017
　〜2020年度）の地理Bの全設問を，**テーマ・地域**ごとに分類しています。
＊系統地理と地誌・比較地誌のページに重複して掲載している問題があります。

凡 例
23本01＝2023年度本試験，解答番号1
21本①01＝2021年度本試験（第1日程），解答番号1

活用法1　苦手分野の集中学習に

> 気候に関する問題が苦手。系統地理の一覧から「気候」をさがして問題に取り組み，苦手を克服しよう！

　自分の苦手な分野からの出題を検索するとよいでしょう。分野や出題地域を絞って集中的に解くことで，効率よく得点アップがはかれます。本書の解説や教科書もよく読んで，理解を深めましょう。

活用法2　学校で習ったところの復習に

> 学校で東アジアの地誌を勉強したから，忘れないうちに復習しておこう。過去にはどんなふうに出題されたのかな。

　学校での地理の学習は，気候，産業，宗教，文化などを地域ごとに学ぶことが多いため，最初の方に習った地域のことは忘れがちです。学校でインプットした知識を問題ですぐにアウトプットすれば知識の定着もはかれますし，応用力もつくはずです。

040　地理

系統地理

● 地図・地理情報

河川の流域と勾配の判定	23 本 26
土地利用割合の判定	23 本 27
地域調査の目的と方法	23 本 31，17 本 35
主題図の読み取り	
	22 本 26，22 本 28，22 追 25，
	22 追 26，21 本① 27，21 本② 26，
	20 本 34，19 本 35，18 本 31
現代日本の都市や農村での問題	22 本 31
航空写真による地形判定	22 追 27
写真の撮影方向判定	21 本① 29，21 本② 25
土地利用メッシュマップ	19 本 33
統計地図	19 本 34
ハザードマップ	17 本 06
市町村別 3 統計	17 本 34

● 地形図読図

（新旧比較）	23 本 28，21 本① 28，17 本 30
（地理院地図単独）	21 本② 29
（鳥瞰図併用）	20 本 31
（地形図単独）	20 本 32，18 本 33
（写真併用）	19 本 32，17 本 31
（地勢図単独）	17 本 29

● 地形

自然災害の発生地域	23 本 04，23 本 05
地震の震源の位置と深度	23 本 06
大陸棚の分布	22 本 01
河川流量と地形・気候	
	22 本 02，22 本 19，20 本 25，19 本 03
環太平洋諸国の自然条件	22 本 23，22 本 24
河口の地形	22 本 27，22 追 05
湖沼の特徴や成因	22 追 03，18 本 02
気候変動と地形の変化	22 追 04
津波の状況と地形との関係	22 追 06
地形判定	22 追 20，18 本 01，17 本 18
航空写真による地形判定	22 追 27
変動帯に位置する山	21 本① 04
地形断面図とプレート境界の特徴	21 本② 01
森林の粗密と自然環境	21 本② 04
西アジアの地形と気候	21 本② 19
自然環境の特徴	20 本 01
地震や火山の分布	20 本 03
4 海域の水深	20 本 19

4 経路の地形断面図判定	19 本 02
地中海地域の自然環境	19 本 19
旧ソ連 2 国の自然環境の違い	19 本 25
西アジア周辺の地形	18 本 19
北欧 3 カ国の地形と月平均気温	18 本 25
4 経路の海底地形断面図判定	17 本 01
ヴェネツィア周辺の地形	17 本 04
スペインとドイツの標高・年降水量分布	
	17 本 24

● 気候

自然現象の時空間スケール	23 本 01
ラテンアメリカの海洋環境	23 本 02
等値線による気温分布	23 本 03
灌漑面積と穀物収量	23 本 09
4 地点の標高と土地利用	23 本 20
中国やインドの大気汚染物質	23 本 25
河川流量と地形・気候	
	22 本 02，22 本 19，20 本 25，19 本 03
河川流域の植生	22 本 03
1 月と 7 月の気温・降水量	22 本 04
自然災害の季節変化	22 本 06，21 本② 02
環太平洋諸国の自然条件	22 本 23，22 本 24
大陸の東西での気候の違い	22 追 01
気候帯ごとの森林や植生の特徴	
	22 追 02，21 本② 05
湖沼の特徴や成因	22 追 03，18 本 02
気温・降水量による地域判定	
	22 追 19，20 本 20，17 本 03
仮想大陸と気候因子	21 本① 01
大気の大循環	21 本① 02
自然災害の原因や背景	21 本① 03
氷河の分布する山	21 本① 05
気候因子	21 本① 06
氷河の縮小	21 本① 07
気候と農産物	21 本① 23
丹後ちりめんの特徴と動向	21 本① 30
森林の粗密と自然環境	21 本② 04
森林火災の要因や危険性	21 本② 06
西アジアの地形と気候	21 本② 19
ハイサーグラフ	20 本 02，19 本 04，17 本 19
1 月と 7 月の気圧帯	20 本 04
経路上の樹高判定	20 本 05
夏季の気温の日較差と冬季の総降水量	20 本 30
土壌と植生	19 本 01
北極海周辺地域の海氷分布域と環境の変化	
	19 本 05

熱帯低気圧・台風による災害	19 本 06
地中海地域の自然環境	19 本 19
旧ソ連 2 国の自然環境の違い	19 本 25
観光客数と気候の関係（宮崎市）	19 本 31
土壌の分布域の特徴	18 本 03
山脈周辺の気候や植生	18 本 04
エルニーニョ現象が気象にもたらす影響	
	18 本 06
北欧 3 カ国の地形と月平均気温	18 本 25
3 都市の気温の年較差と冬季の日照時間	
	18 本 30
乗鞍岳における植生の特徴	18 本 35
海氷に覆われにくい海域	17 本 02
スペインとドイツの標高・年降水量分布	
	17 本 24

● 自然災害・環境問題

自然災害の発生地域	23 本 04, 23 本 05
地震の震源の位置と深度	23 本 06
都市化と河川水位	23 本 07
パルプと古紙の消費量	23 本 13
中国やインドの大気汚染物質	
	23 本 25, 17 本 21
水害対策	23 本 29
自然災害の発生数	22 本 05, 20 本 06
自然災害の季節変化	22 本 06, 21 本② 02
経済発展と二酸化炭素排出量	22 本 09
森林面積の減少と木材利用	22 本 11
持続可能な資源利用	22 本 12, 22 追 30
津波の状況と地形との関係	22 追 06
減災のための都市設計	22 追 28
自然災害の原因や背景	21 本① 03
氷河の縮小	21 本① 07
黄河からの土砂流出の背景と影響	21 本② 03
森林火災の要因や危険性	21 本② 06
地震や火山の分布	20 本 03
北極海周辺地域の海氷分布域と環境の変化	
	19 本 05
熱帯低気圧・台風による災害	19 本 06
サヘルにおける干ばつ・砂漠化	18 本 05
エルニーニョ現象が気象にもたらす影響	
	18 本 06
自然災害にともなう被害	17 本 05
ハザードマップ	17 本 06

● 農林水産業

中世ヨーロッパの村落や農業	23 本 08

灌漑面積と穀物収量	23 本 09
遺伝子組み換え作物	23 本 10
畜産物の輸出量	23 本 11
小麦と米の作付割合	23 本 21
水産資源としてのウナギ	23 本 30
森林面積の減少と木材利用	22 本 11
持続可能な資源利用	22 本 12, 22 追 30
農産物の市場入荷量	22 追 29
小麦生産国の特徴	21 本① 08
漁獲量の推移	21 本① 09
水源と水使用目的	21 本① 22
気候と農産物	21 本① 23
農業立地論	21 本② 08
東日本の農業収益や農地面積	21 本② 09
西アジアの水資源に関する景観	21 本② 20
トルコとモロッコの畜産物	21 本② 23
水産業と水産資源	20 本 08
米の生産・輸出・輸入国	20 本 10
プランテーション作物の生産国	20 本 21
中国・ブラジルの農産物生産量	20 本 26
甲府盆地の養蚕業	20 本 33
4 作物の地域別生産割合	19 本 07
コーヒーの栽培起源地	19 本 08
コーヒー豆の流通過程と取引価格	19 本 09
牛乳・サトウキビ・テンサイの生産量（4 カ国）	
	19 本 10
地中海地域の農作物	19 本 21
旧ソ連 2 国の農産物と鉱産物の生産量	19 本 26
畜産業の特徴と 1 人 1 日当たりの食料供給量（3 カ国）	
	19 本 28
統計地図	19 本 34
科学技術の進展と農業の変化	18 本 11
西アジア周辺における農牧業	18 本 20
日本の農業	17 本 07
1 人当たり農地面積と GDP に占める農林水産業の割合	
	17 本 08
中国の農作物作付面積（イモ類・茶・野菜）	
	17 本 20
スペインとドイツの農作物	17 本 25
壱岐島の漁業の特徴	17 本 33

● エネルギー・鉱物資源

鉱産資源の産出	22 本 07, 20 本 22
人口とエネルギー消費量の変化	22 本 08
エネルギー消費と環境負荷	22 本 10
発電のエネルギー源の割合	22 本 20, 18 本 26
西アジア周辺諸国の経済指標	21 本② 21

042　地理

産油国の人口構造	21 本② 22
マンガン鉱の輸入量推移	20 本 07
再生可能エネルギー	20 本 11
旧ソ連 2 国の農産物と鉱産物の生産量	19 本 26
スマートフォン部品の原料と特許出願件数	
	18 本 07
バイオマスエネルギーとその利用	17 本 09
エネルギー輸入依存度と鉱工業就業人口の割合	
（4 カ国）	17 本 10
石炭の生産量・輸出量・消費量	17 本 11

● 工業

産業別 GDP 割合の変化	23 本 23
経済発展と二酸化炭素排出量	22 本 09
苫小牧市の工業	22 本 29
日本の製造業の海外展開	
22 追 07,	22 追 09, 21 本① 12
工業製品の輸出金額	22 追 08
産業構造の変化	22 追 10
知的財産使用料の収支	22 追 11
製造業のグローバル化による課題	22 追 12
工業立地	21 本① 10, 21 本① 11
アメリカの工業地域の変化	21 本① 21
水源と水使用目的	21 本① 22
丹後ちりめんの特徴と動向	21 本① 30
市場指向型産業の立地	21 本② 10
各国の経済指標と輸出品	21 本② 11
マンガン鉱の輸入量推移	20 本 07
輸出品目の推移	20 本 09
経済のサービス化や知識産業化の進展	20 本 12
BRICS 諸国の品目別製造業生産額	20 本 27
スマートフォン部品の原料と特許出願件数	
	18 本 07
九州地方における半導体生産工場の分布	
	18 本 08
4 つの産業地域における技術革新と移転	
	18 本 09
日本の自動車メーカーの国・地域別生産台数	
	18 本 10
工業地域とその特徴	17 本 12

● 流通と消費

輸送手段別輸出割合	23 本 12
国際航空便からみる他地域との結びつき	
	22 本 16
航空旅客数と航空貨物量	22 追 22
産業遺産の活用	22 追 24

日本の小売業の立地特徴	21 本① 13
観光の特徴	21 本① 32, 21 本② 12
大都市の交通と中心性	21 本② 17
福岡市の産業	21 本② 27
経済のサービス化や知識産業化の進展	20 本 12
鉄道貨物輸送と航空貨物輸送	20 本 28
日本における 3 つの産業の事業所分布	
	19 本 12, 18 本 12
文化・レジャー施設や文化財の分布	19 本 18
大阪から 3 都市への鉄道所要時間の変化	
	19 本 30
観光客数と気候の関係（宮崎市）	19 本 31
4 カ国における外国人年間訪問者数と日本から	
の 1 週当たり直行航空便数	18 本 23
高山市への旅行者数推移と外国人旅行者の地域	
別割合	18 本 34
スペイン・ドイツの移民と外国旅行	17 本 28

● 貿易と経済

輸送手段別輸出割合	23 本 12
経済指標と出生率の推移	23 本 22
産業別 GDP 割合の変化	23 本 23
3 カ国間の輸出額と移民の送出数	23 本 24
農産物の輸出状況の推移	22 本 21
国内の所得格差	22 本 22
貿易を通じた他地域との結びつきの変化	
	22 本 25
苫小牧港などの海上貨物取扱量の推移	
	22 本 28
産業構造の変化	22 追 10
知的財産使用料の収支	22 追 11
大都市の特徴	22 追 16
各国の人口・経済指標	22 追 21
航空旅客数と航空貨物量	22 追 22
アメリカの大統領選挙の州ごとの選挙結果とそ	
の背景	21 本① 26
都道府県の人口と産業別就業者数	21 本② 07
各国の経済指標と輸出品	21 本② 11
西アジア周辺諸国の経済指標	
	21 本② 21, 18 本 22
輸出品目の推移	20 本 09
経済のサービス化や知識産業化の進展	20 本 12
ホンコン返還前後での労働者の状況の変化	
	20 本 16
貿易構造	20 本 23, 17 本 27
輸出品目（4 カ国の判定）	19 本 11

3カ国の品目別輸出額の割合
　　　　　　　　　　　　　　19本22，18本27
旧ソ連2国のGDPの変化とその要因　19本27

● 人口

日本国内の人口移動
　　　　　　　23本14，21本②30，20本17
日本の過疎や高齢化　　　23本17，17本17
各国の従属人口指数　　　　　　　　23本18
外国生まれの人口の特徴　　23本19，22本17
経済指標と出生率の推移　　　　　　23本22
3カ国間の輸出額と移民の送出数　　23本24
人口とエネルギー消費量の変化　　　22本08
都市内の施設立地　　22本14，21本②18
各国の人口動態　　　　22本18，22追14
日本の都市の人口特性
　　　22本30，22追17，21本②28，20本18
各国の人口指標　　　　　　　　　　22追13
先進国と途上国の人口分布　　　　　22追15
都市の特徴と人口ピラミッド
　　　　　　　　　　　22追18，18本18
各国の人口・経済指標　　　　　　　22追21
年齢別人口割合の判定　　　　　　21本①15
インド系住民の人口上位国　　　　21本①16
東京圏の市区町村別人口増加率の推移
　　　　　　　　　21本①17，17本16
人口重心の移動　　　　　　　　　21本①20
都道府県の人口と産業別就業者数　21本②07
各国の老年人口率　　　　　　　　21本②13
女性の労働力率　　　　　　　　　21本②14
都市人口率の推移と社会経済状況　21本②16
産油国の人口構造　　　　　　　　21本②22
トルコとモロッコの外国との結びつき
　　　　　　　　　　　　　　　21本②24
国内での都市の人口規模　　　　　　20本14
日本と中国・ブラジルとの間の人口移動
　　　　　　　　　　　　　　　　20本29
北杜市における移住の実態　　　　　20本35
4カ国での新規国籍取得者の旧国籍　19本24
首位都市の人口割合と都市人口率（4カ国）
　　　　　　　　　　　　　　　　18本16
都市の特徴と人口ピラミッド　　　　18本18
人口の偏在の度合いと1人当たり総生産の国内
　地域間格差（4カ国）　　　　　　17本15
スペイン・ドイツの移民と外国旅行　17本28

● 集落・都市

日本国内の人口移動
　　　　　　　23本14，21本②30，20本17
東京都区部の移り変わり　　　　　　23本15
日本の地方都市の景観変化　　　　　23本16
日本の過疎や高齢化　　　23本17，17本17
散村の特徴とその変容（砺波平野）　22本13
都市内の施設立地　　22本14，21本②18
ジェントリフィケーション　　　　　22本15
日本の都市の人口特性
　　　22本30，22追17，21本②28，20本18
現代日本の都市や農村での問題
　　　22本31，21本①18，21本①31
各国の人口指標　　　　　　　　　　22追13
先進国と途上国の人口分布　　　　　22追15
大都市の特徴　　　　　　　　　　　22追16
都市の特徴と人口ピラミッド
　　　　　　　　　　　22追18，18本18
世界の大都市の分布　　21本①14，20本13
年齢別人口割合の判定　　　　　　21本①15
東京圏の市区町村別人口増加率の推移
　　　　　　　　　21本①17，17本16
都市の交通網　　　　　　　　　　21本①19
社会経済指標の判定　　　　　　　21本①25
村落の形態と機能　　　　　　　　21本②15
都市人口率の推移と社会経済状況　21本②16
大都市の交通と中心性　　　　　　21本②17
福岡市の産業　　　　　　　　　　21本②27
国内での都市の人口規模　　　　　　20本14
都市問題やその対策　　　　　　　　20本15
パリの交通網と3地点の景観　　　　19本13
首都の特徴　　　　　　　　　　　　19本14
4都市と河川の関係　　　　　　　　19本15
日本の集落や街区の形成時代　　　　19本17
地中海沿岸の都市の成り立ちや社会経済状況
　　　　　　　　　　　　　　　　19本23
首位都市の人口割合と都市人口率（4カ国）
　　　　　　　　　　　　　　　　18本16
江戸〜現代にかけての城下町の変容　18本17
4都市の住宅景観　　　　　　　　　17本13
都市や村落の成り立ち　　　　　　　17本14
スペインとドイツの人口規模上位都市分布と日
　系現地法人数　　　　　　　　　　17本26

● 衣食住・文化

言語分布　　　　　　　　　　　　　22追23

東南アジア・オセアニアの生活文化と民族・宗
　教　　　　　　　　　　　　　20 本 24
３つの地域の伝統的な衣服の特徴　　18 本 14
北欧３カ国に関係するアニメーションと言語
　　　　　　　　　　　　　　　18 本 28
壱岐島の伝統的民家　　　　　　　17 本 32

● 国家・民族

国際航空便からみる他地域との結びつき
　　　　　　　　　　　　　　　22 本 16
貿易を通じた他地域との結びつきの変化
　　　　　　　　　　　　　　　22 本 25
インド系住民の人口上位国　　21 本① 16
トルコとモロッコの外国との結びつき
　　　　　　　　　　　　　　21 本② 24
東南アジア・オセアニアの生活文化と民族・宗
　教　　　　　　　　　　　　　20 本 24
旧宗主国と植民地の宗教　　　　　19 本 16
地中海地域の海峡の特徴　　　　　19 本 20
各国の宗教別人口割合　　18 本 13, 18 本 21
マレーシアの民族と政策　　　　　18 本 15
民族・国家紛争　　　　　　　　　18 本 24
中国の少数民族　　　　　　　　　17 本 23

地　誌

● 東アジア

黄河からの土砂流出の背景と影響	21 本② 03
ホンコン返還前後での労働者の状況の変化	
	20 本 16
地形判定	17 本 18
ハイサーグラフ	17 本 19
中国の農作物作付面積（イモ類・茶・野菜）	
	17 本 20
中国の大気汚染（冬季の硫黄酸化物濃度）	
	17 本 21
中国の沿海部と内陸部の経済発展の違い	
	17 本 22
中国の少数民族	17 本 23

● 東南アジア

月平均気温・月降水量による地域判定	20 本 20
プランテーション作物の生産国	20 本 21
鉱産資源の産出	20 本 22
東南アジア・オセアニアの生活文化と民族・宗教	20 本 24
マレーシアの民族と政策	18 本 15

● 南アジア

インド系住民の人口上位国	21 本① 16

● 西アジア・アフリカ

自然災害の発生数	22 本 05
西アジアの地形と気候	21 本② 19
西アジアの水資源に関する景観	21 本② 20
西アジア周辺諸国の経済指標	
	21 本② 21，18 本 22
産油国の人口構造	21 本② 22
３カ国の品目別輸出額の割合	19 本 22
サヘルにおける干ばつ・砂漠化	18 本 05
西アジア周辺の地形	18 本 19
西アジア周辺における農牧業	18 本 20
各国の宗教別人口割合	18 本 21
４カ国における外国人年間訪問者数と日本からの１週当たり直行航空便数	18 本 23
民族・国家紛争	18 本 24

● ヨーロッパ

輸送手段別輸出割合	23 本 12
河川流量と地形・気候	22 本 02，20 本 25
気温・降水量による地域判定	22 追 19
地形判定	22 追 20
各国の人口・経済指標	22 追 21
航空旅客数と航空貨物量	22 追 22
言語分布	22 追 23
産業遺産の活用	22 追 24
地中海地域の自然環境	19 本 19
地中海地域の海峡の特徴	19 本 20
地中海地域の農作物	19 本 21
地中海沿岸地域の都市の成り立ちや社会経済状況	19 本 23
４カ国での新規国籍取得者の旧国籍	19 本 24
各国の宗教別人口割合	18 本 13
北欧３カ国の地形と月平均気温	18 本 25
発電のエネルギー源の割合	18 本 26
３カ国の品目別輸出額の割合	18 本 27
北欧３カ国に関係するアニメーションと言語	
	18 本 28
北欧３カ国の GDP に対する公的社会支出と GNI に対する租税負担率	18 本 29
ヴェネツィア周辺の地形	17 本 04
スペインとドイツの標高・年降水量分布	
	17 本 24
スペインとドイツの農作物	17 本 25
スペインとドイツの人口規模上位都市分布と日系現地法人数	17 本 26
貿易構造	17 本 27
スペイン・ドイツの移民と外国旅行	17 本 28

● アングロアメリカ

人口重心の移動	21 本① 20
アメリカの工業地域の変化	21 本① 21
水源と水使用目的	21 本① 22
気候と農産物	21 本① 23
アメリカの人種・民族	21 本① 24
社会経済指標の判定	21 本① 25
アメリカの大統領選挙の州ごとの選挙結果とその背景	21 本① 26

● ラテンアメリカ

河川流量と地形・気候	22 本 19
発電のエネルギー源の割合	22 本 20
農産物の輸出状況の推移	22 本 21
国内の所得格差	22 本 22
山脈周辺の気候や植生	18 本 04

● オセアニア

1月と7月の気温・降水量	22 本 04
月平均気温・月降水量による地域判定	20 本 20
プランテーション作物の生産国	20 本 21
鉱産資源の産出	20 本 22
東南アジア・オセアニアの生活文化と民族・宗教	20 本 24

● 日本

日本国内の人口移動
　　　　　23 本 14，21 本② 30，20 本 17
東京都区部の移り変わり　　　　23 本 15
日本の地方都市の景観変化　　　23 本 16
日本の過疎や高齢化　　23 本 17，17 本 17
自然災害の季節変化　　22 本 06，21 本② 02
散村の特徴とその変容（砺波平野）　22 本 13
苫小牧港などの海上貨物取扱量の推移
　　　　　　　　　　　　　　　22 本 28
苫小牧市の工業　　　　　　　　22 本 29
日本の都市の人口特性
　　22 本 30，22 追 17，21 本② 28，20 本 18
現代日本の都市や農村での問題
　　　　　22 本 31，21 本① 18，21 本① 31
日本の製造業の海外展開
　　　　　22 追 07，22 追 09，21 本① 12
農産物の市場入荷量　　　　　　22 追 29
持続可能な資源利用　　　　　　22 追 30
工業立地　　　　　　　　　　　21 本① 11
日本の小売業の立地特徴　　　　21 本① 13
東京圏の市区町村別人口増加率の推移
　　　　　　　　　　21 本① 17，17 本 16
丹後ちりめんの特徴と動向　　　21 本① 30
観光の特徴　　　　21 本① 32，21 本② 12
都道府県の人口と産業別就業者数　21 本② 07
東日本の農業収益や農地面積　　21 本② 09
福岡市の産業　　　　　　　　　21 本② 27
夏季の気温の日較差と冬季の総降水量 20 本 30
甲府盆地の養蚕業　　　　　　　20 本 33
北杜市における移住の実態　　　20 本 35
日本における3つの産業の事業所分布
　　　　　　　　　　19 本 12，18 本 12
日本の集落や街区の形成時代　　19 本 17
文化・レジャー施設や文化財の分布　19 本 18
大阪から3都市への鉄道所要時間の変化
　　　　　　　　　　　　　　　19 本 30
観光客数と気候の関係（宮崎市）　19 本 31

九州地方における半導体生産工場の分布
　　　　　　　　　　　　　　　18 本 08
江戸～現代にかけての城下町の変容　18 本 17
都市の特徴と人口ピラミッド　　18 本 18
3都市の気温の年較差と冬季の日照時間
　　　　　　　　　　　　　　　18 本 30
高山市の農林水産物の流通　　　18 本 32
高山市への旅行者数推移と外国人旅行者の地域
　　別割合　　　　　　　　　　18 本 34
乗鞍岳における植生の特徴　　　18 本 35
日本の農業　　　　　　　　　　17 本 07
壱岐島の伝統的民家　　　　　　17 本 32
壱岐島の漁業の特徴　　　　　　17 本 33
市町村別3統計　　　　　　　　17 本 34

比較地誌

● インドと中国

4 地点の標高と土地利用	23 本 20
小麦と米の作付割合	23 本 21
経済指標と出生率の推移	23 本 22
産業別 GDP 割合の変化	23 本 23
3 カ国間の輸出額と移民の送出数	23 本 24
中国やインドの大気汚染物質	23 本 25

● チリとニュージーランド

環太平洋諸国の自然条件	22 本 23，22 本 24
貿易を通じた他地域との結びつきの変化	
	22 本 25

● 中国とブラジル

河川流量と地形・気候	20 本 25
中国・ブラジルの農産物生産量	20 本 26
BRICS 諸国の品目別製造業生産額	20 本 27
鉄道貨物輸送と航空貨物輸送	20 本 28
日本と中国・ブラジルとの間の人口移動	
	20 本 29

● ウクライナとウズベキスタン

旧ソ連 2 国の自然環境の違い	19 本 25
旧ソ連 2 国の農産物と鉱産物の生産量	19 本 26
旧ソ連 2 国の GDP の変化とその要因	19 本 27
畜産業の特徴と 1 人 1 日当たりの食料供給量	
（3 カ国）	19 本 28
旧ソ連 2 国の言語と街並み	19 本 29

● スウェーデン・ノルウェー・フィンランド

北欧 3 カ国の地形と月平均気温	18 本 25
発電のエネルギー源の割合	18 本 26
3 カ国の品目別輸出額の割合	18 本 27
北欧 3 カ国に関係するアニメーションと言語	
	18 本 28
北欧 3 カ国の GDP に対する公的社会支出と	
GNI に対する租税負担率	18 本 29

● スペインとドイツ

スペインとドイツの標高・年降水量分布	
	17 本 24
スペインとドイツの農作物	17 本 25
スペインとドイツの人口規模上位都市分布と日	
系現地法人数	17 本 26

貿易構造	17 本 27
スペイン・ドイツの移民と外国旅行	17 本 28

2021 年度に大問としての出題がなくなった比較地誌ですが，2022 年度以降は大問・中問単位で復活しています。今後の出題も見据え，過去問で効果的に対策しましょう。

共通テストって，こんなふうに解けばいいのか！

満点のコツシリーズ

目からウロコのコツが満載！

共通テストで満点を狙う実戦的参考書

- **英語〔リスニング〕**
  対策必須の共通テストのリスニングも，竹岡広信先生にまかせれば安心！
  キーワードを聞き逃さない25ヵ条を伝授！

- **古文**
  秘伝の読解法で共通テスト古文が解ける！
  重要単語や和歌修辞のまとめも充実！

- **漢文**
  漢文読解に必要な必修単語・重要句法を完全網羅！！
  漢文へのアプローチ法がわかります。

- **化学基礎**
  得点を大きく左右する「計算問題」の対策ができる！
  「モル（物質量）の計算」などの基本事項はもちろん，新しい「思考力問題」にも対応。

- **生物基礎**
  得点を大きく左右する「考察問題」の対策ができる！
  正解にたどり着く極意を紹介。
  効率よく得点力をアップさせよう！

四六判／定価1,375円（本体1,250円）

赤本ポケットシリーズ

共通テスト 日本史 文化史

文化史で満点をとろう！

菅野祐孝先生の絶妙な語り口，読みやすいテキスト。
チェックすべき写真・イラストを厳選。
時間をかけずに文化史をマスターできる！

楽しく読める文化史の決定版！

新書判／定価990円（本体900円）

大学入試シリーズ

過去問の代名詞として、60年以上の伝統と実績。

赤本 ウェブサイト
\新刊案内・特集ページも充実！/

受験生の「知りたい」に答える

「赤本の刊行時期は？」 「どこで買えるの？」

akahon.net でチェック！

赤本チャンネル & 赤本ブログ
YouTubeやTikTokで受験対策

赤本ブログ
詳しくはこちら
有名予備校講師のオススメ勉強法など、**受験に役立つ記事**が充実。

赤本チャンネル
YouTube / TikTok
大学別講座や共通テスト対策など、**役立つ動画**を公開中！

合格者の声から生まれました！

スケジューリングでサポート ← 受験生を → 食事でサポート

合格のカギは自己管理！**赤本手帳**
2024年度受験用 ／ 3色展開！
合格者のアドバイスを200本以上収録。
受験までの流れがわかる！
プラムレッド／インディゴブルー／ナチュラルホワイト ※中身は同じです。

かんたんでおいしいレシピが満載！
奥薗壽子の**赤本合格レシピ**
受験生のこころとからだを元気にする万能レシピ集！

NOTE

NOTE

IIIIIIIIIIIIIIIIIII NOTE IIIIIIIIIIIIIIIIIIIIIIIIIIIIIIIIIIIIIIIIIIIIIIIIIIIIIIIIIIIIIIIIIIIIIIIIIIIIIIIIIIIIIIIIIIIIIIIIIIIIIIIIIIIIIIIIIIIIIIIIIIIIIIIIII

解答・解説編

<共通テスト>
- 2023年度　地理B　本試験
  　　　　　　地理A　本試験
- 2022年度　地理B　本試験・追試験
  　　　　　　地理A　本試験
- 2021年度　地理B　本試験（第1日程）
- 2021年度　地理B　本試験（第2日程）
- 第2回　試行調査　地理B
- 第1回　試行調査　地理B

<センター試験>
- 2020年度　地理B　本試験
- 2019年度　地理B　本試験
- 2018年度　地理B　本試験
- 2017年度　地理B　本試験
- 2016年度　地理B　本試験

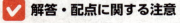 解答・配点に関する注意

本書に掲載している正解および配点は，大学入試センターから公表されたものをそのまま掲載しています。

地理B　本試験

問題番号(配点)	設問	解答番号	正解	配点	チェック
第1問 (20)	問1	1	②	3	
	問2	2	①	3	
	問3	3	②	4	
	問4	4	①	2	
		5	⑤	2	
	問5	6	③	3	
	問6	7	④	3	
第2問 (20)	問1	8	②	3	
	問2	9	③	3	
	問3	10	④	4	
	問4	11	④	4	
	問5	12	③	3	
	問6	13	③	3	
第3問 (20)	問1	14	①	3	
	問2	15	⑤	3	
	問3	16	⑥	4	
	問4	17	②	4	
	問5	18	①	3	
	問6	19	①	3	

問題番号(配点)	設問	解答番号	正解	配点	チェック
第4問 (20)	問1	20	③	3	
	問2	21	③	4	
	問3	22	③	3	
	問4	23	②	3	
	問5	24	④	4	
	問6	25	①	3	
第5問 (20)	問1	26	⑤	3	
	問2	27	②	3	
	問3	28	⑤	4	
	問4	29	③	4	
	問5	30	②	3	
	問6	31	③	3	

2023年度

自己採点欄

100点

（平均点：60.46点）

2 2023年度：地理Ｂ／本試験〈解答〉

第1問　標準　自然環境と自然災害

問1　**1**　正解は②

モンスーンは季節風のことで，毎年，季節によって風向きを変えて吹く風である。大陸と海洋の比熱の違いなどにより，夏は海洋から大陸へ，冬は大陸から海洋へ向かって吹く。そのため，時間的には数カ月から半年ほどのスケールで発生し，1年を超えることはないと考えられるだろう。よって②が該当する。なお，低気圧・台風は時間スケールが最小の①，エルニーニョ・ラニーニャ現象は半年から数年程度続くため③，地球温暖化は，背景が18世紀後半の産業革命以降の経済活動にあるとの考えもあり，時間・空間スケールが最大の④が該当する。

問2　**2**　正解は①

図2のサンゴ礁とマングローブの分布を示すアとイを比較すると，イの方が分布地域が少なく，中央アメリカの太平洋岸とブラジルの北東岸には分布していないことが読み取れる。サンゴ礁とマングローブの生育適地を想起すると，サンゴ礁は海水温が25～29℃と高く，透明度の高い，比較的水深の浅い海域に形成される。一方，マングローブは熱帯・亜熱帯の海岸線や河口付近の汽水域に生育することが浮かんでくるだろう。そこで，中央アメリカの太平洋岸は，周辺から流れ込む寒流の影響で水温が低いこと，また，ブラジルの北東岸はアマゾン川から流れ込む土砂などで海の透明度が低いことが想起されると，いずれもサンゴ礁の形成には適さないと考えられる。よって，サンゴ礁の分布はイ，マングローブは残るアが該当する。次に図3中，海流の向きについては，赤道を基準に流れる方向を考えるとよい。海流は，海洋上を吹く風の影響を受け，太平洋，大西洋とも北半球では海洋の西側から極方向へ北上し，時計回りで東側を赤道方向へ南下して流れる。南半球ではその逆に，海洋の西側から極方向へ南下し，反時計回りで東側を赤道方向へ北上して流れる。図3の地域は太平洋の東側，大西洋の西側にあたるため，AからBに向かって流れている。

問3　**3**　正解は②

図4の各都市の気温分布の等値線図について，縦方向に描かれた線は，1日を通しての気温の大きな差がなく，それより季節による変化が大きいことを表す。また，横方向の線は，1年を通して同時間帯の気温に大きな差がなく，季節より時間帯ごとの変化が大きいことを表すと確認しておくとよい。カは2月をピークに，12月から2月の昼間の気温が高く，季節により気温の緩やかな変化があることが読み取れる。よってパースが該当する。キは年間通して昼間の気温がほぼ一定で，季節による気温差より時間帯による気温差が大きいことが読み取れる。高山地帯にみられ

る気候と考えられ，**ラパス**が該当する。クは等値線が狭い間隔で数多く描かれていることが読み取れる。年較差が大きく冬の寒さが厳しい気候と考えられ，**ヤクーツク**が該当する。

問4　　4 ・ 5 　正解は① ・ ⑤
文Jに当てはまる地域を考えると，火山は大地形のうち，ハワイ諸島などを除き主に新期造山帯に分布するので，図5中，西インド諸島東部を示した①，イタリア半島を示した⑤が該当する。文Kの説明において，頻繁に襲来する熱帯低気圧としては**ハリケーン**が考えられる。カリブ海周辺で発達することから①が該当する。よって，JとKの両方に当てはまる地域は①，Jのみに当てはまる地域は⑤が該当する。

問5　　6 　正解は⑤
図7をみて，**海洋プレートと大陸プレートの境界**の位置を想起しながら検討するとよい。図6中，タは図の東と西の2カ所に震源の分布がみられる点に注目しよう。東側の分布は太平洋プレートがフィリピン海プレートに沈み込む境界にあたる。一方，西側の分布はフィリピン海プレートがユーラシアプレートに沈み込む境界にあたり，南西諸島を形成していると考えられる。よって**R**が該当する。次に，**チとツ**は，太平洋プレートが北アメリカプレートに沈み込んで**海溝型地震**が起こり，東から西に向かって斜めに深い深度まで震源が分布している。分布の形が似ているが，そのうちツは，東から西にかけて地表近くの浅い地点で地震が起こっていることが読み取れる。フィリピン海プレートが南から沈み込み，フォッサマグナなどもあることから，複雑な地質構造が形成され，多くの活断層が走ることにより，大陸プレート内で**直下型地震**が起こったと考えられるだろう。よって，関東地方から中国地方が含まれる**Q**が該当する。**チ**は残る**P**が該当する。

問6　　7 　正解は④
マ．**Y**から**X**が該当する。都市化以前の森林や田畑が広がる状況を想起しよう。豪雨が発生し降水量が急に多くなっても，森林や田畑が水を吸収することで水が河川に一気には流れず，水位は徐々に上昇し，その後，森林や田畑が吸収した水が減っていくと，水位は徐々に下降していくと考えられるだろう。それに対し，都市化が進み，堤防などの防災施設が整備されると，河川の周辺から一気に河道に水が流れ込み，水位が上昇すると考えられる。

ミ．**n**が該当する。降水量が急に増加すると水位が急上昇する主な要因は，周囲の土地の保水機能が減少し，一気に河川に流れ込むことと考えられる。保水機能の減少は，地表面の舗装などによると考えられるだろう。遊水地や放水路が造られると，河川の水の逃げ場が与えられ，水位は急上昇しないと考えられる。

第2問　標準　資源と産業

問1 　8　正解は②

①**不適**。図1では教会や集落を囲む濠は読み取れない。周囲を濠に囲まれた集落は環濠集落と呼ばれ、日本では奈良盆地などにみられる。

②**適当**。図1を見ると、耕作地に関しては、春耕地、秋耕地、休閑地と3つの農地に区分されている。これらの農地を毎年順に入れ替え、地力維持のため**休閑地**を設け家畜を放牧したところが特徴で、中世ヨーロッパに広くみられるこのような農法は**三圃式農業**と呼ばれる。

③**不適**。耕作地が短冊状に分割されているのは、当時の、大型の犂を家畜にけん引させての耕作では方向転換が難しく、耕地を細長く分割する必要があったためである。土壌侵食を防ぐための農法としては、等高線耕作が知られる。

④**不適**。住居は模式図の下方にある教会に隣接して、まとまって集落を形成していたことが読み取れる。

問2 　9　正解は③

与えられた指標のうち、耕作地に占める灌漑面積の割合は、降水量の乏しい乾燥地域や耕作に豊富な水を必要とする稲作地域で高いと考えられる。また、1 ha 当たりの穀物収量は、労働力や機械、肥料などを多く投入する集約的農業地域や近代的農業地域で高いと考えられる。図2中、**東アジア**は集約的農業が行われており1 ha 当たりの穀物収量は多いと考えられ、②か③が該当する。そのうち、稲作地域が大きな割合を占めるため、耕作地に占める灌漑面積の割合が高いと考えられ、③が該当する。なお、**アフリカ**は①、**中央・西アジア**は④、**ヨーロッパ**は②が該当する。

問3 　10　正解は④

①**不適**。現在普及している**遺伝子組み換え作物**の一部は、雑草を取り除くために用いられる除草剤に対して耐性をもつ遺伝子を組み込んだ品種であり、むしろ農薬を使用することが栽培の条件になっている。

②**不適**。**OECD加盟国**は主に先進国で構成され、図3に示された遺伝子組み換え作物の栽培国中では、アメリカ合衆国、カナダなど数カ国にとどまる。それに対し発展途上国はアフリカ、東南アジアなどに10カ国以上示されているので、発展途上国の方が多い。

③**不適**。栽培面積の上位5か国のうち、インドでは主に、労働力を多くかける集約的で自給的な稲作や畑作が行われている。5か国すべての国で企業的な大規模農業が中心に行われているとはいえない。

④**適当**。遺伝子組み換え作物は人体や環境への影響が懸念されているため，世界では，栽培を食用の作物以外に限定する国や，栽培自体を禁止している国もある。日本では，現在遺伝子組み換え作物の食用の商業的な栽培は行われていない。一部の品目について海外からの輸入は行われているが，その利用に際しては表示が義務付けられている。

問4　　11　　正解は④

図4中Aは，カザフスタンなど中央アジアの国やニュージーランドが高位または中位で示されている点が，B，Cとは異なる点に注目しよう。これらの国は冷涼で乾燥した気候が広がり牧羊が盛んなため，**羊肉**が該当する。BはCと比べると，オーストラリア，アルゼンチンが高位を示している点が異なる。企業的牧畜が盛んな国であることから，**牛肉**が該当する。Cはブラジルが高位で示されている。ブラジルは，鳥インフルエンザの発生が広がっていないこともあって，鶏肉の生産が増え輸出量は世界1位である（2019年）。また，世界的な鶏肉の輸出国であり，日本の輸入も多いタイが示されている点にも注目するとよい。よって**鶏肉**が該当する。

問5　　12　　正解は③

図5中，まずフランスとポルトガルを示すア，イを検討するとよい。イは海上輸送の割合が極めて高く，道路輸送の割合が低いことが読み取れ，**ポルトガル**が該当する。ポルトガルは伝統的な海洋国家で，スペインとしか国境を接していないため，道路輸送の割合は低いと考えられるだろう。**フランス**は残るアに該当する。次に，輸出額と輸出量を示すEとFのうち，Eは海上輸送の割合が高く，Fは航空輸送の割合が高いことが読み取れる。**付加価値の高い**高価な製品は航空輸送を利用することが多いことから，航空輸送の割合が高く示されるFは**輸出額**，Eは残る**輸出量**が該当する。**重量が大きい**品目は海上輸送を利用することが多いと考えられ，海上輸送の割合が高く示される。

問6　　13　　正解は③

図6中，**カ〜ク**で示された国はいずれも先進国であるため，人口やGDPなどを考慮して判断するとよい。**カ**は，凡例X，Yのいずれも消費量が多い。人口が多く紙の使用量が多い**アメリカ合衆国**が該当する。**キとク**に関しても，キの方が総量が多いことから，人口が多い**ドイツ**が該当する。**ク**は残る**カナダ**が該当する。次に，凡例X，Yのうち，ドイツのみXよりもYのほうが多いことに注目しよう。ドイツは，先進国の中でも環境問題に積極的に取り組んでいるため，リサイクルを活発に行っていると考えられ，凡例Yは**古紙**，残る凡例Xは**パルプ**が該当する。

第3問 標準 日本の人口や都市をめぐる諸問題

問1 14 正解は①

図1をみて，まず東京圏と大阪圏を示す凡例AとBを考えよう。ア，イ両地域とも1960年に比べ2018年はAの占める割合が大きく増加している。1960年は日本の高度経済成長期にあたり，地方から三大都市圏へ人口が移動したが，近年では中枢管理機能や外国企業などの集積が進む東京圏への人口の一極集中が進んできた。よって凡例Aは東京圏，残るBは大阪圏が該当する。次に，四国地方と九州地方を示すアとイについては，イの方が1960年，2018年ともに大阪圏の割合が高い。大阪圏と距離的に近く，古くから経済的な結びつきが強かった地方と考えられ，四国地方が該当する。アは残る九州地方が該当する。九州地方は大阪圏からも遠いため，距離の差より就業機会の大きさなどが移動先を決める要因になると考えられる。

問2 15 正解は⑤

与えられた指標のうち，まず工業地区の面積を考えよう。東京都区部では，政治・経済の中枢機能が高まり，人口が集中し居住地区も増加していることを想起すると，製造業の衰退とともに工業都市としての機能は減少傾向にあるといえるだろう。よって，図2中，唯一，指数が年々減少しているクが該当する。次に，カとキは増加傾向にあるが，そのうちカは1990年ごろに大きなピークがあったことが読み取れる。1990年ごろに起こった社会現象を想起すると，バブル経済とその崩壊が浮かんでくるだろう。バブル経済期には地価や株価が高騰し，1991年ごろからのバブル崩壊により，それらが急落した。よって，住宅地の平均地価が該当する。キは残る4階以上の建築物数が該当する。高層建築物が，ある短期間の年度に急増し，急減することは考えにくいであろう。

問3 16 正解は⑥

サ〜スの会話文のうち，サは，1980年代以前から幹線道路が整備されており，周辺は水田や畑が広がっていたことから，現在も目立った土地利用が見られないFが該当する。近年，地方都市の郊外には広い駐車場を持つロードサイド店がしばしばみられる。次にスは，以前は百貨店やスーパーマーケットがあったことから，都市の中心部の駅に近く，買い物客が多く集まる地域に位置すると考えられる。よってDが該当する。人口の減少などで商店街のシャッターが閉まったままのシャッター通りは，地方都市の中心商店街でしばしばみられる。シは，1980年代以前は水田や畑が広がっていたが，現在は開発が進み新興住宅地に変化していることから，地図中，開発に関連した整然とした道路網もみられるEが該当する。

2023年度：地理B／本試験〈解答〉　**7**

問4　17　正解は②

①**適当**。過疎市町村の面積が都道府県面積に占める割合は，図4をみると，北海道，東北，中国，四国，九州地方で上位の県が多く，三大都市圏以外の地域で高い傾向にあるといえる。

②**不適**。三大都市圏の老年人口の増加率は，高度経済成長期に三大都市圏に流入した世代が高齢化を迎えた影響で高い傾向が生じたといえるだろう。多くの高齢者が三大都市圏へ移動することは考えにくい。

③**適当**。特に過疎化が進んでいる農山村地域では，買い物などのための移動が困難な高齢者向けに，**移動販売車**を導入している自治体もある。

④**適当**。1970年代前後に三大都市圏内の都市郊外に開発された**ニュータウン**では，当時の入居者の高齢化が一斉に進むと，買い物が困難な人々の割合も増加すると考えられる。

問5　18　正解は①

まず，**従属人口指数**の意味を確認するため，具体的に人口増減のパターンを表す**人口転換**を想起しよう。人口転換では，多産多死型から多産少死型を経て少産少死型へ変化する。多産多死型では年少人口が多く，その分生産年齢人口の割合が低いので指数は高い。この段階から多産少死型へ移行すると，年少人口の割合が減少するため指数は低くなり，グラフは下降する。多産少死型からさらに少産少死型に移行すると，老年人口が増加するため指数は高くなり，グラフは上昇する。以上のようにグラフの上昇と下降の要因を大まかに押さえておこう。図5中，①～④のグラフの中で唯一2000年代から下降している④に注目すると，それまでの多産多死型から多産少死型へ移行する後発発展途上国の型と考えられ，**エチオピア**が該当する。①～③のグラフは2010年代以降，予測値を含めていずれも上昇しているが，そのうち③は，上昇に移る年代が①と②に比べてやや遅れている。しかも1950年代から80年代にかけて上昇，下降と大きな変化がみられる。70年代後半以降の変化が，多産奨励後の**一人っ子政策**の影響によると考えると**中国**が該当する。残る①，②のうち，**日本は①**が該当する。2000年代からの上昇の伸びが大きいことが，急速に高齢化が進んだことの表れといえるだろう。②は**フランス**が該当する。フランスは高齢化の進行が緩やかであるが，出生率向上の取り組みが行われ，移民の受け入れが多いことも関係していると考えられる。

問6　19　正解は①

イギリスに限らず，先進国や産油国など経済力の高い地域へ移動する労働者は，高い賃金を求めるなど経済的な理由で移動することが多い。表1中，**マ**は，1990年では外国生まれの人口が最も多いが，その後，唯一減少している。自国の経済発展

などで移動する必要が減少したことが考えられるだろう。与えられた3つの国のうち，1人当たり GNI が最も大きい**アイルランド**が該当する。ミとムは，外国生まれの人口が年々増加している。そのうちムは1990年には上位の国ではなかったが，2005年に上位に浮上し，その後急増していることが読み取れる。急増の背景を EU への加盟の影響と想起できると，**ポーランド**が浮かんでくるだろう。ポーランドは2004年に EU に加盟しており，EU 域内では人の移動の自由化が図られている。残るミはインドが該当する。インドはかつてのイギリスの植民地で，古くから移動してくる労働者がみられたが，近年は ICT 産業関連の技術者など高学歴の移民も多い。

第4問　標準　インドと中国の地誌

問1　20　正解は③

図1をみて，最も標高が高いBは**チベット高原**に位置する。ここでは，ツンドラ気候が広がっているため耕地は少なく，土地の多くは裸地か，草地に覆われていると考えられよう。よって表1中，草地・裸地の割合が圧倒的に高い④が該当する。残るA，C，Dは，標高はほぼ同じ高さで示されているが，Aは，東北地方から内モンゴル自治区の乾燥地帯に位置し，耕地と草地が混在すると考えられよう。よって②が該当する。Dは，**デカン高原**に位置し綿花栽培の盛んな地域が示されていると考えられ，耕地面積の割合が高い①が該当する。Cは，山岳地帯に位置するが，中国南部の温暖湿潤な気候により森林に恵まれると考えられよう。よって森林の割合が高い③が該当する。

問2　21　正解は③

図3中，作付総面積に占める小麦と米の割合を示したア～ウの設定基準をみると，アは，小麦の割合が20%以下で米の割合が20%以上と米作が中心の地域となる。同様にイは両方が栽培されている地域，ウは小麦が中心に栽培されている地域となる。中国で，米と小麦の栽培の境界は**チンリン＝ホワイ川線**にあり，その北側は小麦，南側は米が栽培の中心であることを想起しよう。凡例aはホワイ川下流域の華北平原，インドのヒンドスタン平原に分布している。この地域は稲作と畑作の境界にあたるため，米，小麦の両方が栽培されていると考えられるだろう。よってイが該当する。bは中国の華中から華南にかけての広い地域，降水量が多いインドの南東部に分布している。よってアが該当する。cは残るウが該当する。中国の華北やパキスタンからインドにかけての**パンジャブ地方**など，冷涼で比較的乾燥した地域に分布している。

問3　　22　　正解は③

①**適当**。図4をみると，1人当たり総生産が高い地域は出生率が低いという負の相関関係があることが，特に中国で明瞭に読み取れる。

②**適当**。2001年と2018年の図を見比べると，2018年のグラフでは中国の分布が横軸方向に大きく広がり，1人当たり総生産の差は中国で大きく拡大したことが読み取れる。

③**不適**。インドでは，1950年代から政府主導の**家族計画**が行われたが，一部で強制不妊手術などの手段がとられた上に，特に農村部の人々の伝統的な考えと合わずに反発を受けた。家族計画が浸透したとはいえない。

④**適当**。中国では，**経済特区**の設置や外国企業の投資が，輸出に便利な沿岸部に集中したため，沿岸部を中心に工業が発展し，沿岸部と内陸部との経済格差は拡大している。

問4　　23　　正解は②

図5をみて，まず運輸・通信業と農林水産業を示す凡例**サ**と**シ**を検討しよう。凡例**サ**は，J，K両国とも2000年に比べて2017年では割合が減少していることが読み取れる。両国とも**BRICS**の一員として，近年経済が急速に発展していることから，産業構造の変化が起こったと考えられるだろう。そこで，**サ**は運輸・通信業とは考えにくく，**農林水産業**が該当する。残る**シ**は**運輸・通信業**が該当する。次に，インドと中国にあたるJとKの国を考えると，Jは，2000年に比べて2017年では運輸・通信業の割合が増加している。よって，今日，情報通信技術（ICT）産業が経済成長を支える重要産業となっているインドが該当する。**インド**は数学やコンピュータ技術教育に力を入れているほか，英語に堪能な技術者が多いことや，時差を利用してアメリカの仕事を引き継ぐことなどが，産業発展の要因になっている。Kは**中国**が該当する。世界の工場と呼ばれ中国経済をけん引した鉱・工業の割合は2000年に比べて2017年ではやや減少しているが，サービス業の割合が増加し，先進国の産業構造に近づいていると考えられる。

問5　　24　　正解は④

図6中，まず輸出額と移民の送出数を示す**P**と**Q**について検討しよう。**P**では2019年に**タ**，**チ**両国とも500以上を示す大きな単位がオーストラリアへ向かって動いている。移民は経済的に豊かな地域へ職などを求めて移動すると考えると，**移民の送出数**が該当する。**Q**は残る**輸出額**が該当する。次に中国とインドを示す**タ**と**チ**については，**チ**の動きに注目したい。オーストラリアから**チ**への輸出額が1995年に比べ2019年には大きく増加し，さらに**チ**から**タ**への輸出額も増加していることから，**チ**はオーストラリアから石炭，鉄鉱石などを輸入し，工業製品などを**タ**の国に輸出している国と考えられよう。よって**チ**は**中国**，**タ**は**インド**が該当する。

10　2023年度：地理B／本試験〈解答〉

問6　25　正解は①
　　マ．1月が該当する。図7をみると，大まかにSは中国東部やインドシナ半島，ベ
　　　　ンガル湾など，図の南側で分布が多い。それに対し，Tは中国北部や中央アジ
　　　　アなど図の北側で分布が多いととらえられる。この季節による広がりの違いが
　　　　季節風によるものと考えると，Sは大陸から海洋に向かって季節風が吹く1月，
　　　　Tは海洋から大陸に向かって季節風が吹く7月となる。
　　ミ．海洋ごみの漂着が該当する。海洋ごみと土地の塩性化（塩類化）の2つの環境
　　　　問題を考えると，海洋ごみは，海流に流されて発生国から周辺国だけでなく世
　　　　界各地へ漂着する可能性が考えられる。それに対し，土地の塩性化は，農地な
　　　　どに過剰に灌漑を行うことによって土中の塩類が地表に集積することで起こる。
　　　　塩性化の原因となる塩類が，複数の国にまたがって拡大していくことは考えに
　　　　くい。

第5問　標準　利根川下流域の地域調査

問1　26　正解は⑤
　　ア．BとCが該当する。流域は，特定の河川に流れ込む降水の範囲を意味するため，
　　　　A～Cのそれぞれの地点の川筋をたどって，利根川本流と合流する地点を選ぶ
　　　　とよい。A地点は東京湾に注ぐ荒川の流域にあたる。
　　イ．4mが該当する。河川の勾配は2地点の標高差÷2地点間の水平距離で求め
　　　　られる。取手と佐原間の水平距離は，図右下の縮尺を用いて約40kmと読み
　　　　取れる。よって40000m×1／10000を計算して求められる。

問2　27　正解は②
　　図2中，E～Hで示されたそれぞれの範囲について，まず地形の起伏から大まかな
　　地形を読み取ろう。Eは湖と利根川にはさまれた平地，Fは一部山地を含む平地，
　　Gは丘陵地，Hは北東部に平地をもつ丘陵地であることが把握できる。図3のグラ
　　フのうち，③と④は，森林の割合が高いのでGかHと考えられる。FとEが①と②
　　に該当し，FはEと比べると，主な鉄道が通り市役所もあることから，都市的な土
　　地利用がみられ，建物用地の割合が高いと考えられる。よって②が該当する。なお，
　　Eは①，Gは④，Hは③が該当する。

問3 　28　 正解は⑤

J. ｂが該当する。図４をみて，1931 年のａ，ｂ周辺の土地利用を比べてみよう。ａは駅前にあるが，駅の周囲は水田や空き地が目立つ。建物密集地の北西端に位置し，すぐ周囲には水田が広がることが読み取れる。一方，ｂは小野川沿いにあり，建物密集地の中心に位置する。周辺には郵便局，税務署，裁判所などの施設もみられる。よって，古くから中心地として発展していたのはｂと考えられるだろう。

K. シが該当する。会話文の記述内容も参考にしよう。まず，1932 年の橋の分布は，架橋が川幅の狭いところに限られていたことから，河口付近の銚子に分布が示されているサとシは不適と考えられる。よってスが該当する。1981 年の橋と渡船の分布がサシにあたるが，サは分布数が少なく湖付近に３つ集中して分布しており，道路網が整備されてきた状況にあって橋とは考えにくい。1981 年の橋は，平地部分に比較的等間隔で分布しているシが適当である。

問4 　29　 正解は③

P. チが該当する。利根川の支流への逆流を防ぐには，逆流が起こりやすい本流との合流点に近い地点に設置することが望ましいと考えられる。図６中，タとチのうち，合流点に近い地点はチである。

Q. ｆが該当する。大きな河川の下流域では，堤防を越えて水があふれたり，堤防が決壊して水が流れ出たりすることで洪水が起こる。これを防ぐためには，堤防を高くしたり，補強したりする取組みが有効と考えられるだろう。河川の下流では大量の水が流れるため，ダムを建設するのは，貯まった水の処理が難しいことや，経費の点で適切ではないと考えられる。

問5 　30　 正解は②

国内の養殖生産量

マが該当する。資料２の表中，マとミのうち，マは 1985 年をピークに年々数値が減少している。一方，ミは 2000 年に 1985 年の約３倍に増加し，2015 年には 2000 年の４分の１ほどに減っている。ウナギの養殖業は，関連する流通業なども含めた産業として成立していると考えられることから，ミのような数値の急激な増減が起こるとは考えにくいだろう。よってミは**輸入量**，マは**養殖生産量**が該当する。

空欄 X

ｔが該当する。資料２の説明文からウナギの生育の過程を読み取ろう。ニホンウナギは，河川などで成長した後，海へ下り産卵すると説明されている。その後，孵化した稚魚は川をさかのぼって再び河川などで成長すると考えられる。よって，川に堰があると稚魚が遡上しにくいと考えられることから，写真１のｓとｔのうち，

12 2023年度：地理B／本試験〈解答〉

水産資源の回復に寄与する取組みは t が該当する。 s の護岸の整備は稚魚の遡上に直接影響しないため，適切とはいえない。

問6 　31 　正解は③

①適当。都市化による農地の分布の変化を調査するには，撮影年代の異なる**空中写真**を利用し，土地利用の実態を知ることは有効である。

②適当。橋の開通による住民の生活行動の変化を調査するには，生活行動についての地域住民への**聞き取り調査**は有効である。

③不適。防災施設の整備による住民の防災意識の変化を知るには，住民への聞き取り調査などが有効であろう。**GIS** を用いて人口の変化を調べても意識の変化の調査はできない。

④適当。環境の変化による利根川流域の漁獲量の変化を調査するには，図書館やインターネットの資料を活用し，情報を集めることは有効である。

地理A 本試験

問題番号 (配点)	設問	解答番号	正解	配点	チェック
第1問 (20)	問1	1	④	3	
	問2	2	③	3	
	問3	3	④	4	
	問4	4	③	4	
	問5	5	⑤	3	
	問6	6	④	3	
第2問 (20)	問1	7	③	3	
	問2	8	②	3	
	問3	9	②	2	
		10	④	2	
	問4	11	②	3	
	問5	12	③	3	
	問6	13	③	4	
第3問 (20)	問1	14	⑥	3	
	問2	15	①	3	
	問3	16	①	4	
	問4	17	②	3	
	問5	18	④	4	
	問6	19	③	3	

問題番号 (配点)	設問	解答番号	正解	配点	チェック
第4問 (20)	問1	20	②	4	
	問2	21	⑤	3	
	問3	22	③	3	
	問4	23	⑥	3	
	問5	24	③	4	
	問6	25	②	3	
第5問 (20)	問1	26	⑤	3	
	問2	27	②	3	
	問3	28	⑤	4	
	問4	29	③	4	
	問5	30	②	3	
	問6	31	③	3	

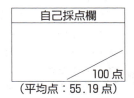

(平均点：55.19点)

14   2023年度：地理Ａ／本試験〈解答〉

第1問　標準　地理的技能とその活用，日本の自然環境や自然災害

問1　1　正解は④

①適当。メルカトル図法では高緯度ほど面積や距離が拡大して表される。図1中，aとbで示された範囲は地図上では同じ大きさで表現されているが，高緯度にあるaは低緯度にあるbに比べ，より大きく拡大して表されていることになり，実際の面積はbの方が大きい。

②適当。この図法では，緯線は赤道に平行に描かれ，すべての経線は南北方向を示すように描かれているので経緯線は直交する。

③適当。図中の任意の地点を結んだ直線は，常に経線と一定の角度で交わるため等角コースとなる。等角コースは航海に利用され，目的地まで経線との角度を一定に保って船を進めると，目的地に到着できるという利点がある。

④不適。大圏コースは，地球上の2地点を地球の中心を含む平面で切った円周の一部となるため，2地点間の最短距離を示す。よって地球上の実際の距離を比較すると，図1中アはイより短い。

問2　2　正解は③

撮影地点

　Bが該当する。写真1を見ると，手前に急な崖があり，その先はなだらかな斜面が続き，後方中央に円錐形の火山がみられる。この山の位置を目印に該当する地点を選ぶとよい。AとCの矢印の方向を延長しても円錐形の山は現れない。

空欄e

　火山が該当する。図2の右下に描かれている，同心円状の等高線が示す地形は成層火山で，山頂部の円形の凹地はカルデラと呼ばれる。中央部の湿地は，溶岩や地滑りなどでできた凹地に水や雪がたまって形成されたと考えられ，いずれも火山に関係した地形である。カルスト地形では石灰岩の溶食でできたドリーネなどの凹地が数多くみられる。

問3　3　正解は④

　与えられた指標のうち，年間の日照時間は，晴天の日が多いところで長くなり，晴天の日は，太平洋岸で多いと考えられる。夏は高気圧におおわれ，冬は山を越えて乾燥した大陸からの北西の季節風が吹くためである。実際に，潮岬，浜松，甲府などでは年間の日照時間が2200時間を超えている。逆に，日本海側は晴天の日は少ないと考えられる。冬に北西の季節風が対馬海流からの水蒸気を受けて多量の雪をもたらすためである。よって，太平洋側と内陸部が高位で，日本海側が低位で示される④が該当する。なお，気温の年較差は，高緯度地域と内陸部で大きいため①，

日最大風速 15m/ 秒以上の年間日数は，沿岸部や島嶼部で多いため②，真夏日の年間日数は，西南部で高位，北東部で低位で示されている③が該当する。

問4　4　正解は③

①**不適**。図4で干拓地に該当する地域について，図5をみると，北部と南部で浸水の様子が異なり，北部の方が3日以上の地域が多く，浸水継続時間は長いと考えられる。

②**不適**。干拓地では，浸水継続時間3日以上の地域が北部に広範囲に分布するが，盛土地・埋立地では，12時間未満および浸水なしの地域がほとんどであることが読み取れる。

③**適当**。砂州・砂丘の西側に広がる後背湿地は比較的面積が狭いので，川筋をたよりに丁寧に読み取ろう。後背湿地では，3日以上の地域が大半を占めている。

④**不適**。台地では，大半が12時間未満および浸水なしの地域である。それに対し，砂州・砂丘では，12時間以上3日未満の地域が南北に広範囲にみられる。

問5　5　正解は⑤

まず，文章**カ**が述べている避難経路は，地点**t**からの避難の途中で崖崩れに遭遇する危険性が最も高いことに注目しよう。図6中，避難場所**K**への経路には，濃い影で示された崖に沿った箇所がある。よって**K**が該当する。次に，文章**キ**が述べている避難経路は，標高の低い方へ避難する経路であること，文章**ク**が述べている避難経路は，標高の高い避難場所に向かう経路であることに注目しよう。地点**t**は標高5mから10mの土地にあるのに対し，**L**は5m以下の土地，**J**は**J**〜**K**の避難場所の中では標高が最も高く10m以上の土地であることが読み取れる。よって文章**キ**は**L**，文章**ク**は**J**が該当する。

問6　6　正解は④

①**適当**。火山によってつくられた地形は，富士山のような火山そのものの美しさの他，周辺の湖・池なども含めて豊かな観光資源となっている。日本の国立公園も，火山が含まれているものが多い。

②**適当**。国内外を問わず，一般的に河川が運搬，堆積した土砂が肥沃な土壌を生み出すことはよく知られる。国外においては，**ナイル川デルタ**などの例が代表的である。

③**適当**。雪融け水は，農地に水が必要となる春から初夏にかけて水を供給する。稲作で田植えを行う日本の農業にとって，雪融け水は欠かせない資源である。

④**不適**。**竜巻**は不定期に発生し予測が難しく，暴風を伴うことも多いため，恒常的な風を必要とする風力発電への利用は困難である。

16 2023年度：地理A／本試験〈解答〉

第2問 標準 世界の生活・文化

問1 ┃7┃ 正解は③

　図1をみて，まず凡例A，Bにあたる農業用と工業用の用途を確定しよう。ヨーロッパではBの使用量が多く，アフリカではAが多い。この両地域の産業構造の違いを考えると，工業が発展しているヨーロッパでの使用量が多い凡例Bは**工業用**，農業生産の割合が高いアフリカでの使用量が多い凡例Aは**農業用**が該当する。次に，北アメリカと東アジアを示すア，イをみると，アは全体量も多いが農業用水の使用量が多く，イは工業用水の割合が高いことが読み取れる。農業についてみると，東アジアは稲作が広範囲に行われていることから，小麦栽培が中心の北アメリカよりも多くの水が使用されると考えられ，**アは東アジア，イは北アメリカ**が該当する。

問2 ┃8┃ 正解は②

　写真1に示されている主食となる作物は，葉の部分が示されているが，主に根茎部を食用とする**タロイモ**である。また，家屋と生活の様子をみると，ヤシの木と**高床式**の開放的な家屋がみられるため，熱帯雨林地域の光景と考えられるだろう。熱帯雨林気候の特徴は，年中気温が高く降水量が多いことである。よって，図2のうち，気温の年較差が小さく，最多雨月，最少雨月とも降水量が多いEが該当する。

問3 ┃9┃・┃10┃ 正解は②・④

①大雨や強風時は一般の鉄道や自動車も道路，交通障害をもたらすことがある。水路橋の上やロープウェイのロープは，さらに施設としての基盤が弱いため，大雨や強風時には移動できないことが考えられる。カ，キとも該当しない。

②水路橋とロープウェイは川や谷をまたいで設置できるため，カ，キとも起伏のある地形を移動できるように工夫した手段といえよう。カ，キとも該当する。

③カの船舶は，水路の幅しかない底の浅い小型の船と考えられる。カ，キとも鉄道より多くの客を運べるとはいえず，該当しない。

④カは，船舶の大きさと速さからみて道路の交通渋滞の緩和にはつながらないと考えられる上，水路橋の背後にみえる田園地帯での激しい交通渋滞は考えにくく，該当しない。一方キは，南アメリカのボリビアの大都市であることを踏まえると，都市への人口流入によって深刻化している交通渋滞の解消のため，高山地域に立地し標高差のある都市内の移動手段として，ロープウェイが導入されたと考えられるだろう。よってキのみが該当する。

問4　11　正解は②

まず，写真3の出発案内から**サ～ス**の国名を特定しよう。**サ**は，中国語，アラビア語に加え日本語が表示されていることに注目しよう。日本人が頻繁に利用する国としては**マレーシア**が該当する。**シ**は，英語表記の上にスペイン語の表記がみられる。スペイン語を公用語としている国と考えられ，**メキシコ**が該当する。**ス**はアラビア語が示されており，アラビア語圏の**カタール**が該当する。次に，図3をみると，東京からの便数が最も多い**J**は，海外旅行者の訪問先や企業の進出先として関係が深い国と考えられ，**マレーシア**が該当する。便数が次に多い**K**は**カタール**，最も少ない**L**は遠距離にある**メキシコ**が該当する。

問5　12　正解は③

図4中，まずサケ・マス類の輸出量と輸入量を示す**X，Y**を確定しよう。**X**は，ノルウェーやチリなど冷涼な気候の国が示されている。サケ・マス類は低い水温を好む寒海魚であるため，これらの国で漁業や養殖が盛んに行われていると考えられ，**輸出量**が該当する。**Y**は，アメリカ合衆国，中国，日本など人口が多く，消費量が多い国を示していると考えられ，**輸入量**が該当する。日本はサケ・マス類の輸入国で，チリからの輸入量が最も多い（2021年）。次に，鮮魚・冷蔵品と冷凍品を示す凡例**タ，チ**についてみると，ノルウェーなどの北ヨーロッパでは**タ**の割合が高く，チリやロシアでは**チ**の割合が高いことが読み取れる。市場への距離が近いと鮮魚・冷蔵品の割合が高くなると考えると，EUなどの大きな市場をもつ北ヨーロッパは鮮魚・冷蔵品の割合が高いと考えられる。よって凡例**タ**は**鮮魚・冷蔵品**が該当する。一方，チリは市場への距離が遠いことから多くは冷凍して輸出されている。よって凡例**チ**は**冷凍品**が該当する。

問6　13　正解は③

表1から**P～R**のそれぞれの国の製造業の特徴を把握しよう。まず**P**は**Q，R**に比べて出荷額が極めて大きいこと，さらに出荷額に占める輸送用機械の割合が高いことが読み取れる。輸送用機械は，自動車，船舶，航空機などを製造する工業で，高い技術力が必要な付加価値が高い工業である。よって文**ミ**が該当する。残る**Q**と**R**は，出荷額は大きく変わらないが，**Q**は石油製品の割合が高く，**R**は繊維・衣類の割合が高いことが読み取れる。石油製品は天然資源を加工する製造業，繊維・衣類は多くの労働力を必要とする**労働集約的**な製造業と考えられる。よって**Q**は**マ**，**R**は**ム**が該当する。

18 2023年度：地理A／本試験〈解答〉

第3問 標準 北アメリカの地誌

問1 14 正解は⑥

図1中，A〜Cの気候や地形を想起しよう。まずBは，アメリカ合衆国南部の砂漠地帯に位置している。よって，写真1中，サボテンが群生する景観が示されているイが該当する。なお，Bはサワロ国立公園であるが，この一帯には砂漠特有の動植物が観察できる州立公園や自然保護公園などが点在する。AとCの気候はどちらも冷帯で，このうちAは，カナダ中央部の平原地帯に位置している。よって，写真は，平原に針葉樹林が点在する景観が示されているウが該当する。Aはウッドバッファロー国立公園で，広大な面積をもち，淡水の三角州が形成されている。残るCは，フィヨルドが示されている写真アが該当する。Cはカナダのニューファンドランド島西部にあるグロスモーン国立公園で，地殻変動により形成された，地質学上貴重な地形や，海への出口がふさがれた湖のフィヨルドがみられる。

問2 15 正解は①

ブドウは高温乾燥の**地中海性気候**を好むため，世界の地中海性気候の地域で広く栽培されている。図2の①〜④のうち，ブドウは地中海性気候が広がるカリフォルニア州に80％の大きな割合で分布が示されている①が該当する。なお，**トウモロコシ**は**コーンベルト**と呼ばれる中西部の分布が多い③，**メープルシロップ**は原料の樹液をとるサトウカエデが寒冷な気候のもとで栽培されるため，北東部の分布が多い②，**綿花**は温暖な気候の南部に分布が多い④が該当する。

問3 16 正解は①

アメリカ合衆国では，移民の流入経路や国内の人口移動などにより，地域によって異なる人口構成がみられる。少数派の人口のうち，**アジア系民族**は，1970年ごろから流入が増加し，太平洋に面した西部に多い。**アフリカ系住民**は，奴隷として南部の**プランテーション農業**に従事させられたことから南部に多い。**先住民**は，南部にも住んでいたが，アメリカを建国したヨーロッパ系住民に不毛の地へ追いやられる形で主に西部に移住した。これらの点を想起しながら検討するとよい。図4中，凡例**カ**はアジア系と先住民の割合が高いことから，**西部**が該当する。**キ**はアフリカ系の住民の割合が高いことから**南部**が該当する。**ク**はアジア系，アフリカ系，先住民の割合が低く，ヨーロッパ系白人の伝統が強い地域である**北東部**が該当する。

問4 17 正解は②

①適当。写真2中，サの地区では，**ハングル**で表された看板がみられ，韓国料理の店が集まる地区と考えられる。韓国では，ご飯や汁物はスプーン，汁気のないお

かず類は箸を使って食べる慣習がある。

②**不適**。シの地区では，近代的なビルの前にキリスト教の教会がみられる。キリスト教徒は牛を食用にしている。牛を食肉用としないのは，インドに多い**ヒンドゥー教**を信仰する人々の慣習である。

③**適当**。スの地区では丸屋根が特徴のイスラームの**モスク**がみられる。イスラームでは食に関する禁忌がいくつかあり，**ハラール食材**は，イスラームの教えに基づいた方法で処理され，イスラームの教えで許されている食材である。

④**適当**。セの地区では中国語で表された看板がみられる。中国語圏をはじめとするアジアの国で旧暦の正月を祝う行事は**春節**などとよばれ，最も重要とされる祝祭日である。数日間の休日が設定され，多くの人が帰省や旅行などで休暇を楽しむ。

問5 　18　　正解は④

E．**チ**が該当する。デトロイトとサンノゼの2つの対照的な都市が出題されている。デトロイトは20世紀初頭から発展した自動車産業の中心地であったが，産業の衰退とともに都市も衰退し，2013年に財政破綻した。現在，再建の途中にある。デトロイトが含まれる五大湖周辺の伝統的な工業地域は，今日では**スノーベルト（フロストベルト）**などと呼ばれ，新たな産業を模索している。一方，サンノゼは，ICT産業の中心として知られる**シリコンヴァレー**に位置する。1970年代から成長する北緯37度以南の**サンベルト**の都市で，先端技術産業が集積し，アメリカ合衆国の中でも経済発展が著しい都市といえる。表1をみると，タとチのうち，**チ**が情報処理・通信技術者の割合が突出して高いことが読み取れる。よって**サンノゼはチ，デトロイトはタ**が該当する。

F．**住居費**が該当する。経済発展が著しい都市にみられる課題は，人口が集積することによる住居費の上昇と考えられるだろう。社会保障費は，年金や医療など，国や地方公共団体から国民に提供されるサービスのための費用をいう。

問6 　19　　正解は③

マ．**N**が該当する。説明文を読むと，2015年には首相が様々な背景のある議員を閣僚に任命するなど，閣僚構成が変化したことがうかがえる。図5をみて，MとNのうち，この変化が顕著に表れているものを選ぶとよい。Mと比べてNは，女性の閣僚が多いことに気がつく。また，先住民の閣僚が，イヌイットの自治州である**ヌナブト準州**を含む2州選出の議員から生まれ，Mの年の0人から2人へと増えている。また，マイノリティの閣僚もMの年の3人から5人に増加していることが読み取れる。よって2015年はNが該当する。

ミ．**多文化主義**が該当する。一つの社会に共存するそれぞれの民族の文化や価値観を尊重しようとする考えを**多文化主義**という。カナダはフランス系住民とイギ

20 2023年度：地理A／本試験〈解答〉

リス系住民が長い間共存してきた歴史があるため，1970年代初めに世界に先
駆けて多文化主義政策を導入した。

第4問　標準　環境問題解決の探究

問1　20　正解は②

①適当。図1をみると，グループ**A**には太平洋の小国家が含まれる。これらには，
ツバルなどサンゴ礁の島々からなり国土の標高が低い国が多い。そのため，地球
温暖化による海面上昇で国土が水没し，住民の生命の危険を最も受けやすいと考
えられることから，温室効果ガスの高い排出削減目標を主張している。

②不適。グループ**B**は**OPEC**加盟国が示されている。これらの国々は経済の多く
を石油資源に依存しているため，石油や天然ガスの利用を規制する温暖化対策に
は抵抗の姿勢を見せている。温暖化対策が進展すると，石油などの化石燃料の使
用の削減が目標となるため，経済的価値の上昇は期待できないと考えられるだろ
う。

③適当。グループ**C**には中国，インドなど近年急速な経済成長を経験している国が
含まれる。近年，BRICSの名で知られるが，締約国会議ではロシアを加えない
BASICと呼ばれるグループに入っている。インドなどは，温室効果ガスの排出
削減目標を表明しつつ，発展途上国としての立場から目標実現のための支援の必
要性を強調している。

④適当。グループ**D**はヨーロッパの**EU**加盟国が示されている。**EU**には環境問題
に積極的に取り組む国が多く，温室効果ガスの排出削減のために高い目標を掲げ
ている。

問2　21　正解は⑤

資料1中，まず，統計の年次を示す**F**と**G**を検討しよう。資料に述べられている説
明文を有効に活用したい。中国で2017年以降規制が厳しくなったことを契機に，
日本を含めたア～ウの国々の全体の取引量は減少したと考えられるだろう。**F**と**G**
を比べると，全体の数値は**F**の方が圧倒的に多いことが読み取れる。よって**F**は
2010年，**G**は2019年が該当する。次に，与えられた国を示すア～ウを検討しよう。
まずイに注目すると，2010年では日本も含めたすべての国からイに向かって大き
な数値が示されている。しかし，2019年ではイへの数値は激減していることから，
輸入が制限された**中国**が該当する。残るア，ウのうち，ウは2019年に日本やアの
国からの輸出が集中している。中国に代わる受け皿になったと考えられ，**マレーシ
ア**が該当する。残るアは**アメリカ合衆国**が該当する。

問3　22　正解は③

J．正しい。資料2を見ると，流出地点から最も下流にある地点dでは，流出した日から8日目の濃度が最も高い値を示していることが読み取れる。

K．誤り。地点aで有害物質が検出され始めた日が読み取れないため，a〜cのそれぞれの地点で濃度がピークになった日をもとに検討するとよい。b−c間は，bが5日目，cが6日目となり，1日で伝わっている。b−c間の伝達速度が4倍以上速いのであれば，a−b間では有害物質の移動に4日以上かかっている必要があるが，流出地点からの距離を考えると，aで1日目に濃度がピークになったとは考えにくい。

L．正しい。資料2の地図を見ると，流出地点から下流方向に向かってa〜dの地点が示されている。観測された有害物質の濃度の最高値はaからdまで順に小さくなっているため，流出地点から離れるほど小さくなっているといえる。

問4　23　正解は⑥

バイオ燃料のうち，最も生産量が多いのは，サトウキビやトウモロコシなどのバイオマスを発酵，蒸留した**バイオエタノール**である。アメリカ合衆国とブラジルで世界生産の大半を占めており，アメリカ合衆国は**トウモロコシ**，ブラジルは**サトウキビ**を原料としている。文Pは，サトウキビを原料に用いていることから**ブラジル**が該当する。Qは主原料に**アブラヤシ**を利用しており，アブラヤシは年中高温多雨の熱帯雨林気候を好むため，国土の大部分に熱帯雨林気候が広がる**インドネシア**が該当する。Rは残る**アメリカ合衆国**が該当する。アメリカ合衆国は世界第1位のトウモロコシ生産国である（2020年）。

問5　24　正解は③

カ．Yが該当する。会話文にある，郊外化により自家用車に依存した生活様式が定着したとの説明から，与えられた指標のうち，自家用車利用の割合は，周辺都市で高いと考えられる。また，人口密度については，都市機能が集まる中心都市の方が人口が密集し，人口密度が高いと考えられるだろう。よって**周辺都市**は自家用車利用の割合が高く人口密度が低い**Y**，**中心都市はX**が該当する。

キ．5が該当する。図3の2つのルートについて，二酸化炭素排出量を計算で求めるとよい。自家用車だけを利用するルートでは，二酸化炭素排出量は150g×40で6,000gとなる。一方，自家用車と鉄道を使うルートでは，駅までは150g×4で600g，鉄道で20g×30で600gとなり，合計で1,200gの排出量となる。6,000g÷1,200gを計算して環境負荷は5倍と求められる。

22 2023年度：地理Ａ／本試験〈解答〉

問6 　25 　正解は②

　①適当。プラスチックごみなどの廃棄物は，経済的に優位にある先進国から発展途
　　上国へ輸出される傾向にある。廃棄物の流出を管理する国際的なルールの策定は，
　　先進国から発展途上国へのごみの移動を規制するために有効な取り組みである。
　②不適。浄水施設を整備することは，日常のきれいな飲用水を得るには有効である
　　が，有害物質の流出事故が起こった際の河川の汚染の拡大防止には有効とはいえ
　　ない。
　③適当。バイオ燃料の導入拡大によって生じる課題への取り組みとして，サトウキ
　　ビやトウモロコシなどの農作物に頼らない方法が考えられよう。その1つとして，
　　バイオ燃料への廃棄物や廃材の活用を進めることは有効である。
　④適当。日常生活の過度な自家用車利用による環境負荷を防ぐために，食事や買い
　　物などの際に便利に利用できる，公共交通ネットワークを整備することは有効で
　　ある。

第5問　標準　利根川下流域の地域調査

〔地理Ｂ第5問と全問共通問題〕

2022年度：地理Ｂ／本試験〈解答〉　1

地理Ｂ　本試験

2022 年度

問題番号 （配点）	設　問	解答番号	正　解	配　点	チェック
第1問 （20）	問1	1	③	3	
	問2	2	②	3	
	問3	3	②	4	
	問4	4	①	4	
	問5	5	②	3	
	問6	6	⑤	3	
第2問 （20）	問1	7	④	3	
	問2	8	③	3	
	問3	9	⑥	4	
	問4	10	②	4	
	問5	11	③	3	
	問6	12	②	3	
第3問 （20）	問1	13	②	3	
	問2	14	②	4	
	問3	15	④	3	
	問4	16	③	4	
	問5	17	①	3	
	問6	18	③	3	

問題番号 （配点）	設　問		解答番号	正　解	配　点	チェック
第4問 （20）	A	問1	19	②	3	
		問2	20	②	3	
		問3	21	④	4	
		問4	22	①	3	
	B	問5	23	①	2	
			24	②	2	
		問6	25	②	3	
第5問 （20）		問1	26	③	3	
		問2	27	③	4	
		問3	28	④	3	
		問4	29	⑥	3	
		問5	30	③	4	
		問6	31	②	3	

自己採点欄

100 点

（平均点：58.99 点）

第1問 世界の自然環境や自然災害

問1 ☐1☐ 正解は③

大陸棚はかつての大陸の一部と考えられ，広く大陸の周辺に分布している。しかし，大陸プレートの下に海洋プレートが潜り込む沈み込み帯では，大陸棚は分布しないと考えるとよい。沈み込み帯では，大陸プレートの周縁部に火山や弧状列島が形成され，それらに沿って，大陸プレートが海洋プレートに引っ張られるように海溝が形成されているためである。図1中，a，bではフィリピン諸島の東側，大スンダ列島の西・南側はそれぞれプレートの沈み込み帯にあたり，弧状列島や火山に沿ってフィリピン海溝，スンダ海溝が形成されている。よって，海溝側に大陸棚が見られないbが正しい。次に，アとイでは，中央アメリカの太平洋側がプレートの境界となり，海溝が形成されている。よってアが正しい。

問2 ☐2☐ 正解は②

図2中，河川Aはパリを流れるセーヌ川，Bはパダノ=ヴェネタ平野を流れるポー川を示している。表1をみると，カは，年平均流量ではキに比べ3倍以上も多い。また，河道の標高の割合では，わずかながらキにはない500m以上の地域があり，上流はキに比べ高い位置にあることが読み取れる。河川Bはアルプス山脈に源流をもちアルプスの雪解け水を含めて多くの支流から水が供給されること，また下流域には温暖湿潤気候が広がることから，年間降水量は多いと考えられる。一方，河川Aは起伏の少ないフランス平原を流れ，流域は西岸海洋性気候に属するため降水量は多くない。よって，河川Bはカが該当する。次に，x，yの文についてみると，河川Bは上流から侵食された土砂が多く供給され，河口に広大なデルタを形成している。よって河川Bはyが該当する。河川Aは残るxが該当する。河川Aは上流からの土砂の供給が少なく，海水の侵入により河口にエスチュアリーが形成されている。

問3 ☐3☐ 正解は②

図3中，Eはインダス川流域，Fは黄河流域，Gは長江流域，Hはメコン川流域を示している。大河川の流域の植生の違いを検討する際には，流域に広がる気候区を想起するとよい。ケッペンの気候区分ではGは温暖湿潤気候など大半は温帯が広がるが，Eは砂漠・ステップ気候，Fは亜寒帯とステップ気候，Hはサバナ気候が主に広がっている。これらを念頭にGの植生を検討しよう。表2中，①は常緑広葉樹林の割合が他の地域に比べてかなり高い。常緑広葉樹は温暖な地域を生育の適地にすることから，最も温暖な地域の植生と考えHが該当する。③は低木・草地と裸地の割合がかなり高いため，樹木が生育しにくい乾燥地域が多いと考えEが該当する。

FとGが残る②と④のいずれかに該当するが，より温暖で降水量に恵まれたGは，常緑広葉樹と落葉広葉樹の森林が豊富な②，残るFは④が該当する。ナラ，カエデなどの**落葉広葉樹**は温帯から亜寒帯にかけて広く分布する。

問4 4 正解は①

オーストラリアの気候を押さえつつ，特徴が明確な図から検討しよう。まず，④は大陸南西端とタスマニア島で大きい値（＋），内陸の広範な地域で小さい値（−）が示されていることが読み取れる。高緯度の地域ほど大きい値を示す指標として気温は考えにくく，④を含むQは降水量が該当する。よって，**気温はPが該当する**。次に，気温を示すPのうち，サは大陸の内陸部に（＋）がみられる。内陸が高温になる季節は比熱の関係から夏と考えられ，南半球の夏にあたる1月が該当する。よって，1月の気温は①が該当する。

問5 5 正解は②

地震や火山噴火は**変動帯**とよばれるプレートの境界に沿った部分で多く起こっている。アフリカ大陸は全体が**安定陸塊**であるが，図5中，北部に**新期造山帯**のアトラス山脈が走り，東部から北部の紅海にかけて全長7000kmにもおよぶ**アフリカ大地溝帯**が走っていることを想起したい。地溝帯は大地の裂け目にあたり，周辺では火山活動が活発で震源の浅い地震も多く発生している。熱帯低気圧による災害については，インド洋に面した大陸東部の南半球側やマダガスカルで**サイクロン**の襲撃をよく受けることを想起するとよい。表3中，地震の発生数が多いタとチのうち，熱帯低気圧の発生数が多いチが**東部**，タが**北部**に該当する。残る**西部**はツが該当する。

問6 6 正解は⑤

日本における土砂災害は集中豪雨などに伴って発生するものが多い。雪崩の被害は1，2月の厳寒期が多いが，気温が上昇した春先にも発生する。図6中，マ〜ムのうち，ムは中部や東北地方の山岳地帯を中心に雪崩による被害が多くみられる。よって3〜5月が該当する。また，マはミに比べ土砂災害の頻度が九州地方を中心に全国的に高いことが読み取れる。よって，マは梅雨や台風の時期と重なり大量の降雨がある6〜8月，残るミは9〜11月が該当する。

第2問　標準　資源と産業

問1　7　正解は④

油田と炭田の地域的な分布の違いは比較的明瞭である。炭田が古生代に形成された石炭層が含まれる古期造山帯周辺に分布するのに対し，油田は中生代以降に褶曲を受けた地層をもつ新期造山帯付近に分布している。図1中，**油田**はサウジアラビアなど中東地域に分布が集中し，インドネシア，ベネズエラなどが示されている凡例**イ**が該当する。残る凡例**ア**が**炭田**で，アメリカ合衆国，中国，オーストラリアなどに分布している。次に，資源を説明した**A，B**の文のうち，**石油**は，石炭より世界のエネルギー供給の割合が高く，埋蔵量の約半分を中東が占めるなど，偏在していることから**B**が該当する。**石炭**は残る**A**が該当する。

問2　8　正解は③

図2中，**カ**と**キ**の凡例はアフリカとヨーロッパのいずれかを示すので判定しやすい。まず，世界の人口をみると，凡例**キ**は**カ**に比べて1965年から2015年にかけてのグラフの幅をみると増加数が小さいことが読み取れる。さらに，世界の1次エネルギー消費量では，1965年から2015年にかけて**キ**は**カ**に比べて一貫して消費量がかなり大きいことが読み取れる。よって，**キ**は経済的により豊かな**ヨーロッパ**が該当する。次に，アジアにおける1人当たり1次エネルギー消費量は，人口の推移と合わせて考えよう。アジアでは，1次エネルギー消費量は，1965年に比べ2015年は10倍以上に伸びているのに対し，人口は2.4倍弱の伸びであるため，1人当たりの消費量は大きく増加していると考えられよう。よって，**X**は**増えている**が該当する。

問3　9　正解は⑥

与えられた指標のうち，1人当たりGDPは，工業化が進み経済が発展すると増加する傾向がみられる。また，1人当たり二酸化炭素排出量は，工業化の進展や自動車台数の増加などにより増大する傾向にある。ただし，現在，環境問題への関心が高まり，環境への負荷を考慮して，先進国の多くでは排出量を削減する取り組みも行われている。これらの点を考慮して図3を検討しよう。**a**は1995年時点では1人当たりGDPは極めて少なかったが，2015年にかけて経済発展がみられた地域と考えられ，**ス**が該当する。**b**は二酸化炭素排出量をみて，1995年時点でも燃料を大量に消費していた国で，2015年にかけてさらに，経済が大きく成長した国と考え**シ**が該当する。**c**は1人当たりGDPが1995年，2015年とも大きく，2015年には1人当たり二酸化炭素排出量が減少している点に注目すると，エネルギーの転換が進んでいると考えられ，**サ**が該当する。

2022年度：地理Ｂ／本試験〈解答〉　**5**

問4　　10　　正解は②
- e．**正しい**。環境への負荷は，化石燃料による発電で大きくなる。よって，５カ国中，化石燃料による発電量が最も多い中国が，最も負荷が大きくなる。
- f．**正しい**。１人当たりの環境への負荷を考える場合，各国のおよその人口数を想定し，簡単な計算で求めたい。中国について，発電量47000億（kWh），人口14億（人）と考えて１人当たりの発電量を計算すると，47000億÷14億でおよそ3400（kWh）と求められる。同様に人口をアメリカ合衆国3.3億，日本1.2億，ドイツ8000万，カナダ4000万として計算すると，アメリカ合衆国8200，日本6800，ドイツ4400，カナダ3000が得られる。よって，１人当たりの環境への負荷はアメリカ合衆国が最も大きい。
- g．**誤り**。化石燃料が総発電量に占める割合はドイツよりカナダの方が低いと読み取れる。よって環境への負荷が最も小さい構成比を示すのはカナダである。

問5　　11　　正解は③
与えられた指標のうち，森林面積の減少率は，ブラジル，インドネシア，ナイジェリアなどの発展途上国の熱帯林で大きく，環境面からも問題視されている。木材輸出額は，森林面積が大きく木材資源が豊富で，林業が盛んなロシアやカナダなどの先進国に多い。**薪炭材**は燃料として用いる木材で，主に発展途上国で自給用に用いられる。図４のうち，**K**は木材輸出額が最も大きいことから商業用の伐採が盛んな**ロシア**と考えられる。また，**L**は森林面積の減少率が高く，アマゾンの豊富な熱帯林をもつ**ブラジル**と考えられよう。**M**は国土が山がちで国土に占める森林面積率が低い**エチオピア**が該当する。次に，凡例**タ**と**チ**のうち，**薪炭材**は，電気やガスなどのインフラ整備が進んでいない発展途上国のエチオピアやブラジルで伐採量が多いと考えられる。よって，**タ**が該当する。

問6　　12　　正解は②
- ①**適当**。家畜の糞尿を放棄するとメタンの発生にもつながり，環境に悪影響を及ぼす原因ともなるので，肥料に用いることは資源の有効利用につながる。
- ②**不適**。マングローブ林をエビの養殖池への転換のために伐採することは，生態系の破壊など環境の悪化を招くため，再生可能な資源の利用とはいえない。
- ③**適当**。**都市鉱山**は，ごみとして大量に廃棄されていた家電などの電子機器に含まれる金やレアメタルなどの貴重な資源を鉱山に見立てて表現している。それらの資源を回収し，再利用することは資源の有効利用につながる。
- ④**適当**。ペットボトルを返却すると一部返金される制度はデポジット制とよばれ，ペットボトルの回収につながり資源の有効利用になる。日本でもビール瓶などでデポジット制がとられている。

第3問 標準 村落・都市と人口

問1 13 正解は②

① 適当。1963年の空中写真と比較すると，2009年の写真には規則正しく広い長方形状の耕地が区画されていることが読み取れる。農業の機械化や効率化を進める目的があったと考えられよう。

② 不適。2009年の空中写真には直交する幅広い道路がみられるが，ほとんどのあぜ道が舗装され，広い道路に変わったのではない。あぜ道は耕地を区切る細い道であることに注意しよう。

③ 適当。2009年の空中写真では，写真中央右側に1963年の写真にはなかった新たな家屋が密集して建てられていることが読み取れる。人口増加や核家族化の進展が要因と考えられよう。

④ 適当。砺波平野の散村を形成する伝統的な家屋は，家を囲むように屋敷林をもっていることで知られる。一方，新たに建てられた住宅は密集して建てられ，屋敷林はみられない。空中写真からも1戸当たりの敷地面積は伝統的な家屋の方が広いことが読み取れる。

問2 14 正解は②

与えられた公共施設の立地の特徴を考えよう。交番・駐在所は，人口の密集地を中心にほぼ均等に分散して設置され，地域住民の治安維持のため，数多く分布していると考えられよう。ごみ処理施設は，周囲への悪臭など環境保全に配慮し人口密集地には比較的少なく，全体の数も多くはないと考えられる。500席以上の市民ホールは，集会や文化活動などに利用され，各市町村に1～2つは人口が多い市街地に設置されると考えられよう。よって，交番・駐在所は最も多く分布している凡例ア，ごみ処理施設はウ，市民ホールはイが該当する。

問3 15 正解は④

ジェントリフィケーションは，大都市の内部の衰退した地区の再開発に際し，新たな居住空間に生活の利便性を求めて，専門職従事者など高所得者層が移り住む現象をいう。その移住に伴い，地価・家賃は高騰する。与えられた指標が示す図をみると，中心業務地区付近の概要の図から，①以外は都心に近く交通網が発達している地域に立地している。また，2000年の居住者の貧困率の図から，①は貧困率が低く，都市内部の貧困層が多い衰退した地区であったとは考えにくい。よって，①は不適と考えられよう。また，大学を卒業している居住者の増減を示す図からは，③は減少しているため不適と考えられる。賃料の増減を示す図では，②は減少しているが，④は40％以上増加している。よって，④が該当する。

2022年度：地理Ｂ／本試験〈解答〉　7

問4　16　正解は③

　ヨーロッパの主要な都市の空港のうち，まずロンドンの統計から凡例Ａ，Ｂの出発地域を特定しよう。ロンドンは世界の経済，社会の中心地の１つであることから，国際的な経済関係者の多くが訪問すると考えると，同じ経済の中心地である**北アメリカ**は割合が最も高い**Ａ**，**アフリカ**は割合が低い**Ｂ**と考えられよう。次に，**カ〜ク**の各空港に到着する旅客数の割合をみて，中央・南アメリカの割合が極めて高い**ク**は，かつてその地域の多くの国々の宗主国で，今日も経済的な結びつきが強いと考えられる**スペイン**の**マドリード**が該当する。パリは残る**カ**と**キ**のいずれかに該当するが，**キ**はアフリカの割合が**カ**よりかなり高いことから，かつてフランスはアフリカに多くの植民地をもっていたことを考慮し，**パリ**が該当する。**カ**は残る**フランクフルト**が該当する。

問5　17　正解は①

　図５の人口ピラミッドのうち，特徴のあるグラフに注目すると，**④**は 75 歳以上の高齢者の割合が極めて高いことが読み取れる。ヨーロッパの先進国では人口の高齢化が進んでいると考えられ，**④**を含む**シ**は**ドイツ**が該当する。よって，**シンガポール**は残る**サ**が該当する。次に，人口ピラミッドの示す国全体と外国生まれについて考えると，**サ**のシンガポールは多民族国家で ASEAN 諸国の中で最も工業化が進み，近隣国から多くの外国人労働者を受け入れている。その中にはメイドとして家事労働に従事する人も多く含まれるため，女性の割合が高くなっている。ドイツも**ガストアルバイター**とよばれる外国人労働者を受け入れている。よって，両国で 20〜40 歳代の生産年齢人口の割合が高い**Ｄ**が**外国生まれ**，**Ｅ**は**国全体**が該当する。シンガポールの外国生まれは，**サ**と**Ｄ**を組み合わせた①が該当する。

問6　18　正解は③

　与えられた指標のうち，出生率は一般に発展途上国が高く，先進国は低い傾向にある。また，死亡率も保健・衛生などの点で一般に発展途上国は高く先進国は低い傾向にあるが，先進国では高齢化が進むと死亡率も高まる傾向があることも押さえておきたい。図６中，特徴的な**④**は 1980 年の時点で出生率，死亡率とも他の国に比べて極めて高かったことから発展途上国の**バングラデシュ**が該当する。しかし，バングラデシュは近年は繊維工業などの成長で出生率は大きく低下している。**①**は 1980 年の早い時点から出生率が最も低かったことから，先進国の**カナダ**が該当する。**マレーシア**は残る**②**と**③**のいずれかであるが，1980 年時点で出生率が高かった**③**が該当する。残る**②**は**韓国**が該当する。韓国は 2019 年には４カ国の中で最も出生率が低く，近年少子化が急速に進み社会問題にもなっている。

第4問 —— ラテンアメリカの地誌

A　標準　《ラテンアメリカの自然と社会》

問1 　19　 正解は ②

図1中，地点Dが設定された川はオリノコ川，地点Eが設定された川はサンフランシスコ川を示している。この2つの河川の流域の気候は，オリノコ川は弱い乾季のある熱帯雨林気候とサバナ気候，サンフランシスコ川は主にサバナ気候で，いずれの地点も夏の雨季の降水量が多いと考えられる。月平均流量の年変化を示したアとイのグラフのうち，Dはアマゾン川の河口の位置から判断して北半球に位置するため，夏季の7〜9月に流量が多くなると考えられる。よって，空欄 **a** は **ア** が該当する。次に，DとEの年平均流量の差については，気候とそれぞれの河川のもつ流域の面積を比較するとよい。Dは赤道に近い広範囲の流域をもち，下流域には熱帯雨林気候が分布することからEより流量が多い。よって，空欄 **b** は **少ない** が該当する。

問2 　20　 正解は ②

図3をみると，エネルギー源別の発電量は，多くの国で凡例JとKの割合が高く，Lは極めて小さいことが読み取れる。そのうちJは，チリやアルゼンチンなどで割合が高い。特にチリは国内に大きな河川がなく，乾燥気候が広範囲に広がるため火力が中心と考えられ，Jは **火力** が該当する。一方，Kはブラジル，コロンビアなどで割合が高い。特にブラジルは，アマゾン川，パラナ川などの大河川があり，水資源に恵まれていると考えられ，Kは **水力** が該当する。Lは，ラテンアメリカでは利用が遅れている **再生可能エネルギー** が該当する。ただし，コスタリカは，豊かな自然を生かし自然に触れながら環境保全の意識を高める **エコツーリズム** が盛んで，環境保護に力を入れており，水力とともに再生可能エネルギーの割合が高い。

問3 　21　 正解は ④

① 適当。図5の1971年のグラフにみられるコーヒー豆や粗糖の生産は，大農園で行われていた。ラテンアメリカでは大土地所有制が広く導入されたが，この制度に基づく大農園はブラジルでは **ファゼンダ** とよばれる。

② 適当。図4をみると，1970年代初頭以降1990年代にかけて輸出総額に占める農産物の割合が大きく低下していることが読み取れる。この間，工業化が進められたと考えられよう。ブラジルでは，1960年代後半から工業化が進展し，鉄鋼，造船，自動車などの重化学工業が発達した。1990年代後半以降は，さらに航空機や先端技術産業も盛んになっている。

2022年度：地理Ｂ/本試験〈解答〉　**9**

③**適当**。2000 年代以降，農産物の輸出額は大きく増加しているが，大型機械や遺
　伝子組み換え作物を導入して，輸出向けの**大豆**の大規模な生産を進めたことが大
　きな要因になっている。

④**不適**。コーヒー豆の輸出額の変化については，割合の大きさではなく金額の大き
　さに留意しよう。図 4 から 1971 年の農産物全体の輸出額は 20 億ドル程度で，
　2019 年には 470 億ドル程度に成長している。図 5 から 2019 年はコーヒー豆の輸
　出額の割合が 7 ％ほどと読み取れ，1971 年の 50 ％からは減っているが，計算す
　ると金額は増加していることがわかる。

問 4　　22　　正解は①

　与えられた指標のうち，GNI（国民総所得）に占める所得上位 10 ％層の所得の割
合は，貧富の差が大きい国ほど高いと考えられる。また，1 人当たり GNI は，工
業化が進み経済が発展している国が大きいといえよう。図 6 中，1 人当たり GNI
が高い**カ**と**キ**はアルゼンチンかブラジルが該当すると考えられる。そのうち**キ**は，
GNI に占める所得上位 10 ％層の所得の割合が最も高い。アルゼンチンは人口に占
める白人の割合が極めて高いのに対し，ブラジルは国民が多様な民族で構成され，
もともと経済格差があった上，経済発展によりさらに貧富の差が拡大したと考えら
れる。ブラジルではファベーラとよばれる**スラム**の拡大が深刻化している。よって，
キはブラジル，**カ**はアルゼンチンが該当する。**ク**は，工業化が遅れている**ボリビア**
が該当する。

Ｂ　　標準　《チリとニュージーランドの地誌》

問 5　　23　・　24　　正解は①・②

①**チリのみに該当**。「寒流の影響」と「降雨のほとんどない地域」からチリを想起
　しよう。寒流のペルー海流の影響で形成されたアタカマ砂漠は**海岸砂漠**の例とし
　て知られる。ニュージーランドは全島で西岸海洋性気候が分布する。

②**ニュージーランドのみに該当**。①の検討より，首都が「年中湿潤な地域に位置」
　するのは，西岸海洋性気候が分布するニュージーランド（ウェリントン）である。
　チリの首都のサンティアゴには地中海性気候が分布する。

③両国に該当。**フィヨルド**や山岳氷河がチリ南部に発達していることはよく知られ
　る。ニュージーランド南島の南西部にもフィヨルドがみられ，一帯はフィヨルド
　ランド国立公園になっている。

④両国に該当。両国とも新期造山帯の**環太平洋造山帯**に位置し，国内に火山があり
　地震も頻発している。

10 2022年度：地理Ｂ／本試験〈解答〉

問6 　25　 正解は②

表１中，輸出総額に占める鉱産物の割合をみると，**サ**は**シ**に比べてかなり大きいことが読み取れる。チリは，銅の世界的な産出国，輸出国であるが，リチウムなどのレアメタルの産出も多い。一方，ニュージーランドは酪農品や肉類の輸出が多い。よって，**チリはサ**，**ニュージーランドはシ**が該当する。次に，輸出総額の地域別割合については，チリ，ニュージーランドとも 1985 年では**X**より**Y**の割合が高かったが，2018 年では両国とも**X**の方が**Y**より割合が高くなっている。また，両国とも 2018 年は東アジアの割合が大きく増加していることにも注目したい。かつてチリはスペイン，ニュージーランドはイギリスが宗主国であったことから，西ヨーロッパとの結びつきが強かったが，西ヨーロッパが EU を結成していることもあり，近年は距離的にも近い東アジアや北アメリカとの結びつきが強まっていると考えられる。環太平洋パートナーシップ協定（TPP）の発効などもその表れといえよう。よって，**西ヨーロッパはY**，**北アメリカはX**が該当する。

第5問 　標準　 北海道苫小牧市とその周辺の地域調査

問1 　26　 正解は③

①**不適**。南側から苫小牧港に近づくと樽前山は左側に見える。また，市役所や苫小牧駅が海岸近くにあるため海から視界に入りやすいと考えると，市街地も左側に見えるといえよう。

②**不適**。勇払駅から列車で東に進むと左側に弁天沼は見えるが，ウトナイ湖は後方に位置し，しかも列車からの距離を考えると水面が見えるとはいえない。

③**適当**。沼ノ端駅のすぐ東側の国道を北西に進むと別の国道に突きあたり，そこが湿地に面していることが読み取れる。

④**不適**。苫小牧中央インターチェンジから高速道路を西に進むと，進行方向に向かって左側に市街地，右側に樽前山が見える。

問2 　27　 正解は③

ア．**沿岸流**が該当する。苫小牧市の海岸に多量に砂を運搬し供給するのは，海岸に沿って平行に流れる沿岸流の働きによる。

イ．**冬季**が該当する。苫小牧市は太平洋岸に位置し，降水量は夏に多く，冬は河川の流量が少ない。

ウ．**大きく**が該当する。図２をみると，1909 年から時代を経るにつれて河口の位置が西側に移動していることが読み取れる。河川流量の減少する冬季には，河川の侵食力を，沿岸流の運搬・堆積作用が上回り，河口付近が砂でふさがれることが要因であると考えられる。

2022年度：地理Ｂ／本試験〈解答〉 **11**

問3 28 　正解は④

①**適当**。図3から読み取れるように，室蘭港は太平洋に突き出した絵鞆半島に囲まれた内湾に造られ，天然の良港になっている。

②**適当**。北海道内における苫小牧港の立地を，室蘭港の立地と比べるとよい。苫小牧港は札幌市に近く，北海道全体の中央部に近いといえよう。

③**適当**。図3をみると，苫小牧港は砂地などでできた平坦な土地に建設された**掘り込み港**であることがわかる。よって，港の近くに倉庫や工場が造りやすかったと考えられよう。

④**不適**。図5から，フェリーを除いた国内の移出入量と海外との輸出入量を比べると，苫小牧港は海外との輸出入の方が割合が低く，室蘭港は逆にやや高いことが読み取れる。よって，苫小牧港は海上貨物取扱量のうち海外との貿易の占める割合は室蘭港より低いといえる。

問4 29 　正解は⑥

表1からＡの業種は，1971年には既に道内の出荷額に一定の割合を占めており，苫小牧市の中心的な産業であったことが読み取れる。また，Ｂの業種は1971年時点では市の出荷額の割合は極めて小さかったが，2018年には道内の出荷額の7割を占めるまでに成長した産業であること，Ｃの業種は道内の出荷額に占める割合は極めて小さく苫小牧市の有力な業種ではないことが読み取れる。問3で示された図4をみると，1970年代中ごろから苫小牧港の海上貨物取扱量が増加しているため，Ｂの業種は苫小牧港が整備され，工業都市として成長したことが発達の要因になったと考えられよう。よって，輸入品が関係する業種と考え**石油製品・石炭製品**が該当する。Ａは，樽前山麓をはじめとする国内の豊富な木材資源を利用して，港が整備される以前から発展していたと考えられる。よって**パルプ・紙・紙加工品**が該当する。苫小牧市は農業，水産業の基盤が小さいことから，Ｃは**食料品**が該当する。

問5 30 　正解は③

地区ｄ，ｅの年齢別人口構成の変化を示した図6をみると，まずキの図は40歳前後の働き盛りの年代と，その子供と考えられる幼年人口の割合が突出している。それに対し，カは40歳代の割合が比較的高いが，高齢者層もみられ各年齢層の差が小さいことが読み取れる。地区ｄは社員用住宅地区であることから，転出入が活発で，同じ年齢層の人口とその子供の人口の割合が高いと考えられよう。よって，キが該当する。地区ｅは残るカが該当する。郊外の戸建ての住宅地区は比較的裕福な人々が入居すると考えられ，居住者はやや高齢で年齢の幅も大きく子供の年齢層も高めであると考えられる。次に，ＸとＹの年代については，転出が少ないと考えられるカの図に注目すると，Ｙは60歳前後の割合が高くなっている。Ｘで割合が高

12 2022年度：地理Ｂ／本試験〈解答〉

かった 40 歳代の人々がそのまま高齢化したと考えられよう。よって，Ｘは 1995 年
が該当する。残るＹは 2015 年である。

問6 　31 　正解は②
　Ｅ．**サ**が該当する。空き店舗や空き地の増加，来訪者の減少などの現象は，居住人
　　口の減少と結びつくと考えよう。図7をみると，市役所の西側は人口の減少・
　　停滞地域が広範にみられることが読み取れる。なお，苫小牧港の北側では人口
　　が増加している。
　Ｆ．**チ**が該当する。**タ**の郊外のショッピングセンターの開発や大規模マンションの
　　建設は，大幅な人口増加が見込めない地方都市の解決策としては適切ではない。
　　また，大型の駐車場ができることは温室効果ガス削減の取組みに逆行すること
　　につながる。地道ながら地域住民の生活の利便性の向上を図り，町の活性化を
　　図ることが有効であると考えられる。

地理A 本試験

2022年度：地理A／本試験〈解答〉

問題番号(配点)	設問	解答番号	正解	配点	チェック
第1問(20)	問1	1	③	3	
	問2	2	③	3	
	問3	3	①	4	
	問4	4	①	4	
	問5	5	②	3	
	問6	6	③	3	
第2問(20)	問1	7	③	3	
	問2	8	⑥	4	
	問3	9	④	3	
	問4	10	②	3	
	問5	11	③	3	
	問6	12	④	4	
第3問(20)	問1	13	③	3	
	問2	14	⑤	3	
	問3	15	③	4	
	問4	16	①	3	
	問5	17	③	3	
	問6	18	④	4	

問題番号(配点)	設問	解答番号	正解	配点	チェック
第4問(20)	問1	19	①	3	
	問2	20	③	4	
	問3	21	④	3	
	問4	22	②	4	
	問5	23	③	3	
	問6	24	④	3	
第5問(20)	問1	25	③	3	
	問2	26	③	4	
	問3	27	④	3	
	問4	28	⑥	3	
	問5	29	③	4	
	問6	30	②	3	

自己採点欄 / 100点
（平均点：51.62点）

14　2022年度：地理A／本試験〈解答〉

第1問　標準　地図の読み取りと活用，日本の自然災害

問1　　1　　正解は③

①不適。図1の等高線の間隔をみると，図の中央を走る国道の東側は西側より傾斜が緩いことが読み取れる。国道の西側は，山地と扇状地が広がり，東側は扇状地の扇端部とそれに続く沖積平野が広がっている。

②不適。国道の西側は扇状地の扇央部にあたり，水はけはよいが，地図記号をみると果樹園はみられず**針葉樹林**が広がっている。

③**適当**。国道の東側にある扇状地の扇端にあたる部分は，湧水が得られるため集落や水田が列状に分布していることが読み取れる。

④不適。扇状地を流れる河川には天井川が発達することもあるが，河川と道路や鉄道との交差部に注目しよう。大谷川と交差する国道や鉄道は河川の上を通っていることが読み取れる。

問2　　2　　正解は③

ア. 山地から下るが該当する。**フェーン現象**は，湿った空気を含む風が山地を越える際，風上の斜面に雨をもたらし，高温で乾燥した風となって風下の斜面を吹きおろす現象をいう。地上は上空より気圧が高いため，空気が圧縮されて温度が上がるのである。

イ. Aが該当する。フェーン現象による影響を受けやすい地点は，風下にあたる山地の麓と考えられる。都心部に位置するBは人口熱の排出による**ヒートアイランド現象**の影響を受けやすい。

問3　　3　　正解は①

図3をみると，現在の役所の支所に追加で配置する2か所目の支所の候補地として，カは現在の支所の1kmほど東に離れた近辺の地点，キは南東に5kmほど離れた地点にあることが読み取れる。図4中，距離別人口割合を示したa，bをみると，aは3km以上離れた地域の人々がいないのに対し，bは3km以上離れた地域の人々が，現在より少ない割合ではあるがいることが読み取れる。カに新たに配置しても，地域の南東部に居住している人々は3km以上離れることになるが，キに新たに配置した場合は，その地域の人々の不便は解消される。よって，候補地点キはa，カはbが該当する。次に，支所配置の考え方としては，人口密集地に近いカへの設定は，1km未満という高い利便性を享受できる住民を増加させ，効率性を重視した結果であるといえる。一方，キへの設定は，3km以上離れた遠隔地の人々の割合を減少させ，移動にかかる公平性を重視した結果であると考えられよう。よってDが該当する。

問4 　4　 正解は①

図5と図6で示されたJ〜Lの地点の地形上の特徴を把握しよう。Jは，図6の左手に見える山地の小高い斜面に位置し，3つの地点のうちでは火口からは最も遠くにある。防災マップでは火砕流の範囲のわずかに外側にあるものの，火砕流周辺の熱風の範囲には入っていることが読み取れる。よってサが該当する。Kは火口に近い山麓に位置している。火砕流の範囲内にあり溶岩流の範囲にも近いが，溶岩流は火口方向に向かって右側にみえる谷に流れるので，背後から接近する溶岩流が見えず，危険の察知が遅れる可能性がある。よってシが該当する。Lは火口の右側に見える山地の，火口とは反対側の麓に位置している。山地の尾根が熱風の範囲の境界線になっており，この山地が火砕流や溶岩流の侵入を防いでいると考えられよう。よってスが該当する。

問5 　5　 正解は②

階段状の模式断面図から，住宅地造成の前後で地盤がどのように変化したかを検討しよう。造成前の地表面を削って宅地にしたところは地盤が固く，逆に盛り土をして宅地にしたところは地盤が弱いと考えるとよい。そこで，地盤が固いところとしては，住宅地造成前の地表面を示す破線が，造成後の地表面を示す実線の上にあるものを選ぶ。図7中，②と④が該当するが，④は破線と実線の境界にあたり地盤は不安定と考えられる。また，④は崖崩れの危険性のある盛り土が周囲にみられない。②は，一つ上層にある③が盛り土により造成されているため，崖崩れの可能性がある。よって②が該当する。

問6 　6　 正解は③

①適当。海からの飛砂や風の被害を防ぐ目的で，海岸と田畑との間に設けられる森林は**防風林**と呼ばれ，クロマツなどの松類がよく植えられている。

②適当。植林地は，木材生産や森林保全のため，苗木を植えて林に育てる土地をいう。森林育成には，下草刈り，枝打ち，間伐などの継続的な管理を要する。

③不適。竹の地下茎は地表付近によく発達し，地面をしっかり保持するため，優れた防災機能をもっている。しかし，洪水により堤防からあふれ出た水を排出する機能を有するとは考えにくい。

④適当。遊水地は洪水時に河川から水を流入させ，一時的に水をためて流量の調節を行う土地である。下流の洪水被害を軽減するのに役立つ。

16　2022年度：地理Ａ／本試験〈解答〉

第2問　標準　世界の生活・文化

問1　　7　　正解は③

① 不適。アメリカ合衆国のジャガイモ生産量は多いが，国内向けだけでなく，輸出量も多い。国内消費では，生食用よりも加工食品用が多く，フライドポテトなどに加工されている。

② 不適。インドや中国では，ジャガイモは高原や寒冷地でも生産できるため栽培が盛んであるが，多くが国内で消費されている。

③ 適当。東ヨーロッパでは，ジャガイモの1人当たり年間消費量が多く，主食としてのジャガイモ文化が定着している。

④ 不適。南アメリカアンデス地方原産のジャガイモは，スペイン人が本国に持ち帰ったことで初めてヨーロッパに持ち込まれ，その後スペインからヨーロッパ各地に伝播したといわれる。

問2　　8　　正解は⑥

図2中，Ａ〜Ｃの地域に含まれる地点でみられる気候の特徴から，家畜として利用されている動物を特定しよう。Ａは年降水量がかなり多く，気温の年較差が小さいことから熱帯地方の地点を示すと考えられよう。熱帯地方では高温に強い水牛が飼育されている。水牛は農地の耕作や運搬に使われるが，インドではミルクを得るのにも利用されている。よってウが該当する。Ｂは気温の年較差が極めて大きいことから，寒冷地域の地点と考えられる。北極圏の寒冷地などで飼育されているのは寒さに強いトナカイと考えられる。よってイが該当する。スカンディナヴィア半島のサーミなどはトナカイを遊牧に利用している。Ｃは降水量が極めて少ないことから乾燥地域の地点と考えられる。中央アジアから北アフリカにかけての砂漠やステップでは乾燥に強いラクダが遊牧に利用されている。よってアが該当する。

問3　　9　　正解は④

図3中，Ｅ〜Ｇで示された地域の風を含む自然環境の特徴を想起しよう。Ｅはアメリカ合衆国中央部の中央平原付近を示している。この地域では，しばしば大規模な竜巻であるトルネードが発生し，大きな被害がもたらされている。よって，強風対策が施されているキが該当する。Ｆはヨーロッパ中央のオランダ周辺を示している。この地域は偏西風が気候の特徴に影響しており，オランダではこの偏西風を利用して，風車により動力を得ていたことで知られる。よってクが該当する。Ｇはイランの砂漠，ステップ地域を示している。イランの住宅では，上空の涼しい風を家の中に取り込むバードギールとよばれる塔のような施設が設けられ，乾燥地域特有の夏の暑さを防ぐ工夫がなされている。よって力が該当する。

問4　　10　　正解は②

①適当。乾燥地帯では砂嵐と強い日差しを防ぐため，建物の間隔を狭くとり密集させて建設することで，互いの建物で日陰を作るよう工夫されている。

②不適。シバームの古都は，この地方独特の高層住宅建築で知られる。5〜8階ほどにもなる建物が乾燥地域特有の日干しレンガでつくられている。多くの建物が16世紀に建てられたものといわれ，建築素材としてコンクリートは適当でない。

③適当。シバームは市街全体が城壁で囲まれている。城壁都市はヨーロッパなどでもみられ，多くは防衛を主目的として建設されている。シバームは砂漠に建設された都市であるため，洪水対策も目的の1つと考えられよう。

④適当。砂漠地帯でみられる，まれな降雨時以外は流水のない川はワジと呼ばれ，通常は交通路に利用されている。

問5　　11　　正解は③

写真2の建築物はサグラダファミリアを示している。サグラダファミリアは，建築家のガウディが設計し1882年に工事が始まったが，現在も建設が続けられているカトリックの聖堂で，世界文化遺産に登録されている。この聖堂がスペインのバルセロナにあることが想起できると，カトリックとラテン語派の組合せが浮かんでこよう。ヨーロッパの主な言語と，キリスト教の主な宗派は，それぞれ3つのグループに分けられる。スペイン，フランス，イタリアはラテン語派に属し，カトリックが広く信仰されている。

問6　　12　　正解は④

サ．bからaが該当する。オーストラリアは先住民に加え，多くの移民からなる多民族国家で，移民の出身地，移動の時期などに特徴がみられる。出生地別でみると，イギリスの植民地であったことから，伝統的にイギリスを中心としたヨーロッパ諸国からの移民が多いが，近年，距離的に近く，経済的な結びつきを強めているアジア諸国からの移民が増加する傾向がみられる。表1中，1996年，2016年ともすでにオーストラリア出身者が大半を占めているが，イギリス，イタリアからの移民の割合が高いbは歴史的に年代が古い1996年，中国，インドなどアジア諸国からの移民の割合が高いaは2016年と考えられよう。

シ．Yが該当する。家庭での使用言語は，公式の場と異なり，出身国の言語を用いることが多いと考えられよう。シドニー大都市圏は，国内最大の人口をもち，オーストラリアの経済，文化の中心地で就業機会も多いことから，移民の多くが集住する。そのため，相対的に移民が少ない大陸全体に比べ，家庭で英語以外の言語を使用することが多いと考えられよう。

18 2022年度：地理A／本試験〈解答〉

第3問 標準 東アジアの暮らし

問1 13 正解は③

図1中，与えられた4つの地点の気候の特徴を，緯度，隔海度，高度などを考慮して把握しよう。プサンは，西日本と同じ温暖湿潤気候が分布するため，図2中，月降水量が少ないアとイは該当しない。アは最暖月，最寒月とも最も低温であることから標高3650mの高原に位置するラサが該当する。イは気温の年較差が大きいことから，内陸に位置するシーアンが該当する。プサンとタイペイを比較すると，どちらも温暖湿潤気候が広がるが，プサンの方が高緯度に位置するため，エより最暖月，最寒月とも低温であると考えられ，ウが該当する。残るエはタイペイである。

問2 14 正解は⑤

図1の地点A〜Cを含む地域をみると，Aは中国のランチョウ付近を示しているが，すぐ東側にはニンシヤホイ（寧夏回）族自治区があることに留意したい。ニンシヤホイ族自治区に住むホイ（回）族は，7世紀以降に中国に移動してきたアラブ人やペルシア人が漢族などと混血して形成された民族とされ，多くは漢語を用いるが，イスラーム（イスラム教）を信仰している。Bは北朝鮮のピョンヤン付近，Cは日本の九州北部を示している。資料1中，カは二毛作として小麦が生産されていることから，米を主食とした日本の麺類の説明と考え，Cが該当する。キはイスラームの文化の影響を受けていることから，Aが該当する。クは冬の保存食となる漬物のキムチの説明からBが該当する。

問3 15 正解は③

日本，韓国，中国のそれぞれの国の小麦と米の消費の特徴を想起しよう。東アジアでは伝統的に小麦より米の消費量が多いと考えられるが，日本では特にその傾向が強い。図3をみると，指標となる穀物Eは，1963年の時点では，韓国も含めた3国ともFより1人当たり年間供給量が多いことから，米と考えられる。よって，小麦は残るFが該当する。次にサとシをみて，サは1963年から2013年にかけて米の供給量が大きく減少しているが，小麦の供給量はやや増加している。近年の食生活の変化などにより米の消費量が減少し，パンなど小麦の消費量が増加したと考えられよう。よって，サは日本が該当する。中国は，残るシが該当する。中国は，北部では小麦の消費も多く，経済発展により米，小麦を含めて穀物の供給量が増加したと考えられよう。

問4 16 正解は①

日本，韓国，中国の3か国の産業の特徴を考えながら，貿易における乗用車と野菜

の取引を検討しよう。図4をみて，30％以上の大きな取引割合を示す矢印が，**チ**から日本と日本から**チ**への2つの方向で示されていることに注目しよう。日本からの矢印は輸出，逆に日本への矢印は輸入と考えると，日本から**チ**へ向かう**K**の品目は，日本の世界全体への輸出品の主力でもある**乗用車**が考えられよう。よって，**野菜**は残る**J**が該当する。次に，**タ**と**チ**の国をみると，日本からは**タ**より**チ**への乗用車の輸出，また**チ**からの野菜の輸入の割合も多いことから，**チ**は**中国**が該当する。中国では低いコストで野菜が生産され，生鮮野菜のほか，冷凍野菜や乾燥野菜などに加工されて日本に輸出している。よって，**韓国**は**タ**が該当する。

問5 　17　 正解は③

与えられた指標のうち，知的財産使用料は，発明など知的な創造活動によって生み出され保護されている財産を使用する際に支払われる経費をいう。具体的には問題文の注にあるように，著作権料，特許料などをいう。また，文化・娯楽等サービスの収支は，映画，テレビ番組などの制作，コンサート，スポーツなどのイベント，テーマパークの運営などにかかわる経費の収支をいう。表1の**マ**と**ミ**の判断が難しいが，日本では，知的財産使用料は，特許料などの産業財産権などの使用料の収入が大きく大幅な黒字，文化・娯楽等サービスの収支は2015～2019年の平均では金額は大きくないが赤字になっている。よって，**マ**は全体の金額が多いことから**知的財産使用料**が該当する。**ミ**は残る**文化・娯楽等サービスの収支**が該当する。次に，**M**と**N**の国を考えると，**M**は，知的財産使用料が他の国や地域に比べ極めて大きいと読み取れる。工業化や経済活動を進める際に，特許などを広く使用したと考えられ，**中国**が該当する。**N**は残る**韓国**が該当する。韓国では，1990年代後半から文化産業を育成する政策がとられ，K-POPや映画，テレビドラマなどの輸出が増加している。

問6 　18　 正解は④

図5の訪日旅行者数の推移をみると，2000年から2010年代の前半までは**ラ**が多かったが，2010年代半ばから**リ**の国が急激に増加していることが読み取れる。**リ**の2000年以降の訪日旅行者の急激な増加は，経済成長により個人の所得が増えたことが大きな要因と考えられる。よって，**中国**が該当する。**ラ**は残る**韓国**である。次に，訪日旅行者の地方別延べ宿泊数をみると，**P**は特に九州・沖縄で割合が高いこと，**Q**は近畿，中部，関東などの大都市圏を含む地域で割合が高いことが読み取れる。中国の訪日旅行者は，買い物を楽しむことが旅行の目的の1つであると考えると，商業活動がより盛んな大都市圏に来訪すると考えられよう。よって，**中国**は**Q**が該当する。**韓国**は，距離的に近い九州・沖縄で割合が高い**P**が該当する。

20 2022年度：地理Ａ／本試験〈解答〉

第4問 　標準　 地球的課題

問1 　19　 正解は①

　図1から，穀物の利用について，地域名が与えられているアジアに注目して考えよう。アジアでは，穀物は自給的に栽培されている地域が多く，穀物の消費量は家畜の飼料より食料としての用途の方が多いと考えられよう。グラフの割合が高い凡例Bが食料用途と考えられ，一方，飼料用途はAが該当する。次に，図1中のアとイの地域をみると，アは飼料用途の割合がかなり高いことから，商業的農業が行われ，主穀と飼料作物を栽培し家畜の飼育が盛んな地域と考え，**ヨーロッパ**が該当する。イは残る**アフリカ**が該当する。

問2 　20　 正解は③

①**適当**。食材の重量を倍増して使用食材をすべて国内産にした場合と，現状の食事の場合の**フードマイレージ**を計算してみよう。食事Dでは，重量を倍にした場合は＜560ｇ×国内輸送距離＞，現状は＜240ｇ×国内輸送距離＋40ｇ×アメリカ合衆国との輸送距離＞で計算できる。そこで，＜320ｇ×国内輸送距離＞と＜40ｇ×アメリカ合衆国との輸送距離＞を比較することになるが，アメリカ合衆国との輸送距離が国内輸送距離の8倍であると両者の値は等しくなる。しかし，実際はアメリカとの輸送距離は国内距離の8倍より比較にならないほど大きい。よって，国産にした場合の方がフードマイレージは小さくなる。食事Eでは，海外からの食材が多いため，国内産の方がさらに値は小さくなると考えられよう。

②**適当**。食事Dはアメリカ合衆国産の重量が40ｇであるが，食事Eはアメリカ，カナダ，タンザニアから合計で240ｇあるので，Eの方がフードマイレージの値が大きい。

③**不適**。使用食材の単価については，国内産より外国産の方が安い場合が多く，使用食材をすべて国内産にしても，単価を大幅に低下させることができるとは限らない。

④**適当**。**フェアトレード**は，発展途上国の農産物などを適正な価格で輸入し，生産者の生活を支える取り組みである。食事Eはタンザニア産のコーヒーがあるため単価は上昇するが，その分生産者に還元される仕組みになっている。

問3 　21　 正解は④

　問題の注に示されているように，人口が1000万人を超える都市や都市圏は**メガシティ**とよばれる。大都市はまず先進国で発達したが，20世紀後半以降，発展途上国にも農村部からの人口集中などで大都市が発達している。メガシティは，人口が急増し経済が大きく成長する国に発達するといえよう。表1中，2018年のメガシ

ティ数が最も多いJは，中国，インドなど大きな人口をかかえる国が多いと考え，**アジア**が該当する。KとLを比べて，2018年の数と2030年の予測値の数を比べると，Kは2つ増加し，Lは変化がないことが読み取れる。今後，人口の増加や経済成長が見込まれる地域はアフリカの可能性が高いと考えられ，**K**は**アフリカ**が該当する。**L**は残る**北アメリカ**が該当する。次に，空欄aでは中央・南アメリカなど発展途上地域の都市がかかえる問題を考えよう。人口が急増することによる都市環境の悪化や，増加に見合うインフラ，住宅，雇用などの社会基盤の整備が十分でないことがあげられる。よって**キ**が該当する。

問4　22　正解は②

与えられた指標についてみると，人口千人当たりの自動車保有台数は先進国が多く，発展途上国でも経済の発展につれて増加すると考えられる。また，人口千人当たりの窒素酸化物排出量は，自動車の保有台数の増加など化石燃料の使用により増加する傾向がある。ただし，環境問題への意識が高まり，大気汚染防止などの取り組みを進めている国では減少する傾向がみられよう。図2をみて，1990年と2015年の2つの年で自動車保有台数が最も多い**ス**は，モータリゼーションが早くから発達している国と考え，**アメリカ合衆国**が該当する。サとシをみると，**サ**は自動車保有台数が最も少ない年があり，モータリゼーションの発達が遅れた**ポーランド**が該当する。**シ**は残る**日本**が該当する。次に，凡例X，Yをみると，**サ～ス**のいずれの国もXよりYの年の方が自動車保有台数が多く，Yの年に窒素酸化物の排出量が大きく減少している国もある。よって，**Y**は**2015年**が該当する。**X**は残る**1990年**が該当する。

問5　23　正解は③

①**適当**。図3中，それぞれの金属が分布している国の数を比べると，タンタルの方が金より少なく，アフリカに集中しているため，産出国は偏在しているといえる。

②**適当**。タンタルはアフリカに産出量の多い国があるが，世界全体では金の方が産出量が多いと読み取れよう。産出量をみると，2017年の統計では，タンタルは1810トン，金は3230トンである。

③**不適**。金はアメリカ合衆国，カナダ，オーストラリアなどでも産出しているが，タンタルはコンゴ民主共和国やルワンダなどアフリカの限られた国での産出が多く，政情不安が産出量に影響を与えやすいといえよう。

④**適当**。タンタルは，スマートフォンなどの小型電解コンデンサの材料になり電子機器の小型化に不可欠な金属で，需要が増加しているといえよう。

22 2022年度：地理Ａ／本試験〈解答〉

問6 　24　 正解は④

　世界各地の先住民族の居住地を示した図4のうち，Ｐはアフリカ南部のカラハリ砂漠付近を示している。この地域には狩猟・採集民族のサンが居住している。よって，チが該当する。近年は政府の定住政策によって，サンの生活も変化しているといわれる。Ｑはカリマンタン島を示している。この地域には熱帯雨林が広がり，先住民のダヤクなどが焼畑農業や狩猟・採集を行い暮らしてきた。よって，ツが該当する。近年，熱帯雨林を切り開いてパーム油を採取するために油やしの栽培が増加し，自然破壊が懸念されている。Ｒはハワイ諸島を示している。先住民はポリネシア系のハワイ人で，ハワイ語は英語とともにこの地域の公用語になっている。「アロハ」はあいさつの語としてよく知られる。よって，タが該当する。

第5問 　標準　 北海道苫小牧市とその周辺の地域調査

〔地理Ｂ第5問と全問共通問題〕

2022年度：地理B/追試験〈解答〉 23

地理B 追試験

2022 年度

問題番号 （配点）	設 問		解答番号	正 解	配 点	チェック
第1問 （20）	A	問1	1	①	3	
		問2	2	②	3	
		問3	3	①	3	
		問4	4	③	4	
	B	問5	5	①	4	
		問6	6	④	3	
第2問 （20）		問1	7	②	4	
		問2	8	①	3	
		問3	9	②	3	
		問4	10	③	4	
		問5	11	③	3	
		問6	12	④	3	
第3問 （20）		問1	13	③	3	
		問2	14	⑤	4	
		問3	15	③	3	
		問4	16	③	3	
		問5	17	②	4	
		問6	18	⑥	3	

問題番号 （配点）	設 問	解答番号	正 解	配 点	チェック
第4問 （20）	問1	19	②	3	
	問2	20	⑤	3	
	問3	21	③	4	
	問4	22	③	4	
	問5	23	②	3	
	問6	24	②	3	
第5問 （20）	問1	25	③	3	
	問2	26	②	4	
	問3	27	③	3	
	問4	28	①	3	
	問5	29	③	4	
	問6	30	③	3	

自己採点欄

／100 点

24 2022年度：地理Ｂ／追試験〈解答〉

第1問 —— 世界の自然環境と自然災害

Ａ 標準 《世界の自然環境》

問1 　1　正解は①

図1中，線ｓ，ｔそれぞれの西端と東端にみられるケッペンの気候区分を想起しよう。線ｓは西端，東端ともに**サバナ気候**が分布しているが，東西で夏季の降水量に大きな差があることに留意したい。西端は夏の南西方向からの**モンスーン**が西ガーツ山脈を越える際に大量の降水をもたらす。また，線ｔの西端は**地中海性気候**，東端は**温暖湿潤気候**が分布している。以上をふまえて表1をみると，①は西端が突出しているが，東西両端とも月降水量が他に比べて極めて多い。これはサバナ気候の雨季と考えられ，線ｓの7月が該当する。なお，線ｓの1月の乾季は，東西とも降水量が少ない④が該当する。線ｔの1月は②，7月は西端の降水量が少ない③が該当する。

問2 　2　正解は②

図1中，線分ｘーｙに沿った地域にみられるケッペンの気候区分を想起しよう。線分北側のｘから南側のｙにかけて，北極海沿岸のツンドラ気候，**タイガ**が広がる亜寒帯気候，乾燥したステップ気候の3つの気候区が分布する。写真1中，アは針葉樹林がみられるが，この地域では寒冷な気候のもとで**ポドゾル**とよばれる灰白色の酸性土壌が広がっている。よって文Ｊが該当する。イはゲル（パオ）が点在する広大な草原がみられる。この地域では丈の短い草が腐植層となった土壌がみられ，降水量が多いと黒色土になるが，降水量が少ないため栗色の土壌が広がっている。よって文Ｌが該当する。ウは湿地が点在していることがうかがえる。この地域では夏には**永久凍土層**の表面が融け，草やコケ類が生育する。よって文Ｋが該当する。

問3 　3　正解は①

図1中，Ｐはタンガニーカ湖を示している。細長い形状からもわかるが，**アフリカ大地溝帯**（グレートリフトヴァレー）の裂け目に水が流入して形成された**断層湖**である。断層湖は，水深が深いことが特徴である。Ｑはカスピ海を示している。乾燥気候地域に位置し，流出する河川をもたない**塩湖**であることが特徴である。Ｒは五大湖のうち最大の面積をもつスペリオル湖を示している。五大湖周辺は最も新しい氷期にローレンタイド氷床に覆われ，氷河の侵食によって形成された**氷河湖**である。以上より，表2中，**カ**はリットル当たりの塩分が少なく最大水深が最も大きいＰが該当する。**キ**は他の湖に比べて塩分が極めて多いことからＱが該当する。**ク**は残るＲが該当する。

2022年度：地理Ｂ/追試験〈解答〉　**25**

B　標準　《地形変化と自然災害》

問4　4　正解は③

図. ｅが該当する。気候変動と海岸線の変化の関係は，海面の高さに注目しよう。温暖期には陸地にある氷河が大量に融解し，海面は上昇する。逆に，寒冷期には膨大な量の海水が氷となって陸地に蓄積され，海面は低下する。図2中，ｄは現在の海岸線より陸地が広く示されているが，ｅは現在の海岸線より内陸まで海水が進入しており，海面が上昇していると読み取れる。

サ. Ｖ字谷が該当する。寒冷期には海面が低下するため，河川の下方侵食力が高まり山地を深く刻むＶ字谷が発達する。Ｕ字谷は山岳氷河の侵食によって形成される。日本では，北海道の日高山脈や日本アルプスに最終氷期の山岳氷河によって形成されたＵ字谷やカール（圏谷）がみられるが，関東地方の平野には氷河地形はみられない。

問5　5　正解は①

①**適当**。図3をみると，建設された突堤の西側では，海岸線が侵食によって突堤建設以前の位置より後退していることが読み取れる。後退の距離は，港から2km付近が−100m程度で最も大きい。

②**不適**。突堤の西側1km付近での海岸線後退の距離をみると，建設から20年後までと比べ，24年後，33年後のグラフではその幅が狭まっていると読み取れる。侵食速度は減少していると考えられよう。

③**不適**。沿岸流は海岸付近を海岸線に平行して流れ，土砂を海岸に運搬し堆積させる働きがある。突堤の東側の面に沿って海岸線が沖合までのび，土砂が堆積していることから，沿岸流は東から西へ流れていると考えられる。

④**不適**。突堤の東側では海岸線が沖合へのび，土砂が堆積しているが，この変化は沿岸流によってもたらされたと考えられる。海岸線の不定形な形状からみて，土砂を埋立てて何かに利用しようとしているとは考えにくい。

問6　6　正解は④

①**適当**。図4中，地点タは山地に位置しており，浸水範囲には含まれていないため，津波が到達しなかったと考えられよう。

②**適当**。地点チ付近の浸水深は810cmとあり，周囲より深いことが読み取れる。これは，地点チ付近が海岸線に近く低地であるためと考えられる。

③**適当**。浸水範囲をみると，陸地側の境界線からさらに内陸側に向かって細長い筋状の浸水域が3本みられる。これらは地形の分布図における河川の川筋と一致しているため，津波が河川を遡上したと考えられよう。

26 2022年度：地理B／追試験〈解答〉

④**不適**。浜堤は，沿岸流などにより運搬された土砂が打ち上げられ，海岸線に沿って砂礫が堆積した微高地である。標高は高くないため，図4中でも海岸線に近い多くの浜堤は津波による浸水を受けていることが読み取れる。

第2問　標準　製造業のグローバル化

問1　7　正解は②

ア．**共通する**が該当する。図1をみると，アメリカ合衆国，ドイツ，フランスなど欧米の先進工業国は，いずれも2000年に比べて2019年には国内自動車生産台数が減少しており，日本は欧米と同じ傾向であると読み取れる。

イ．**B**が該当する。資料の記事A・Bは，いずれも日本の自動車メーカーが現地生産を進めようとした内容であるが，年代によってその背景が異なっていることを読み取ろう。**記事A**は，現地生産が，深刻化する**貿易摩擦**の回避が目的と記されていることから，1980年代のアメリカ合衆国を対象とした自動車業界の動向を示した1992年発行の新聞記事と考えられる。一方，**記事B**は，**自由貿易協定（FTA）**の合意が背景と記されていることから，日本が各国，各地域とのFTAやEPA締結を積極的に進めようとした2000年以降の2005年発行の新聞記事と考えられる。日本は，FTAよりさらに幅広い分野での連携を進める**経済連携協定（EPA）**を，2002年にシンガポールと初めて結んだ。

問2　8　正解は①

図2中，**カ〜ク**で示された工業製品のうち，**キ**は中国の割合が極めて小さく，フランス，ドイツなどヨーロッパとアメリカ合衆国，カナダなど先進工業国の輸出額の割合が大きいことに注目しよう。高度な技術力が必要な製品と考え，**航空機**が該当する。近年，ブラジルで航空機の生産が盛んなこともヒントにするとよい。残る**カ**と**ク**はいずれも中国が大きな割合を示しているが，そのうち**カ**はアメリカ合衆国の分布がなく，バングラデシュ，ベトナム，インドなどの発展途上国が含まれている。労働集約的な製品で，人口が多く人件費が安価な国で生産が伸びていると考え，**衣類**が該当する。なお，衣類は紡績業などの繊維工業とは異なり，**アパレル（服飾）産業**として生産されるので，イタリア，ドイツなどの西ヨーロッパ諸国の輸出額も多い。一方，**ク**は中国，東南アジア以外にメキシコやヨーロッパ，特に東ヨーロッパの割合が大きいことに注目しよう。クも労働集約的な製品であるが，先進国の企業が近隣の国や地域に進出して部品の生産や組み立てを行っていると考え，**テレビ**が該当する。

2022年度：地理Ｂ／追試験〈解答〉　**27**

問3　　9　　正解は②

　与えられた指標のうち，製造業は製品の生産に関する業務，非製造業は製品以外の販売やサービスに関する業務と考えよう。まず，表1中，**サ**と**シ**の業種についてシンガポールをみると，**サ**に比べ**シ**の方が割合が高く，しかも2000年に比べ2019年には割合が大きく増加している。シンガポールは高付加価値な製品などの製造業も盛んであるが，貿易，金融などの経済活動のウエイトも大きく，現在は国際金融センターとして成長している。よって，日本からも非製造業分野での進出が活発であると考え，**シ**は**非製造業**，**サ**は**製造業**が該当する。次に**Ｄ**と**Ｅ**の国について，**Ｄ**は**Ｅ**に比べ製造業の割合が高いことが読み取れる。人件費が安価で日本から製造業関連の企業が進出している国と考え，**Ｄ**は**ベトナム**が該当する。**Ｅ**は**アメリカ合衆国**が該当する。

問4　　10　　正解は③

　図3中，国**タ**は，1980年には第1次産業人口が約70％の高い比率を占めていたが，2016年には30％近くまで大きく減少し，その分，第2次・第3次産業人口の割合が増加している。発展途上国の産業構造の変化にみられるパターンと考えられ，文**Ｋ**が該当する。国**チ**は，1980年時点で第1次産業人口の割合がやや高いものの，その後急速に割合が減少している。代わって，2016年には第3次産業人口の割合が70％近くに増加している。その間の第2次産業人口割合をみると，1980年から1995年にかけて増加したのち，2016年には減少している。工業化促進の段階から，さらに商業，サービス業の分野へと産業構造の高度化を遂げており，新興工業国にみられるパターンと考えられ，文**Ｊ**が該当する。国**ツ**は，1980年時点で第1次産業人口の割合が低く，産業構造の高度化が比較的早い時期に達成されている。先進工業国にみられるパターンと考えられ，文**Ｌ**が該当する。

問5　　11　　正解は③

①**適当**。所得水準が相対的に低い国は発展途上国に多く，特許権などを取得する技術力に乏しいため，工業化を進める際には先進工業国に特許料などを支払う金額の方が多いと考えられる。

②**適当**。先進工業国間では，**水平貿易**が盛んなことと同様に，知的財産などの高度な知識産業分野での相互取引も多いと考えられる。

③**不適**。所得水準が高いにもかかわらず受取額が少ない国は，経済連携協定の締結に関わりなく，製造業のウエイトが小さく，特許権の取得に力を入れていないと考えられる。金融業や観光業など非製造業が盛んな国ともいえよう。

④**適当**。「特許などは，企業が外国の生産拠点で使った際にも支払いが必要」と説明されていることから，多国籍企業が増加して海外で活発に活動すると，進出先

28 2022年度：地理B/追試験〈解答〉

の国から，多国籍企業が拠点とする国への支払いが発生し，先進工業国の受取額
は多くなると考えられる。

問6　12　正解は④

a．**技術革新の加速化**が該当する。先進工業国の課題である国内製造業の停滞に対
しては，生産工場から研究所への転換など，日本の大手電機メーカーによる新
たな取組みの具体例が示されている。技術革新を加速化させることで，従来型
の製品ではなく，より付加価値の高い新製品に進化させることが求められると
考えられよう。

b．**高い技術力の獲得**が該当する。新興工業国の工業化は，先進国の技術を導入し
て，部品の組み立てや原料加工により付加価値を増大させて製品を製造するこ
とで進められてきた。この段階の工業化を課題ととらえると，中国の新興電子
機器メーカーの具体例にあるように，先進国との連携を通じたさらに高い技術
力の獲得が必要と考えられよう。

第3問　標準　人口と都市

問1　13　正解は③

表1中，まず人口密度をみると，数値が大きい①，②と，小さい③，④の間で差があ
る。アルジェリアは広大な面積をもち，地中海沿岸地域以外は乾燥地帯が多く人口
が希薄なため，人口密度は小さい。また，南太平洋にある島国のニュージーランド
も山がちなため人口密度は小さく，この2国が③か④に該当する。次に人口増加率
について，一般に発展途上国は高く，先進国は低い傾向にある。よって，**アルジェ
リア**は人口増加率が高い③が該当する。**ニュージーランド**は④である。なお，人口
密度が大きい国のうちベトナムは①，経済発展により海外からの労働人口の流入が
多い**カタール**は②である。

問2　14　正解は⑤

図1をみると，人口千人当たり死亡数について，まず**C**のグラフは1950～55年時
点で死亡数が最も多いが，その後徐々に減少し，2010年では最も少ないことが読
み取れる。多産少死の段階で死亡率が年々低下していると考えられ，発展途上国の
フィリピンが該当する。また**A**は，1960年代は死亡数が減少していたが，1990年
代以降死亡数が増加しており，高齢化が進んでいる国と考え，**日本**が該当する。よ
って，**アメリカ合衆国**は残る**B**が該当する。アメリカ合衆国は，移民の流入の影響
で先進工業国の中では比較的出生率が高く，死亡率も低い。次に図2中，0～14
歳の年少人口の割合は発展途上国が高く，65歳以上の老年人口の割合は日本や西

ヨーロッパの先進国で高い傾向にある。よって、**ア**はフィリピン、**ウ**は少子高齢化が急速に進み超高齢社会にある**日本**が該当する。**アメリカ合衆国**は残る**イ**が該当し、先進国の中では老年人口率は高くない。

問3　15　正解は③

図3の4つのグラフをみると、2025年の予測値で人口が多い①、②と、少ない③、④との間で大きな開きがあることが読み取れる。先進国と発展途上国のうち、第二次世界大戦後、1950年頃から人口が急激に増加している地域は**発展途上国**と考えられるため、**先進国は③と④**に該当する。そしてこのうち、**都市人口は③**が該当する。先進国は、1950年時点で都市人口率が50％を超えており、以降、**都市化の進展**とともに都市人口の比率は増加し続けている。**④は人口が減少傾向にある農村人口**が該当する。なお、発展途上国では20世紀後半以降、都市人口の急激な増加がみられるため、**①は発展途上国の都市人口**が該当する。残る**②は発展途上国の農村人口**が該当する。

問4　16　正解は③

近年、多国籍企業の集中度などが高い都市は、ヨーロッパ、アメリカ合衆国以外にアジアなどの途上地域に多い。図4中、まず凡例をみると、**F**で示された都市はサンフランシスコ、ブリュッセル、チューリヒなど、アメリカ合衆国やヨーロッパの伝統的な大都市が多い。一方、**E**で示された都市はペキン、シャンハイ、ドバイなど、中国やアジアの経済成長が著しい都市が含まれている。よって、凡例**Fは外れた都市、Eは加わった都市**が該当する。次に、外れた都市と加わった都市の両方をみると、チューリヒ、ドバイなど、国際的な拠点という点では、製造業よりも金融業に関わる都市が多いと考えられる。チューリヒは今日も世界の巨大金融センターのひとつで、多くの金融機関や国際的企業が根拠地をおいている。ドバイは流通・観光でも知られるが、1980年代から産業の多角化を進め、中東屈指の金融センターの位置を占めている。よって、**aは金融業の取引拠点**が該当する。

問5　17　正解は②

図5は、三重県、岐阜県、愛知県が示されており、中心都市の**名古屋市**の位置を考慮しながら与えられた指標の分布を考えよう。まず、**高齢者夫婦のみ世帯**は都市部にも分布するが、世帯総数に占める割合でみると農村部が高位を占めると考えられよう。農村部では若年層の人口流出により高齢化が進んでいる。よって山間部や農村部に高位がみられる**カ**が該当する。次に、**20～29歳の単身者世帯**は、通勤・通学の目的で単身で居住していることが多いため、企業や大学などが集中する大都市とその周辺に多く分布すると考えられる。名古屋市中心部に高位が集中している**ク**

30 2022年度：地理B／追試験〈解答〉

が該当する。残る乳幼児のいる世帯はキが該当する。家族が増えることでより広い
住居を求める傾向があると考えられ，地価が高い大都市の中心部よりもその周辺部
に世帯が集中する。

問6 | 18 | 正解は⑥

図6中，3つのグラフの時期的な推移を考えながら検討しよう。まずニュータウン
への入居開始時は，大都市圏で働くほぼ同世代の若年層の家族が集中し，乳幼児も
多い人口構成がみられる。この段階では，急激な人口や子供数の増加に公共施設な
どが不足する問題が起こりうると考えられよう。よってKのグラフが最も初期の
1975年を示し，文はシが該当する。その後，当初の入居者とその子供世代の人口
の割合が高い状態で人口構成は推移するが，グラフの人口率が高い2つの山をみる
と，時期的にLからJの順で移行すると考えられる。Lは，Kが20年を経過した
状況がうかがえるが，人口の集中度合は低下している。転居もあろうが，子供の成
長により就職や結婚で地域を離れる若年層が多いことが影響していると考えられよ
う。よってLは1995年を示し，文はサが該当する。Jはさらに20年後の状態で，
当初の入居者は高齢化し，地域の高齢者の割合が増加している。この段階では，空
き家の増加やコミュニティの崩壊などの問題も顕在化すると考えられる。よってJ
は2015年を示し，文はスが該当する。

第4問 標準 ヨーロッパの地誌

問1 | 19 | 正解は②

ケッペンの気候区分を想起しながら，わかりやすいものから取り組むとよい。図1
中，都市Bは地中海付近に位置し，夏季に高温乾燥の地中海性気候がみられると考
え，③が該当する。都市Dは大陸の内陸に位置するため，気温の年較差が大きい大
陸性気候がみられると考え，④が該当する。そこで都市AとCは，①と②のいずれ
かに該当する。図中，AとCの位置に注目すると，AはCに比べ高緯度に位置する
ため，太陽からのエネルギーが少なく夏の気温はCより低いと考えられよう。ただ
し，暖流の北大西洋海流が沿岸を流れるため，冬は比較的温暖である。また，Aは
海岸付近に位置するため，降水量はCより多い。よって，Aは②が該当する。残る
Cは①が該当する。

問2 | 20 | 正解は⑤

写真1中，アはカルスト地形を示している。この地形の名称は，石灰岩台地が広が
るスロベニアのカルスト地方に由来する。よって，図1中zが該当する。溶食によ
る凹地のうち，大規模なものはポリエとよばれ，表面に腐植層をもつテラロッサと

よばれる土壌が分布し，農作物の栽培に適している。イは**フィヨルド**を示している。この地形は，氷河の侵食を受けた**U字谷**が沈水して形成され，両岸は険しい谷壁となり，水深が大きく波が穏やかで，観光名所になっている。よって，この地形が典型的にみられるノルウェー南西部沿岸の**x**が該当する。ウは，中央を流れる川をはさむ両岸に，なだらかな斜面が示されている。よって，ライン川流域の**y**が該当する。この地方では，侵食された川の両岸に続く丘陵の日当りの良い斜面を利用した，ブドウなどの果樹栽培が盛んである。

問3　21　正解は③

特定しやすいものから考えよう。まず，**第1次産業就業者割合**は，イギリスやドイツは低位を示し，経済に占める農業の割合が高い東ヨーロッパに高位を示す国が多いと考えられる。よって，図3中**L**が該当する。**人口密度**は，面積が比較的小さく人口の多い中央部の国に高位が多く，逆に面積が大きく人口の少ない北欧諸国などは低位と考えられる。よって**K**が該当する。**外国生まれの人口の割合**は，海外からの移住者が多い国や，移民を多く受け入れている国が高位を示すと考えられる。ドイツのガストアルバイターの受け入れはよく知られ，またスペインにはルーマニアやモロッコなどからの移住者が多い。よって**J**が該当する。

問4　22　正解は③

EU圏内に限らず世界各国の主要な空港のうち，旅客数が多い空港は，その国の首都など国際都市にあり，ビジネスや観光で訪れる人が多いと考えられる。一方，貨物量が多い空港は，製造業などの工業が盛んな都市や地域にあると考えられる。電子部品など，軽量で付加価値の高い工業製品は航空機で輸送されることが多い。図4中，**P**と**Q**をみると，ロンドン，パリ，フランクフルトなど世界的な大都市の空港は両方に含まれる一方で，ローマ，バルセロナ，ストックホルムは**P**には含まれるが，**Q**には含まれない。逆にルクセンブルクなどは**Q**には含まれるが，**P**には含まれない。よって，首都や観光業が盛んな国際都市を多く含む**P**が**旅客数**に該当し，EUを代表する工業地域である，**ブルーバナナ（青いバナナ）**とよばれる地域の比重が大きい**Q**が**貨物量**に該当する。次に目的地をみると，**P**は**Q**に比べ凡例**キ**とEU圏内の割合が比較的高いが，**Q**は凡例**カ**の割合が圧倒的に高いことが読み取れる。**Q**に着目すると，ベネルクス3国など面積の小さな国で，国内向けに貨物を大量に空港から輸送することは考えにくい。よって，**カ**は**EU圏外**，**キ**は**国内**が該当する。

問5　23　正解は②

図5中，**S**で示された言語は，ゲール語，ウェールズ語など，いずれも**インド＝ヨ**

ーロッパ語族のうちケルト語派に属する言語である。ケルト語派は，紀元前にはヨーロッパ各地で使用されていたが，その後，ローマ人やゲルマン人の侵入により辺境に追われ，今日では狭い範囲で使用されている。よって文は**サ**が該当する。**T**はハンガリー語（マジャール語），エストニア語を示している。この言語は，インド=ヨーロッパ語族とは異なる**ウラル語族**に含まれる。ウラル語族は，現在西シベリア低地周辺に広く分布している。よって文**ス**が該当する。**U**は**バスク語**を示している。この地方に居住しているバスク人は独自の文化をもち，スペインからの分離独立運動も起こっている。バスク語は言語系統が不明とされ，文**シ**が該当する。

問6 　24 　正解は②
① 適当。図6の1980年と2015年の2つの地図を比べると，かつての褐炭採掘場の北西側に新たに自然保護地区が設けられ，かつてのボタ山の跡地は森林に改変され展望塔が設置されていることが読み取れる。
② 不適。1980年の地図には，褐炭加工場は2カ所，化学工場は1カ所あったが，2015年の地図ではそのうち2カ所が計画中の工業・事業所団地となっており，3カ所とも森林にはなっていない。
③ 適当。ドイツでは，温室効果ガスの削減に積極的に取り組んでおり，1次エネルギーの供給源を化石燃料から風力や太陽光などの自然エネルギーへ転換する政策が進められている。
④ 適当。ドイツでは，エッセン近郊の炭坑の遺構が，ツォルフェライン炭坑業遺産群として世界遺産に登録され博物館に利用されるなど，産業の遺構を活用・保存する取組みがみられる。

第5問 　標準 　長野県飯田市付近の地域調査

問1 　25 　正解は③
① 適当。河川の右岸，左岸の方向に注意しよう。天竜川の下流方向に向かって右手の右岸よりも左手の左岸の方が，流域面積は広いことが読み取れる。
② 適当。天竜川流域の天竜峡からその下流にある船明ダム湖にかけては，図1の中で白く示される市街地や耕地がほとんどみられないことが読み取れる。
③ 不適。図2では，天竜川の支流の5本の河川はいずれもほぼ垂直に示されている。河口からの距離に比べ，源流から本流との合流地点までの標高差が極めて大きいと考えられ，本流の勾配に比べて支流の勾配は急であるといえる。
④ 適当。図3の雨温図を見ると，12〜2月の冬季より6〜8月の夏季の方が降水量が多いため，天竜川の水量は冬より夏の方が多いと考えられる。

2022年度：地理Ｂ/追試験〈解答〉　**33**

問2　　26　　正解は②

①**不適**。図４から，天竜川の両岸に沿った地表面の傾斜が小さい地域は，人口が多く集中していることが読み取れる。

②**適当**。天竜川から離れた傾斜が大きい北西部，南東部の地域では，川沿いの傾斜が小さい地域に比べて，小学校の通学区域が広いことが読み取れる。

③**不適**。天竜川をはさんで東側の地域は，西側に比べ児童数を示す円グラフの大きさが小さくグラフの数も少ないため，児童数は少ないことが読み取れる。

④**不適**。点で示された小学校の分布をみると，天竜川に沿った傾斜が小さく人口が多い地域に小学校が集中して分布していることが読み取れる。

問3　　27　　正解は③

①**適当**。**段丘崖**は河川の流れに沿って侵食されて形成される。図５中，崖**Ａ**は松川の侵食による段丘崖であるが，崖**Ｂ**は松川とは直交しているため，松川の侵食による段丘崖とはいえない。

②**適当**。飯田城跡は，崖**Ａ**が東側へ張り出した段丘の末端部に立地していることが読み取れる。

③**不適**。松川の南側の段丘崖は，鼎駅の南に位置しており，鼎駅と松川との間に崖は読み取れない。よって，鼎駅は段丘崖下の松川の**氾濫原**に位置していると考えられ，段丘上に立地している飯田駅より標高は低い。

④**適当**。中央自動車道は，松川と直交し，松川流域の氾濫原と段丘面を横切って建設されていることが読み取れる。

問4　　28　　正解は①

①**不適**。斜めに渡れる横断歩道は，道路や施設などの配置から歩行者の利便性を考慮して設置されたと考えられ，大規模火災の被害軽減策にはあたらない。

②**適当**。**緑地帯**は，火災の延焼防止や災害時の避難場所として役立つため，その設置は大規模火災の被害軽減策として重要である。

③**適当**。表道路だけではなく，住居の裏手どうしが向き合う裏界線とよばれる狭い通路も，延焼防止や避難経路確保のために整備されたことは，飯田市の大火からの復興事業の一つとして知られる。

④**適当**。大規模で迅速な消火活動のため，また，延焼防止のためにも，中央分離帯のある幅の広い道路の整備は大規模火災の被害軽減策として有効である。

問5　　29　　正解は③

図６のうち，まず出荷作物を示すＪとＫを検討しよう。Ｊは，**カ**，**キ**の市場とも出荷量１位の県が占める割合が高く，長野県がそれに次いでいる。全国１位の県を青

34　2022年度：地理Ｂ／追試験〈解答〉

森県と考えると，青森県と長野県が日本での生産の多くを占める作物は**リンゴ**と求められよう。残る**K**は**キュウリ**が該当する。キュウリは，群馬県，埼玉県など大都市圏近郊の県でも生産が多い。リンゴとキュウリが大量に出回る旬の時期も参考になる。次に出荷先の**カ**と**キ**の都市を検討しよう。**カ**は，**J**のリンゴについても**K**のキュウリについても，長野県の占める割合が**キ**に比べて高い。それに対し，**キ**は長野県以外の他県の割合が高いことが読み取れる。よって，**カ**は長野県に近い**名古屋**，**キ**は**東京**の中央卸売市場が該当する。

問6　30　正解は③

サ．**f**が該当する。日本全体の森林資源量の増加の要因として伐採量の減少が挙げられており，その要因は全国的な林業従事者の不足と考えられよう。1966年以降ほぼ5年ごとの統計で，年次ごとに森林資源量は増加しており，どこかの年で新たに伐採量を制限する規制が加わったとは考えにくい。日本では，森林の維持に重点を置きながら木材生産の増大をはかっている。

シ．**X**が該当する。活用案**X**にあるペレットは，間伐材や端材を用いて作るため，森林そのものは伐採されずに残ると考えられる。一方，活用案**Y**にあるソーラーパネルの設置は，パネル設置のために森林を伐採することになり，**持続的な森林資源の活用**という点では適切ではないと考えられよう。

地理B 本試験（第1日程）

2021年度

問題番号(配点)	設問		解答番号	正解	配点	チェック
第1問(20)	A	問1	1	①	3	
		問2	2	②	4	
		問3	3	①	3	
	B	問4	4	③	2	
			5	③	2	
		問5	6	②	3	
		問6	7	⑤	3	
第2問(20)		問1	8	⑤	3	
		問2	9	③	3	
		問3	10	④	3	
		問4	11	③	4	
		問5	12	③	3	
		問6	13	⑥	4	
第3問(20)		問1	14	③	3	
		問2	15	②	3	
		問3	16	①	4	
		問4	17	③	4	
		問5	18	②	3	
		問6	19	③	3	

問題番号(配点)	設問		解答番号	正解	配点	チェック
第4問(20)	A	問1	20	②	2	
			21	①	2	
		問2	22	⑤	3	
		問3	23	①	3	
		問4	24	①	3	
	B	問5	25	②	4	
		問6	26	④	3	
第5問(20)		問1	27	③	3	
		問2	28	②	3	
		問3	29	②	3	
		問4	30	⑥	4	
		問5	31	④	4	
		問6	32	①	3	

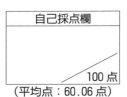

自己採点欄 / 100点

（平均点：60.06点）

第1問 — 世界の自然環境

A 《世界の気候と自然災害》

問1 ☐1☐ 正解は①

仮想の大陸図を用いた新しい傾向の出題であるが、問題文をきちんと読み取ろう。海からの距離による**隔海度**が異なり、その他の緯度、高度、地形などの**気候因子**は同じとみなされる2地点を選ぶと考えるとよい。隔海度の影響を考えるテーマのため、与えられた地点のうち、内陸のイかオは組合せに必ず含まれると考えられよう。ただし、オのみは他の地点と異なり、3000m以上の高地に位置するので組合せに該当しない。そこで、イと組み合わせる沿岸部のアとウを比べると、ウは険しい山地の麓に位置するため、地形の気候因子の影響を受けると考えられる。よって、アとイの組合せの①が該当する。

問2 ☐2☐ 正解は②

資料2に地点Eの雨温図は示されていないが、DとEの最暖月と最多雨月がほぼ同じであることから、両者は約800km離れ緯度は異なるが同じ気候区に属していると考えられる。約800kmの距離の差は、緯度にすると約7度離れていることになる。

サ.**亜寒帯低圧帯（高緯度低圧帯）**が該当する。資料2の雨温図から、地点Dは6〜9月は高温乾燥で、11〜2月は温暖湿潤であり、北半球の地中海性気候に属すると考えられる。この気候の冬の降水量は、大気大循環の気圧帯のうち**亜寒帯低圧帯（高緯度低圧帯）**と**偏西風**の影響によりもたらされる。

シ.**短い**が該当する。気圧帯は季節により南北に移動するため、地点DとEが位置する緯度帯では夏は**亜熱帯高圧帯（中緯度高圧帯）**におおわれるが、冬にはその北側に形成される亜寒帯低圧帯が南側に移動してくる。よって、緯度が南にあるEの方がDより亜寒帯低圧帯におおわれる期間が短いため月降水量30mm以上の月が短く、逆にDは長く続くと考えられよう。

問3 ☐3☐ 正解は①

自然災害の複数の要因のうち、会話文中の「災害のきっかけ」は、災害が起こる直接的な契機となる自然環境的な原因、「災害に対する弱さ」は、災害が起こった際に災害を拡大させる、その地域のもつ社会環境的な原因と考えるとよい。

タ.aが該当する。タイの大洪水について、熱帯低気圧の襲来は自然環境的原因で「きっかけ」にあたり、河川上流域の森林が減少することで水源涵養機能を失い大洪水に至ったその地域の社会環境が「弱さ」と考えられる。

2021年度：地理B／本試験〈第Ⅰ日程〉〈解答〉　**3**

チ． cが該当する。東アフリカの大干ばつについては，ラニーニャ現象は自然環境的原因で「きっかけ」にあたり，貯水・給水施設の不足や農地の荒廃により大干ばつにいたったその地域の社会環境が「弱さ」と考えられる。

ツ． Gが該当する。「災害のきっかけ」となる熱帯低気圧の襲来などの自然環境的原因が起こる状況を知るためには，同じ雨季の季節を設定し，年による降水量の多少と周辺の気圧配置や気流などの関係を比較するとよい。雨季と乾季では前提となる気圧配置や気流が異なる。

B　標準　《世界の自然環境やその変化》

問4　　**4**　・　**5**　　正解は③・③

マ． 変動帯はプレートの境界付近の地殻変動や火山活動が活発な地域で，大山脈や海溝などの大地形が形成される。現在の変動帯では，新期造山帯が形成されているため，アルプス゠ヒマラヤ造山帯と環太平洋造山帯に位置している山をあげるとよい。ヒマラヤ山脈に位置するJのエヴェレスト山，アラスカ山脈に位置するKのデナリ（マッキンリー山），アンデス山脈に位置するLのアコンカグア山の3つが該当する。Mのコジアスコ山が位置するグレートディヴァイディング山脈から続くオーストラリアアルプス山脈は古期造山帯に属する。

ミ． 山岳氷河は，雪や氷が融けずに氷河が発達する地域の下限にあたる雪線より高い地域に分布し，雪線の高度は緯度によって異なる。J～Mの中で氷河が分布する山については，キリマンジャロとの比較で考えるとよい。ほぼ赤道直下に位置する標高5895mのキリマンジャロに氷河があることから，キリマンジャロより高緯度に位置し，しかも標高が高い山には氷河が分布していると考えられる。よって，J，K，Lの山が該当する。Mの氷河の存在は判断が難しいが，温帯の西岸海洋性気候に属しているため氷河はみられないと考えよう。よって3つが該当する。

問5　　**6**　　正解は②

ヤ． 誤り。森林の有無は降水量のみでは決まらない。ケッペンの気候区分のうち，森林が分布しない無樹木気候に分類されるのは乾燥帯と寒帯であり，気温も森林の有無に影響する。

ユ． 正しい。標高が100m高くなるごとに気温が平均0.5～0.6℃下がることはよく知られる。図1から，山頂に近い地点Qの方が地点Pよりも標高が高いと読み取れることから，地点Pは地点Qより気温が高いと考えられる。

問6　7　正解は⑤

ラ．hが該当する。氷河縮小には地球温暖化の影響が指摘されるが，氷河縮小のピーク期にはその初期段階より多くの氷が融かされ，より多くの水が流れると考えるとよい。融解の時期は気温が上昇する春から夏がピークとなるため，hが適切な図と考えられよう。

リ．Xが該当する。氷河縮小の初期からピーク期にかけて，流出する水の量が増えると発電や農業などに利用できる水の量は一時的に増えるといえる。しかし，水の量が増加すると洪水の発生頻度は高まるため，Yは誤りである。

第2問 標準 産業

問1　8　正解は⑤

表1中，まずCは小麦の1ha当たり収量，国土面積に占める耕地の割合がともにA，Bよりかなり大きい。よって，国土に平坦な土地が多く，**土地生産性**を高める集約的な農業が行われている国と考え，**フランス**が該当する。フランスでは**EUの共通農業政策**のもとで農業が行われ，補助金は当初，域内農産物の価格支持に使われたが，現在は環境保全や農村の基盤整備を目的に個別に直接支払う方式にかわっている。よって，文イとの組合せが該当する。残るAとBのうち，Aは小麦の生産量が1997年に比べ2017年は大幅に減少している。小麦にかわってトウモロコシの生産が拡大していることが想起できると**アメリカ合衆国**が該当する。アメリカ合衆国で近年トウモロコシの生産が拡大している背景には，燃料となる**バイオエタノール**の原料に用いられていることがあげられる。よって，文ウとの組合せが該当する。残るBは**ロシア**が該当する。ロシアでは，寒冷地が多く自然条件が厳しいため国土面積に占める耕地の割合は小さい。しかし，大規模な農業企業，個人の農民経営，菜園つき別荘（**ダーチャ**）での個人副業経営などによる自由な生産活動に移行してから農業生産量が増加し，小麦の輸出量は世界最大である（2017年）。よって，文アとの組合せが該当する。

問2　9　正解は③

図1中，カとキの2つの図のうち，キは中国，インドネシアなどアジア諸国の漁業生産量（漁獲量＋養殖業生産量）がカよりも大きいことが読み取れる。近年，インドネシア，ベトナムなどは輸出拡大のため養殖業に力を入れており，漁業生産量も増加している。よって，2017年の図はキが該当する。また，養殖業生産量は中国，インドネシア，インドなどで漁業生産量に占める割合が増加しているEが該当する。逆に，アンチョビーの漁獲が中心のペルーでは，養殖業生産量の割合は小さいことが読み取れる。

2021年度：地理Ｂ／本試験（第Ⅰ日程）〈解答〉　**5**

問3　10　正解は④

　工場の建設候補地の立地に関して与えられた４つの条件を読むと，総輸送費がシンプルな計算で求められるように設定されている。ポイントは「輸送費は距離に比例して増加」し，距離当たり輸送費は，「原料は製品の２倍の費用がかかる」こと，総輸送費は「原料の輸送費と製品の輸送費の合計である」ことの３点である。そこで，図２中，①～④の各地点に工場を建設した場合の輸送費を計算してみよう。①は原料を産地から輸送してくるので４万円，②は３万円，③は５万円，④は製品を輸送するので２万円となる。よって，総輸送費が最小となる地点は④が該当する。

問4　11　正解は③

　まず，輸送費にかかわるサ～スの文に該当する製品を特定しよう。サは，原料の重量に比べて製品の重量が小さくなる製品を考えると，生乳の脂肪分を練り固めて製造する**バター**が該当する。シは原料の重量がほとんどそのまま製品の重量となると考え，生乳を殺菌，脂肪分などを調整して製造する**飲用牛乳**が該当する。スは製品にすると冷凍輸送が欠かせず，かさばるため輸送費がかかると考え，**アイスクリーム**が該当する。次に表２の地域別の工場数を検討しよう。ＪはＫ，Ｌに比べ全体に工場数が多く，３つの地域の数に大きな差はないと読み取れる。原料産地，消費地のいずれの地域に立地しても輸送費が変わらず，しかも消費者の需要が多い製品と考えると，シの飲用牛乳が該当する。Ｋは北海道に工場が多いことから原料立地の傾向が強いと考え，サのバターが該当する。Ｌは関東に工場が多いことから，輸送費を軽減するため消費地立地の傾向が強いと考え，スのアイスクリームが該当する。

問5　12　正解は③

　図３中，タは2001年では売上高の比率が最も高かったが，2001年から2015年まで大きく比率が低下している。これに似た傾向は図中のヨーロッパでもみられる。1980年代に貿易摩擦や円高の影響でアメリカやヨーロッパに積極的に直接投資した多くの企業が，2000年以降，次第にアジア諸国に生産拠点を移した影響と考えられよう。よってタは**アメリカ合衆国**が該当する。次にチとツのうち，ツは2001年以降大きく比率が増加している。経済成長とともに日本からの投資が急増し，製造業の生産，売り上げを大きく伸ばした国と考え，**中国**が該当する。残るチは**ASEAN**が該当する。タイやインドネシアなどASEAN諸国への日本企業の進出は，中国への進出より早くから活発化していた。

問6　13　正解は⑥

　図４中，商業形態が示されたＸ～Ｚのグラフをみると，Ｘは都市の中心部に立地する割合が極めて高いことに注目しよう。都心部には高価な買い回り品を販売し商圏

が広い商業形態が集中すると考えると，**百貨店**が該当する。次に，YとZを比べると，Yは立地する地区のうちミの割合，Zはマの割合が高いことが読み取れる。マ，ミを含めて考える必要があるため，小売業計のグラフをみると，マの割合はミに比べて極めて大きい。小売業のうち，食料品や日用品などの**最寄り品**は自宅近くで頻繁に購入され，小売業の立地する地区を住宅街とロードサイドで比べると，住宅街の方が身近で圧倒的に店舗数が多いと考えられる。よって，マは**住宅街**，ミは**ロードサイド**が該当する。そこで，Yはロードサイドに立地する割合が高い商業形態であることから，広い駐車場を備えた大規模施設と考えられ，**大型総合スーパー**が該当する。残るZは**コンビニエンスストア**である。チェーン店方式・フランチャイズ＝システムかつ24時間営業が基本で，公共料金の支払いなども含めた多様なサービスを提供し，駅周辺や住宅街に広く分布している。

第3問　 やや難 　都市と人口

問1　14　正解は③

図1中，イの枠内に分布する地形を想起しよう。枠の下半分に左上から右下へ向かってヒマラヤ山脈が走り，その山麓に沿ってヒンドスタン平原が広がっている。ヒマラヤ山脈の北側にはチベット高原などが広がり大都市はみられないが，ヒンドスタン平原には人口が密集し，デリーをはじめ人口100万人以上の大都市が多く分布していると考えられる。よって，図2中，枠の左下に帯状に分布が集中している③が該当する。なお，アは①，ウは④，エは②が該当する。

問2　15　正解は②

図3のカ～クのグラフをみると，まずキは65歳以上の老年人口の割合が極めて低く，0～14歳の年少人口の割合がカとクより高い。農業が中心の発展途上国に多くみられる人口構成と考えられ，**ケニア**が該当する。発展途上国では，子供が労働力として期待され，出生率が高く年少人口の割合が高い国が多い。カとクは年齢別人口構成が似ているが，クの方が年少人口率が低い。韓国では近年，働く女性の子育て環境が整っていないことや，子供の教育費の負担が大きいことなどから急速に出生率が低下し，少子化に直面しているといわれている。一方，オーストラリアは若い世代の移民人口も多く，出生率は先進国の中では比較的高いと考えられる。よって，クは**韓国**，カは**オーストラリア**が該当する。次に，人口第1位の都市は，その国の中でも政治，経済などの活動の中心であり，15～64歳の生産年齢人口の割合は国全体より高いと考えられる。特に発展途上国では農村部より就業機会がより多く，その傾向は強いと考えられる。よって，キをはじめ，すべてのグラフで15～64歳の人口の割合が高いbが該当する。

2021年度：地理B／本試験〈第Ⅰ日程〉〈解答〉　7

問3　16　正解は①

①適当。図4から，インド系住民のうち，移住先の国籍を有する者は，アメリカ，イギリスなど英語を公用語とする国をはじめ，マレーシア，南アフリカ共和国など，イギリスの植民地であった国に多く居住していることが読み取れる。

②不適。東南アジアやラテンアメリカには，第二次世界大戦以前のイギリスの植民地時代に多くのインド系住民が移住したが，その多くは天然ゴムやサトウキビなどのプランテーションの労働に従事した。

③不適。オイルショック以降に増加した西アジアのインド系住民は，オイルマネーで潤った産油国が金融や観光などの新たな産業をおこすためのインフラ整備などの建設業に多く従事している。

④不適。インドでは，開放経済体制に移行した1991年以降，国内の情報通信技術産業は急速に発展している。アメリカへ移住する技術者もいるが，本国で活動する人も多い。

問4　17　正解は③

図5中，AはC.B.D.（中心業務地区）のある東京都心部，Bは都心部周辺の住宅地区，Cは東京23区の郊外の都市（多摩市）を示している。表1中，サは1925～1930年の人口増加率が極めて高い。この理由を把握するのは難しいが，1923年に関東大震災が起こったことを想起できると正解が得られる。被災した都心部から多くの人口が流出して，開発が進んだ地域と考え，Bが該当する。次にシとスをみて，シは日本の高度経済成長期にあたる1965～1970年の増加率が減少しており，良好な生活環境を求めて人口が郊外に移動するいわゆるドーナツ化現象が起きたと考えられる。また，2005～2010年に人口が増加している点については，都心部で再開発事業が進み，人口の都心回帰とよばれる現象が起こっていると考えるとよい。よってAが該当する。残るスはCが該当する。1965～1970年の人口増加率が高いが，この時期には郊外で人口が増加し，若年層向けにニュータウンが建設された。若年層を中心に地方などから多くの人口が流入した地域と考えるとよい。

問5　18　正解は②

図6のタ～ツのグラフをみると，それぞれ居住者のいない住宅の内訳が明確に異なることがわかる。まず，タは別荘などの住宅の割合が高いことから観光地・保養地などによくみられる住宅形態と考え，Eが該当する。別荘などは常住して利用される住宅ではないので，居住者のいない住宅の割合も他より高いと考えられる。チは賃貸用・売却用の住宅の割合が圧倒的に高いことから，転入・転出者が多い地域と考えられ，Gが該当する。ツは空き家の割合が高いことから，過疎化などで人口減少が進む農村部などにみられると考え，Fが該当する。

8 2021年度：地理B／本試験〈第1日程〉〈解答〉

問6 19 正解は③

x. 誤り。図7から設置時期が最も古い1989〜1995年の3本のバス専用レーンは，タイペイ（台北）駅周辺と市役所周辺地域の間の都市中心部を結んでいることが読み取れる。1996年からはタイペイ駅，市役所付近から南北にのびるバス専用レーンも設置され，順次，郊外へと整備されてきたことが読み取れる。

y. 正しい。図8から，2000年代，特に2008年以降は地下鉄路線の長さが急激に増加していることが読み取れる。地下鉄はバスに比べて大量輸送が可能であることは明らかであろう。

第4問 　標準　アメリカ合衆国の地誌

A

問1 (1) 20 正解は②

1950年ごろのアメリカ合衆国が経済発展していた時代には，経済，産業の中心は大西洋岸のメガロポリスから五大湖周辺の地域にあったため，人口もこの地域に集中していたと考えるとよい。よって，1950年の人口分布の重心は2010年より北東にあったと考えられ，北東からの移動方向を示すイが該当する。

(2) 21 正解は①

①適当。1970年代から北緯37度以南のサンベルトとよばれる地域が，安価な労働力や広大な工業用地などを背景に，先端技術産業などの成長で急速に発展した。

②不適。製鉄業や自動車産業は合衆国北東部から五大湖周辺にかけての地域で発達していたが，国際競争のあおりを受けて産業が衰退し，雇用が減少したため，この地域はスノーベルトやフロストベルトなどとよばれる。

③不適。大陸横断鉄道の開通と開拓の進展で西部へ人口が移動したが，大陸横断鉄道の開通は19世紀後半の出来事である。

④不適。面積が広大な合衆国において，大都市圏はメガロポリスとよばれる地域を指すと考えられるが，合衆国北東部に位置するため移動方向が逆になる。

問2 22 正解は⑤

表1中，カは水源別の割合でキ，クと異なり，地下水の割合が高いことが読み取れる。アメリカ合衆国中央部にはオガララ帯水層とよばれる広大な地下水層があることを想起したい。さらに，他の2州と比べて農業用水の使用割合が高いことから合衆国中央部のグレートプレーンズに位置し，トウモロコシなどの生産が盛んな州と考えると，ネブラスカ州が該当する。次にキとクのうち，キは使用目的別の割合の

2021年度：地理Ｂ／本試験（第１日程）〈解答〉　**9**

うち農業用水の割合は極めて低く，生活用水の割合が高いことが読み取れる。よって，人口が集中し工業が盛んな州と考え，ボストンがある**マサチューセッツ州**が該当する。残る**ク**は**テキサス州**が該当する。テキサス州はICT，航空宇宙などの先端技術産業や，石油化学などの工業が盛んであるが，肉牛などの大規模な牧場経営も行われており，農業用水の利用の割合も比較的高い。

問3　| 23 |　正解は①

図2の2つのハイサーグラフのうち，**サ**は夏に高温乾燥，冬に温暖湿潤な気候であることから**地中海性気候**，**シ**は最寒月の平均気温が−3℃未満で気温の年較差が大きく，**亜寒帯湿潤気候**に属すると読み取れる。合衆国の太平洋岸では高緯度でも地中海性気候がみられるため，ワシントン州の**X**は**サ**，内陸に位置するミシガン州の**Y**は**シ**が該当する。次に表2中，**G**は小麦，**H**はテンサイの年間生産量がそれぞれ他州より多いことが読み取れる。ここで，アメリカ合衆国では**適地適作**の農業が行われ，各地の自然環境に適した作物が生産されることを想起したい。ワシントン州は高緯度に位置するが冬の気候は温和で，冬小麦が栽培されている。一方，テンサイはロシアやドイツ北部など寒さが厳しい地域で生産されている。よって，ワシントン州は**G**，ミシガン州は**H**が該当する。

問4　| 24 |　正解は①

図3中，**J**，**K**も含めて**タ**と**チ**の州を比較すると，**タ**は人種・民族別人口割合のうちアフリカ系の割合が高いこと，**チ**はアジア系の割合が高いことが読み取れる。ミシガン州は早くから工業が発達し，不足する労働者を補う必要があったため，低賃金労働力として雇われたアフリカ系が多いと考えられる。一方，太平洋岸に位置するワシントン州は太平洋を渡って移住したアジア系が多いと考えられる。よってミシガン州は**タ**，ワシントン州は残る**チ**が該当する。次に，**タ**のミシガン州のうち，**J**と**K**をみると，**J**はヨーロッパ系の割合が高いのに対し，**K**はアフリカ系の割合が極めて高い。ミシガン州を含む合衆国北東部の住民の多くはヨーロッパ系白人であるが，人口最大都市の**デトロイト**は，早くから自動車産業が盛んで多くの労働者を必要としたため，職を求めて南部から移住してきたアフリカ系住民が多いと考えられる。よって，州全体は①，人口最大都市は残る③が該当する。

Ｂ

問5　| 25 |　正解は②

図4中，まず**ム**は南部に高位が集中していることが読み取れる。南部にはアフリカ系住民の割合が高い州が多いが，現在でも黒人の経済的地位は低く，それが貧困層

10　2021年度：地理B／本試験〈第Ⅰ日程〉〈解答〉

の割合にあらわれているといえる。よって，**貧困水準以下の収入の人口の割合**が該
当する。**マ**と**ミ**は高位の分布が対照的である。**マ**は太平洋岸，南部のテキサス州，
フロリダ州，北東部に高位が集中していることが読み取れる。これらの州は，太平
洋岸はアジア系，南部のテキサス州やフロリダ州はヒスパニックなどの移民が多い
地域と考えられ，**外国生まれの人口の割合**が該当する。残る**ミ**は**持ち家率**が該当す
る。北部や北東部を中心に高位が点在しているが，これらの州では都市人口率が低
い地域が比較的多く，広い土地を所有する農家の割合も高いと考えられよう。

問6　 26 　正解は④

ラ．**ニューイングランドや西海岸**が該当する。図5中，2012年と2016年の2つの
　　年度の民主党候補者が獲得した選挙人の分布をみると，西部の太平洋岸や東部
　　のニューイングランド地方に多く分布していることが読み取れる。

リ．**工場の海外移転を抑制する**が該当する。共和党の候補者は，支持を得るために
　　五大湖沿岸地域の製造業が衰退した状況を立て直す政策を主張したと考えると
　　よい。地域住民の雇用を守るためには，低賃金の移民労働力を減らし，工場の
　　海外への移転を抑制する政策が有効と考えられよう。

第5問　 標準 　京都府宮津市付近の地域調査

問1　 27 　正解は③

①**不適**。宮津市と隣接する市町村のうち，宮津市の南に隣接する2つの市町村の人
　口増減率は0〜15％の減少となっていることが読み取れる。

②**不適**。2つの地図を比較すると，京都市への通勤率が10％以上の市町村のうち，
　京都市の北西部に隣接する市町村をはじめ，6つの市町村で人口が減少している
　ことが読み取れる。

③**適当**。京都市への通勤率が3〜10％の市町村は4つあるが，このうち府の南端
　部に1つ人口が増加している市町村が読み取れる。

④**不適**。京都市への通勤率が3％未満の市町村は府の北半分と南端東部に1つある
　が，いずれも人口は減少している。

問2　 28 　正解は②

①**不適**。図3の新旧の2つの地図を比較すると，アの地図の新浜，本町の地名はイ
　の地図にもみられるが，武家屋敷の地域からは外れている。また，イの地図に魚
　屋町があることから，この付近は町人町であったことがうかがえる。

②**適当**。1845年に描かれた近世末期のイの地図では新浜の北側はすぐ海岸線と海
　になっており，アの地図にみられる体育館や船着き場の地域は，近代以降の埋立

地に立地していることが読み取れる。

③**不適**。アの地図では宮津駅から大手橋まで直線の道路がみられるが，イの地図では宮津城や宮津藩の施設になっており，主要道は通っていない。

④**不適**。宮津城の本丸の跡地には現在は特に大きな施設はみられない。現在の市役所や裁判所などの官公庁は，大手橋の西側を中心として立地している。

問3　29　正解は②

図4中，地点Aの矢印の先の方向にみられる景観を想定しよう。手前に阿蘇海に沿って細長くのびる市街地が広がり，阿蘇海をはさんで手前から右手奥の方に斜め方向にのびる天橋立がみられると読み取れよう。よって地点Aから撮影した写真は②が該当する。なお，Bは④，Cは③，Dは①が該当する。

問4　30　正解は⑥

カ．**湿った**が該当する。ユーラシア大陸のシベリア気団から吹く**冬の北西季節風**は，日本海を通過する際に暖流の対馬海流から水蒸気の供給を受け，冬に日本海側に多くの雪をもたらす要因になっている。空気が乾燥すると糸が切れやすくなるといわれる。

キ．**安価**が該当する。丹後ちりめんの生産が縮小した原因となる輸入織物製品は，生産コストの安いアジアなどで安価に製造されたと考えられよう。

ク．**ブランド化**が該当する。地域の伝統的な工芸品を海外市場へ進出させる際には，**ブランド化**することにより付加価値を高め，高品質を保証し，富裕層などを販売対象にするという手法がとられることが多い。

問5　31　正解は④

①**適当**。小学校が廃校となった背景には，若年層が雇用を求めて地域から流出したことと，それに伴う少子化がある。

②**適当**。伝統的な文化や技術の継承が，住民の高齢化と担い手となる若年層の流出によって難しくなっているという問題は全国各地でみられる。

③**適当**。自然環境への関心の高まりにより農村の自然の豊かさが見直され，都市の人々が農村などの自然に親しむ**グリーンツーリズム**も人気を集めている。

④**不適**。移住者が増加した理由は，米作り，狩猟や古民家にあこがれるなどとなっており，人口が郊外へ拡大したことではない。人口の郊外化は，一般に都市の環境の悪化や人口の増大で都市人口が郊外に拡大することをいうが，図2からわかるように宮津市は人口が減少している。

12 2021年度：地理Ｂ／本試験（第Ⅰ日程）〈解答〉

問6 **32** 正解は①

サ. **大阪府**が該当する。図5の宿泊者数の統計地図は図形表現図で，図形の大きさが人数の多さを表している。東京都の次に円が大きいのは大阪府と読み取れる。

シ. 図5の2018年の外国人延べ宿泊者数の2013年に対する比をみると，東北，中国，九州などの県が高位を示していることが読み取れる。これらの地方の観光の魅力を考えると，ショッピングや大型テーマパークを楽しむ都市型ではなく，**温泉や農山漁村を訪れて体験型の観光を楽しむ外国人旅行者が増加した**といえよう。

2021年度：地理B／本試験（第2日程）〈解答〉 **13**

地理B 本試験（第2日程）

2021年度

問題番号 （配点）	設 問		解答番号	正 解	配 点	チェック
第1問 （20）	A	問1	1	④	3	
		問2	2	①	4	
		問3	3	③	3	
		問4	4	④	4	
	B	問5	5	①	3	
		問6	6	①	3	
第2問 （20）		問1	7	⑥	3	
		問2	8	②	3	
		問3	9	⑥	4	
		問4	10	④	3	
		問5	11	④	4	
		問6	12	③	3	
第3問 （20）		問1	13	②	3	
		問2	14	④	3	
		問3	15	④	3	
		問4	16	⑤	4	
		問5	17	①	3	
		問6	18	②	4	

問題番号 （配点）	設 問		解答番号	正 解	配 点	チェック
第4問 （20）	A	問1	19	②	3	
		問2	20	①	3	
		問3	21	⑤	4	
		問4	22	③	3	
	B	問5	23	④	3	
		問6	24	②	4	
第5問 （20）		問1	25	②	3	
		問2	26	④	3	
		問3	27	③	3	
		問4	28	②	4	
		問5	29	④	4	
		問6	30	②	3	

自己採点欄

100 点

（平均点：62.72 点）

14　2021年度：地理Ｂ／本試験（第2日程）〈解答〉

第1問 —— 世界の自然環境と災害

A　標準　《世界の土砂災害と人間活動》

問1　1　正解は④

図1中，線Ｄが横断する山脈はヒマラヤ山脈である。このＤに沿った地形を想起しよう。南から北に向かってベンガル湾からヒンドスタン平原，ヒマラヤ山脈，チベット高原を経てジュンガル盆地に至っている。そこで，図2をみると，ア，イの断面図のうち，標高0mほどの低平な土地が続き，途中から4000mを超える険しい高原が続くイが該当する。ヒマラヤ山脈はインド＝オーストラリアプレートとユーラシアプレートが衝突して形成された褶曲山脈であり，山脈についての説明文はＨが該当する。なお，Ｅはアンデス山脈を横切っている。沈み込み帯にあたるチリ海溝から急峻なアンデス山脈を越え，グランチャコからブラジル高原に至っている。よって，断面図はア，文はＧが該当する。

問2　2　正解は①

①不適。南アジアは季節風（モンスーン）の影響を受けるが，図3中，カの時期は，乾季を示していることから北半球では冬季の1月に該当する。1月の南アジアの季節風はユーラシア大陸からベンガル湾やアラビア海の方向に吹くので，北東方向から吹き寄せることになる。

②適当。大気大循環の気圧帯は，季節により太陽から受けるエネルギーが異なるため南北に移動する。南半球では1月に太陽エネルギーを大量に受けるため，熱帯収束帯（赤道低圧帯）は南へ移動し，ペルー付近の降水量は増える。

③適当。キの時期は北半球では夏季の7月が該当する。この時期に日本では，高温で湿潤な小笠原気団が北上するため，太平洋からの暖かく湿った南東季節風の影響を受ける。

④適当。7月には，中央アメリカのカリブ海やメキシコ湾周辺の地域に熱帯低気圧のハリケーンがしばしば襲来し，大きな被害をもたらす。

問3　3　正解は③

①適当。図4中，紀元前と比べると，紀元後は年間土砂流出量が大きく増加していることが読み取れる。この背景としては，人間活動の活発化が考えられよう。

②適当。1960年代半ば以降，土砂流出量の減少傾向が続いているが，河川から土砂が供給されないと，沿岸部では波による海岸侵食のリスクが増大する。

③不適。水力発電需要が増加すると，発電用のダムの建設が増加すると考えられる。ダムが建設されると土砂はダム内に蓄積され，下流への流出が妨げられることは，

ナイル川のアスワンハイダムの例などでよく知られる。

④**適当**。黄土高原では，砂漠化や土壌流出の進行を食いとめるため植林事業が盛ん
に行われている。森林には土壌の保全機能があるため，土砂の流出が抑制される。

B 　標準　《世界の森林》

問4　4　正解は④

図5中，まず①〜④で示された地域の地形を確認しよう。①は森林が密な中央平原
と疎らなロッキー山脈東麓のグレートプレーンズ，②は森林が密なアマゾン盆地と
疎らなブラジル高原，③は森林が密なコンゴ盆地と疎らなナイロビ付近の高原，④
は森林が密なロシアのサヤン山脈付近と疎らな北シベリア低地が示されている。そ
こで，会話文のうち「森林が密な地域よりも，疎らな地域は標高が低い」という条
件に合う組合せを検討すると，①〜③は該当しない。サヤン山脈付近より北シベリ
ア低地の方が標高が低い④のみ，条件に該当する。なお，他の条件のうち，森林が
密な地域と疎らな地域の年降水量を比べると，④の地域はともに亜寒帯気候に属す
るため，他の組合せに比べ最も差が小さいと考えられよう。また，④の森林が疎ら
な地域はツンドラ気候に近いので，密な地域の方が年平均気温は高く，いずれの条
件にも④は該当する。

問5　5　正解は①

①**適当**。**熱帯雨林**の土壌の炭素量の割合が最も小さいのは，高温多雨のため落ち葉
などを分解する昆虫やバクテリアの活動が活発で分解が速く，すぐに植物によっ
て吸収されるため炭素が土壌に蓄積されないためと考えられよう。

②**不適**。**温帯林**の植物の炭素量の割合が熱帯雨林に比べて小さいのは，太陽エネル
ギーの少なさなどによる。たとえ開発で森林面積の絶対量が減っても，植物と土
壌のそれぞれが占める炭素量の割合は変わらない。

③**不適**。**亜寒帯林**の植物の炭素量の割合が最も小さいのは，炭素を蓄積する光合成
に必要な太陽エネルギーが最も少なく，気温が低いためと考えられる。

④**不適**。資料1からは，亜寒帯林，温帯林，熱帯雨林と緯度が低くなるにつれ，植
物の炭素量の割合は大きく，土壌の炭素量の割合は小さくなることが読み取れる。
熱帯地方に分布する土壌である**ラトソル**は，降水で腐植が流されるために，有機
物を含む土壌の層は薄い。

問6　6　正解は①

P．**サ**が該当する。森林火災の発生や拡大の要因としては，気温以外に干ばつなど
による**乾燥化**がよく指摘される。実際，他国でも，アメリカ合衆国のカリフォ

ルニア州やオーストラリアの乾燥地などでは森林火災がよく発生している。

Q．**夕**が該当する。落ち葉や土壌の表層は燃えやすく，火災も拡大しやすいといわれる。**チ**の焼畑農業はカナダでは行われていないと考えてよいだろう。

第2問 やや難 産業と貿易

問1 　7　正解は⑥

与えられた産業のうち，**農林業**の立地は社会条件以外に自然条件の影響も受けるので，都道府県の人口の多さと就業者数の多少に相関関係はあまりないと考えられる。よって，分布が比較的散らばっている**ウ**が該当する。**製造業**は多くの労働力を必要とするため，人口が多い都道府県に多く立地する傾向があると考えられよう。しかし，地場産業などのように，必ずしも人口の多さが立地条件とならない業種もあることから，都道府県の人口と就業者数は緩やかな相関関係があると考えられる。よって，**イ**が該当する。**小売業**は生活に必要な消費財を販売することから，消費地の人口が多いと小売店数や就業者数も多いと考えられ，都道府県の人口と小売業就業者数とは強い相関関係にあるといえよう。よって，ほぼ直線状に分布している**ア**が該当する。

問2 　8　正解は②

農業の立地に関して与えられた条件をきちんと読み，解答を導くポイントを把握しよう。つまり，農地面積当たり収益は，輸送費がかかる市場からの距離に左右されるため，より高い収益を上げるために，市場からの距離に応じてどの作物を生産するかが選択されると考えるとよい。作物Aは作物Bに比べ，収益は大きいが輸送費が多くかかることから，市場から近距離では作物A，遠距離では作物Bを選択する方が収益は高いと考えられる。グラフの2つの直線の交点がA，B2つの作物の収益が同じになる地点で，交点より左の市場に近い地域では作物Aのグラフが上にあり収益が大きい。他方，交点より右の市場からの距離が遠くなる地域では作物Bのグラフが上になるので，それらの作物を選択すると高い収益が見込めると考えられよう。よって，②が該当する。

問3 　9　正解は⑥

図3中，**サ〜ス**のグラフから，まず耕作されている作物を考えよう。**サ**は農地面積当たり収益がほぼ直線状に分布していることから，東京からの距離の遠近にかかわらず，収益がほぼ同じ作物と考えられる。輸送費以外の要因が関係していると考えられ，農協などの買い取り価格が収益に反映される**米**が該当する。**シ**は米より収益が大きく，全体に左上から右下にかけて多少ばついて分布している。東京から近

距離の県ほど輸送費が少なくてすみ，新鮮さを保つ点でも有利で収益が多い作物と考えると，**野菜**が該当する。残る**ス**は**果樹**が該当する。**サ**と**シ**に比べて，距離と収益とのばらつきが大きく，栽培適地にて生産されている作物と考えられる。次に，図4のうち，**D**はこの地域全体が高い指数を示し，秋田，新潟などが特に高い指数を示していることから，米どころが示されていると考えられ，**田**が該当する。**E**は青森，山形県に注目しよう。青森はリンゴ，山形はサクランボの全国的な生産地で知られることから，**樹園地**が該当する。残る**F**は**畑**が該当する。東京都と近郊の県の指数が高いことから，都市近郊で収益が高い野菜などが生産されていると考えられよう。

問4 10 正解は④

①**不適**。シアトルの航空機組立産業は，第二次世界大戦を契機に軍需産業として発展しており，市場からの距離の近さが立地に強く影響したとはいえない。太平洋沿岸の位置は，交通の要地として重要であった可能性が考えられる。

②**不適**。フィレンツェは中世に毛織物などの繊維工業が発達し，その伝統的技術を受け継いだ職人が集まっていることが大きな立地要因といわれる。

③**不適**。バンガロールにはアメリカ合衆国の昼間の業務を引き継ぐ形でコールセンターが立地している。**ICT産業**が盛んで，アメリカ合衆国と約12時間の時差があること，英語が堪能な人が多いことが立地要因となっている。

④**適当**。東京は出版・印刷業関連の産業が多く立地している。出版・印刷業は**市場指向型工業**の代表例で，人口が多く文化の中心地で情報が得やすいことが立地の要因である。

問5 11 正解は④

輸出依存度は，国内市場が小さい工業国や，交通の要衝で中継貿易が盛んな国で高い傾向がみられる。表1中，**L**は世界の中でも輸出依存度が高い**シンガポール**が該当する。次に**J**と**K**のうち，**K**は1人当たりGDP（国内総生産）が高いことから**カナダ**が該当し，残る**J**は**ベトナム**が該当する。ベトナムは外国企業の進出が活発で，**輸出指向型**の産業が急速に発展している。日本の輸入品目にかかわる**タ〜ツ**については，まず**ツ**は**K**の**カナダ**が該当する。第一次産品が示されているが，先進国のカナダは農畜産物，鉱産物の大生産国でもある点に注意しよう。次に**タ**と**チ**の品目のうち，医薬品と衣類に注目すると，工業が進展し，より高度な技術力をもつ国が医薬品を輸出すると考えられ，**タ**は**L**の**シンガポール**が該当する。残る**チ**は**J**のベトナムが該当する。ベトナムでは**労働集約的**な繊維工業が成長している。

18 2021年度：地理B／本試験（第2日程）〈解答〉

問6　┌12┐　正解は③

　　図5中，マ～ムの国のうち，まずミは，訪日観光客数がマとムの両国の5分の1弱
　と少ないことから日本から遠距離に位置する国と考え，**アメリカ合衆国**が該当する。
　残るマとムのうち，マは1人当たり旅行消費額がムよりかなり多いことから，富裕
　層の来日が多いと考え**中国**，**ムは韓国**が該当する。次に旅行消費額の内訳にあたる
　PとQのうち，Pは中国の金額が圧倒的に多く，Qはアメリカ合衆国の金額が多い
　ことが読み取れる。中国はかつて「爆買い」などの言葉が流行したように，買い物
　を目的に来日する旅行客が多いと考えると，**Pは買い物代**が該当する。残る**Qは宿
　泊費**が該当する。アメリカ合衆国の観光客は買い物よりも，宿泊地の環境や料理な
　どを楽しむ傾向が強いと考えられよう。

第3問　標準　人口と村落・都市

問1　┌13┐　正解は②

　　人口の高齢化は一般に先進国で進行している現象と考え，工業や商業が発展してい
　る国がより早く高齢化を迎えていると考えるとよい。なお，老年人口率が7％を
　超えると**高齢化社会**，14％を超えると**高齢社会**，21％を超えると**超高齢社会**とよ
　ばれる。図1中，まず**④**は，最も遅れて2000年代に高齢化社会に入り，まだ高齢
　社会に達していない国と読み取れ，**中国**が該当する。**③**は1970年ごろに高齢化を
　迎え，その後急速にどの国より早く超高齢社会を迎えた国と読み取れ，**日本**が該当
　する。残る**①**と**②**のうち，**①**は1860年ごろからすでに高齢化社会に達しており，
　産業がより早く発展した国と考え，**フランス**が該当する。よって，**カナダは②**が該
　当する。カナダには若い世代の移民も多く，まだ超高齢社会には至っていないと考
　えられよう。

問2　┌14┐　正解は④

　　図2中，まず**ウ**の国は25～29歳をピークに一度労働力率が減少し，45～49歳で再
　び増加する**M字型の労働曲線**を描いていることが読み取れる。結婚・出産・育児な
　どで一時仕事を離れ，子育てが一段落すると再び仕事に就くこの国の労働事情があ
　らわれている。また，15～19歳から25～29歳までの若年層の比率が低いことは教
　育機会の保障を重視していることのあらわれと考えられよう。日本とよく似た労働
　事情をもつ**韓国**が該当する。残る**ア**と**イ**のうち，**ア**は30歳代からの労働力率が**イ**
　より高く推移することが読み取れる。これは，フィンランドなどの北欧の国で，女
　性が仕事と育児を両立できるような社会制度が整備されていることを反映している
　と考えられる。よって，**フィンランドはア**，**アメリカ合衆国はイ**が該当する。

2021年度：地理Ｂ/本試験(第２日程)〈解答〉　**19**

問3　15　正解は④

写真１に示された集落形態は**円村**とよばれ，フランスやドイツの成立が古い農村地帯に分布している。円形に集落が集まる背景を考えると，当時，外敵などの危険から集落を守る必要があり防衛機能を高めたこと，また，共同で利用する施設などは集落の中心に設置した方が便利だったことが挙げられよう。よって，分布する地域は**キ**が該当する。また，形態の利点は**b**が該当する。**a**の各農家の近くに耕地が集まるためには，**散村**形態の方が都合がよいと考えられよう。

問4　16　正解は⑤

都市では第２次，第３次産業就業者の割合が高いため，一般に工業や商業が発達すると**都市人口率**は高くなる傾向にあると考えるとよい。図３中，**A**は1970年代からすでに都市人口率が高い段階にあるため，早くから工業化が進み，さらに第３次産業就業者の割合が高い国と考えられる。よって，オーストラリアなどを表す**ス**が該当する。**B**は1970年から2015年にかけて都市人口率が大きく増加しており，発展途上国の段階から工業化が進み経済発展が進行している国なので，**サ**が該当する。**ルックイースト政策**からマレーシアに関する文と考えられる。**C**は1970年から2015年にかけて都市人口率がわずかに増加しつつあるものの，依然低い段階にある。よって，エチオピアなどの発展途上国と考え，**シ**が該当する。

問5　17　正解は①

図４は大阪府における出勤の移動手段を示し，**タ**は**CBD（中心業務地区）**と思われる大阪市中心部，**チ**は郊外の住宅都市を示していると考えよう。**E**は**タ**地区の周辺部どうしで結ばれる線は多いが，**タ**地区と直接結ぶ線はほとんどみられないことが読み取れる。一方，**F**は逆に**タ**地区に他地区からの線が集中していることが読み取れる。そこで，**自動車**は都心部への通勤手段としては道路事情や駐車場などの関係で使用が難しいと考えると**E**が該当する。残る**鉄道**は**F**が該当し，一般に通勤ではオフィスの最寄り駅まで利用する人が多いと考えられる。次に空欄Xについては，**タ**地区は企業などが集中し常住人口は少ないと考えられよう。よって，昼間の人口は多く夜間は少なくなるため，昼夜間人口指数は大きいと考えられる。一方，**チ**は住宅地区のため，常住の夜間人口は多いと考えられ，昼夜間人口指数は**タ**より小さいと考えられよう。

問6　18　正解は②

図５中，**マ〜ム**の施設のうち，**ム**は分布する数が最も多く，中心業務地区の駅周辺から周囲の住宅地域まで広く分布していることが読み取れる。よって，身近な商品や多様なサービスの提供先として頻繁に利用される**コンビニエンスストア**が該当す

る。ミは駅周辺の中心業務地区に立地が集中し，また駅から近い主要道路沿いの住宅地域にも分布していることから，宿泊や移動の利便性を重視した施設と考え，ビジネスホテルが該当する。公立中学校は残るマが該当する。広範囲に分散しており，分布数は最も少ないことが読み取れる。

第4問 —— 西アジアの地誌

A 標準 《西アジアの自然環境や社会経済》

問1 19 正解は②

図1中，Fはサウジアラビアのリヤド付近に位置し，砂漠気候に属するため年間を通して降水量は極めて少ないと考えられよう。図2中，まず④は夏に高温乾燥し，冬は温暖湿潤な地中海性気候を示すと考え，トルコのイスタンブール付近のDが該当する。①～③の検討にあたっては，①の判断が難しい。夏7月のわずかな降雨が南西モンスーンの影響によることが想起されると，沿岸部に位置し気温の年較差は比較的小さいGが該当する。続いてFをイランのイスファハーン付近のEと比べると，Fの方が緯度が低く，標高も低いことから，気温は全体に高いと考えられる。よってFは②，Eは残る③が該当する。

問2 20 正解は①

写真1中，Jの外来河川は，湿潤地域に源流をもち，乾燥地域を海まで流れる河川を指すことから，図1中，チグリス川・ユーフラテス川付近を示すアが該当する。Kの淡水化施設は，乾燥地域で海水から淡水を得る大規模な施設であるが，資本と技術が必要なため，大きな経済力を有する国に設置されていると考えられる。また，多くは臨海部に設置されるとも考えられよう。よって，アラブ首長国連邦のアブダビ付近を示すイが該当する。Lの地下水路は，乾燥地域で地下水を山麓などの水源から集落まで蒸発を防ぎながら導く施設で，アフガニスタンではカレーズ，イランなどではカナートとよばれる。アフガニスタンの山岳地方を示すウが該当する。

問3 21 正解は⑤

図4中，凡例力はサウジアラビアやアラブ首長国連邦など1日当たり原油生産量が多く，1人当たりGNI（国民総所得）が高い国を示しており，bが該当する。キはトルコやイスラエルなどが示されている。両国とも原油生産量は多くないが，1人当たりGNIは高いためcが該当する。クはイランやイラクが示されている。両国とも原油生産量は多いが，1人当たりGNIは低くaが該当する。

2021年度：地理B/本試験（第2日程）〈解答〉　**21**

問4　22　正解は③

①**不適**。ドバイはイスラーム（イスラム教）の聖地とはいえない。聖地として外国からも多くの人が訪れる都市は，メッカが代表的である。

②**不適**。人口ピラミッドをみると，25～34歳の男性人口が突出して多く，年少人口は少ないため，外国出身者の高い出生率が人口増加の要因とはいえない。

③**適当**。ドバイは石油に依存した経済からの脱却を図るため，観光などの新たな産業を育成している。空港や港湾設備などのインフラ整備を活発に行っているため，建設工事などに南アジアなどから多くの労働者が流入している。

④**不適**。都市人口率が高いアラブ首長国連邦の農村から都市への人口移動で，2000年から2015年にドバイの人口が2倍以上に増加するのは考えにくい。

B　標準　《西アジアのトルコと北アフリカのモロッコ》

問5　23　正解は④

表2中，1人当たり年間供給量をみると，**P**は**Q**に比べて**サ**と**シ**の両国とも極めて少ないことが読み取れる。トルコ，モロッコとも**ムスリム（イスラム教徒）**が多く，豚肉を食べることは禁じられているため，**P**は**豚肉**が該当する。一方，ナツメヤシの実はデーツとよばれ，食用のほか油や酒などの原料として利用される。よって，**Q**は**ナツメヤシ**が該当する。次に，**サ**と**シ**の国をみると，**シ**はナツメヤシの供給量が多い。トルコより高温，乾燥した国土をもち，オアシスでのナツメヤシの生産量が多い**モロッコ**が該当する。**サ**は**トルコ**である。

問6　24　正解は②

図7中，**S**はスペインやフランスに多く居住しており，**T**はドイツに圧倒的多数の人々が居住していることが読み取れる。ヨーロッパ各国には外国人居住者が多いが，近隣国や旧植民地からの移動が多い。モロッコはかつて国土の一部が**フランスの植民地**であったことから，フランスでの居住者が多いと考えられよう。よって，**モロッコ人**は**S**が該当する。**T**は**トルコ人**である。トルコ人は，ドイツが第二次世界大戦後，経済復興から成長期にかけて不足する労働力を受け入れた際に多く移住した。次に図8の難民数についてみると，2005年以来**タ**の受け入れ数が多いが，特に2011年以降急増していることが読み取れる。この時期が**シリア内戦**の時期であることを想起できれば，シリアから多くの難民が発生し，その多くを隣国のトルコが受け入れたと考えられよう。よって，モロッコは残る**チ**が該当する。

22　2021年度：地理B／本試験（第2日程）〈解答〉

第5問　　標準　福岡県福岡市付近の地域調査

問1　　25　　正解は②

写真1中，アは手前に大きな内海のような水域が広がり，その奥にはさらに右手に入り込んだ細い水域がみられる。また，手前には大きな橋が架かっている。よって，水域の形態から図1中Aが該当する。イは右手に水域が広がるが，左手から手前の大きな埠頭をはじめ，いくつかの埠頭が水域に向かって突き出ていることが読み取れる。よってCが該当する。ウは右側奥から左手前に向かって流れる川筋がみられ，途中右手から別の川が合流していること，川筋に沿って広い道路が通っていることが読み取れる。よってBが該当する。

問2　　26　　正解は④

①不適。もし市町村内に福岡市より多くの学校や企業が立地しているのであれば，多数の住人が福岡市へ通勤・通学しているとは考えにくい。

②不適。福岡市に隣接した県外の市町村には，福岡市への通勤・通学率が上位の市町村はみられない。

③不適。福岡市への通勤・通学率が中位の市町村の中にも，例えば図の下方の佐賀県との境界にある市など，鉄道に沿って人口集中地区が分布している。

④適当。福岡市の人口集中地区の中心部から南東方向などに鉄道に沿って人口集中地区が広がっていることから，住宅地などの開発が進んだと考えられよう。

問3　　27　　正解は③

表1をみると，産業別の就業者数は，Eは製造業が1位であるが，Fは卸売業・小売業が1位で，製造業は3位までに入っていない。会話文中，福岡市は交通の拠点で，「広域に商品などを供給する」大企業の支店が立地しているとあることから，卸売業が産業の中心的役割を担っていると考えられる。よって，**福岡市はF，全国はE**が該当する。次に空欄**カ**については，福岡市は九州の**広域中心都市**であり，県庁所在地でもあるため，政治・行政の中心地ともいえるだろうが，「広域に商品などを供給する大企業の支店」数を九州地方の他都市と比較して推測できるのは，経済の中心地であることだと考えられる。よってXが該当する。

問4　　28　　正解は②

表2中，シは唯一人口増加率がマイナスを示す地域で，老年人口増加率がサとスに比べて半分ほどの低い数値になっている。高齢化がある程度進み，人口の過疎化がみられる地域と考えると，郊外に位置するLが該当する。続いてサとスを比べると老年人口増加率はさほど変わらないものの，サの方が人口増加率がかなり大きいこ

とが読み取れる。Jの説明文では「新しいマンションが建ち並んでいた」とあるのに対し、Kは「古い戸建ての住宅が並んでいた」とあることから開発が進んでいるとは考えにくく、Jの方が人口増加率は高いと考えられよう。よって、サはJ、スはKが該当する。

問5　　29　　正解は④

①**適当**。史跡や寺社は人の手により作られ、特に寺社は人々の信仰とも深くかかわってきたため、古くから人々が住んでいたことを示すと考えられよう。

②**適当**。河道の形状は、侵食、堆積作用や洪水などにより変化することが考えられ、また、河道の付け替えなど人為的な変化も考えられる。河道の形状が地域の歴史を判断する手掛かりになるといえよう。

③**適当**。図3から、1950年頃以降の埋立地では幅広い道路や直交する道路網がみられ、建物の空間利用をみても計画的な都市開発をうかがわせる。

④**不適**。公共施設や学校は、古くからの土地でも埋立地でも建設されており、これらの施設の有無では土地の新旧は判断できない。

問6　　30　　正解は②

①**適当**。福岡市は、九州地方の広域中心都市であることから大学や企業が多く、進学や就職のために九州地方の各県から転入する人は多いと考えられよう。

②**不適**。福岡市への転入者の多さが、そのまま各県の人口増加を表しているとは考えにくい。また、日本の都道府県別人口は、大都市圏や沖縄などを除きほとんど（47中40）が減少傾向にある（2019年）。中国・四国地方の各県も例外ではない。

③**適当**。大阪圏や名古屋圏は、福岡市との経済力の差はあまり大きくなく、進学や就職の面で東京圏ほど人口を引きつける力はないので、転出者数と転入者数が均衡していると考えられる。

④**適当**。広域中心都市の福岡市からでも東京圏への転出数は突出しており、人口の**東京一極集中**を反映していると考えられよう。

第２回 試行調査：地理Ｂ

問題番号 （配点）	設　問	解答番号	正　解	配　点	チェック
第１問 （20）	問１	1	③	3	
	問２	2	⑥	4	
	問３	3	③	4	
	問４	4	③	3	
	問５	5	⑥	3	
	問６	6	③	3	
第２問 （20）	問１	7	④	3	
	問２	8	②	3	
	問３	9	⑤	4	
	問４	10	④	3	
	問５	11	④	3	
	問６	12	③	4	
第３問 （20）	問１	13	①	3	
	問２	14	②	3	
	問３	15	⑤	4	
	問４	16	①	3	
	問５	17	②	3	
	問６	18	③	4	

問題番号 （配点）	設　問	解答番号	正　解	配　点	チェック
第４問 （20）	問１	19	③	3	
	問２	20 - 21	③ - ⑦	4 （各2）	
	問３	22	①	3	
	問４	23	④	3	
	問５	24	⑥	3	
	問６	25 - 26	③ - ⑦	4 （各2）	
第５問 （20）	問１	27	②	3	
	問２	28	②	3	
	問３	29	③	3	
	問４	30	③	4	
	問５	31	①	4	
	問６	32	③	3	

（注）－（ハイフン）でつながれた正解は，順序を問わない。

自己採点欄

100 点
（平均点：62.72 点）

※平均点については，2018年11月の試行調査受検者のうち，３年生の得点の平均値を示しています。

2　第2回 試行調査：地理B〈解答〉

第1問　標準　世界の自然特性

問1　1　正解は③

　図1から，細長い島々が海岸線に**平行**して分布している様子が読み取れる。営力に関しては，造山運動・造陸運動などの地殻変動や火山活動を**内的営力**と呼ぶのに対し，谷を刻む侵食作用のほか，風化・運搬・堆積の各作用は太陽エネルギーに起因するために**外的営力**と呼ばれる。なお，「海岸線と同じ向きの稜線をもった地形が沈水」した海岸地形をダルマチア式海岸と呼び，クロアチア西岸などにみられる。

問2　2　正解は⑥

　地震は主に**プレートの境界付近で発生する**ので，中央をカリブプレートが占める**A**には震央が東部と西部に分かれる**ク**が該当する。東アジア付近を示す**B**は日本列島に沿う東部や南部に震央が並んでいる**カ**，東南アジアの島嶼部を示す**C**はスンダ列島に沿う西部から南部にかけて震央が並んでいる**キ**がそれぞれ該当する。**プレートの狭まる境界付近の火山**は，大陸プレートなどの下に沈み込んだ海洋プレートが融解して生じたマグマに由来するため，**海溝より陸側に分布する**。例えば日本列島付近では，地震が頻発する日本海溝に対し，火山前線は東北地方などを通過するので，**j**が地震の震央，**k**が火山と判断できる。

問3　3　正解は③

サ．正しい。赤道付近に位置する地点**E**は，年間を通して北東貿易風と南東貿易風が収束する**熱帯収束帯（赤道低圧帯）**の影響を受けるため湿潤である。特に北東貿易風が吹き込む1月は，海洋からの湿った大気が流入して多雨となる。

シ．誤り。地点**F**では南東貿易風が吹くものの，アンデス山脈は海岸線に沿って北西から南東に延びているので風下側とならない。地点**F**では湧昇流を伴いながら沖合を北流する**寒流**（ペルー海流）の冷却効果で大気が安定するため，年間を通して乾燥している。

ス．正しい。大気の接触を遮るような山脈が存在しない中緯度の地点**G**付近では，北側の暖気と南側の寒気の境界に**前線**が形成されやすく，両月とも湿潤である。

問4　4　正解は③

①**不適。**最高気温35℃以上という基準さえ満たせば，例えば36℃でも39℃でも一律に「猛暑日」と扱われ，その日数を比較しても例年の気温との差がわからない。また猛暑日数が多くても，低温の日も多ければ例年より暑いとはいえない。

②**不適。**検討対象地点と周辺地域との今年の夏季の気温データを比較することはできるが，例年との比較はできない。

第2回 試行調査：地理Ｂ〈解答〉 **3**

③**適当**。日々の気温は晴天・雨天などの天気やさまざまな要因で変動するので，例
年の平均値を求めて今年と比較するとよい。

④**不適**。聞き取り調査から得られる通行する人の考えは各々の主観に過ぎず，客観
的な裏付けを欠いている。

問5 ┃ 5 ┃ 正解は⑥

　タ．水田などに利用されてきた「砂や泥の堆積した水はけの悪い土地」は低湿な氾
濫原に広がる後背湿地で，河川の中・下流に位置するＲが該当する。

　チ．透水性の高い「砂や礫が堆積して形成された土地」は山麓部に広がる扇状地を
指しており，湧水が得られる扇端に位置するＱが該当する。

　ツ．「水が得にくい」平坦な地形は台地（洪積台地）を指し，崖上に位置するＰが
該当する。台地は，形成年代が古い堆積平野が相対的に隆起した地形である。

問6 ┃ 6 ┃ 正解は③

自然災害には地震や火山噴火のほかに，水害や干ばつなど気象現象が引き起こすも
のも含まれ，世界各地で発生している。ただし人口の多いアジアでは，プレートの
狭まる境界が通過し，しばしば熱帯低気圧も襲来するモンスーンアジアを中心に人
口密度が高いため，被災者数が特に多くなる。よってヌを被災者数と考える。一方，
経済的な損失は産業構造が高度化している先進国で大きくなると考えられ，南北ア
メリカやヨーロッパの割合が高いナを被害額と判断する。残るニが，最も地域的な
偏りが小さく，発生件数であると考えられる。

第2問 　やや難　資源・エネルギー開発と工業発展

問1 ┃ 7 ┃ 正解は④

まず，石油の埋蔵量が多い①は，ペルシア湾岸諸国を含む西アジアである。次に，
埋蔵量÷可採年数＝年間生産量と求められることに注意すると，いずれのエネルギ
ー資源も生産量が多い③は，経済活動が活発でエネルギー需要が大きい北アメリカ
と推定できる。同様に②はコロンビアを除いて石炭の生産が低調な中・南アメリカ，
④はヨーロッパ向けに天然ガスが生産されているアフリカと考えられる。②と④の
判別は難しいが，ベネズエラの石油埋蔵量が世界第1位（2016年）であることを
思い出し，②を中・南アメリカと類推してもよいだろう。

問2 ┃ 8 ┃ 正解は②

①**適当**。両国ともに安定陸塊の楯状地で鉄鉱石の生産が盛んで，オーストラリアは
輸出量で世界第1位，ブラジルは世界第2位である（2015年）。

4　第 2 回 試行調査：地理 B〈解答〉

②不適。原油の最大の輸入国はアメリカ合衆国で，日本は中国，インドに次いで第
　4 位である（2014 年）。

③適当。図 1 中の写真から石油化学コンビナートや製鉄所の**大規模な生産施設**が確
　認できる。資本集約的な素材型工業では，生産効率を高めるために大規模化やオ
　ートメーション化が図られてきた。

④適当。石油や鉄鉱石を原料とするプラスチックや鉄鋼などの工業製品の多くは，
　自動車などの工業や建造物の原料として利用される。よって脱工業化の段階にあ
　る先進国と比べて，近年，**経済成長の顕著な発展途上国**の方がこうした工業製品
　の消費量の増加率は高いと考えられる。

問 3　 9 　正解は⑤

表 2 中に 1901 年には 1 トンの鉄鋼製品を生産するのに 4.0 トンの石炭と 2.0 トン
の鉄鉱石が使用されていたことが示されているように，**重量減損原料を用いる鉄鋼
業は原則として資源産地に立地**してきた。特に 1900 年前後は輸送費を抑えるため
に鉄鉱石よりも使用量が多かった**石炭の産地に偏在**したと考えられ，**ウ**が該当する。
その後使用量が減少した石炭に対し，鉄鉱石の使用量が上回ったので，1960 年前
後の製鉄所は**鉄鉱石産地に移った**と考えられ，**ア**が該当する。1970 年代以降は坑
道掘りを行ってきた鉄鋼生産国の産出量が減少し，「図中の南東側の国が資源輸出
国となった」という条件に注意する。よって 2000 年前後には資源の**輸入に便利な
貿易港の周辺に立地**している**イ**が該当する。

問 4　 10 　正解は④

①不適。東アジア・東南アジアにおける発展途上国の工業化は，**輸入代替型**から**輸
　出指向型**の工業化政策に転換することで進んだ。

②不適。工業化で**国際分業**が進んだ東・東南アジア域内での貿易額は増加した。

③不適。中国では重化学工業化が進展した沿岸部と内陸部との地域間経済格差が拡
　大し，工業化が進んだ**都市に大量の人口**が流入した。

④適当。東南アジア各国に進出した自動車工業は，**原材料や部品を相互に供給**して
　生産の効率化を図っており，特にタイは完成車の生産や輸出の拠点となっている。

問 5　 11 　正解は④

カはフィリピン，ニュージーランドなど火山が多く分布する環太平洋諸国が上位を
占めるので，地熱と判断する。アメリカ合衆国ではカリフォルニア州などの西部を
中心に，ハワイ島にも地熱発電所が立地している。**ク**は水力発電の比重が大きいブ
ラジルやカナダが上位国に含まれているので，水力と判断する。中国やロシアも水
量の豊かな河川に恵まれ，水力発電量が多い。残った**キ**が**バイオマス**で，木質チッ

第2回 試行調査：地理B〈解答〉 5

プや家畜の糞尿などが発電用燃料に用いられる。自動車用燃料として**バイオエタノール**が普及しているアメリカ合衆国やブラジル，バイオディーゼルが普及しているドイツなど，バイオマスが積極的に活用されている国が含まれている。

問6 | 12 | 正解は③

①**適当**。1人当たり二酸化炭素排出量は先進国で多くなる傾向があり，とりわけ8か国の中で最大であることが読み取れる**サはアメリカ合衆国**である。「環境問題への対策が遅れており」の判断は悩ましいが，アメリカ合衆国は2001年に**京都議定書から離脱**している。

②**適当**。二酸化炭素排出量が最大の**スは，急速な工業化の一方で，京都議定書による制約を受けなかった中国**である。中国の2011年の二酸化炭素排出量は1990年の3倍以上に増加したことが読み取れるが，同期間の人口増加率はこれを下回っており，1人当たり二酸化炭素排出量は増加したと考えられる。

③**不適**。再生可能エネルギーや電気自動車が普及すると，化石燃料の消費に伴う二酸化炭素排出量が削減されるため，**サとシの円の位置は左下方向に移行する**と考えられる。なお，シは日本である。

④**適当**。中国と同様に二酸化炭素排出量が増加している**セはインド**である。中国やインドでは石炭が主要なエネルギー源であるうえ，人口規模がきわめて大きいため，今後も経済発展が進んで先進国などでの削減量を超える排出が続けば，世界全体の二酸化炭素排出量が増加すると考えられる。

第3問 標準 世界の生活文化の多様性

問1 | 13 | 正解は①

北アフリカから西アジアや中央アジアにかけて広く分布し，人口の多い南アジアや東南アジアにも普及した**イスラーム**の信者数は，カトリック，プロテスタント，東方正教などを合わせたキリスト教に次ぐ。よって**A**にはイスラームが該当する。対照的に**ヒンドゥー教**の分布は，インド周辺にほぼ限られる。また，多数派を占めるインドにおいてもイスラームなど他宗教を信仰する国民も少なからず存在するため，インドの総人口を下回る**B**がヒンドゥー教である。**プロテスタント**の信者は，北ヨーロッパ諸国のほか，旧イギリス植民地などに分布しているが，先進国であるアメリカ合衆国，カナダ，オーストラリアにはカトリックや他宗教を信仰する移民も多い。よってイスラームやヒンドゥー教より人口が少ない**C**がプロテスタントである。

問2 | 14 | 正解は②

①**適当**。キリスト教は，南北アメリカやオーストラリアなど，**ヨーロッパ諸国の旧**

植民地を中心に広まっていることがわかる。

②不適。東方正教は，ロシアや東ヨーロッパ諸国などスラブ語派の言語が用いられ
ている国々を中心に広まっている。

③適当。7世紀にアラビア半島で創始されたイスラームは，ムスリムとなったアラ
ブ人による交易や征服活動により北アフリカなどの近隣地域に広まった。

④適当。大乗仏教が交易路を通じて中央アジアから中国，東アジアに伝播したのに
対し，上座部仏教は紀元前3世紀頃にセイロン島を経て東南アジアへ伝わった。

問3　15　正解は⑤

K．比較的低緯度の砂漠気候区に位置する都市の雨温図である。日中の暑熱に対し
て「放熱性に優れた」衣服が着用されるほか，著しく乾燥して木材が乏しいた
め，問4の写真のような「土を素材とした日干しれんが」を用いた家屋がみら
れる。よってウが該当する。

L．温帯の地中海性気候区に位置する都市の雨温図である。ヨーロッパの地中海沿
岸地域は海底が隆起した影響で石灰岩に恵まれるほか，夏季を中心に乾燥する
気候下で牧羊業も発達してきたため，アが該当する。

M．亜寒帯（冷帯）に位置する都市の雨温図である。冬季の寒さが厳しい亜寒帯で
は樹種の揃ったタイガと呼ばれる針葉樹林が広がり，木材に恵まれる。気候が
寒冷で，土壌の肥沃度も低いために農業は低調で，森林では伝統的に狩猟が行
われてきた。よってイが該当する。

問4　16　正解は①

①適当。雨雲が発生しにくい砂漠気候区では，日中，強烈な日差しが照りつける。
小さい窓は日射による室温の上昇を抑えるほか，砂塵を伴う熱風の侵入を防ぐう
えで有効である。

②不適。降水がまれにしか発生しない砂漠気候区では屋根に勾配を設ける必要性が
低く，簡単な構造の平屋根が一般的である。

③不適。家屋が密集し，住民の接触機会が増すと疫病は伝染しやすくなると考えら
れる。元来，水が乏しい砂漠気候区では疫病を媒介する生物も少ない。家屋が密
集するのは，乾燥した一帯で水が得られる場所がオアシスに限られるためである。

④不適。集落付近にみえる樹木はオアシス農業で栽培されているナツメヤシである。
一般に夏季に降水をもたらす季節風が砂漠気候区で卓越するとは考えにくい。

問5　17　正解は②

トウモロコシは新大陸農耕文化で栽培されていた穀物であり，原産地は中央アメリ
カ付近（p）と推定されている。図に示されたジャガイモを参考にすると，トウモ

ロコシも新大陸からヨーロッパの宗主国（q）に持ち込まれた後，各地に伝播したと推測できる。

問6　　18　　正解は③

カ．確かに日本ではさまざまな国の料理を提供する店が立地しているが，「食文化の画一化」という文脈に注意して，特定国の資本や料理の影響が強まり，全国各地で同じものが食べられるようになったことを述べたUを選ぶ。

キ．欧米諸国の食文化の特徴の一つは，カロリーが高い肉類や乳製品を多く摂取する点にある。日本の1人当たりカロリー摂取量とその内訳の推移をみて，それらの値が欧米諸国に近似してきたと確認できれば食文化の画一化の根拠となるので，Xを選ぶ。農産物輸出額は，日本や欧米諸国における農業の様子をうかがう資料となるが，各国内での消費や食文化については検討できない。

第4問　標準　オセアニアの地誌

問1　　19　　正解は③

オークランドは緯度が高いために夏季は冷涼であるが，海洋からの偏西風が吹き込んで年中湿潤なうえ，冬季も比較的温暖な西岸海洋性気候区に位置している。オークランドと緯度が近く，偏西風の影響を受けやすい位置にある都市は③である。なお，低緯度に位置する①は Am や Aw などの熱帯，②は温暖湿潤気候区，④は地中海性気候区に位置している。

問2　　20　・　21　　正解は③・⑦

Aに関して，堡礁はオーストラリア大陸の東岸に連続して分布する様子が読み取れる。一帯にみられる全長 2000 km 以上に及ぶ世界最大のサンゴ礁をグレートバリアリーフと呼び，1981 年に世界自然遺産に登録された。Bに関しては，サンゴ礁分布の周辺域には，裾礁が目立つものの堡礁が多く分布するとはいえない。氷期にサンゴ礁の形成がすでにみられた赤道付近では，間氷期を迎えて海水面が上昇するにつれて環礁や堡礁が発達したのに対し，周辺域では海水温が上昇した間氷期になって形成が開始された裾礁が多い。Cに関して，南アメリカ大陸の西岸には堡礁をはじめとするサンゴ礁が分布していない。一帯では湧昇流を伴う寒流のペルー海流が沖合を北流して海水温が低いためにサンゴ礁が形成されていない。以上より，堡礁について図を読み取った内容として適当なものはAとC，それぞれに関連することがらはgとeである。

8　第２回 試行調査：地理Ｂ〈解答〉

問３ 22 正解は①

写真１よりＫの木造住居には**壁がなく，床も高い様子が見てとれる**。テントなどの移動式住居は，農耕を行わない遊牧民が伝統的に利用してきた。**太平洋島嶼国では，根栽農耕文化で栽培されてきたタロイモ，ヤムイモ，バナナなどを主食としている**が，Ｌは地面より上に茎や葉しか見えないことからイモ類（タロイモ）と判断する。

問４ 23 正解は④

先進国からの**ODA（政府開発援助）**は，旧植民地のように歴史的なつながりがあるなど，**社会的・経済的な関係が強い発展途上国を中心に実施されてきた**。表１よりマーシャル諸島，ミクロネシア連邦，パラオの旧施政権国であったことが確認できるアメリカ合衆国は，これらの島嶼国への供与額が多い**キ**である。同様にオーストラリアはパプアニューギニアの旧施政権国であり，近年，多文化主義政策を掲げ移民を積極的に受け入れてきた太平洋島嶼国との社会的・経済的関係が深まっていることも考慮すると，**ク**が該当する。残った**カ**が日本で，各国にODAを実施しているが，太平洋島嶼国への供与額はオーストラリアより少ない。

問５ 24 正解は⑥

Ｐ．カナダとアメリカ合衆国，ニュージーランドとオーストラリアは**近接している**。サモアも問４の図２よりオセアニアの島嶼国であると確認でき，**ス**が該当する。

Ｑ．2015年のニュージーランドとカナダで共通して移民が急増している国は**中国とフィリピン**である。いずれも経済発展しているアジア諸国で，**シ**が該当する。

Ｒ．2015年のニュージーランドとカナダにおける移民送出国の違いを説明しようとしているので，政策の違いについて言及した**サ**が該当する。具体的な違いは，ニュージーランドでは**オーストラリアとイギリス**が，カナダでは**イランとパキスタン**が上位国に含まれる点である。ニュージーランドの２か国については地理的な距離や歴史的な結びつきで説明できるのに対し，社会情勢の不安定な西アジアや南アジアからの移民が多いカナダは難民に対する積極的な受け入れ政策を進めてきたと考えられる。

問６ 25 ・ 26 正解は③・⑦

現代世界では，死亡率の低下に伴って人口が急増した一方，雇用機会が不足している発展途上国から，さまざまな産業が発達して賃金水準が高いものの，人口転換の影響で労働力が不足している先進国への国際的な人口移動が活発化している。よって，送出国側の要因として②と④，受入国側の要因として⑤と⑧はそれぞれ適当。さらに本問では太平洋島嶼国が送出国，オーストラリアとニュージーランドが受入国としてみなせることに注意する。地震やサイクロンにしばしば見舞われ，海岸侵

食や浸水問題に直面している環礁も知られる太平洋島嶼国において，こうした居住環境の悪化は移住を促す要因になると考えられ，①は適当。しかし出生率が依然として高い太平洋島嶼国に少子高齢化は当てはまらないので，③は不適。一方，オーストラリアでは多様な言語や文化を尊重する**多文化主義**が掲げられてきたが，社会の暮らしやすさは移住者を呼び寄せる要因になると考えられ，⑥は適当。デジタルデバイドとは情報や情報技術をめぐって個人や地域・国家の間にみられる格差のことであるが，移住者を呼び寄せる要因になるとは考えにくく，⑦は不適。

第5問 やや易 大分県大分市と別府市を中心とする地域調査

問1 　27　 正解は②

- A．別府市から大分市に入ったところで，進行方向の右側に高崎山をみることになるので，**ア**が該当する。
- B．大分市に入る前に，別府市の大平山（扇山），鶴見岳，小鹿山と続く山地の東麓付近を通過しているので，**ウ**が該当する。
- C．北側の雨乞岳と南側の冠山（烏帽子岳）との間の谷（大分川）に沿い，国道210号も並走しているため，**イ**が該当する。

問2 　28　 正解は②

- ①適当。「おういた」駅北側から本町付近を北に進み，川を渡ったところで西に向きを変えて「大分港」方面に路面電車が延びていた様子が読み取れる。
- ②不適。かつて「春日神社」の西側に立地していた「師範校」の敷地は，2018年の地図では勢家町に見える神社の西側，王子北町付近に当たる。「**フェリー発着所**」**は王子港町付近の埋立地に設けられた**ことがわかる。
- ③適当。西側の山麓に広がっていた「歩四七」の軍用地には大分大学が開設されており，新春日町には高等学校も立地している。
- ④適当。大分城の北東側では直交する道路網や建物が建ち並ぶ様子がうかがえ，区画整理によって宅地化が進んだと考えられる。

問3 　29　 正解は③

- ①適当。図4より，1963年の軽工業と地場資源型素材工業の割合は48.5＋18.4＝66.9（％）と算出できる。
- ②適当。図4より，臨海型素材工業の割合が1980年にかけて拡大した様子が読み取れる。さらに図3から，第二次産業人口が1965年の2.4万人から1980年の4.6万人に増加したことも読み取れる。
- ③不適。1980年から1995年の期間に第二次産業就業者数は4.6万人から5.4万人

に増加したものの，就業者の総数が約16万人から約20万人に増えたため，その割合は約29％から約27％に低下している。1995年から2000年にかけて就業者総数が微増したものの，2000年には第二次産業就業者数が5.3万人に減少しており，90年代後半にその割合はさらに低下したといえる。

④ 適当。1960年の第三次産業人口の割合は4.3（万人）÷約9（万人）×100＝約48（％）だったが，2015年は15.9（万人）÷約21（万人）×100＝約76（％）に上昇した。

問4 30　正解は③

D．家庭外で働く女性やワーキングマザーの増加を裏付ける資料には**キ**が該当する。**キ**のグラフからは，1995年の大分市の女性の労働力率は特に20歳代後半から30歳代で低かったが，2015年にはこうした傾向がほぼ解消されるとともに，60歳代までの各年齢階層で**女性の労働力率が上昇した**ことがわかる。

E．人口増減と「転入」との関係を裏付ける資料を選べばよい。よって，**カ**が該当する。**カ**の階級区分図からは，**大分市の人口が増加した一方，周辺自治体では減少した**ことが読み取れ，大分市に市外から人口が流入したと考えられる。

F．保育需要が偏在している根拠としては，保育所に入る年齢の子どもがいる世帯の分布がわかればよい。よって，**ク**が該当する。**ク**のメッシュマップからは，**大分市役所の周辺地区に6歳未満の子どもがいる子育て世帯が集まっている**様子が読み取れ，保育需要が市の中心部に偏在しているとわかる。

問5 31　正解は①

P．総観光客数が大きく増加した1970年前後は**高度経済成長期**に当たっており，所得の向上とともにレジャーを楽しむ国民が増加した。

Q．宿泊客数が落ち込んだ1970年代後半以降は，**第1次石油危機**を転機に日本経済が低成長に移行した時期と重なる。交通網の整備によって日帰りで観光に訪れやすくなった反面，宿泊客数は減少したと考えられる。

R．総観光客数が減少した1990年代前半は，1980年代後半から続いた**バブル経済**が崩壊し，景気が急激に悪化した時期と重なる。

問6 32　正解は③

タ．大分県を含む九州は，古代から朝鮮半島との文化的な交流が盛んであった。また，釜山と博多を結ぶ定期航路も開設されており，「歴史的，地理的なつながり」が深い国としては，**韓国**が妥当である。

チ．観光を振興する取り組みには，宿泊施設や交通網の整備，観光案内板の設置などハード面を充実させる施策のほか，専門的な知識を持った人材を育成するなどソフト面の対策も有効だと考えられ，**X**が該当する。**Y**にみられる「観光消費額の抑制」は，観光を通した地域の活性化に逆行する。

第1回 試行調査：地理Ｂ

問題番号	設 問		解答番号	正 解	備 考	チェック
第1問	A	問1	1	④		
		問2	2	②		
		問3	3	③		
		問4	4	④		
	B	問5	5	③		
		問6	6	④		
第2問		問1	7	②	＊1	
		問2	8	③		
		問3	9	①		
		問4	10	②		
		問5	11	②		
		問6	12	④		
第3問		問1	13	②		
		問2	14	④		
		問3	15	④		
		問4	16	①		
		問5	17	④		
		問6	18	③		

問題番号	設 問	解答番号	正 解	備 考	チェック
第4問	問1	19	②		
	問2	20	②		
	問3	21	③		
	問4	22	③		
	問5	23	⑤		
	問6	24	⑨		
第5問	問1	25	①		
	問2	26	⑤		
	問3	27	④		
	問4	28	③	＊2	
	問5	29	①		
	問6	30	④		

(注)
＊1　解答番号7は，図に誤りがあったとして参考問題とされた。
＊2　過不足なくマークしている場合のみ正解とする。

自己採点欄

╱ 30問

● 各設問の配点は非公表。

2　第1回 試行調査：地理B〈解答〉

第1問 —— 熱帯の気候と日本の自然災害

A 標準 《熱帯の気候》

問1 1 　正解は④

自転している地球の表面には**コリオリの力（転向力）**が働き，高緯度から低緯度に移動する大気は東寄りの風，低緯度から高緯度に移動する大気は西寄りの風となる。**亜熱帯高圧帯（中緯度高圧帯）**から**熱帯収束帯（赤道低圧帯）**に吹く卓越風を**貿易風**と呼び，北側では**北東風**，南側では**南東風**となる。

問2 2 　正解は②

① 適当。サヘル地域には7月頃に「激しい対流活動や上昇気流」に伴う降水が生じやすい**熱帯収束帯**が接近することが図1から読み取れる。ただし，熱帯収束帯が「形成される範囲」のうちでもギニア湾に近い南部に位置すると，サヘル地域では降水に恵まれず干ばつが発生する場合がある。

② 不適。「太平洋東側の赤道付近」で「平年よりも海水温が高く」なる**エルニーニョ現象**は，貿易風が弱まることとの関連が指摘されており，熱帯収束帯とは直接関係がない。

③ 適当。「熱帯雨林気候に隣接する地域」では，主に熱帯収束帯がもたらす雨季と亜熱帯高圧帯がもたらす乾季をもつ**サバナ気候**が分布している。

④ 適当。「北西太平洋の温帯の地域」に襲来する台風は，フィリピン近海で発生する。発生海域は，7月頃に「激しい対流活動や上昇気流」が生じ，「積乱雲が発生」しやすい**熱帯収束帯の形成範囲**に含まれることが図1から読み取れる。

問3 3 　正解は③

河川総流出量を流域面積で除して算出される「年流出高」の多い①・②には，流域の気候が湿潤で面積が狭い河川として**メコン川，ライン川**が該当すると考えられる。メコン川の流域は，7月頃に熱帯収束帯の支配下に入るうえ，モンスーン（季節風）の影響もあって多雨となるので，9月に流量が最大となる①と判断する。メコン川流域では乾季となる1月に流量が多い②が残るライン川となるが，年中湿潤な気候下を流れるため季節的な流量の変化は小さい。一方，「年流出高」の少ない③・④は，流域の気候が乾燥または流域面積の広い**オレンジ川，ナイル川**のいずれかである。このうちナイル川には，熱帯収束帯の形成範囲に流域が含まれる7月に流量が最大となる③が該当する。南半球の低緯度地域では熱帯収束帯が南下する1月頃に雨季を迎えるため，オレンジ川は3月に流量が最大となる④が該当する。

第 I 回 試行調査：地理 B〈解答〉　3

問4　4　正解は④

砂丘の発達した砂漠が見えるアは，熱帯収束帯の範囲外に位置するYで撮影されたと考えられる。Yは年間を通して亜熱帯高圧帯に支配される砂漠気候区に属している。密度の高い樹林が見えるイは，年中高温で，熱帯収束帯の影響により湿潤となる赤道付近のZで撮影されたと考えられる。Z付近には多種多様な常緑広葉樹からなる熱帯雨林が分布している。樹木がまばらに生育する草原が見えるウは，熱帯収束帯の移動に伴って雨季と乾季が明瞭なサバナ気候区に位置するXで撮影されたものである。サバナ気候区では落葉広葉樹の疎林と丈の高い草本からなる熱帯草原が広がっている。

B　標準　《日本の自然災害》

問5　5　正解は③

c．正しい。火砕流は，マグマから揮発した高温の火山ガスと固体の火山砕屑物が混合して高速で流下する現象である。

d．誤り。粒子の細かい火山灰は，大気中に長期間とどまると地表への日射を遮って気温低下を引き起こす可能性がある。1991 年にフィリピンのピナトゥボ火山が噴火した際には地球の平均気温が約 0.5℃低下した。

e．正しい。日本の火山前線付近では，マグマに由来する地熱を利用した発電が実用化されている。

問6　6　正解は④

海岸付近に災害の範囲が広がるカは，津波による水深 1m 以上の浸水を示していると考える。海底地震等によって引き起こされる津波は，海岸以外にも河川を遡上して被害を拡大する恐れがある。河岸に災害の範囲が広がるキは，河川が氾濫した際の水深 1m 以上の浸水を示している。クは等高線が集まる山麓部に災害の範囲が示されていることから，急傾斜地の崩壊を指している。

第2問　標準　世界の食料問題

問1　7　正解は②

栄養不足人口率はアフリカで高く，ラテンアメリカおよびカリブ海諸国で低いことが表1に示されており，先進国ではさらに低い5％以下であることも注記されている。図1に関しては，企業的穀物農業が発達している新大陸に高位国が多いアを穀物自給率，アフリカに高位国が多いイを人口増加率と判断する。栄養不足人口率が高いアフリカでは高い人口増加率のほか，アより穀物自給率が低い傾向も見てとれ

4　第 I 回 試行調査：地理B〈解答〉

るため，②が正しい。なお，本問は図に誤りがあったとして参考問題とされた。

問2　　8　　正解は③

アジア東部を原産地とし，**高温で湿潤な気候を好む米の主な生産国**は，図3からインド，インドネシア，バングラデシュなど**アジア諸国に偏っている**様子が読み取れ，生産量が世界第1位の**P**には**中国**が該当する。西アジアを原産地とする**小麦**は，**冷涼で乾燥した気候を好む**ことから，主な生産国に国土の大部分が熱帯気候下に広がる**ブラジルは含まれない。**よって小麦の生産量が第4位の**Q**を**アメリカ合衆国**と考え，残った**R**が**ブラジル**となる。企業的な穀物農業が発達したアメリカ合衆国は，トウモロコシと大豆の生産量で世界第1位となっている。なお，大豆は食用のほか，油脂や飼料としての用途も重要で，経済成長により需要が高まった中国向けの輸出が牽引してブラジルでの生産量が増大した点にも注意したい。

問3　　9　　正解は①

耕地1ha当たりの肥料の消費量が最も多い**①は経営規模が小さいものの集約的な農業**が営まれてきた**アジア**，最も少ない**④が焼畑農業**などの原始的農業が広く残る**アフリカ**である。**②**と**③**に関しては，乾燥地域を中心に牧草地が広がる**オーストラリアを含むオセアニア**が国土面積に占める農地の割合の比較的大きい**③**と考える。残った**②がヨーロッパ**で，広大な森林をかかえる**ロシアが含まれる**ために農地面積の割合が小さい。ヨーロッパの営農規模は新大陸よりも小さいが，近年の健康志向を背景に有機農業が注目されており，耕地1ha当たりの肥料の消費量が南北アメリカより少ない点も特徴的である。

問4　　10　　正解は②

力．米の生産量に占める輸出量の割合は37127（千t）／738064（千t）×100＝約5.0％と求められるが，小麦（22.9％），トウモロコシ（12.2％），大豆（38.2％）と比較して目立って低い。海外市場を指向した大豆や小麦の商業的な栽培に対し，国内での消費を前提とする米は**自給的**に栽培されてきたといえる。

キ．大豆の用途としては食料用のほか，**搾油用，飼料用**がある。会話文中に中国で「経済発展にともなって食生活が変化」したことが指摘されていることに注意し，肉類や乳製品の生産に用いられる**飼料用**の需要が急激に高まったと考える。

問5　　11　　正解は②

表4に「1970年代以降に急速にその経済的地位を上昇させた」と記されている**サ**は，石油資源を背景に「世界有数の高所得国」となった**サウジアラビア**である。1**人1日当たり食料供給熱量は少ない**が，「一部では食生活の欧米化がみられる」シ

第1回 試行調査：地理B〈解答〉　5

は，工業化が遅れた内陸国であるものの，スペインによる植民地統治を受けた**ボリ
ビア**と判断できる。食生活の欧米化に関する記述がない一方で，**5歳未満の子供の
死亡率**が比較的低いスにはアジアの新興工業国である**タイ**が該当する。タイを含む
東南アジアでは，都市部を中心に「屋台などの外食」が普及している。

問6　12　正解は④

①適当。「緑の革命」では，高収量品種の導入や灌漑施設の整備，化学肥料や農薬
　の普及などにより土地生産性が向上した。

②適当。豪雨，干ばつなどの異常気象がもたらす農業への悪影響は，堤防や灌漑施
　設の整備が遅れた発展途上国の貧しい農村部で特に深刻である。

③適当。日本を含む先進国では，食生活の多様化を背景に肉類・乳製品，果物，海
　産物などの食料品を世界中から輸入しているが，日常的に大量の食品が廃棄され
　ている。ただし，食料品の輸入が「国内消費を上回る量」に達するかどうかの判
　断は難しい。

④**不適**。**フェアトレード**（公正な貿易）とは，農産物や加工品などを適正な価格で
　輸入することで発展途上国の生産者の生活を支援し，自立を促進する取り組みを
　いう。

第3問　標準　世界の人口と都市

問1　13　正解は②

①不適。ヨーロッパでは人口密度が高位の国が集中しておらず，オランダ，ベルギ
　ーなどに限られる。

②適当。図1中に「ヨーロッパとアジアの境界線」が引かれていることに注意する
　と，B・C国を含むアジアの面積は他地域よりも広く，人口が最も多いと判断で
　きる。また，B国，バングラデシュ，日本，フィリピンなどが高位を示すほか，
　C国，インドネシア，パキスタン，ベトナムなど中位の国が残りの大部分を占め
　ている。

③不適。アフリカの人口増加率は高いが，図1からは読み取れない。さらに，人口
　密度が高位に相当する国は2か国しか読み取れない。

④不適。ラテンアメリカでは，中央アメリカに中位の国が比較的多く，低位の国は
　特に南アメリカに集まっている。

問2　14　正解は④

図1中で人口が特に多い2か国のうち，バングラデシュとパキスタンの間に位置す
るB国がインド，日本や韓国の西側に位置するC国が中国である。ヨーロッパのA

6 第Ⅰ回 試行調査：地理B〈解答〉

国はドイツやイタリアの西側に位置するフランス，南アメリカ最大の人口をかかえ
るD国はブラジルである。先進国であるフランス（A）の人口ピラミッドは，老年
人口の割合が高く年少人口の割合が低い①である。1970年代末より一人っ子政策
を推進してきた中国（C）の人口ピラミッドは40～44歳に対して35～39歳の人口
が目立って少ない③である。数の多い1970年代生まれの世代が親となることでそ
の子ども世代も一時的に増加したが，年少人口の割合は低下する傾向にある。イン
ドとブラジルに関しては，農村地域を中心に人口増加率が依然高いインド（B）を
富士山型の②，経済成長とともに人口転換が先行したブラジル（D）をつり鐘型へ
変化しつつある④と判断する。

問3 ┃ 15 ┃ 正解は④
2015年現在も合計特殊出生率がきわめて高いアは，人口増加率の高いアフリカに
位置するナイジェリアである。イは1990年時点で1人当たりのGDPがア・ウよ
りも高かったことから，マキラドーラ制度を基盤に輸出指向型工業が成長し，ラテ
ンアメリカNIEs（新興工業経済地域）と呼ばれたメキシコと考える。残ったウが
インドネシアで，政情の安定化に伴って徐々に工業化が進展したが，1人当たりの
GDPではメキシコより依然低い。

問4 ┃ 16 ┃ 正解は①
a. 正しい。カよりリオデジャネイロの沿岸部には高層ビルが建ち並んでいる様子
　が読み取れる。ファベーラはブラジルの大都市にみられる不良住宅地区（スラ
　ム）であり，居住条件の悪い傾斜地などに形成されている。
b. 正しい。キよりシャンハイ（上海）の沿岸部には高層ビル群が建設されている
　様子が読み取れる。シャンハイは国内総生産（GDP）世界第2位に躍進した
　中国でも最大規模の経済都市で，商業・金融の世界的中心地の一つと言える。
c. 正しい。ドバイはアラブ首長国連邦の港湾都市で「巨額のオイルマネー」を背
　景に都市開発が進展した。クにみえる尖塔状のブルジュ・ハリファは，全高
　828.9m，206階建ての世界で最も高いビルである（2019年10月現在）。

問5 ┃ 17 ┃ 正解は④
鉄道の「ターミナル」が立地する都心に隣接するEは，近代になって中小の工場や
商店，住宅が進出して市街地が形成された混合地区（漸移地帯）で，シが該当する。
欧米の大都市では，ここでスラム化などのインナーシティ問題が深刻化している事
例もある。Eの外側に広がるFには，地価が比較的安価であることや職場が集まる
都心部と鉄道で結ばれていることを背景に住宅地が形成されており，スが該当する。
海上輸送との接点となる「港湾」に隣接するGには，鉄鋼業や石油化学工業などの

第 1 回 試行調査：地理 B〈解答〉　7

大規模な**工場**のほか，**倉庫**などの物流施設が立地しており，**サ**が該当する。近年は
ここで**ウォーターフロント開発**が進展し，住宅，商業・娯楽施設などが整備された
事例もある。

問6　　18　　正解は③

夜間人口に対して約 1.5 倍の昼間人口をかかえるタは，周辺地域からの通勤者が集
まる「大都市圏の副都心」である**Y**と考えられる。百貨店などの商業施設も集積す
る副都心には多くの買い物客が集まり，年間商品販売額はきわめて大きくなる。一
方，**昼夜間人口比率が 100 を下回るツ**はベッドタウンとしての開発が進んだ大都市
郊外の**Z**で，通勤・通学で昼間人口が流出し，買回り品などの年間商品販売額も小
さい。残った**チは夜間人口と昼間人口の差が小さい点が特徴**で，職場と住宅との距
離が近い地方都市の**X**が該当する。「交通と経済の中心」に隣接し，かつ「行政と
文化の中心」である**X**は，ベッドタウンの**Z**よりも年間商品販売額が大きくなって
いる。

第 4 問　標準　ヨーロッパについての課題研究

問1　　19　　正解は②

夏季に乾燥することを示す①・③は**地中海性気候区**のハイサーグラフで，より高緯
度かつ高原上に位置する**マドリード**がより気温の低い①，より低緯度に位置する**ア
テネ**が気温の高い③と考える。ヨーロッパ西部に位置する**ダブリン**は，暖流の北大
西洋海流や偏西風の影響を強く受けるため，**年間を通じて湿潤で，冬季も比較的温
暖な②**が該当し，残った**④がタリン**となる。西部とは対照的にヨーロッパ東部には
冬季の寒さが厳しい亜寒帯（冷帯）が広がる。

問2　　20　　正解は②

平坦な地形に家畜が放たれた牧草地や耕地が広がる**ア**は，**混合農業が営まれている**
ヨーロッパ中部の**A**で撮影された景観と考えられる。傾斜地に樹木が規則的に並ぶ
イは，地中海式農業によりオリーブ栽培が盛んなイベリア半島の**C**で撮影された景
観である。高峻な山脈を背景に牛が放牧されている様子が見てとれる**ウ**は，移牧に
よる酪農が行われてきたアルプス山脈付近の**B**で撮影された景観である。

問3　　21　　正解は③

G 国（ポーランド）では国民の多くが**スラブ語派**に属するポーランド語を用い，カ
トリックを信仰している。ポーランド，チェコ，スロバキア，ハンガリー，スロベ
ニア，クロアチアは東ヨーロッパに位置するものの，西ヨーロッパや南ヨーロッパ

8 第 I 回 試行調査：地理B〈解答〉

と同様にカトリックが広まっている点に注意する。H国（ブルガリア）における主な言語はスラブ語派に属するブルガリア語，宗教は**正教会**（ブルガリア正教会）である。なお，同国の北側に位置し，**ラテン語派**の言語を公用語とするルーマニアと混同しないこと。

問4　　22　　正解は③

① **不適**。経済の面では，域内で流通する工業製品や農産物に対する関税を撤廃して，貿易を活発化させようとした。

② **不適**。EUの母体となった，ECSC（欧州石炭鉄鋼共同体）やEURATOM（欧州原子力共同体）は石炭や原子力エネルギーの共同管理・利用を目指した組織である。しかし風力発電や太陽光発電などの自然再生エネルギーは供給量が依然少なく，利用に適した自然条件を備えた国も限られるため，「資源をめぐる国家間の対立」が激しいとは言えない。

③ **適当**。1989年以降，東ヨーロッパ諸国では一党独裁体制が崩壊して民主化が進み，西ヨーロッパ諸国との政治的関係が改善された。

④ **不適**。EU加盟国はいずれもキリスト教を信仰する国民が多数を占めるほか，アルコールを飲む習慣も存在するなど文化的な共通性は高い。ただし，ブドウの生産が盛んでワインが日常的に飲まれているフランス，イタリアなどに対し，ドイツや北ヨーロッパ諸国では大麦を主原料とするビールの消費が多い。

問5　　23　　正解は⑤

1人当たりGNIはルクセンブルクのように先進国の中でも**人口規模の小さい国で特に高くなる**ので，**P**には**ク**が該当する。EUへの拠出金額には各国の経済規模が反映され，ドイツのような人口規模の大きい先進国で多くなる。よって**Q**にはイギリス，フランス，イタリアなど**EU発足時からの中核国**が含まれ，**カ**が該当する。他方，EUへの拠出金額が少なく1人当たりGNIが低い**R**にはかつて**社会主義体制**下で経済発展の遅れた東ヨーロッパ諸国が含まれ，**キ**が該当する。

問6　　24　　正解は⑨

図に示された国際的な人口移動は，7か国からの矢印が集まるドイツのほか，フランス，イギリス，スペインなどに向かっていることが読み取れる。仮説Xに関しては，イギリスに旧植民地のインドやパキスタンから，スペインにエクアドルからの移動がみられるほか，北アフリカ諸国からフランスへの移動もさかんであり，検証する必要がある。ただしインド，パキスタン，エクアドルは「EU加盟国および周辺国」ではないうえ，雇用や治安に関わるデータにも当たらない**サ～ス**では確かめることができない。仮説Yに関しては，**シェンゲン協定**の発効によって主にEU

域内で「自由に出入国ができるようにな」ったものの，図から先進国どうしの相互移動は低調であることが確認できるため，「大量の人口移動」という仮説自体が妥当ではない。仮説Zに関しては，ドイツ，フランス，イギリスなどにEU域外のほか，南ヨーロッパや東ヨーロッパからの人口が流入している様子が図から読み取れる。この動きを「賃金水準の低い国々から先進国に向けて」の移動と判断するためには，スの「1人当たり工業付加価値額についてのデータ」に基づいて各国の経済格差を検証すればよい。

第5問　やや難　静岡県中部の地域調査

問1　25　正解は①

①**適当**。地形図中には安倍川の水が流れている位置が示されているものの，**実際の流路は増水などにより堤防間でしばしば移り変わってきた**。

②**不適**。車窓の右側に見える山地の斜面は，大部分が**果樹園**で占められている。

③**不適**。**南に進行する列車から見て，右側となる西からの日差しを受けるのは午後**になってからである。静岡駅を午前10時に出発した列車は，約6〜7kmしか離れていない用宗駅付近に数分で到達すると考えられる。

④**不適**。図1よりトンネルを出た所に「小浜」の地名が見え，そこから焼津駅までの様子は図3に示されている。「小浜」から「サッポロビール工場」付近までの鉄道区間の東側（進行方向の左側）には**標高170m以上の山地**があり，海を見ることができない。

問2　26　正解は⑤

各月とも気温が低いウは標高が高く冷涼な**軽井沢**である。「避寒地として古くから知られ」た静岡県中部に位置する静岡は，冬季の気温が東京よりも高いア・イのいずれかであるが，八丈島は暖流の**黒潮**（日本海流）が付近を通過するため冬季はより温暖になると考えられる。よって，**アを静岡，イを八丈島**と判断する。

問3　27　正解は④

静岡駅や焼津駅付近を中心に東部から南部にかけての沿岸部には**人口密度の高い都市的地域**が広がる一方，人口密度が「500未満」や「0またはデータなし」で占められる北部や西部には山地・丘陵地が広がり，**過疎化**が進んでいると考えられる。よって高位の単位地域が南東部に集中している**キを第3次産業就業者率**，北部や西部にも高位の地域が分布する**カを老年人口率**と判断する。一方，近年の急激な高齢化を背景に，過疎地域だけでなく人口の多い都市部でも老年人口の増加が顕著であり，**クが老年人口の増加率**となる。

10 第Ⅰ回 試行調査：地理B〈解答〉

問4 　28 　正解は③

写真1に見える防災施設は，上層部に続く階段が見えることから**避難施設**だと推測できる。海岸付近のほか，瀬戸川沿いにも分布しているが，図7が示す範囲は河口付近の低地に当たるため，山間部や山麓部で警戒される<u>土石流</u>ではなく，津波を想定した避難施設と考える。なお，洪水による浸水を防ぐ施設としては堤防や地下貯水池などがある。地震による<u>液状化</u>に関しては地盤を強化する取り組みや深く打ち込んだ杭を利用した建築法などの対策がとられてきた。

問5 　29 　正解は①

サ．正しい。 M地点付近は山地の麓で，台地・段丘に挟まれた谷に当たることから，土石流を含む<u>土砂災害</u>の危険性が高い。砂防ダムは上流から流下してきた土砂を食いとめるとともに，谷の勾配を緩めて土砂災害の発生を抑える施設で，M地点付近に設置することは有効である。

シ．正しい。 L地点付近は土砂災害に注意が必要な「急傾斜地崩壊危険箇所」となっていることが会話文に明記されている。また一帯は**低湿な谷底平野**に当たっており，洪水にも注意が必要である。

ス．正しい。 河川敷に位置するN地点付近は，写真2から川の水面に近い高さであることが読み取れ，水害の危険性がきわめて高いことがうかがえる。

問6 　30 　正解は④

①**適当。** 日本列島は<u>環太平洋造山帯</u>に位置するため，地震が頻発し，火山も多い。また<u>季節風</u>の影響を受けやすく，梅雨前線の停滞や台風の接近に伴う大雨も多い。

②**適当。** 洪水被害の軽減を目的に造成された不連続な堤防を<u>霞堤</u>と呼ぶ。流路から溢れた水を上流側に向いた開口部から<u>遊水地</u>に一時的に逆流させる仕組みとなっている。

③**適当。** 都市部を中心とした人口増加に伴って，水害や液状化の危険性が高い低湿地や土砂災害の危険性が高い斜面地にも住宅地が拡大している。

④<u>**不適。**</u> 自然災害がもたらす人的被害は防災対策の普及により軽減されてきたが，経済発展に伴って経済的損失は増加する傾向がある。また，都市部と農村部では人口密度や経済活動に顕著な差が認められるため，被害の大きさは地域によってもちろん異なる。

2020年度：地理Ｂ/本試験〈解答〉　1

地理Ｂ　センター試験　本試験

2020年度

問題番号 (配点)	設　問	解答番号	正　解	配　点	チェック
第1問 (17)	問1	1	①	2	
	問2	2	③	3	
	問3	3	②	3	
	問4	4	④	3	
	問5	5	②	3	
	問6	6	⑥	3	
第2問 (17)	問1	7	②	3	
	問2	8	④	2	
	問3	9	④	3	
	問4	10	⑥	3	
	問5	11	④	3	
	問6	12	③	3	
第3問 (17)	問1	13	②	3	
	問2	14	②	2	
	問3	15	③	3	
	問4	16	①	3	
	問5	17	④	3	
	問6	18	①	3	

問題番号 (配点)	設　問	解答番号	正　解	配　点	チェック
第4問 (17)	問1	19	③	2	
	問2	20	④	3	
	問3	21	①	3	
	問4	22	③	3	
	問5	23	①	3	
	問6	24	①	3	
第5問 (14)	問1	25	②	2	
	問2	26	③	3	
	問3	27	③	3	
	問4	28	②	3	
	問5	29	②	3	
第6問 (18)	問1	30	⑤	3	
	問2	31	②	3	
	問3	32	②	3	
	問4	33	①	3	
	問5	34	③	3	
	問6	35	①	3	

自己採点欄

100 点

（平均点：66.35 点）

2 2020年度：地理Ｂ／本試験〈解答〉

第1問 標準 世界の自然環境と自然災害

問1 ⬜1 正解は①

図1中，Aはアルジェリアのアハガル（ホガル）高原，Bはチベット高原，Cはラブラドル高原，Dはギアナ高地を示している。このうちCのラブラドル高原はカナダ楯状地に属し，氷河時代にローレンタイド氷床に覆われていたため，氷河湖などの氷河地形がみられる。楯状地は楯を伏せたようなななだらかな地形を形成しているため，一般に標高は高くない。よって①が該当する。なお，Aは②，Bは④，Dは③が該当する。

問2 ⬜2 正解は③

図1中，ア～エの各地点が属するケッペンによる気候区分を考えよう。アはステップ気候，イは亜寒帯（冷帯）湿潤気候，ウは高緯度に位置するが付近を暖流が流れており西岸海洋性気候，エは温暖湿潤気候に属する。このうちウは，まず北半球に位置するため，最暖月が7月，8月にあたる③か④のいずれかが該当する。そして，大陸西岸の沿岸部に位置することから，冬の気温は高く気温の年較差は小さいと考え③が該当する。なお，アは②，イは④，エは①が該当する。

問3 ⬜3 正解は②

図1中，カのイタリアやバルカン半島付近は，新期造山帯のアルプス＝ヒマラヤ造山帯の一部をなし，地震の震源や火山が多く分布する。キの中国スーチョワン（四川）盆地付近は，ユーラシアプレートとインド＝オーストラリアプレートの境界付近に位置するが，衝突帯にあたるため，地震は発生するが火山は分布しない。クのアラスカ半島からアリューシャン列島にかけては，北アメリカプレートと太平洋プレートの狭まる境界の沈み込み帯付近に位置し，地震の震源も火山もみられる。ケのブラジル高原は安定陸塊に属するため，地震の震源や火山は分布しない。よって②が該当する。

問4 ⬜4 正解は④

①適当。サの緯度帯は亜熱帯高圧帯にあたり，年間を通して雨が少ない。図からも，1月，7月ともに高圧帯の支配を受けることが読み取れる。

②適当。シは赤道付近の熱帯収束帯にあたり，年間を通して雨が多い。図からも，1月，7月ともに低圧帯の支配を受けることが読み取れる。

③適当。スは1月は低圧帯に入ることが読み取れ，雨季がみられると考えられる。

④不適。セは7月に低圧帯に入ることが読み取れ，雨が多い湿潤な気候がみられる

と考えられる。

問5　5　正解は②

　植生は気候の特徴を反映しているため，図1中，P～Sの経線上にみられるケッペンの気候区分を考えるとよい。わかりやすいものから考えると，Rは赤道に近い北部はサバナ気候で疎林がみられるが，続く内陸部には乾燥気候が広がるため樹木はみられず，③が該当する。Pは低緯度の熱帯雨林気候からサバナ気候，ステップ気候を経て砂漠気候まで変化するため，熱帯林から無樹木の砂漠まで樹高の違いが大きい④が該当する。残るQとSのうち，Qは亜寒帯気候に属し，経線上に広範囲にタイガとよばれる樹高がほぼそろった針葉樹林が広がる。一方，Sはアマゾン南部の熱帯気候から温帯気候に移り，樹高が高い熱帯林に続いて樹高が低い温帯林がみられる。よって，Qは②，Sは①が該当する。

問6　6　正解は⑥

　与えられた自然災害のうち，地震は地殻変動の大きい環太平洋造山帯に沿った地域で発生すると考えられる。よってツが該当する。森林火災は森林が豊富な乾燥地域で発生することが多いと考えられ，アメリカ合衆国やカナダが示されているチが該当する。熱帯低気圧による被害は，カリブ海周辺で発生し北の方へ向かうハリケーンによるものと考えると，カリブ海周辺に分布が集中し，南アメリカには少ないタが該当する。

第2問　標準　資源と産業

問1　7　正解は②

　マンガン鉱の輸入量はなじみのない統計だと思われるが，問題文の「鉄鋼の生産」を手がかりに，鉄鋼の生産量が多くなるとマンガン鉱の輸入量も多くなると考えるとよい。まず，近年BRICSの一国として工業化が急速に進展しているインドは，2000年代後半から輸入量が急に拡大している①が該当する。一方，4つの国の中で鉄鋼生産量が最も少ないスペインは④が該当する。日本は，2010年ごろまでは世界有数の鉄鋼生産国であったが，その後中国の成長で生産量は停滞している。それに対し，韓国は2010年以降，鉄鋼の生産量が大幅に増加しており，マンガン鉱の輸入量も増大していると考えられる。よって韓国は②，日本は③が該当する。

問2　8　正解は④

　①適当。日本では1980年代後半から1990年代半ばにかけて，イワシなどの沖合漁

4　2020年度：地理Ｂ／本試験〈解答〉

業での漁獲がふるわず，水産物の輸入量が増加した。

②**適当**。近年，世界各国で水産資源の需要が高まる一方，乱獲などによる世界的な
漁獲量の減少により，世界の漁獲量に占める養殖業の割合は増加していると考え
られよう。特に，中国やインドネシアなどアジア諸国での増加が大きい。

③**適当**。大陸棚のある海域は，バンクや潮目などとともに好漁場の立地の条件とな
る。大陸棚には河川などから流入する栄養分が多く，日光が海底まで届くためプ
ランクトンが発生しやすい。また，魚の住みかや産卵場となる岩場や海藻なども
豊富である。

④**不適**。世界各国が200海里の排他的経済水域を設定した影響で漁獲量が激減した
のは，他国の排他的経済水域外で操業することになった遠洋漁業である。

問3　9　正解は④

シンガポールは，1970年代から工業化が始まった新興工業経済地域（NIEs）の一
国である。また，トルコは伝統的に繊維工業が盛んであったが，近年は自動車工業
などが発展している。以上をふまえて与えられた輸出品目を検討すると，**果実類**は，
農業生産の少ないシンガポールには含まれないと考え**ウ**が該当する。**衣類**は，工業
化しやすく**労働集約的**な繊維工業製品であり，トルコで輸出品目の上位にある**イ**が
該当する。**電気機械**は，近代的な工業化が進展している先進国などで輸出が多いと
考えられ，**ア**が該当する。

問4　10　正解は⑥

与えられた指標のうち，米の**生産量**はモンスーンアジアに多いことがよく知られる。
よって，中国，インドに加え，東南アジア諸国の割合が大きい**ク**が該当する。**輸出
量**は，タイなど東南アジアが多く，国内の需要が多い中国は少ないと考えられよう。
輸出向けの生産が多いアメリカもポイントとなる。よって**キ**が該当する。**輸入量**は
残る**カ**が該当する。需要量に比べ生産量が少ない国が示されているが，乾燥気候の
ため穀物生産に不向きな西アジアや，商品作物の栽培に比べ食料となる穀物の生産
が少ないギニア湾岸の国が含まれている。

問5　11　正解は④

問題文に「自然環境をいかした」とあるように，安定した風力が得られる地域を求
めるとよい。与えられた国のうち，年間を通して偏西風が吹く国としては，大西洋
に面した④のポルトガルが該当する。①のイランは豊富な石油資源を利用し，大半
が火力発電である。②のカナダは水力発電の割合が高い。③の台湾はモンスーンは
吹くが，安定した風力とはいえず，火力発電が中心である。

2020年度：地理Ｂ／本試験〈解答〉　**5**

問6　　12　　正解は③

人口１人当たり GNI（国民総所得）は，付加価値の高い工業が発達している先進国や人口の少ない産油国で多くなる。人口１人当たり研究開発費は，先端技術産業などが発展し，新分野の製品開発を手がけている先進国で多くなる。労働人口に占める金融・保険業の従業者割合は，世界から資金が集まり信用のある金融システムが発達した国で高くなるが，これには先進国のほか一部の発展途上国も含まれる。与えられた国のうち，先進国はスイスと日本であるが，スイスの人口は約 850 万人であることから，人口１人当たり GNI が最も多い①がスイスに該当する。チューリッヒなどは金融・保険業が盛んな都市として知られ，従業者割合も高い。日本は人口１人当たり GNI は近年減少傾向にあるが，研究開発費や金融・保険業の従業者は残りの２国よりも多いと考えられ，③が該当する。なお，アラブ首長国連邦は②，ハンガリーは④が該当する。

第３問　　標準　　都市と村落

問1　　13　　正解は②

都市の巨大化は第２次産業，第３次産業の発達による人口の集中などが要因で起こるが，近年は発展途上国で，工業化に加えて農村からの人口の大量流入により，都市数が急激に増加している。図１中，ウは中国の中南部，インド，メキシコなどを含み，近年経済発展と人口増加がともに顕著な地域と考えられる。よって，表１中，都市数の増加が大きい①か②と考えられる。このうち①は，1975 年の都市数が多いため，工業化の年代が早い先進国が多く含まれる緯度の範囲と考えられ，アメリカ合衆国や日本が含まれるイが該当する。よってウは②が該当する。なお，エは④，アは③が該当する。

問2　　14　　正解は②

「（国内での）人口規模第１位の都市の人口が，第２位の都市の人口の２倍未満である」とは，１位と２位の都市の人口の差が大きくないということと考えるとよい。与えられた国の中で二大都市が存在する国はないか考えよう。エチオピアはアディスアベバ，韓国はソウル，チェコはプラハがそれぞれの首都で，いずれもその国の中で特に人口が大きい首位都市（プライメートシティ）となっている。それに対し，オーストラリアにはシドニーとメルボルンの二大都市があり，歴史的にも政治，経済，文化などの機能を二分してきた。よって②が該当する。

6 2020年度：地理Ｂ/本試験〈解答〉

問3 | 15 | 正解は③

①**適当**。ムンバイ（ボンベイ）など発展途上国の大都市では，急激な人口の流入に対し，住宅や道路などのインフラの整備が遅れ，**不良住宅地（スラム）**に居住している人も多い。

②**適当**。フライブルクは環境先進都市として知られる。都心部の交通渋滞や大気汚染の問題を緩和させるため，都市郊外の駅などに自動車をとめ，公共交通機関で中心市街地へ入る**パークアンドライド方式**を導入している。

③**不適**。ニューヨークの都心部では，かつて都市内部で起こった**インナーシティ問題**を解決するため近年再開発が進み，住宅が改装され，新たに高級な高層住宅が建設された。これらの地域では，都心の利便性が見直され再び高所得者層が流入する**ジェントリフィケーション**とよばれる現象が起こっている。

④**適当**。ペキンでは，大気汚染による健康被害も拡大しているといわれるが，近年は微粒子のPM2.5など大気汚染物質の日本への飛来が問題になっている。

問4 | 16 | 正解は①

表2中，まず労働者総数に占める管理職・専門職従事者の割合は，特別な技能や資格をもった先進国の出身者が高いと考えられ，イギリスと日本が②か③に該当すると考えられよう。そのうち**イギリス**は返還を機に，1996年から2016年でホンコンにおける労働者数が大きく減ったと考え②が該当し，**日本**は③が該当する。タイとフィリピンは残る①か④が該当するが，**フィリピン**はタイに比べ経済発展が遅れ，人口増加率も高いことから，海外への出稼ぎ労働者が多いと考えられる。また，ホンコンへの出稼ぎ労働者の多くは女性で，家事労働などに従事するため，管理職・専門職従事者は少ないといわれる。よって①が該当する。**タイ**は残る④が該当する。

問5 | 17 | 正解は④

日本の都府県間における1年間の人口の転出入は，就業や就学の機会が少ない県から，それらが多い東京都や大阪府に移動する傾向があると考えられよう。移動先については，東日本の県は主に東京都，西日本の県は大阪府が多くなると考えられる。表3の**カ～ケ**の県のうち，移動先が東京都より大阪府の方がやや多い**キとケ**は，中国地方の鳥取県と岡山県のいずれかが該当すると考えられよう。そこで，**キとケ**を比べると，**キ**の方が人口移動の絶対数が多いこと，さらに**キ**へは**ケ**に比べ東京都や大阪府からの転入者も多いことが読み取れる。よって，**キ**は鳥取県よりも県の人口が多く経済力が大きい**岡山県**，**ケ**は鳥取県が該当する。なお，**宮城県はカ**，**秋田県はク**が該当する。

問6　18　正解は①

与えられた指標のうち，わかりやすいものから考えよう。なお，図2中，地価最高
地点周辺が都心部にあたると考えるとよい。まず，**総人口に占める居住期間が5年
未満の人口割合**については，この都市以外から就業，就学などの理由で新しく転入
した人々が該当し，単身者も含め，比較的短期の居住者が多く，賃貸住宅の利用者
が多いと考えられる。人口50万人規模の都市では，賃貸住宅などは生活の利便性
の高い都心部に多いと考え，都心部で高位を示す**サ**が該当する。**シ**と**ス**は紛らわし
いが，**総世帯数に占める第1次産業就業者世帯割合**は，地価が高い都心部から離れ
ており広い土地を得られる郊外が高位だと考えられよう。都心部の低位の地域が広
く，市境に近い郊外が高位になっている**ス**が該当する。残る**総世帯数に占める核家
族世帯割合**について，核家族は夫婦と子供で構成される家族をいうため，良好な環
境を求め，持ち家を志向する世帯も多いと考えられる。よって，都心よりむしろ主
要道路に沿った都心周辺地域が高位を示すと考えられ**シ**が該当する。

第4問　標準　東南アジアとオセアニアの地誌

問1　19　正解は③

図1中の**ア～エ**の海域のうち，**ア**は南シナ海，**イ**はアラフラ海の海域を示している
が，いずれも大陸棚が発達しており，水深は200m程度で浅いと考えられる。**ウ**
はマリアナ海溝，**エ**はハワイ沖を示し，いずれも水深は深いと考えられるが，ハワ
イ沖は大洋底にあたり水深は4,000～6,000m程度であるのに対し，マリアナ海溝
は太平洋プレートがフィリピン海プレートに沈み込む境界にあたるため，さらに深
いと考えられよう。世界で水深が最も深い**チャレンジャー海淵**（－10,920m）も
この海溝にある。よって③が該当する。

問2　20　正解は④

図1中の**A～D**のうち，**A**はサバナ気候，**B**はステップ気候，**C**は熱帯雨林気候，
Dは西岸海洋性気候に属する。このうち**D**の気候の特徴は，年間を通して適度な降
水量があり，気温の年較差は小さいことが挙げられる。図2中，②と③は最寒月の
平均気温が18℃を超え，熱帯に分類されることから該当しない。①は降水量から
判断して乾燥気候を示すと考えられ，**D**は残る④が該当する。なお，**A**は③，**B**は
①，**C**は②が該当する。

問3　21　正解は①

コプラ油は「注」にあるようにコプラから得られるが，コプラはフィリピンとイン

ドネシアが世界の二大生産国である。よって**カ**が該当する。サトウキビと茶が**キ**か**ク**に該当するが，両者とも生産国が似ている。そこで，**キ**のみにみられるオーストラリアに注目しよう。オーストラリア北東部の沿岸地域はサトウキビのプランテーションが行われている。よって**サトウキビはキ，茶はク**が該当する。茶はベトナムやインドネシアでも栽培されている。

問4 　22　 正解は③

与えられた鉱産資源のうち，わかりやすいものから考えると，**すず**はインドネシアとミャンマーの産出量が多いため①，**ニッケル**はフランス領の**ニューカレドニア**が世界的な生産地として知られ②が該当する。残る③と④がボーキサイトか鉄鉱石のいずれかに該当する。いずれもオーストラリアが世界最大の産出国である（2015年）が，ボーキサイトはラトソルに含まれるアルミニウム分が集積したもので，インドネシアなどにも産出する。一方，鉄鉱石は安定陸塊が広がる地域に産出するため，多くが新期造山帯に属する東南アジアにはあまり産出しないと考えるとよい。よって**ボーキサイトは③，鉄鉱石は④**が該当する。

問5 　23　 正解は①

与えられた国について，生産力を背景にした貿易額の大きさ，国家間の地域的結びつきを念頭に置いて考えるとよい。図4をみると，まず**シ**は，他国との輸出入額が最も大きいことから，工業生産額が多く，輸出，輸入合わせて世界最大規模の貿易額をもつ**中国**が該当する。逆に最も少ない**セ**は，工業の発展が遅れている**ラオス**と考えられよう。残る**サ**と**ス**のうち，中国に対して輸出額の方が多い**サ**は鉄鉱石や石炭などの原材料を輸出していると考え，豊富な鉱産資源をもつ**オーストラリア**が該当する。**タイ**は残る**ス**が該当する。

問6 　24　 正解は①

①**不適**。インドネシアの国民の多くはムスリム（イスラム教徒）であるが，バリ島では古くから**ヒンドゥー教**が信仰され，独特の文化が継承されている。

②**適当**。オーストラリアは，20世紀当初から白人を優遇し，白人中心の国家建設をめざすため**白豪主義**を採用した。しかし，1970年代に労働力不足や，旧宗主国のイギリスのEC加盟などを背景として**多文化主義政策**へと転換し，現在ではアジア太平洋地域とのつながりも重視している。

③**適当**。シンガポールは多民族国家で，中国語，英語，マレー語，タミル語が公用語であるが，行政やビジネスの場では英語が重視されている。

④**適当**。ベトナムはかつてフランスの植民地であったことから，食文化やキリスト

2020年度：地理Ｂ/本試験〈解答〉　**9**

教の教会などの建築物にフランスの文化が残っている。朝食をフランスパンとコーヒーで軽くすませることも多いといわれる。

第5問　標準　中国とブラジルの地誌

問1　25　正解は②

図2の長江とアマゾン川の勾配については，両河川の河口から3,000km上流地点周辺の地形を考えるとよい。アマゾン川は，アマゾン盆地の平地を流れる。上流のペルーのイキトスでも標高は125mに過ぎない。一方，長江は中流にある**サンシャ（三峡）ダム**から上流は山岳地帯を流れ，スーチョワン（四川）盆地にかけて急に勾配が大きくなる。よって長江は**ア**，アマゾン川は**イ**が該当する。次に図3の月平均流量については，流量は河川流域の面積と，流域の降水量の多さに関係すると考えよう。アマゾン川は，世界最大の流域面積をもち，年間を通して降水量の多い熱帯雨林気候地域を貫流するのに対し，長江は，上流はツンドラ地帯を流れ，中流からは温帯地域を流れるが，年間を通して流量は少ない。よって長江は**B**，アマゾン川は**A**が該当する。

問2　26　正解は③

図4の農畜産物生産量の分布図をみて，中国，ブラジルのそれぞれの国の生産量の多少の顕著な地域的特徴に注目しよう。与えられた農畜産品のうち，**バナナ**は熱帯性の果実であるため，中国では南部の温暖な地域に生産が限定され，ブラジルではアマゾン川下流域にも分布していると考え**ク**が該当する。牛乳と小麦は比較的冷涼な地域で生産されるが，このうち，**小麦**は中国では**チンリン＝ホワイ川線**の北側の平原が主産地であることを想起するとよい。ブラジルでは，ウルグアイやアルゼンチンに続く温帯地域に生産が限定されると考え，**カ**が該当する。**牛乳**は小麦よりもさらに冷涼な地域で生産されるが，製品の新鮮さが要求されるため大都市周辺にも立地すると考えよう。中国では東北地方，ブラジルではサンパウロ周辺にも分布がみられる**キ**が該当する。

問3　27　正解は③

図5に示された4つの国の製造業のグラフについて，それぞれの国で生産額の割合が高い品目に注目するとよい。与えられた4つの品目のうち，**サ**は中国で割合が目立って高く，インドやブラジルでも高い割合を示している。中国は先進国と並ぶほど工業が発展しており，特に製品の種類が多い機械類の生産額は多いと考えられよう。よって**サ**は機械類が該当する。一方，**セ**は中国やインドでは比較的割合が高い

10 2020年度：地理B／本試験〈解答〉

が，ロシアでは極めて割合が低いことが読み取れる。中国やインドは労働力が豊富なことが背景にあると考えると，労働集約的な**繊維品**が該当する。残る**シ**と**ス**のうち，**シ**はロシアで最も割合が高い品目であるが，食料品・飲料と石油製品のいずれかの選択と考えると，ロシアは世界最大級の石油産出国であることから，**石油製品**が該当する。**ス**はブラジルで最も割合が高く，**食料品・飲料**が該当する。

問4　28　正解は②

鉄道貨物，国内航空貨物とも，工業が盛んで，国土面積が広い国で輸送量が多いと考えられるが，中でも国内航空貨物輸送量は，比較的軽量で付加価値の高い製品を製造する国で数量が大きいと考えられよう。表1のうち全体的に輸送量が多い①と②はアメリカ合衆国か中国と考えられるが，**アメリカ合衆国**は特に航空交通が発達し，国内航空貨物輸送量は中国に比べ大きいと考えられ，①が該当する。よって**中国は②**が該当する。インドとブラジルのうち，**インド**は，イギリスの植民地支配のもとで鉄道網が発達したことから，④に比べて鉄道貨物輸送量が多い③が該当する。**ブラジル**は残る④が該当する。

問5　29　正解は②

図6をみて，日本における中国またはブラジル国籍をもつ居住者数の推移について，**タ**は1990年以降2000年にかけて4倍以上に急激に増加していることが読み取れる。1990年に**出入国管理法**が改正され，日系2世，3世のブラジル人の移住が容易になったことを想起できると，**ブラジル**が該当する。**チ**は2000年以降，居住者数が増加しており，**中国**が該当する。留学生や研修生として来日する中国人が増加している。次に，図7をみて，中国またはブラジルにおける日本出身の居住者数の推移について，1990年を基準に**X**は常に増加傾向にあるのに対し，**Y**は逆に減少傾向にあることが読み取れる。1990年以降は，中国が急速に経済発展を遂げる時期にあたり，日本企業の多くが中国に進出することにより日本からの居住者も増加したと考えると，**X**は**中国**が該当する。よって，**Y**は**ブラジル**が該当する。日本からブラジルへの移民は第二次世界大戦後に再開され1970年代ごろまで続くが，その後，居住者が次第に高齢化することで数が減少したと考えられよう。

第6問　やや易　山梨県甲府盆地とその周辺の地域調査

問1　30　正解は⑤

与えられた指標のうち，夏季の気温の日較差は，日中熱せられやすく，逆に夜は冷えやすい内陸の盆地で大きいと考えられる。また，周囲を山に囲まれた盆地では，

季節風が山でさえぎられるため，冬季は乾燥し降水量は少ないと考えられる。よって，与えられたア～ウの3つの地点のうち，盆地に位置する**甲府**は，アが該当する。残る御前崎と東京のうち，海洋に面した御前崎は夏季の気温の日較差は小さい。一方，関東平野に位置する東京は，冬には大陸からの季節風が脊梁山脈を越えて乾燥した空っ風となって吹き下ろすため，冬季の総降水量は少ないと考えられる。よって，**御前崎はウ，東京はイ**が該当する。

問2 　31　　正解は②

図3の鳥瞰図をみると，手前から中央部に大きく平地が広がり，背後に比較的険しい山地が左右に連なっている。その山地の麓の左右には谷筋とみられる細長い平地が中央の大きな平地につながっていることが読み取れる。図2中，この鳥瞰図のように見える方向は，地形図の険しい山地に注目すると②が該当する。

問3 　32　　正解は②

図4中，A～Dの各地点付近にみられる土地利用の特徴を読み取ろう。Aは扇状地の扇頂付近から急崖を上った高台に集落が立地している。Bは1916年発行の地形図に描かれた2列に並んだ石積みの堤防の内側にあり，当時，河道であったと考えられる場所には広い道路に沿って住宅が立地している。Cは扇状地の等高線に沿ったように，広い道路に面して集落が立地している。Dは扇状地から続くなだらかな傾斜をもつ広い土地に果樹園が分布している。このうちDはやや地形的な特徴をつかみにくいが，C・D間に「徳島堰」が読み取れ，②が該当する。地形の高低差を利用して水を引いた地点は，「徳島堰」より低い位置にあるD以外にはないと考えられよう。なお，Aは③，Bは①，Cは④が該当する。

問4 　33　　正解は①

サ. **通気性**が該当する。養蚕を行うために屋根裏を利用した家屋は，世界遺産として知られる白川郷や五箇山でみられる**合掌造り**が典型的な例である。中央の一段高い屋根の前面に窓があり，光と空気を取り入れる工夫がなされている。

シ. 図5から神金地域の養蚕戸数について，1975年の約200戸が1990年には10戸程度と大幅に減少していることが読み取れる。一方，神金地域が塩山地区の養蚕戸数に占める割合は，1975年の約30％から1982年ごろは70％近くに大きく増加していることが読み取れる。この間に塩山地区の他の地域は，神金地域を上回る速さで養蚕戸数が減少したと考えられよう。その後も神金地域の養蚕戸数は減り続けているが，塩山地区の養蚕戸数に占める割合は60～70％とほぼ変わっていない。よって，神金地域の養蚕は比較的**遅くまで行われていた**

12 2020年度：地理Ｂ/本試験〈解答〉

といえよう。

問5 34 正解は③

① **不適**。1991 年時点で店舗面積 10,000 m^2 以上の大型小売店は，甲府駅から半径 1 km の範囲内には 3 店舗あるが，範囲外にはわずか 1 店舗しかなく，範囲内の方が数は多い。

② **不適**。甲府駅から半径 1 km の範囲内における店舗面積 10,000 m^2 未満の大型小売店数は，1991 年は 9 店舗，2017 年は 5 店舗と読み取れ，2017 年の方が少ない。

③ **適当**。2017 年時点で甲府バイパスより南側にある店舗面積 10,000 m^2 以上の大型小売店は 3 店舗であるが，それらの場所は 1991 年の地図ではいずれも農地であったことが読み取れる。

④ **不適**。2017 年時点で甲府バイパスより南側にある店舗面積 10,000 m^2 以上の大型小売店と，JR の最寄りの駅との距離を図の右下にあるスケールで目測すると，3 店舗とも駅から 500 m 以上離れていることが読み取れる。

問6 35 正解は①

① **不適**。人口の増加を表す人口増加率は，自然増加率＋社会増加率で求められる。図 7 から，2010 年から 2017 年にかけて，常に社会増加率のプラスより自然増加率のマイナスが大きいと読み取れるので，北杜市の総人口は減少している。

② **適当**。図 7 で示された社会増加率は，転入者数－転出者数から導けるので，値がマイナスになっている 2015 年以外の年は，転入者数が転出者数を上回っているといえよう。

③ **適当**。高齢者を 65 歳以上の人口と考えると，図 8 から東京都と神奈川県は高齢者の割合が山梨県と長野県より高いことが読み取れる。

④ **適当**。中学生以下の子どもを 5 〜14 歳人口，彼らと同居する親を 30〜50 歳くらいの年齢層の世帯と考えるとよい。図 8 をみると，山梨県は 5 〜14 歳と 30〜64 歳の人口の占める割合が他の都県より高いことが読み取れる。

2019年度：地理B／本試験〈解答〉　1

地理B　本試験

2019年度

問題番号 （配点）	設　問	解答番号	正　解	配　点	チェック
第1問 （17）	問1	1	①	2	
	問2	2	②	3	
	問3	3	⑤	3	
	問4	4	①	3	
	問5	5	④	3	
	問6	6	②	3	
第2問 （17）	問1	7	④	3	
	問2	8	③	2	
	問3	9	④	3	
	問4	10	①	3	
	問5	11	③	3	
	問6	12	⑥	3	
第3問 （17）	問1	13	③	3	
	問2	14	③	3	
	問3	15	②	3	
	問4	16	③	2	
	問5	17	④	3	
	問6	18	③	3	

問題番号 （配点）	設　問	解答番号	正　解	配　点	チェック
第4問 （17）	問1	19	②	3	
	問2	20	④	2	
	問3	21	⑥	3	
	問4	22	②	3	
	問5	23	①	3	
	問6	24	②	3	
第5問 （14）	問1	25	①	3	
	問2	26	④	3	
	問3	27	①	3	
	問4	28	③	3	
	問5	29	④	2	
第6問 （18）	問1	30	①	3	
	問2	31	③	3	
	問3	32	③	3	
	問4	33	④	3	
	問5	34	④	3	
	問6	35	①	3	

自己採点欄

100点

（平均点：62.03点）

2　2019年度：地理Ｂ／本試験〈解答〉

第1問　標準　世界の自然環境と自然災害

問1　　**1**　　正解は①

①**不適**。アはアフリカのリベリア付近を示している。この地域は熱帯モンスーン気
候に属し，赤色の**ラトソル**が広く分布し，弱い乾季に一部落葉する落葉樹が混じ
る熱帯林が分布している。「腐植による栗色の土壌と丈の低い草原」はステップ
気候にみられる。

②**適当**。イはアラビア半島南部の砂漠地帯を示している。この地域では，砂漠土と
植生の乏しい景観がみられる。

③**適当**。ウは中国の華北平原を示している。この地域は，温帯から亜寒帯に移る気
候に属し，**褐色森林土**と，落葉広葉樹と針葉樹の混交林がみられる。

④**適当**。エはアルゼンチンの**パンパ**を示している。この地域では，肥沃な黒色のパ
ンパ土と丈の高い温帯草原がみられる。

問2　　**2**　　正解は②

図1中，Ａ〜Ｄそれぞれの線に沿ってみられる地形を，判断しやすいものから考え
よう。まず，Ａはエチオピア高原に位置し，急峻な高原と**アフリカ大地溝帯**（グレ
ートリフトヴァレー）を横切ることから，複雑な地形断面を示す③が該当する。次
に，Ｃはゴビ砂漠付近に位置し，標高 1000〜1500 m のなだらかな高原が広がるこ
とから④が該当する。比較的標高の低い地形断面を示す①と②のうち，Ｂは古期造
山帯に属する**ウラル山脈**を横切っていることを想起したい。断面図の一部に起伏が
みられる②が該当する。残るＤはアマゾン盆地に位置し，低平な平地が広がるので
①が該当する。

問3　　**3**　　正解は⑤

図3に示された3つの河川の流域にみられる，降水量を主とした気候を考えるとよ
い。**エニセイ川**は，北極海へ向かって流れ，流域に亜寒帯，寒帯気候が広がるので，
冬季には河川が凍結することが大きな特徴である。春に上流から氷が解け始めるが，
下流で氷が解ける5〜6月に流量が急増する。よってＨが該当する。**コンゴ川**流域
は，熱帯雨林気候，サバナ気候に属し，年間通して降水量が多い。よって，年間通
して流量が多いＦが該当する。**ミシシッピ川**流域は温帯や亜寒帯に属し，熱帯地方
より降水量が少ないためＧが該当する。

問4　　**4**　　正解は①

図1中，**カ〜ケ**のそれぞれの地点に分布する気候区を想起しよう。**カ**と**キ**は地中海

性気候，**ク**は西岸海洋性気候，**ケ**は温暖湿潤気候がみられる。**カ**と**キ**は同じ**地中海性気候**区に属し，夏は高温で乾燥し，冬は湿潤で温和な気候がみられるが，**キ**は南半球に位置するため，1月ごろが夏にあたり，①が該当する。なお，**カ**は②，**ク**は③，**ケ**は④が該当する。

問5 　5　　正解は④

①**適当**。永久凍土の融解によって地盤が軟弱化すると，道路が陥没したり，家屋が傾いたりする被害を受ける。

②**適当**。北極海を経由する航路が形成されると，日本や中国などの東アジアとヨーロッパを結ぶ航路は，東南アジアやインドからスエズ運河を経由する航路に比べ，大幅に短縮される。

③**適当**。エスキモー（イヌイット）などの先住民が行ってきた，北極海の沿岸部や海氷上に生息するアザラシなどの狩猟は，海氷が消滅すると困難になると考えられる。

④**不適**。図6をみると，2012年9月の海氷分布域はグリーンランド北部に接しており，波などによる海岸侵食の影響は，融解が進んでいる東シベリアより受けにくいと考えられる。

問6 　6　　正解は②

①**適当**。赤道周辺の緯度5度以内の地域では，低気圧の渦を作る転向力（コリオリの力）が働かないため，熱帯低気圧は発生しない。

②**不適**。熱帯低気圧や台風が，中緯度地域に達して受ける「卓越風」は，上空に強く吹いている**偏西風**である。偏西風は西から東向きに吹くので，その影響で熱帯低気圧や台風は東向きに進む傾向がある。

③**適当**。図7から，日本への台風の接近，上陸が多いのは9月と読み取れる。9月ごろは，主に温暖な小笠原気団と寒冷なオホーツク海気団がぶつかり，均衡することによってできる秋雨前線が日本列島に停滞する。

④**適当**。熱帯低気圧や台風が移動する際，南方から接近するため，温暖で湿潤な空気をもたらす。

第2問 　標準 　資源と産業

問1 　7　　正解は④

与えられた農産物の生産地のうち，特定しやすいものから考えよう。地中海特産の**オリーブ**は，地中海周辺のスペインやギリシャなどのヨーロッパや，北アフリカで

生産量の割合が高いと考えられ，②が該当する。また，三大穀物の１つである**トウ
モロコシ**は，企業的に生産されるアメリカ合衆国などの北アメリカや，中国などの
アジアで生産量の割合が高いと考えられ，①が該当する。コーヒーとオレンジ類は，
③か④に該当する。このうち**コーヒー**は，今日でもブラジルやコロンビアなど南ア
メリカの生産量の割合が高いが，近年，ベトナムやインドネシアなどのアジアの生
産量が増加していることから，④が該当する。**オレンジ類**は，アメリカ合衆国やブ
ラジルに代わって，近年，中国やインドなどアジアの生産量が増加していること，
またスペインなどヨーロッパでも生産されていることを考え合わせると，残る③が
該当する。

問2 　8　 正解は③
コーヒーの主要な品種のアラビカ種の原産地は③の**エチオピア**である。原産地が今
日の栽培適地の自然条件に近い地方にあったと考えると，標高 500～2000 m の高
地は，①のアラブ首長国連邦や②のウルグアイには分布しない。ブルーマウンテン
の銘柄で有名な④のジャマイカのコーヒーは，18 世紀にヨーロッパから持ち込ま
れたといわれる。

問3 　9　 正解は④
①適当。「輸出金額に占めるコーヒーの割合が大きい国」は，いわゆる**モノカルチ
　　ャー経済**に依存している国をいう。一次産品は価格変動が大きく，国家の経済に
　　与える影響が大きいことは，モノカルチャー経済の弊害として知られる。
②適当。図2のうち，買取価格と平均小売価格をみると，加工業者と小売業者との
　　価格の差が極めて大きいことが読み取れる。よって，コーヒーの取引価格は消費
　　国での流通過程で，より上昇するといえる。
③適当。**フェアトレード**の取引は，発展途上国で生産された一次産品を適正な価格
　　で取引し，生産者の生活を支援しようとする取り組みをいう。
④不適。コーヒーなど，古くから世界に広く流通している農産物は，国際価格の決
　　定や，生産から流通，販売，消費に至る**フードシステム**（食料供給体系）を，先
　　進国の**多国籍企業**が支配していることが多い。よって，統括の拠点は，生産国で
　　はなく，消費国にある場合が多いと考えられる。

問4 　10　 正解は①
牛乳，サトウキビ，テンサイそれぞれの生産，栽培条件を考えるとよい。牛乳は，
生乳や乳製品の消費量が多い大消費地の近郊で生産されることが多い。サトウキビ
は高温多雨で収穫期に乾燥する地域，テンサイは冷涼な地域で多く生産されている。

2019年度：地理Ｂ／本試験〈解答〉 **5**

表１をみて，①は牛乳の生産が他の国より圧倒的に多く，サトウキビ，テンサイも豊富に生産される自然に恵まれた国と考え，**アメリカ合衆国**が該当する。②はサトウキビの生産が多く，**ブラジル**が該当する。③はテンサイの生産が多く，サトウキビは生産されないことから**ロシア**が該当する。残る④は，いずれの産物も生産するが生産規模は小さい**日本**が該当する。

問5 　11　 正解は③

表２の輸出品目をみて，判断しやすい国から考えよう。①のカカオ豆・同関連品が輸出額１位の国は，カカオ豆の生産高世界１位（2016年）の**コートジボワール**が該当する。②はコーヒー豆をはじめ一次産品の輸出が多いことから，発展途上国の**エチオピア**が該当する。③と④の国は，輸出品目に工業製品が多く含まれるが，③の電子機器・機械，④の宝石・貴金属に注目するとよい。③は1986年以降，**ドイモイ政策**により軽工業や機械の組み立て工業など，労働集約的な工業で生産量が急速に伸びている**ベトナム**が該当する。④は，ダイヤモンド研磨工業がさかんで，原石を輸入して製品を輸出している**インド**が該当する。

問6 　12　 正解は⑥

喫茶店は，利用する人口が集中している大都市圏の都道府県の割合が大きいと考えられる。よって，東京，愛知，大阪の割合が大きい**ウ**が該当する。**牛乳処理場・乳製品工場**は，牛乳の生産が多い冷涼な地域や，消費地周辺地域の割合が大きいと考えられる。よって，北海道の割合が突出して大きく，関東，長野，滋賀などが高い割合を示す**イ**が該当する。**水産食料品製造業**も新鮮さが要求されるが，日本では海産物を原料とすることが多いので，内陸県の割合は少ないと考えられる。よって，北海道，静岡，長崎などの割合が大きく，内陸県の割合が小さい**ア**が該当する。

第3問 標準 都市と村落，生活文化

問1 　13　 正解は③

パリは，古くから発達した都心部を中心に**放射環状路型**の道路形態をもつ。Ａは都心部から最も遠距離にあり，郊外の道路網の整備により戦後新たに建設された住宅地区にあると考えられ，**イ**が該当する。Ｂは交通網の結節点に建設された近代的な新都心地区と考えられ，**ア**が該当する。この地区は，都市再開発によって副都心として建設された**ラ=デファンス地区**にあたる。Ｃはセーヌ川にあるシテ島を中心とした都心部の東側にあたり，歴史的に古くから発達した街並みをもつ旧市街地区と考え，**ウ**が該当する。古い街並みを残しながら再開発された**マレ地区**にあたる。

6 2019年度：地理Ｂ/本試験〈解答〉

問2 　14　　正解は③

与えられた３つの指標を用いて，判断しやすい都市から確定しよう。まず，表１中，①は巨大企業の本社数が最も多く，今日世界でも経済力が極めて大きい中国の首都と考えられ，**ペキン**が該当する。②は国の総人口に占める人口割合が最も大きく，首都に人口や多くの資本，企業などの経済力が集中する**プライメートシティ（首位都市）**と考えられ，その好例ともいえる**ソウル**が該当する。クアラルンプールとキャンベラが③と④のいずれかに該当するが，シドニーとメルボルンの間に計画的に建設された政治都市であるキャンベラは，国の総人口に占める人口割合が極めて小さい。また，クアラルンプールは，地域統合の代表例である **ASEAN** をリードする国の一つであるマレーシアの首都なので，国際会議の開催が多いと考え，③が**クアラルンプール**，残る④は**キャンベラ**が該当する。

問3 　15　　正解は②

ヤンゴンはミャンマーの旧首都で，エーヤワディー川下流のデルタ地帯にあり，米，木材などの輸出拠点になっている。よって②が該当する。なお，インドの**ヴァラナシ（ベナレス）**は，ガンジス川中流域に位置するヒンドゥー教の聖地の一つで，④が該当する。**チョンチン（重慶）**は長江中流域に位置し，下流方向に世界最大級の水力発電所をもつ**サンシャ（三峡）**ダムがあり，①が該当する。**リヴァプール**はランカシャー地方で生産された綿織物の輸出港として知られ，③が該当する。

問4 　16　　正解は③

信仰する人々が最も多い宗教が共通する旧宗主国と植民地国の正しい組み合わせは，両国ともにキリスト教（カトリック）が多く信仰される③のスペインとアルゼンチンである。なお，①はカトリックのイタリアとイスラーム（イスラム教）が多く信仰されているリビアとの組み合わせ，②はキリスト教（プロテスタント）のオランダとイスラームが多く信仰されているインドネシアとの組み合わせ，④はカトリックのフランスと仏教（大乗仏教）が多く信仰されているベトナムとの組み合わせである。

問5 　17　　正解は④

奈良盆地にある**カ〜ク**のそれぞれの地形図をみて，街路形態，施設，地名などから形成された時代的特徴を読み取ろう。**カ**は直交する幅の広い道路と，広い敷地に大規模な工場群がみられる。工業用地としての機能をもち，**現代**に形成されたと考えられる。**キ**は直交する道路がみられるが幅が狭いこと，地割を考慮した四角形のため池や塊村状の集落，「九条」などの地名がみられることから，**条里制**が導入され

た**古代**に形成されたと考えられる。クは，防御機能を意図した堀や丁字路など，機能ごとに集住させた町割りの名残が読み取れることから，かつての**城下町**で，**近世**に形成されたと考えられよう。よって古い順に**キ→ク→カ**となる。

問6　　18　　正解は③

与えられた施設・文化財のうち，判断しやすいものから確定しよう。**国宝の建造物**は，古代に都がおかれた奈良や京都に多く分布し，古くからの建造物が残っていない北海道には分布しないと考え，**サ**が該当する。国立公園の分布地域を考えると，北海道の**知床**や鹿児島の**屋久島**などが示されている**ス**が該当する。**公立の劇場・音楽堂**は，残る**シ**が該当する。これらの施設の立地は，大都市圏だけではなく，近年では文化振興をはかっている地方都市にもみられる点が特徴である。

第4問　標準　地中海沿岸地域の地誌

問1　　19　　正解は②

① 適当。**テラロッサ**は石灰岩が風化してできた赤色の間帯土壌で，地中海沿岸地域に広く分布している。

②**不適**。イの地域で秋から冬にかけて発生する，ディナルアルプス山脈を越えてアドリア海に吹きおろす寒冷な風はボラと呼ばれる。**フェーン**はアルプス山脈の北麓に吹きおろす風をいうが，高温乾燥した風である。

③ 適当。**ウ**の地点はおよそ北緯30度付近に位置する。地球の大気の大循環の図を想起すると，北緯，南緯とも30度付近に**亜熱帯高圧帯（中緯度高圧帯）**が広がり，乾燥地帯となっている。

④ 適当。**ナイル川**の河口には，典型的な大きな**円弧状三角州**が形成されている。

問2　　20　　正解は④

① 適当。**A**の海峡は**ジブラルタル海峡**を示している。この海峡をはさむ北側のスペインには**イギリス領のジブラルタル**，南側のモロッコにはセウタと呼ばれる**スペイン領**の土地がある。

② 適当。**B**はコルス（コルシカ）島とサルデーニャ島にはさまれた海峡である。海峡北側のコルス島はフランス，南側のサルデーニャ島はイタリアの領土である。

③ 適当。**C**はシチリア島東部の海峡を示している。シチリア島はイタリアの領土である。

④**不適**。**D**はボスポラス海峡を示している。海峡をはさんだ両岸にはトルコの**イスタンブール**が位置し，西のヨーロッパ側に歴史的遺産や商業の中心地がある。

8 2019年度：地理Ｂ／本試験〈解答〉

問3 21 正解は⑥

コルクガシは，樹皮からコルクを得る硬葉樹で，地中海沿岸地方が主産地である。よって，図2中，地中海沿岸に分布が集中している**ク**が該当する。**テンサイ**は砂糖をとり，絞りかすも飼料として利用できる根菜で，冷涼な気候を好む。よって，冷涼な山岳地帯に多く分布している**キ**が該当する。**ナツメヤシ**はデーツと呼ばれる実をとる作物で，そのまま食用とされるほか，調味料や菓子などの原料となる。乾燥地帯のオアシスなどで主に栽培されていることから，北アフリカの乾燥地域に多く分布している**カ**が該当する。

問4 22 正解は②

アルジェリアは世界でも有数の原油，天然ガスの産出国であり，輸出額の大半を原油，天然ガスとその関連品が占めている。よって，原材料と燃料の割合が大きい**サ**が該当する。**イスラエル**は工業国で，ダイヤモンド加工業，機械工業，IT産業が発達している。3つの国の中では工業製品の割合が最も大きいと考え，**ス**が該当する。**モロッコ**の輸出の中心は機械類，衣類などの工業製品であるが，地中海性気候のもとで生産される野菜や果実などの農産物の輸出も多い。よって，食料品の割合が他の国より大きい**シ**が該当する。

問5 23 正解は①

①**不適**。迷路型の道路網は，古い歴史をもつイスラム都市にみられ，外敵の侵入や強い日差しを避ける目的があったといわれる。エジプトもイスラーム（イスラム教）信者が多いが，機能的とはいえない迷路型の道路を新市街に建設するとは考えにくい。

②**適当**。ギリシャは，2009年に財政赤字が公表以上の金額に達することが判明し，ギリシャ危機と呼ばれる大幅な財政危機に陥った。2010年から，EUやIMFの支援を受けた。

③**適当**。モナコは，19世紀半ばからカジノを導入し，さらにホテル，娯楽事業を誘致し，高級複合リゾート地を目指して開発を進めた。

④**適当**。地中海に面するジェノヴァは，イタリアの工業の三角地帯の一角を担っており，鉄鋼業，造船業がさかんである。

問6 24 正解は②

与えられた4つの国と表1中の国との地理的な距離関係，旧宗主国と植民地国との関係などを考慮して，国名を特定しよう。判断しやすいものから考えると，③の国へは，遠距離にあるエクアドルとコロンビアからの移住者が多いため，この両国の

かつての宗主国であった**スペイン**と考えられよう。④の国への移住者が多い北アフリカの３国は，いずれもかつてフランスの植民地であったことから，④は**フランス**が該当する。イタリアとギリシャが残る①と②のいずれかとなるが，ともにかつての東側諸国からの移住者が含まれ，アルバニアは両国に含まれている。そこで，移住者の数を比べると，②の国への移住者の数が圧倒的に多いことが読み取れよう。この数字の違いをその国が移住者を引き寄せる経済力の差と考えると，②は**イタリア**，①は残る**ギリシャ**が該当する。

第５問　標準　ウクライナとウズベキスタンの地誌

問１　25　正解は①

ウクライナは国土の大半が黒海沿岸低地を含む平地からなる。また，**ウズベキスタン**も西部にトゥラン低地，キジルクーム砂漠が広がっており，両国の国土の大部分は平坦な地形である。表１の高度別面積の割合の判断は難しいが，ウズベキスタンは，国土の東側にパミール高原に連なる高原がわずかにみられることから，アが該当する。ＸとＹの各地点の気候について，Ｘはキエフ付近に位置し，亜寒帯湿潤気候に属する。Ｙはブハラ付近に位置し，砂漠気候に属するが，地中海性気候の地域に近く，夏は高温で乾燥した気候がみられる。よって，ウズベキスタンのＹは降水量が少ないＡが該当する。

問２　26　正解は④

農産物については，ウクライナは肥沃な**チェルノーゼム**が広がる穀倉地帯をもつことから，小麦の生産が多い。またこの地域は油をとる**ヒマワリ**の特産地として知られる。一方，ウズベキスタンは乾燥地帯が広がるが，アムダリア川，シルダリア川からの取水による灌漑によって**綿花**の大生産地になった。しかし，この灌漑によって**アラル海**の縮小，周辺地域の環境問題を招いたこともよく知られる。よって，表２中，**カ**はウクライナ，**キ**はウズベキスタンが該当する。鉱産物については，ウクライナは旧ソ連時代からドニエプル工業地帯の立地要因でもあった**石炭**と**鉄鉱石**の産出が多い。一方，ウズベキスタンは**金鉱**や**ウラン**などの資源に恵まれている。よって，表３中，**Ｄ**はウクライナ，**Ｅ**はウズベキスタンが該当する。

問３　27　正解は①

①**不適**。**計画経済**は，経済の運営が国家によって計画的に管理される経済であり，社会主義経済の大きな特徴の一つである。ソ連解体後は資本主義型の市場経済へ移行した。

10 2019年度：地理Ｂ／本試験〈解答〉

②**適当**。図３から１人当たり GDP の数値の変化をみると，ウクライナは 1990 年
　以降 96 年ごろにかけて，当初の半分を割る数値まで大きく落ち込んだのに対し，
　ウズベキスタンは低下の割合が小さく，96 年ごろから回復傾向にあったことが
　読み取れる。
③**適当**。2014 年，ウクライナで南部の**クリミア自治共和国**のロシアへの編入をめ
　ぐる問題が発生し，両国関係は悪化している。
④**適当**。図３から１人当たり GDP の数値の変化をみると，2011 年以降，ウクライ
　ナは横ばいで停滞しているのに対し，ウズベキスタンは増加しているので，両国
　の経済水準の差は縮小傾向にあるといえよう。

問4 　28 　正解は③

与えられた３国のそれぞれの畜産業の特徴を考えよう。ウクライナでは，ヨーロッ
パで広くみられる作物栽培と家畜の飼育を組み合わせた**混合農業**がみられ，畜産業
はさかんであると考えられる。ウズベキスタンでは粗放的な農牧業が行われている
が，イスラーム（イスラム教）の信者が多いことから，教義上禁忌となっている豚
肉の生産は限られていると考えられる。日本では，伝統的に稲作中心の農業が行わ
れており，畜産業はあまり活発ではないと考えられる。これらの点から，表４をみ
て，サは他の国に比べ豚肉の生産が少なく，羊肉の生産がみられる**ウズベキスタン**
が該当する。シとスがウクライナか日本に該当するが，畜産業が盛んな**ウクライナ**
が**シ**，**日本**は残る**ス**となる。日本は，１人１日当たりの食料供給量は先進工業国の
中ではそれほど多くはない。

問5 　29 　正解は④

言語の分布についてみると，ウクライナ語はロシア語などと同じ**スラブ語派**の言語
に属する。また，ウズベク語はトルコ語などと同じ**アルタイ諸語**の言語に属する。
系統が近い言語は，単語，文法などが類似していると考えられることから，**ウクラ
イナ語**はロシア語と似ている**チ**，**ウズベク語**はトルコ語と似ている**タ**が該当する。
Ｘ，Ｙ地点の街並みの写真については，両国の宗教施設が示されている。ウクライ
ナは東方正教を信仰する人が多いことから，Ｘ地点の街並みは尖塔をもった重厚な
教会がみられる**Ｈ**が該当する。ウズベキスタンはイスラーム（イスラム教）を信仰
する人が多いことから，Ｙ地点の街並みはイスラム建築独特の丸屋根がみられる**Ｇ**
が該当する。

第6問 宮崎市とその周辺の地域調査

問1 　30 　正解は①

大阪市から，水戸市，佐賀市，宮崎市のそれぞれの都市へ最短時間で移動する鉄道の種類を考えてみよう。**東海道新幹線**は1964年に開通しているので，水戸市へは1969年，2016年とも新幹線を利用できる。よって，**水戸市**は短縮時間が小さい**ア**が該当する。大阪市から九州方面には，1975年に新大阪～博多間で山陽新幹線が全通し，2011年には博多～鹿児島中央間で九州新幹線鹿児島ルートが全通している。そこで，佐賀市と宮崎市へは，1969年は在来線，2016年は**山陽新幹線，九州新幹線**を乗り継いで移動するが，佐賀市へは新鳥栖から，宮崎市へは鹿児島中央から在来線で移動する点を考えよう。**宮崎市**は佐賀市に比べ，新幹線，在来線を含めて遠距離にあるため**ウ**，**佐賀市**は残る**イ**が該当する。

問2 　31 　正解は③

① 適当。図2のグラフから1・2月と7・8月には，県内・県外あわせて観光客数は大幅に増加していることが読み取れる。
② 適当。図3から2月の日照時間は全国平均より宮崎市の方が長いことが読み取れる。
③ **不適**。宮崎市の冬季の気候の特徴のうち，晴天が多いのは，シベリアから吹く北西からの季節風が**九州山地**にさえぎられて，湿った空気がもたらされないことが影響している。また，沿岸を流れる暖流の**黒潮**が温暖な気候をもたらしているといわれる。
④ 適当。6月は日本列島の太平洋側に梅雨前線が停滞することが多いので，晴天の日が少ないと考えられる。

問3 　32 　正解は③

① 適当。地形図をみると，ゴルフ場周辺に**切土や盛り土**の地図記号がみられ，地面を削ったり土を盛ったりし，平坦な土地を造成したと考えられる。
② 適当。**青島**にはビロウの大群落など多くの**亜熱帯性植物**がみられるが，その理由として，黒潮によって南方から種子や生木が運ばれたという説がある。
③ **不適**。**高潮**は，台風や発達した低気圧が通過する際に海面の潮位が上昇する現象で，多雨の季節に起こる現象とはいえない。
④ 適当。**波食台**と呼ばれる青島の特徴ある海岸地形は，硬い砂岩と軟らかい泥岩の互層からなる地層が沈降し，波によって侵食され形成されたと考えられる。

12 2019年度：地理Ｂ／本試験〈解答〉

問4 　33　 正解は④

①**適当**。1976 年の地形図では図の右上，中央の下部などにみられた農地が，2014
年の地形図では建物用地に変化していることが読み取れる。

②**適当**。新旧 2 つの地形図から，大淀川の河口部の北側では，埋め立て地が作られ，
港湾が整備されていることが読み取れる。

③**適当**。新旧 2 つの地形図から，空港の北部や西部では，農地や水域が建物用地に
変わり，市街地化が進んだことが読み取れる。

④**不適**。新旧 2 つの地形図から森林の分布をみると，日向灘に面した沿岸部では，
森林は消滅しておらず，図の左側にある内陸部の森林が建物用地に変化している
ことが読み取れる。

問5 　34　 正解は④

乾燥シイタケは，原木に菌を植えつけて栽培するため，山間部で生産されると考え，
県の北部の山岳地帯で生産の割合が大きい**キ**が該当する。キュウリと早場米の区別
はやや難しいが，図 6 の**カ**と**ク**の分布の違いを読み取ろう。**カ**は県の南東部で生産
の割合が大きく，**ク**は宮崎市とその周辺に生産が集中している。図 1 をみると県の
南東部には平野が広がり，しかも沿岸地域で温暖な気候であると考えられる。よっ
て，**カ**は**早場米**が該当する。**ク**は都市近郊で集約的な栽培が行われていると考え，
キュウリが該当する。

問6 　35　 正解は①

口蹄疫は接触やウイルス飛散によって感染することから，農場どうしがより近接し
ている方が感染は拡大すると考えられる。よって，近接している度合いを求めた**サ**
は**高い**が該当する。図 7 から口蹄疫確認月と消毒ポイントの関係をみると，4 月に
確認された自治体は内陸部も含めて消毒ポイントは密に設置され，国道以外の地点
にも消毒ポイントが置かれていることが読み取れる。6 月は，消毒ポイントの分布
がまばらで，国道を中心に設置されていることが読み取れる。よって，**シ**は**4 月**が
該当する。

2018年度：地理Ｂ/本試験〈解答〉 **1**

地理Ｂ 本試験

2018年度

問題番号 （配点）	設　問	解答番号	正　解	配　点	チェック
第1問 (17)	問1	1	②	2	
	問2	2	⑥	3	
	問3	3	④	3	
	問4	4	①	3	
	問5	5	④	3	
	問6	6	④	3	
第2問 (17)	問1	7	③	3	
	問2	8	④	3	
	問3	9	③	3	
	問4	10	②	2	
	問5	11	①	3	
	問6	12	⑤	3	
第3問 (17)	問1	13	②	3	
	問2	14	④	3	
	問3	15	②	2	
	問4	16	③	3	
	問5	17	③	3	
	問6	18	④	3	

問題番号 （配点）	設　問	解答番号	正　解	配　点	チェック
第4問 (17)	問1	19	④	2	
	問2	20	③	3	
	問3	21	②	3	
	問4	22	⑤	3	
	問5	23	①	3	
	問6	24	⑤	3	
第5問 (14)	問1	25	⑥	3	
	問2	26	⑤	3	
	問3	27	⑥	3	
	問4	28	②	3	
	問5	29	②	2	
第6問 (18)	問1	30	⑥	3	
	問2	31	③	3	
	問3	32	④	3	
	問4	33	④	3	
	問5	34	②	3	
	問6	35	②	3	

自己採点欄

100点

（平均点：67.99点）

2 2018年度：地理Ｂ／本試験〈解答〉

第１問 標準 世界の自然環境と自然災害

問１ 　**1** 　正解は②

① 適当。図１中，Ａはフランス北部の**パリ盆地**を示している。パリ盆地には，パリを中心にゆるやかな傾斜をもつ硬軟のある地層が侵食された**ケスタ**が発達しており，傾斜地ではブドウが栽培されている。

② 不適。Ｂはアフリカ大陸南端の**ドラケンスバーグ山脈**を示している。ドラケンスバーグ山脈は**古期造山帯**に属し，古生代以降に地殻変動はみられず，活火山は点在していない。

③ 適当。Ｃは**デカン高原**を示している。デカン高原は玄武岩質の溶岩が固まって形成された大規模な溶岩台地である。玄武岩の風化によってできた肥沃な土壌がレグール土である。

④ 適当。Ｄは**アンデス山脈南部のチリ西岸**を示している。この地域には，カールや**フィヨルド**が発達しており，氷河の侵食を受けた氷食地形がみられる。

問２ 　**2** 　正解は⑥

図１をみてそれぞれの湖の位置を確認しよう。**死海**はイスラエル，パレスチナとヨルダンの国境，アフリカ大地溝帯の延長上の地溝にある。**パトス湖**はブラジル南部の海岸部，**レマン湖**はアルプス山脈のスイスとフランスの国境に位置する。死海は湖面の高度が海面下にあり，水深が深く塩分濃度がきわめて高いことで知られ，**ウ**が該当する。パトス湖は**ラグーン**と考えられ，**イ**が該当する。レマン湖は山岳地帯にあることから湖面の標高は高く，氷河の作用で形成されたと考えられ，**ア**が該当する。

問３ 　**3** 　正解は④

図１中Ｆは，黒海北側のウクライナから東側のカザフスタン，ロシア南部の乾燥地帯にかけて帯状に分布している。この地域には，背丈の短い草の腐食によってできた**チェルノーゼム**とよばれる肥沃な黒土が広がっている。よって，④が該当する。なお，①はブラジル高原南部にみられる**テラローシャ**，②は地中海沿岸の石灰岩の分布地域にみられる**テラロッサ**，③は亜寒帯地方に広く分布する**ポドゾル**についての説明である。

CHECK 成帯土壌は，気候や植生の影響を強く受け，広範囲に分布する土壌をいう。

問４ 　**4** 　正解は①

図１中Ｈの線は，ボリビアからペルーにかけてアンデス山脈を横断して引かれてお

り，高度差による植生の違いに特徴があることをおさえておこう。

①**不適**。アンデス山脈の東側斜面の標高 4000 m 以下の地域ではサバナ気候が分布
し，夏季の豊富な降水量により**熱帯林**が生育している。

②**適当**。チチカカ湖より西側の標高 4000〜5500 m の地域は，標高が高いため，寒
冷で降水量は少ない。

③**適当**。西側斜面の標高 2000〜3000 m の地域は，2000 m 以下の地域に比べやや温
和で降水量が多いため**低木林**地帯となっている。

④**適当**。ペルーの沿岸部は，沖合を流れる寒流のペルー（フンボルト）海流の影響
で海面上空の空気が冷やされ上昇気流が発生せず，安定した大気の状態になるた
め，**砂漠**となっている。

問5 5 正解は④

①**適当**。**サヘル地域**の雨季は短期間で，雨を降らせる前線や低気圧の変化などで年
による降水量の変動が大きい。

②**適当**。**干ばつ**は，長期間水不足が続く状態をいう。ギニア湾からの湿気を含む季
節風が弱い年には起こりやすいといわれ，砂漠化進行の大きな自然的要因の１つ
である。

③**適当**。**環境難民**は，砂漠化などの地球環境の変化や環境破壊によって，水や食料
を求めて他の地域への移動を余儀なくされる人々をいう。サヘル地域も多くの環
境難民が発生している。

④**不適**。人口増加による農地の拡大や飼養家畜の増加は**過耕作**や**過放牧**とよばれ，
砂漠化進行の人為的要因になっている。

問6 6 正解は④

エルニーニョ現象の発生要因とその影響については，教科書などの図で仕組みを確
認しておこう。エルニーニョ現象は，貿易風が平常時より弱まると，いつもは太平
洋の西側に運ばれている温かい海水が東方へ広がり，東側の冷たい湧昇流が弱まっ
て水温が高くなることで起こる。

カ．太平洋の低緯度地域に吹く恒常風は，亜熱帯高圧帯から低緯度の熱帯低圧帯に
向かって吹く東寄りの風で，**貿易風**が該当する。偏西風は亜熱帯高圧帯から高
緯度側へ向かって吹く西寄りの風である。

キ．図3中，南アメリカ北西部から太平洋中部，および北アメリカ南部はいずれも
多雨の表示がみられるため，発生の可能性のある現象としては**洪水**が該当する。

第2問 標準 資源と産業

問1 7 正解は③

　まず，**特許**は研究，開発などによって生み出された知識，技術などの知的財産を保護するために与えられる権利であるから，**国際特許出願件数**は，知的財産権を申請できる高度な研究，開発などを行える国において多くなると考えられる。よって図1中，アメリカ，日本，ヨーロッパの国々が示されている**イ**が該当する。ボーキサイトとリチウムの生産量のうち，**ボーキサイト**は熱帯から亜熱帯の高温多雨地域に多く分布する。特にギニアとジャマイカの分布がポイントとなる。よって**ア**が該当する。**リチウム**は最も軽い金属で，オーストラリアとチリが主要生産国となっており，この2国で世界生産の8割近くを占める（2015年）。よって**ウ**が該当する。

問2 8 正解は④

カ. 半導体生産の立地は，「東京圏に比べて人件費が安価」なことから労働力指向型が該当する。また，立地が大きな市場を抱える東京圏ではなく，九州各地に分散していることからも市場指向型は該当しないと考えられよう。

キ. 半導体は付加価値が高い製品で，小型，軽量にもかかわらず，製品価格は高い。そのため，航空機を利用しても生産費に含まれる**輸送費の割合はきわめて小さい**といえよう。

問3 9 正解は③

　ルール工業地域は，ルール炭田とライン川の水運を背景とした重化学工業の発達により，ヨーロッパ最大の工業地域となった。しかし，石油へのエネルギーの転換，環境問題の発生などから中心は臨海部に移っている。今日では，環境関連産業が集積しているが，産業遺跡の活用，ハイテク産業の誘致などの再開発が進められている。よって③が該当する。なお，①はイタリアの**サードイタリー**，②はアメリカ合衆国の**シリコンヴァレー**，④は**シンガポール**が該当する。

問4 10 正解は②

　図3の4つのグラフのうち，わかりやすいものから考えよう。まず①は2000年には生産台数全体の60％を超えていたが，その後急激に生産割合が減少し，2014年では30％台になっている。2000年に全体の60％を超える自動車が諸外国・地域で生産されていたとは考えにくいので，自動車メーカーの生産拠点の海外への移転などにより近年国内での生産割合が減少している**日本**が該当する。一方，日本の自動車メーカーの主な進出先であるアジアでは生産量が増加している。よって，2000

年以降一貫して生産割合が増加している②がアジアに該当する。なお，④は 2000 年以降継続して低い割合で推移しており，選択肢の中では日本との経済的結びつきが強くない中央・南アメリカが該当し，生産割合が停滞している③は北アメリカに該当する。

問5　　11　　正解は①

①不適。遺伝子組み換え作物は，企業的に大規模に生産することを目的に開発されており，先進国で多く導入されている。

②適当。アグリビジネスは，肥料，種子の開発などの農業生産だけでなく，加工，輸送，販売など農業に関連したさまざまな事業をいう。アメリカ合衆国など先進国でさかんに行われ，企業的農業が進められることにより，生産の大規模化がより進展すると考えられよう。

③適当。日本は国土に対する耕地面積率が小さく，経営耕地面積の小さい農家が多い。集約化が進められているが，農業のみで生計を立てるのは難しいため副業的農家が大半を占めている。

④適当。19 世紀後半の冷凍船の就航により，南半球のアルゼンチン，オーストラリア，ニュージーランドなどで，北半球の市場へ向けた酪農や肉牛の生産が発展した。

問6　　12　　正解は⑤

各種のサービス業のうち，情報関連サービス業は，さまざまな情報が大量に集まり，それを必要とする企業がある大都市圏，なかでも東京圏に事業所が集積しやすいと考えられる。よって，スが該当する。道路貨物運送業は，貨物の集中しやすい大都市圏の割合が高い。ただ，貨物を扱うため各地方にも一定の流通拠点を設ける必要があることから，情報関連サービス業ほどの東京一極集中はみられず，三大都市圏に分散している。よってサが該当する。農業関連サービス業は，農畜産物の生産が多い地域に事業所が多いと考えられよう。大都市圏よりも北海道，東北，九州などの割合が高いシが該当する。

第3問　標準　生活文化と都市

問1　　13　　正解は②

ドイツは 16 世紀のルターの活動で知られるように，歴史的にプロテスタントの誕生に強くかかわった地域のひとつであり，北西ヨーロッパでは現在もプロテスタントが広く信仰されている。よって，表1中プロテスタントの割合が最も高い②が該

6 2018年度：地理Ｂ／本試験〈解答〉

当する。なお，①はカトリックと北アフリカからの移住者に多いイスラーム（イスラム教）の割合が高い**フランス**，③は正教が多く信仰されている**ギリシャ**，④はスラブ系民族であるが，カトリックが大部分を占める**ポーランド**が該当する。

問2　　14　　正解は④

それぞれの地域の気候の特徴をとらえ，ふさわしい服装を考えよう。気温，湿度ともに高い**東南アジアの熱帯地域**では，通気性や吸湿性のよい服装が伝統的に着用されてきたと考えられるので，**イ**が該当する。**西アジアの乾燥地域**では，強い日差しや砂嵐から肌を守ることを重視するため，長袖で裾の長い布でからだ全体を覆うような服装が着用されてきた。よって**ウ**が該当する。**南アメリカの高山地域**は一般に寒冷で，1日の中でも寒暖の差が大きい気候であるため，毛織物で作られた重ね着できる服装がみられる。よって，**ア**が該当する。

> **CHECK** 南アメリカのアンデス地方でみられる四角形の布の中央に穴をあけた外衣はポンチョとよばれる。

問3　　15　　正解は②

カ. マレーシアでは中国系住民との経済格差是正のため，マレー系住民を雇用や教育の面で優遇する政策がとられており，「土地の子」を意味する**ブミプトラ政策**とよばれている。

キ. マレーシアをはじめ東南アジアの国々では，**華僑**あるいは**華人**とよばれる中国系住民が商業，金融業などに進出し大きな経済力をもっている。

問4　　16　　正解は③

都市人口率の高さは，一定の面積と人口をもつ国の間では，一般的に経済発展の度合いと関連している。図1中，都市人口率の高い②と④はイタリアかカナダ，低い①と③はインドかバングラデシュと考えよう。①と③のうち，総人口に占める首位都市の人口割合が低い①は，国土の各地に大都市が分散している**インド**が該当する。人口最大の都市はムンバイであるが，他にデリー，コルカタなど巨大都市が数多くある。**バングラデシュ**は，残る③に該当し，**首都ダッカに人口が集中**している。なお，④は首位都市がトロントの**カナダ**，②は首位都市がローマの**イタリア**が該当する。

問5　　17　　正解は③

図2中，地点**C**の地理的特徴を他の地点と比べながら検討しよう。まず**C**はJR，私鉄の駅前の都市の中心といえる地点に位置している。また，**A**は広い土地区画を

もつが都市の中心からはずれた地域，Bは城跡に近接した「江戸時代の町人地」であった地域，Dは都市の中心からはずれた国道沿いの地点であることが読み取れる。Cについて，城下町など古い歴史をもつ日本の都市の中心地で，今日共通にみられる動向や問題点を想起しよう。地方都市の中には，人口の減少や高齢化の影響で都市が衰退し，かつての中心商店街などで**シャッター通り**がみられることもある。よって③が該当する。なお，①はA，②はB，④はDが該当する。

問6 □18 正解は④

図3の**サ～ス**の人口ピラミッドをみてその特徴をしっかりおさえよう。**サ**は男女とも 30～50 歳の働き盛りの年齢層が多く，15 歳未満の幼年人口の割合も大きい。**シ**は人口構成が逆三角形になり，特に 80 歳以上の女性人口の割合が突出し，幼年人口の割合は尻すぼみの状態で減少している。**ス**は 25～35 歳の若年労働者層が多く，80 歳以上の女性人口の割合も大きいが，幼年人口の割合はきわめて小さい。これらの点を踏まえると，**サ**は「戸建て住宅」をもち，子供もいる典型的な核家族世帯が多いと考えられ，**Y**が該当する。**シ**は若年労働者が流出し，高齢者が残った農村地域と考えられ，**Z**が該当する。**ス**は，生活の利便性から単身の若年層が集中している地域と考えられ，**X**が該当する。

第4問　標準　西アジアとその周辺地域の地誌

問1 □19 正解は④

図1中，**ア**は安定陸塊上の砂漠が発達した低平な台地，**イ**はチグリス・ユーフラテス川の合流点付近の沖積平野，**ウ**はザグロス山脈の北西部，**エ**は「世界の屋根」とよばれるパミール高原に近いヒンドゥークシ山脈の北東部を示している。これらの地域のうち，最も標高の高い地点を含むのは，7000 m 級の山岳をもつ**エ**である。

問2 □20 正解は③

①適当。A地域は地中海性気候に属しており，**オリーブ**をはじめとする耐乾性の強い樹種が栽培されている。

②適当。Bの**サウジアラビア**は砂漠気候で農耕には適さないが，地下水をくみ上げて**センターピボット方式**による小麦，野菜などの栽培が行われている。ただし，現在は地下水保護の点から生産調整や多角経営を行っている。

③**不適**。Cの**イラン**は乾燥気候が広がり，**カナート**を利用したオアシス農業がみられる。蒸発量が多いことから，ため池の利用は考えにくい。また，コーヒーは生育期には降水を必要とするため，この地域は栽培に適していない。

④適当。Dのアフガニスタンは国土の多くが乾燥した山岳地帯で，農業に適さず粗
放的な放牧が行われている。

問3 21 正解は②
図2の4つのグラフのうち，わかりやすいものから考えよう。④はユダヤ教が大き
な割合を占めており，**イスラエル**が該当する。①は大半がシーア派のイスラム教徒
でイスラム共和制をとる**イラン**が該当する。②と③のうち，**アラブ首長国連邦**はス
ンナ派のイスラム教徒が大半を占めており，オイルマネーを利用した経済発展が著
しく，インフラ整備などが盛んである。しかし，国内の人口が少ないため，不足す
る労働者を東南アジア，インドなどから多く受け入れている。そのため，フィリピ
ン人に多いキリスト教やインド人に多いヒンドゥー教の割合が他国より高い。よっ
て②が該当する。残る③はイスラム教とキリスト教に二分され，かつて両者による
対立と内戦が起こったレバノンである。

問4 22 正解は⑤
GDP（国内総生産）に占める農林水産業の割合は，降水量に恵まれ農林水産業が
盛んな国が中～高位，乾燥気候のため農林水産業が発達していない国が低位を示す
と考えられ，**ク**が該当する。人口1人当たりGNI（国民総所得）は，産油国で人
口の少ない国が高位と考えられ，また先進国のイスラエルが高位を示していること
から，**カ**が該当する。**輸出額に占める石油・石油製品の割合**は産油国で数値が高い
が，工業化が進展し機械類の輸出が多いアラブ首長国連邦は逆に高位にないことに
注意しよう。よって**キ**が該当する。

問5 23 正解は①
トルコは，世界文化遺産など多くの観光資源に恵まれており，外国からの訪問者数
が多い。また，日本との歴史的，経済的なつながりが深く，日本からの直行航空便
数も多いと考えられ，①が該当する。なお，④は訪問者数も少なく日本からの直行
航空便もないことから，**イラク**が該当する。イラクは湾岸戦争，イラク戦争，IS
の活動などで政治，社会が混乱している。残る②と③のうち，②はイスラム教の聖
地のメッカがあり，巡礼者が多く訪れる**サウジアラビア**が該当する。③は日本から
の直行航空便数が多く経済的なつながりがあると考えられ，**カタール**が該当する。
カタールの首都ドーハはアラブ首長国連邦のドバイと並ぶハブ空港をもつ。

問6 24 正解は⑤
サ．2001年にアメリカ合衆国で発生した同時多発テロ事件の首謀者とみられるイ

スラム原理主義組織タリバンが支配していた国は**アフガニスタン**である。よって図1中，**Z**が該当する。

シ. 北部がトルコ系住民，南部がギリシャ系住民からなり，対立がみられるのは**キプロス**である。トルコ系住民は1983年に北部に北キプロス=トルコ共和国を建設したが，国際的に承認されていない。よって**X**が該当する。

ス. 領土と石油資源をめぐる隣国の侵攻はイラクの**クウェート**への侵攻，アメリカなどの多国籍軍が介入した戦争は**湾岸戦争**であることを想起すると，**Y**が該当する。

第5問 標準 北ヨーロッパ3カ国の比較地誌

問1 25 正解は⑥

北ヨーロッパ3カ国の標高200m以下の面積の割合は，スカンディナヴィア山脈が走るノルウェーとスウェーデンのうち，山脈西側にあり，山脈が海に迫っているノルウェーが最も小さい。逆にフィンランドは大部分がバルト楯状地に位置し平地が多いため，最も大きい。地形だけでも国が確定できるだろうが，気温についてみると，3カ国の都市とも緯度がほぼ同じで，いずれも海岸付近に位置しているため標高もほとんど同じと考えられる。そこで，**隔海度**が大きく影響すると考えよう。ベルゲンは，大西洋に最も近く付近を暖流の北大西洋海流が流れ，その上空を吹く偏西風の影響を最も大きく受けるため，最暖月と最寒月の差が最も小さい。逆に最も内陸に位置し大陸性気候がみられるヘルシンキが最も大きいと考えられよう。よって，**ノルウェーはウ，スウェーデンはイ，フィンランドはア**が該当する。

問2 26 正解は⑤

図3中，ノルウェーをみると，**キ**の割合が圧倒的に大きい。ノルウェーはスカンディナヴィア山脈が海に迫り，偏西風が温暖な風をもたらし降水量が多いことから勾配の急な河川が多い。よって**キは水力**が該当する。スウェーデンをみると，水力とともに**カ**の割合が大きい。**カ**はフィンランドでも大きな割合を占めており，**原子力**が該当する。両国とも国内資源に恵まれず，環境問題を考慮しながらも原子力を利用している。フィンランドは，**ク**の割合が最も大きいが，輸入した石油や天然ガスを利用した火力発電を行っており，**火力**が該当する。

問3 27 正解は⑥

図4中，わかりやすいものから考えよう。**ス**の輸出品の割合の多くは原材料と燃料が占めている。北ヨーロッパで地下資源に恵まれた国は少ないが，これを石油・天

10　2018年度：地理Ｂ／本試験〈解答〉

然ガスと考えると，**ノルウェー**が該当する。ノルウェーは北海油田をもつ，世界的な石油と天然ガスの産出国である。残るスウェーデンとフィンランドはともに似た輸出品目となっているため，表１の輸出相手国から考えよう。近隣の国との経済的結びつきが強いと考えると，ロシアが含まれる**サ**は**フィンランド**，イギリスが含まれる**シ**は**スウェーデン**が該当する。

問4　　28　　正解は②

「ムーミン」はフィンランドの森と湖を背景に活躍するムーミン谷の妖精である。「ムーミン」が特定できなくても，「バイキング」が歴史的に現在のノルウェーの起源と関係していることから考えるとよい。バイキングは，8〜11世紀にかけてノルウェーやデンマークを根拠地に優れた航海技術をもち，周辺の海域に出没して商業・略奪を行った集団である。よって，アニメーションには**タ**が該当する。言語については，3カ国のうちノルウェー語とスウェーデン語はともに**ゲルマン系**の言語であるため，文法，語彙，発音などが似ていると考えられよう。一方，**フィンランド語はウラル語族**の言語で，他の2国とは大きく異なると考えられる。よって言語には**B**が該当する。

CHECK　現在のヨーロッパ人の言語のうち，フィンランド語とハンガリー語はウラル語族の言語である。

問5　　29　　正解は②

与えられた2つの指標のうち，**GDP（国内総生産）に対する公的社会支出の割合**は，国民の経済活動における生産額のうち，医療・福祉などの公的サービスが生み出した額の割合を表したもので，医療や社会福祉制度が整備されている国ほど高いと考えられよう。また，**GNI（国民総所得）に対する租税負担率**は，国民の収入に対し，租税を支払う額の割合を表したもので，数値が高いほど税の負担は大きいことになる。3カ国は高福祉国家として知られるが，それは「**高福祉**」「**高負担**」の理念が浸透していることで成り立っているといわれる。よって②が該当する。

第6問　標準　岐阜県高山市とその周辺の地域調査

問1　　30　　正解は⑥

図1から高山市，富山市，浜松市の自然環境の違いを確認しよう。高山市は内陸の盆地に位置するのに対し，富山市は日本海側の沿岸部，浜松市は太平洋側の沿岸部に位置している。**冬季の日照時間**について，太平洋側は冬季の降水量が少なく晴れの日が多い。逆に日本海側は冬の北西季節風の関係で積雪が多く，盆地も雪が多い

ことから雪雲に覆われ晴れの日は少ない。以上より，**ア**は**浜松市**が該当する。残る**イとウ**のうち，**ウ**は**気温の年較差**が大きいことから熱しやすく冷めやすい盆地特有の気候と考え**高山市**，**イ**は**富山市**が該当する。

問2　31　正解は③

①適当。図2から盆地の中央で**人口密度**が高位であることが読み取れる。盆地の中心部は周辺の土地に比べて平坦で活動しやすいことが多い。

②適当。中心部から離れた高山地域は産業や就業機会が少なく，高齢化が進んでいるため，**老年人口の割合**が高いと考えられよう。

③不適。**平均世帯人員数**が中心部で低位であるのは，生活や就業に便利なため，核家族世帯や単身世帯の割合が高いことが要因と考えられる。

④適当。平均世帯人員数が縁辺部で低位であるのは，若年層の流出と高齢者の死亡による人口減が大きな要因と考えられる。

問3　32　正解は④

カ．高山市は盆地に位置し，大都市から離れていた点から，「交通網の整備される以前」は地域内で生産，消費が行われていたと考えられ，**域内**が該当する。

キ．ブリは，「標高1000mを超える山脈の峠を越え，海の魚を食べることが困難な地域にも運ばれ」る貴重品であったことから，内陸の**松本市**が該当する。

問4　33　正解は④

①適当。上二之町から南へ向かう通りが**丁字路**になっていることが読み取れる。丁字路は敵の侵入を遅らせる仕掛けで，城下町にはよくみられる。

②適当。宮川は城山のすぐ左手を流れ，外堀の役割を果たしていたことが考えられる。宮川は「七日町一丁目」付近に上向きの矢印が描かれていることから北へ向かって流れていると判断できよう。

③適当。「吹屋町」の東には寺院が集中している地域があり，「宗猷寺町」，「天性寺町」などの町名がみられる。

④不適。「苔川」と並行して走る幹線道路に沿って家屋は点在しているが，工業団地が造成されているとは読み取れない。

問5　34　正解は②

①適当。観光地としての魅力が低下すると，交通条件が改善されても旅行者数は減少すると考えられよう。

②**不適**。旅行者数全体に占める宿泊客数の割合を考えると，岐阜県全体では629万÷（3731万＋629万）で約15％である。一方，高山市は図4から概数を読み取って130万÷340万で約40％となり，高山市は通過型ではなく，滞在型の観光地としての性格が強いといえよう。

③**適当**。図4と表2をみて，2015年の高山市の宿泊客約130万人のうち，外国人は約27万人で，その割合は約2割にあたるといえよう。

④**適当**。表2から，高山市と全国の外国人旅行者数の地域別割合を比較すると，ヨーロッパ・オセアニアともに全国より高山市の方が数値が高い。

問6　35　正解は②

乗鞍岳のような高山において，**高山帯**は低温による雪と強風の影響で，生育する植物が限定され，ハイマツなどの低木しかみられない。よって，写真Ａが該当する。亜高山帯と山地帯を比べて，標高がより高く寒冷な地域にある**亜高山帯**は，針葉樹林がみられるＣが該当する。残る低い土地にある**山地帯**は広葉樹もみられるため，Ｂが該当する。

地理B 本試験

第1問 (17)

設問	解答番号	正解	配点
問1	1	③	2
問2	2	⑤	3
問3	3	④	3
問4	4	③	3
問5	5	②	3
問6	6	④	3

第2問 (17)

設問	解答番号	正解	配点
問1	7	④	3
問2	8	②	3
問3	9	③	2
問4	10	②	3
問5	11	④	3
問6	12	④	3

第3問 (15)

設問	解答番号	正解	配点
問1	13	②	3
問2	14	④	3
問3	15	④	3
問4	16	⑤	3
問5	17	③	3

第4問 (17)

設問	解答番号	正解	配点
問1	18	④	3
問2	19	③	3
問3	20	③	3
問4	21	④	3
問5	22	④	2
問6	23	①	3

第5問 (14)

設問	解答番号	正解	配点
問1	24	③	3
問2	25	②	2
問3	26	②	3
問4	27	③	3
問5	28	①	3

第6問 (20)

設問	解答番号	正解	配点
問1	29	①	3
問2	30	③	3
問3	31	①	3
問4	32	③	2
問5	33	④	3
問6	34	①	3
問7	35	③	3

自己採点欄 / 100点

(平均点：62.34点)

第1問 標準 世界の自然環境と自然災害

問1 [1] 正解は③

図1中，線A〜Dにみられる海底地形の特徴を考えよう。Aは大西洋北部の中央付近に位置し，アイスランド島に続く**大西洋中央海嶺**が通っている。Bは日本列島南東部に位置し，日本海溝に続く**伊豆小笠原海溝**を横切っている。太平洋プレートがフィリピン海プレートの下に**沈み込む位置**にあたる。Cはオーストラリア大陸北側のアラフラ海に位置する。付近一帯には広大な**大陸棚**が広がる。Dは太平洋北東部に位置するが，深く平らな**大洋底**が広がる。これらの特徴から考えると，線Bは深い海溝とプレートどうしの接触面にみられる複雑な地形が読み取れる③が該当する。なお，①はC，②はD，④はAが該当する。

問2 [2] 正解は⑤

北半球の高緯度にある海域で，海氷に覆われにくい条件として，付近を暖流が流れていることがあげられよう。図1中，Kの海域には**北大西洋海流**，Mの海域には**アラスカ海流**と，ともに暖流が流れている。よって⑤が該当する。なお，Jの海域には寒流の**東グリーンランド海流**が流れている。Lの**オホーツク海**は，アムール川の淡水が流入し，塩分の濃度が低くなることで海氷が形成される。

問3 [3] 正解は④

図1中，ア〜エの地点の気候の特徴を考えよう。アはギリシャ付近に位置し，地中海性気候がみられる。イはカスピ海東岸に位置するが，内陸で隔海度が大きいため，砂漠気候が広がり気温の年較差も大きいと考えられる。ウは北アメリカ大陸西岸のサンフランシスコ付近に位置し，地中海性気候がみられる。エは北アメリカ大陸東岸のニューヨーク付近に位置し，温暖湿潤気候が広がる。これらの特徴から，エは気温の年較差が比較的大きく，夏の7月が最多雨月となるSが該当する。なお，Pはウ，Qはア，Rはイが該当する。

問4 [4] 正解は③

ヴェネツィア（ベネチア）はアドリア海の湾奥の潟湖（ラグーン）内の砂礫の島の上に市街地が造られている。

①適当。カは，沿岸流によって湾をふさぐように砂や泥が堆積して形成された地形で，**砂州**と考えられる。

②適当。キの水域は，砂州によって外海と隔てられた**潟湖（ラグーン）**である。

③**不適**。クの河川の運搬，堆積作用によって形成された地形は三角州（デルタ）で，

河川が地形の末端まで流れ，鳥趾状になっている。海岸と陸繋島をつなぐ**トンボ
ロ（陸繋砂州）**は河川の働きと直接の関係はない。

④**適当**。**ケ**の島々に立地する旧市街地は**干潟上**に形成されている。もとは沼地や湿
地であったが，人々が干潟にする努力を続け住めるようになった。

問5　5　正解は②

自然災害には，暴風雨などの気象災害，地震災害，火山災害，土砂災害などがある。
発生件数は自然環境に大きく左右され，新期造山帯を含む地域が地震災害や火山災
害の発生件数が多いと考えられる。しかし，**X〜Z**に大きな差はなく，発生件数か
らは地域名を特定しにくい。それに対し，被害額や被災者数は，人口の集中の度合
い，道路・建物など社会資本の大小，防災対策などの社会条件の影響を受ける。**被
害額**は施設・設備が整備されている地域ほど大きく，**被災者数**は人口の密集地域や，
防災対策が不十分な地域ほど大きいと考えられよう。これらの点から考え，**X**は被
災者数が他地域より圧倒的に多いことから，人口が多い**アジア**が該当する。**Y**は被
災者数は少ないが被害額が**X**の次に大きい。経済が発展し，社会インフラの整備が
進んでいる**南北アメリカ**が該当する。残る**Z**は**アフリカ**が該当する。

問6　6　正解は④

①**適当**。地点**サ**の農地は，予想される降灰範囲には含まれていないが，予想図はあ
くまで年間に最も多い風向の場合を想定した図であって，風向によっては，それ
以外の地域にも降灰の可能性はあると考えられる。

②**適当**。**シ**は火山防災マップの土石流の発生範囲に含まれている。**土石流**は火山噴
火の時だけでなく，集中豪雨などによっても起こり，国道が通行できなくなる可
能性は十分考えられる。

③**適当**。**ス**は火山防災マップの熱風部の範囲に含まれ，熱風による火災発生の可能
性はあると考えられる。

④**不適**。**セ**は火砕流の本体だけでなく，土石流の発生範囲にも含まれており，土石
流の影響による家屋損壊の可能性は十分考えられる。

第2問　標準　資源と産業

問1　7　正解は④

①**適当**。1993年の GATT ウルグアイ=ラウンドの農業交渉を通じて米をはじめ農
産物の輸入自由化が促進された。こうした外国産の安い農産物との競合の中で，
政府は国際競争力のある大規模経営農家の育成を支援している。

②**適当**。2001年に**BSE（牛海綿状脳症）**が発生したが、それ以降も食品の虚偽表示など食の安全性への信頼を揺るがす問題が発生した。そこで、食品の安全確保のため、生産地、流通・販売経路などの履歴が確認できる**トレーサビリティ制度**が導入され、牛肉については2004年から実施されている。

③**適当**。大豆やトウモロコシなど、日本が輸入している農産物の中には、**遺伝子組み換え作物**が含まれ、それを飼料に用いた畜産物も輸入されている。そのため、それらを使用した食品には2001年からその表示が義務づけられた。

④**不適**。生鮮野菜は鮮度を保つことが大切であるが、鮮度保持技術や高速輸送手段が進歩したことで、輸入量は増加傾向にあった。ただし、近年は、主な輸入相手国である中国での残留農薬などの安全性の問題で輸入は停滞している。

問2　8　正解は②

農林水産業従事者1人当たりの農地面積は、一般に国土面積が大きく産業従事者が少ない地域では広く、逆に、国土面積が小さく産業従事者が多い地域では狭いと考えられる。よって、アジア・アフリカが①・②のいずれかに該当すると考えられる。また、GDPに占める農林水産業の割合は、第1次産業が産業の中心である地域ほど高く、商業や鉱工業が発展している地域ほど低い。つまり、発展途上地域で高く、先進工業地域では低いといえよう。アジアは新興工業国が多く第2・3次産業がアフリカより発展していると考えられるため、**②がアジア**、**①がアフリカ**となる。なお、**③はオセアニア**、**④は北アメリカ**が該当する。

問3　9　正解は③

バイオマスエネルギーはバイオマス（生物資源）を燃料にして得られるエネルギーで、近年は**バイオエタノール**などの利用が進められている。

①**適当**。EUでは風力発電などの自然エネルギー開発が急速に進んでおり、現在、環境への負荷の少ない**バイオマス発電**の推進もはかっている。

②**適当**。トウモロコシなどは、食用や飼料としても利用されるため、世界的に食料需要が増加する中で、**バイオエタノール**などへの利用増加は食料価格高騰につながる。

③**不適**。発展途上国では、薪炭材、廃材、家畜の糞、ゴミなども燃料として利用しているが、これらも**バイオマスエネルギーの利用の一つの形態**といえる。

④**適当**。植物を燃やして空気中に排出される二酸化炭素は、もともと植物が大気中から取り込んだものであり、大気中の二酸化炭素の総量の増減には影響はないという考えを**カーボンニュートラル**と呼ぶ。

2017年度：地理B/本試験〈解答〉 5

問4 　10　 正解は②

エネルギー輸入依存度は，石炭，石油など1次エネルギー源の需要に対し，国内での産出量が少ないと大きくなる傾向がある。また，鉱工業就業人口の割合は，工業が盛んな国ほど高いと考えられよう。まず，わかりやすい④は，エネルギー輸入依存度が－（マイナス）を示している，つまり輸出が輸入を大幅に上回っているため，石炭などの鉱産資源に恵まれた**オーストラリア**が該当する。逆に90％以上を輸入に依存する①は，国内資源に乏しい**日本**が該当する。残るドイツとイギリスが②と③のいずれかであるが，**ドイツはイギリスより鉱工業が盛ん**であり，一方，**イギリス**は北海油田からの石油や天然ガスの供給で輸入依存度は低いと考え，**ドイツは②**，**イギリスは③**が該当する。

問5 　11　 正解は④

図2のア〜ウの地図について，大きな数値を示す**中国の分布**に注目して考えよう。中国は石炭の生産量，消費量とも世界第1位で，他国を圧倒している。そこで，まず，**ウ**をみると中国が示されず，オーストラリアやインドネシアが上位を占めている。中国は消費量が多く輸出にまわせないと考え，**ウは輸出量**が該当する。次に中国が大きな割合を示すア，イのうち，アは割合は低いが**日本が示されている**ことから**消費量**が該当する。残る**イ**は，インドネシアやオーストラリアが示されていることから**生産量**が該当する。

問6 　12　 正解は④

カ. 河川沿いに整備された港湾施設は**ユーロポート**と考え，国際貿易港と石油化学コンビナートで発展している**ロッテルダム（ユーロポート）**が該当する。

キ. ベルトコンベアを導入し，流れ作業で大量生産方式による自動車生産を行ったのはフォード社で，自動車関連工場が集積しているのは**デトロイト**である。近年，自動車産業の衰退で都市も衰退したが，新たな産業の復興を目指している。

ク. 外国からの投資による工業化の進展，1990年代以降の自動車組立工業の発達から，**輸出指向型**の工業化を進めている**バンコク**が該当する。

第3問　標準　都市・村落と生活文化

問1 　13　 正解は②

①**適当**。整然とした集合住宅がみられるが，モスクワの中心部は政府関係の機関が多く，郊外に建設されたと考えられよう。

②**不適**。庭付き一戸建て住宅が整然と建てられ，余裕のある土地利用がみられる。

このような住宅は，ロサンゼルスのような大都市では都心部に形成されたとは考えにくく，郊外でみられる。

③**適当**。アモイは古い港町で，経済特区に指定され経済成長を遂げている。計画性がなく大小さまざまな建物が密集していることが読み取れる。

④**適当**。ニュルンベルクなど，成立が古いドイツの都市の中には，建物のデザインや色などが統一され，美しく整備されてきた都市が多くある。それらの都市の歴史的建造物の多くは，今日も保存活動が進められている。

問2　　14　　正解は④

①**不適**。古代の日本で計画的に建設された平城京や平安京は，唐の長安を模して造られたが，街路網は碁盤目状の直交路を特徴としている。

②**不適**。江戸時代の日本では主要な街道沿いに宿場町が形成された。自由都市として知られる堺，博多などは，中世後期に貿易などで繁栄した港町である。

③**不適**。西部開拓時代のアメリカ合衆国で，タウンシップ制に基づいて形成された集落は，家屋が分散して立地する散村形態がみられた。

④**適当**。産業革命の進展にともない石炭産地など原料産地に立地した工業都市が生まれた。イギリスのマンチェスター，ドイツのエッセンはその代表例。

CHECK タウンシップ制は，18世紀後半から19世紀前半にかけてアメリカやカナダで実施された制度で，公有地を分割し，約65haの土地に1農家を入植させた。

問3　　15　　正解は④

1国における人口の偏在の度合いを，国内の特定の地域に集中して住む人口の割合と考えると，その大小は自然環境や社会環境の影響を強く受ける。自然環境に関しては，気候，地形などの条件から特定の地域に居住が限定される国，社会環境に関しては，社会資本が特定の地域に集中している国の偏在性が大きいと考えられよう。逆に，自然環境，社会環境が国土全体に均質な国は，偏在性が小さいと考えられる。また，1人当たり総生産の国内地域間格差は，都市と農村間などで起こりうるが，その格差について補助金などの対策がとられている国は小さいが，そうでない国は大きいと考えられる。これらの点から，**オーストラリア**は，乾燥地域が広く人口の偏在性が大きいため④が該当する。なお，先進工業国の**オランダ**は②，新興工業国の**メキシコ**は③が該当する。メキシコは首都のメキシコシティへの人口の偏在性が大きく，工業が発展している都市部と発展の遅れた農村部の経済格差は大きいと考えられよう。発展途上国の**南アフリカ共和国**は①が該当する。

2017年度：地理Ｂ／本試験〈解答〉　7

問4　16　正解は⑤

与えられた３つの時期における日本の経済・社会の状況を考えてみよう。1985年
～1990年は，**バブル景気**が訪れ金融業などの成長で経済が好調であったため，地
方から首都圏に人口が集中した。それにより，都心部の地価が高騰したため郊外へ
の**ドーナツ化現象**が起こった。よって，これらの現象が読み取れる**ク**が該当する。
1995年～2000年と2005年～2010年は，バブル経済崩壊以降の経済が停滞した時
期で，人口の大幅な増加はみられず，**カ**，**キ**いずれかの判別は難しい。しかし，**カ**
と**キ**の違いを細かくみると，**カ**の方が人口増加地域の面積が広く，逆に**キ**は人口減
少地域の面積が広く，人口の都心の限定された地域への回帰がさらに明瞭になって
いることが読み取れる。首都圏でも少子高齢化による人口の減少が起こり始め，生
活に便利な都心のマンションなどへの転居が進んでいると考えると，1995年
～2000年は**カ**，2005年～2010年は**キ**が該当する。

問5　17　正解は③

①適当。老年人口率は三大都市圏が低位，東北，北陸，四国などが高位な状態が読
　み取れる。
②適当。老年人口の増加率は，三大都市圏と北海道で高位な状態が読み取れる。
③不適。老年人口1000人当たりの養護老人ホーム定員数は，三大都市圏では低位，
　それ以外の四国，中国，九州などで高位の状態が読み取れる。
④適当。日本の高度経済成長期は1955～1970年頃と考えると，当時流入した20歳
　代を中心とした若年層は高齢期に入ると考えられる。

第4問　標準　中国の地誌

問1　18　正解は④

ア．**レス**は，更新世に風で運ばれ堆積した細かい砂である。中国では黄土と呼ばれ，
　ホワンツー（黄土）高原にはゴビ砂漠から運ばれたレスが厚く堆積している。
　よって，**B**が該当する。

イ．**タワーカルスト**は石灰岩が広がる地方でみられ，雨水や地下水の溶食作用によ
　って塔状や円錐状の岩塔が形成された地形をいう。中国南部の**コイリン（桂
　林）**が観光地としてもよく知られる。よって**C**が該当する。

ウ．**モレーン**は氷河によって運ばれた岩くずなどが堆積して形成された地形である。
　中国で氷河がみられる地域を考えると，標高が高い**ヒマラヤ山脈**の**A**が該当す
　る。ヒマラヤ山脈には広大な山岳氷河が存在する。

8   2017年度：地理Ｂ／本試験〈解答〉

問2   19   正解は③

図1中のＪ～Ｍの各地でみられるケッペンの気候区を把握しよう。Ｊは中国西部に
ある**ウルムチ**で，乾燥した気候が広がる。Ｋは東北部に位置する**シェンヤン**で，亜
寒帯（冷帯）冬季少雨気候が広がる。Ｌは南東部にある**フーチョウ**で，温暖湿潤気
候が広がる。Ｍは雲南省の**クンミン**で，温暖冬季少雨気候が広がるが，1900ｍの
高原に位置するため気温の変動は小さいと考えられる。よって，Ｍは年中温和で，
冬季の乾燥が明瞭な③が該当する。Ｊは月降水量が少ない④，Ｋは冬季の気温が低
い①，Ｌは②が該当する。

問3   20   正解は③

図3の**カ～ク**のうち，特定しやすいものから考えよう。**カ**は中国南東部の温暖な地
域に分布が多いことから，温暖多雨の気候で水はけの良い土地を好む**茶**が該当する。
ウーロン茶で知られるチョーチアン省，フーチエン省が示されていることもヒント
になろう。**ク**はペキン，シャンハイ，ホンコンなどの大都市近郊にある省に分布が
多いことから，新鮮さが要求される**野菜**が該当する。**キ**は穀物栽培などにはあまり
適していない内モンゴル自治区などにも分布していることから**イモ類**が該当する。

問4   21   正解は④

①**適当**。中国で古くから重工業が盛んな地域は石炭資源と結びついたＰ地域である
　が，この地域では高位の記号が多く分布している。

②**適当**。Ｑ地域は亜寒帯冬季少雨気候が広がり冬の気温はかなり低い。業務用，家
　庭用の暖房施設の老朽化が原因と考えられ，高位の記号が分布している。

③**適当**。Ｒ地域は温暖湿潤気候から温暖冬季少雨気候が広がり，暖房の使用は少な
　く，素材型工業の割合が小さいことで，低位の記号が多いことが読み取れる。

④**不適**。大気汚染物質は，近年国境を越えて大規模に広がっているが，朝鮮半島や
　日本列島に飛来するのは**偏西風**の作用による。

問5   22   正解は④

①**不適**。中国の戸籍には「農村戸籍」と「都市戸籍」の2種類あり，農村からの出
　稼ぎ労働者が都市に移住することは制限されていたが，近年では農村戸籍のまま
　都市にとどまる人も増加している。しかし，農村出身者と都市出身者の間には経
　済や社会保障面で大きな格差が存在するといわれている。

②**不適**。改革開放政策以降，シャンハイの経済成長は著しく，個人消費の伸びも大
　きいため，冷蔵庫やカラーテレビなどの家庭用電化製品の普及率は高い。

③**不適**。チンハイ省では油田の開発が進んでいるが，沿岸部へつながるパイプライ

ンは建設されていない。また，中国最大の油田は東北部にある**ターチン油田**である。

④**適当**。チンハイ省のシーニンとチベット自治区のラサを結ぶ鉄道は**チンツァン（青蔵）鉄道**と呼ばれる。西部大開発の一環として 2006 年に開通し，最高地点標高 5000 m の高所を通ることで観光客を集めている。

問6　[23]　正解は①

①**不適**。学校教育では，少数民族独自の言語の使用が認められているが，多くの学校では漢語と民族語の両方で授業が行われている。

②**適当**。政府は西部地域の開発のため漢族の入植を進めてきたが，漢族の増加につれて，少数民族と漢族との摩擦や衝突が発生している。

③**適当**。ウイグル族やホイ族は**イスラーム（イスラム教）**を信仰する人が多く，チベット族やモンゴル族は**チベット仏教**を広く信仰している。

④**適当**。少数民族の居住地域の中には，歌，踊り，儀式などの文化や民族衣装などが観光資源となっている所もある。

第5問　やや難　スペインとドイツの地誌

問1　[24]　正解は③

まず，図2中アは中央に標高が高い部分があるが，全体にほぼ同じ高さの台地状の地形がみられることから**メセタ**と呼ばれる台地が広がる**スペイン**が該当する。イは北部の低地から南部の高地に向かって標高が高くなっていることから，北ドイツ平原からアルプス山脈までの標高の変化を持つ**ドイツ**が該当する。次に降水量については，ドイツは西岸海洋性気候，スペインは地中海性気候がみられることを念頭に考えるとよい。図3中，AはBに比べ全体に降水量が多いことからドイツ，Bは全体に降水量が一定で少ないことからスペインが該当する。

問2　[25]　正解は②

それぞれの作物の生育に適した気象条件を考えるとよい。ブドウはスペイン，ドイツの両国で生産されることから，両方に記号がみられる①か②が該当する。このうち，②の方が南部で生産され，ドイツ南部のヨーロッパ有数のワインの産地として知られる**モーゼル川流域**に記号が分布していることから，**ブドウ**は②が該当する。①は小麦が該当する。なお，ドイツのみで記号がみられる③は冷涼なやせ地にも育つ**ライ麦**が該当する。また，スペインのみに記号がある④は地中海沿岸部で広く栽培されている**オリーブ**が該当する。

10 2017年度：地理Ｂ／本試験〈解答〉

問3 　26 　正解は②

まず，図6の国土を4分割した範囲に含まれる都市数については，他地域に比べて極端に数が多い**カ**の左上の11都市がいずれの国に該当するか考えるとよい。ドイツの北西部はライン川の下流域にあたり，ルール地方の**コナーベーション**を含むため，都市の数が多いと考えられよう。よって**ドイツ**が該当する。次に表1の人口規模上位5都市における日系現地法人数については，それぞれの国の都市の，政治・経済などの都市機能の国家規模での集中の度合いを考えるとよい。**D**は1位，2位の2つの都市に法人数が集中しており，マドリードとバルセロナの2大都市がある**スペイン**が該当する。**E**は5位までの都市に法人数が分散していることから，連邦制のもとで，国土のいくつかの地方に中核都市がみられる**ドイツ**が該当する。よって，**カ**と**E**の組み合わせが該当する。

CHECK ドイツの5大都市
ベルリン，ハンブルク，ミュンヘン，ケルン，フランクフルト（2013年）

問4 　27 　正解は③

4つの国の相互の輸出額を示した図7のうち，まず，経済力が高く相互に貿易額の多い**シ**と**サ**がドイツ，フランスのいずれかに該当する。このうち，輸出額が多い**シ**がドイツ，**サ**はフランスが該当する。ドイツはフランス以外の国とも貿易額が多い。スペインは残る**ス**と**セ**のいずれかに該当する。他国との貿易額をみて，金額が多い**ス**は経済力がより高いと考えスペイン，**セ**はポルトガルが該当する。

問5 　28 　正解は①

①**不適**。スペインへは南アジアでなく，北アフリカやラテンアメリカの旧スペイン植民地からの移民が多い。南アジアは，インドなどがイギリスの植民地であったことから，イギリスとのつながりが強いと考えられよう。

②**適当**。ドイツでは，旧西ドイツ地域で第二次世界大戦後の経済発展による労働者不足を補うため，**トルコ**などから**ガストアルバイター（ゲスト労働者）**として多くの移民を積極的に受け入れた。

③**適当**。ドイツは観光客の受け入れも多いが，経済的に豊かであるため温暖な南ヨーロッパの地中海沿岸などを訪れ，バカンスを楽しむ旅行者も多い。

④**適当**。スペインは南部は温暖な地域で，45件の世界遺産（2016年）を含む文化財も多く，観光客の受け入れが盛んである。

2017年度：地理Ｂ／本試験〈解答〉 **11**

第6問 やや易 長崎県壱岐島の地域調査

問1 29 正解は①

①**不適**。地勢図中「壱岐市」の文字のすぐ上に 100ｍ の等高線が描かれていることや，島の南西部に 213ｍ を示す三角点がみられることから，島の最高点は 100ｍ 以上あることが読み取れる。

②**適当**。地勢図中南部にある「Ｘ」の文字のすぐ上を，西から東に向かって「内海」に流れ込む河川が読み取れる。

③**適当**。島の西側には多くの湾や島があり，入り組んだ海岸線を持つ**リアス式海岸**がみられる。

④**適当**。島の北東部の「赤瀬鼻」には海岸線に沿って「崖」の地図記号がみられるが，波の侵食で形成された**海食崖**が示されている。

問2 30 正解は③

①**不適**。1926 年の旧地形図にみられる「芦辺」から「当田触」へ向かう主要道路は，2006 年の新しい地形図では新たに建設された道路との交差はみられるが，寸断されずに使用されている。

②**不適**。2006 年の新地形図から，芦辺港南北の一部水域が新たに陸地化されていることが読み取れる。ただし，北岸にみられる水田は南岸にはみられない。

③**適当**。新地形図には，他の港と連絡すると考えられるフェリー発着所が描かれているが，芦辺港の南北を結ぶ渡船は廃止されていることが読み取れる。

④**不適**。新地形図の左下部に「梅ノ木ダム」が描かれているが，発電所や送電線の地図記号がみられないので，単なる貯水池と考えられる。

問3 31 正解は①

Ａ．目の前に広範囲に水田が広がり，遠方になだらかな山地がみられることから，アが該当する。

Ｂ．地形の特徴をとらえにくいが，細い道路が左にカーブしていることが読み取れ，イが該当する。

Ｃ．写真の両側に山地が迫り，中央部の谷間の狭い平地に水田がみられることから，ウが該当する。

問4 32 正解は③

①**不適**。**竜巻**は積乱雲の下で発生する地上から雲へ細長く伸びるうずまき状の上昇気流で，移動を伴い，背戸山では被害を軽減できない。

②不適。フェーンは湿った風が山を下りる時に発生する高温乾燥の風である。この地ではフェーン現象が発生するような大きな山はみられない。

③適当。母屋や牛舎を囲むように北側に樹林がみられることから，冬の大陸からの季節風を防ぐ目的があったと考えられよう。

④不適。やませは，初夏から夏に東北地方の太平洋沿岸に吹く冷たい湿った風をいう。地方風で，壱岐島には関係がない。

問5　33　正解は④

カ．壱岐島の沿岸は，東シナ海から日本海に向かって暖流の対馬海流が流れている。

キ．壱岐市と全国の表を比較すると，壱岐市の方が沿岸漁業の比率が高いこと，1経営体当たりの漁船数は1隻の割合が高いことが読み取れる。よって，壱岐島の漁家の経営規模は小さいが該当する。

問6　34　正解は①

居住する市町内で買い物をする割合は，地域の人々の商業活動の範囲が問われていると考えるとよい。その市町の規模が大きく，他市町へ買い物に行く必要がない場合と，逆に市町の規模が小さく，商店は少ないにもかかわらず交通条件などで他市町への移動に制約がある場合は上位となると考えられる。よって，長崎市と離島の両方が含まれるEが該当する。小学校の複式学級率は，学区内の児童数が少ない場合に上位になる。よって，長崎市から離れた地域や離島が上位を示すFが該当する。人口1,000人当たりの医師数は，人口が多い市町ほど上位となる。よって，長崎市のほか，佐世保市，諫早市などを含むGが該当する。

問7　35　正解は③

①適当。風の強さや波の高さを知るために，詳細なデータを持つ気象庁のウェブサイトを参照することは有効である。

②適当。近世以降に発生した災害やその対策など，歴史的な事項を調べるために，郷土史の文献を参照することは有効である。

③不適。AMeDASのデータは，全国や特定地域の気候状態やその変化を細かく知るには有効であるが，近年発生した大雨による災害に伴う被災家屋や被災者の数を知ることはできない。

④適当。津波による浸水予測範囲を調べるために，土地の高低や津波の予想侵入経路などを知り，沿岸地域の地形を実際に観察することは欠かせない。

2016年度：地理B／本試験〈解答〉　1

地理B　本試験

2016 年度

問題番号 （配点）	設　問	解答番号	正解	配点	チェック
第1問 （17）	問1	1	①	3	
	問2	2	③	3	
	問3	3	②	2	
	問4	4	⑤	3	
	問5	5	①	3	
	問6	6	①	3	
第2問 （17）	問1	7	③	3	
	問2	8	④	2	
	問3	9	⑥	3	
	問4	10	②	3	
	問5	11	④	3	
	問6	12	④	3	
第3問 （17）	問1	13	②	3	
	問2	14	①	2	
	問3	15	②	3	
	問4	16	④	3	
	問5	17	②	3	
	問6	18	③	3	

問題番号 （配点）	設　問	解答番号	正解	配点	チェック
第4問 （17）	問1	19	③	3	
	問2	20	②	2	
	問3	21	⑤	3	
	問4	22	①	3	
	問5	23	③	3	
	問6	24	②	3	
第5問 （14）	問1	25	③	3	
	問2	26	②	3	
	問3	27	①	2	
	問4	28	②	3	
	問5	29	④	3	
第6問 （18）	問1	30	①	3	
	問2	31	③	3	
	問3	32	①	3	
	問4	33	④	3	
	問5	34	④	3	
	問6	35	④	3	

自己採点欄

100 点

（平均点：60.10 点）

第1問 世界の自然環境と自然災害

問1 　1　　正解は①

　図1中A〜Dのうち確定しやすいものから考えよう。Bのオーストラリア北東部は，大陸東海岸に沿って南北に走るグレートディヴァイディング山脈が古期造山帯に属するため，地震の発生は少ない。よって④が該当する。Cのハワイ諸島は，現在もハワイ島を中心に活発な火山活動が起こっている。ホットスポット上にあるため，震源がホットスポット周辺に集中し，震源が深い点が特徴である。よって③が該当する。Aは，スマトラ島東部からジャワ島西部を示している。この地域はアルプス=ヒマラヤ造山帯に位置し，近年も地震が活発に起こっている。また，残るDには，アメリカ合衆国カリフォルニア州にある横ずれ断層で知られるサンアンドレアス断層がある。AとDが①，②のいずれかに該当するが，Aは狭まる境界付近に位置していることから，Dに比べ地震の発生頻度が高く，震源の深い地震が多いと考えられよう。よって①が該当する。Dは残る②が該当する。

問2 　2　　正解は③

①適当。火山は美しい景観に恵まれ，日本の国立公園には富士箱根伊豆国立公園，阿蘇くじゅう国立公園など火山を含むものが多い。
②適当。高温のマグマに熱せられた地下水が地熱発電に利用されるため，地熱発電が盛んな国はイタリア，ニュージーランドなど火山国が多い。
③不適。レグール土などのように溶岩が風化して肥沃な土壌を形成することはあるが，「噴火直後」の火山灰には植物の生育に必要な有機物は含まれない。
④適当。火山を形成している多孔質の地層は水を含みやすく，火山周辺は豊かな地下水や湧き水に恵まれているところが多い。

問3 　3　　正解は②

　植生は気候の影響を強く受けるので，E〜Hの線分が通る地域が属する気候区を考えるとよい。Hは南スーダンからエチオピア高原を経てソマリア半島のつけ根の部分を結んでいるが，気候区では，西からサバナ気候，温暖冬季少雨気候，砂漠気候と変化する。よって，図の左から中央部分は樹高の低い木がみられ，右端部分は樹木がみられないので②が該当する。なお，Eは砂漠気候にあり①が該当する。Fは赤道直下の熱帯雨林気候にあり，常緑広葉樹の高木が密生することから④，Gはサバナ気候にあり，疎林がみられることから③が該当する。

2016年度：地理Ｂ/本試験〈解答〉 **3**

問4　　4　　正解は⑤

　Ｊはアルプス山脈の山麓にあり，画像に細長い水面がみられることからU字谷に水がたまった氷河湖と考えられ，ウが該当する。Ｋは北海道の洞爺湖である。画像にみられるほぼ円形の水面や中央の島から，中央火口丘を持つカルデラ湖と考えられアが該当する。Ｌはニュージーランドにある。水面が不規則な形から河川が侵食したV字谷が堰き止められて水がたまった堰止湖と考えられ，イが該当する。

問5　　5　　正解は①

　風向については，Ｗ，Ｘの図をみると，ともに似た風の流れがみられるが，流れが収束する低気圧の位置に注目しよう。Ｗは矢印の向きがパナマ付近に集まっており，Ｘではアマゾン盆地付近に集まっていることが読み取れる。これが赤道低圧帯にあたるが，赤道低圧帯は北半球が夏の時には暖められて北寄りに，冬の時には南寄りに移動する。よって赤道低圧帯が北寄りにあるＷが7月，Ｘは1月が該当する。降水量については，雨は低圧帯に大気が流れ込み，上昇気流が発生して生じることから北寄りに雨が多いＹは7月，南寄りに多いＺは1月が該当する。

問6　　6　　正解は①

　エジプトの水資源の供給源については，大きな湖沼などはみられず，ほとんどがナイル川の水に依存していると考えられる。ナイル川は外来河川として知られ，ヴィクトリア湖付近を源流とし，エチオピアのタナ湖を水源とする青ナイル川と合流してエジプトを流れるため，国外水資源賦存量の割合は極めて高いといえよう。また，バングラデシュも水資源の大部分を隣国から流れるガンジス川・ブラマプトラ川に依存しているので，エジプトとバングラデシュが，①，③のいずれかに該当する。そこで，1人当たり水資源賦存量をみると，①に比べ③が約10倍も多い。エジプトは，ほとんど砂漠気候におおわれ降水量が少なく，蒸発量が多いのに対し，バングラデシュは，人口はエジプトより多いが，モンスーンによる降雨に恵まれ，河川の水量も多いと考えられる。よってエジプトは①，バングラデシュは③が該当する。なお中国，チリは河川の大半は国内に水源を持つため②と④のいずれかが該当する。中国は，長江など大河が流れ降水量も多いが，1人当たり水資源賦存量は，人口が少ないチリ（約1800万人，2015年）の方が多い。よって中国は②，チリは④が該当する。

4　2016年度：地理Ｂ／本試験〈解答〉

第2問　標準　世界の工業

問1　7　正解は③

①適当。アはピッツバーグ，バーミンガム，エッセンなどのルール地方などを示している。それぞれ付近にアパラチア炭田，ミッドランド炭田，ルール炭田をひかえ，炭田立地型の**鉄鋼業**が発達した。

②適当。イはヒューストン，ミドルズブラを示している。それぞれ付近のメキシコ湾岸油田，北海油田の原油を利用した**石油化学工業**が発達した。

③**不適**。ウはシアトルとトゥールーズを示している。シアトルはボーイング社，トゥールーズはエアバス社の**航空機工業**が発達し，大型航空機を製造している。

④適当。エはサンノゼ，ボストン，ロンドンなどを示している。近隣の大学や研究機関と結びついてIT産業などの**先端技術産業**が発達した。

CHECK　先端技術産業の集積地域を，サンノゼ付近はシリコンヴァレー，ボストン周辺はエレクトロニクスハイウェイと呼んでいる。

問2　8　正解は④

①適当。**アパレル（服飾）産業**はファッション性，流行性が求められるため，情報と需要が多い東京などの大都市に立地する。

②適当。アルミニウムは，原料のボーキサイトに苛性ソーダを作用させてつくったアルミナを電気分解して得られる。電気分解の過程で大量の電気を必要とするため，**アルミニウム工業**は，安価な電力が得られる地域に立地する。

③適当。**電気機械工業**は，高度な技術を必要とするが，組み立ての工程が多く，工程が比較的単純な場合，安価な労働力を確保しやすい発展途上国に立地する傾向がみられる。

④**不適**。ビール製造に必要で重量の大部分を占める水は，どこでも得られる普遍原料である。しかも，重量の割に価格が安いため，**ビール工業は輸送費を軽減する**ために大都市近郊に立地する傾向がみられる。

問3　9　正解は⑥

技術貿易の受取額は，研究開発によって得られることから，巨大な資本と技術力を持つアメリカ合衆国が突出して多く，日本，ヨーロッパが示されている**ク**が該当する。**工業部門の二酸化炭素排出量**は，環境問題への関心，対策が進んでいる先進国より，工業化の進展が著しいが環境対策がまだ不十分な中国をはじめ，インドなどの方が多い。よって**キ**が該当する。**産業用ロボット**は，確実性，安全性が求められる溶接，切削，組み立てなどの工程で導入されている。**稼働台数は日本が世界で最**

も多く，アメリカ合衆国，ドイツ，韓国，中国と続く（2015 年）。よって**カ**が該当する。

問4　　10　　正解は②

製造業の雇用者 1 人当たりの工業付加価値額は，資本や技術を持つ先進工業国が多い。また，**GDP（国内総生産）に占める鉱工業の割合**は，第 2 次産業の盛んな工業生産が進展している国が多い。ただし，先進工業国では，GDP の割合のウエイトは第 3 次産業に移行しており，第 2 次産業の割合はそれほど高くない点を押さえておきたい。①〜④のうち，日本と同様の先進工業国で工業付加価値額は日本より多い**①**は，医薬品など付加価値の高い製造業が盛んな**スイス**が該当する。**韓国**は残る**②**〜**④**のいずれかであるが，3 つの国の中では**先端技術産業**が最も発達しており，工業付加価値額が他国より突出して多い**②**が該当する。残る**③はメキシコ**，**④は中国**が該当する。

問5　　11　　正解は④

Pは，**Q**，**R**，日本のいずれの国・地域からも大きく輸入超過となっており，巨大な国内市場を持つ**アメリカ合衆国**が該当する。また**Q**は，**P**とは逆にどの地域にも輸出超過となっていることから，「世界の工場」と呼ばれるほど工業生産力が大きい**中国**が該当する。**R**は残る **ASEAN（東南アジア諸国連合）** が該当するが，アメリカ合衆国に対するより中国・日本に対する貿易額が大きい。

問6　　12　　正解は④

①不適。サハラ以南のアフリカでは，多くの国で工業の発達が遅れ，ザンビアの銅精錬業など，一部に内陸の鉱産資源を用いた工業がみられるが，沿岸部に重化学工業のコンビナートが発達しているとは考えにくい。

②不適。**輸出加工区**は，発展途上国が外国から企業を誘致するために設置し，現地の労働力を利用した労働集約的な工業が立地することが多い。**ベンチャービジネス**は，優れた人材が必要なため，多くは先進工業国でおこっている。

③不適。工業化は，一般に国内産業を育成するための**輸入代替型**から**輸出指向型**の工業化へ移行する。東南アジアでは 1980 年代末から 1990 年代にかけておこった。

④適当。**コンテンツ産業**は，音声や映像を用いて映画，音楽，アニメーション，ゲームソフトなどを制作する産業で，今日の日本では国際競争力のある産業として注目されている。

6 2016年度：地理B/本試験〈解答〉

第3問　標準　都市・村落と生活文化

問1　13　正解は②

①～④のうち国名を特定しやすいものから考えていこう。与えられた4つの国のうち，先進工業国は**イギリス**のみであり，1人当たりGDP（国内総生産）が最も高く，**都市人口率も高い①**が該当する。逆に**ナイジェリア**は，いずれの指標も低い④が該当する。残る**アルゼンチンとマレーシア**のうち，**マレーシア**は，経済発展が著しく**GDPと都市人口率がともに大きく伸びている**と考え**③**，**アルゼンチン**は人口のうち**白人**が占める割合が高く，早くから都市人口率が高い②が該当する。

CHECK　**アルゼンチンの民族構成**（単位は％，2000年）
白人（スペイン・イタリア系）86.4　メスチソ6.5　先住民3.4

問2　14　正解は①

①**適当**。中国東北部の**ヘイロンチアン（黒竜江）省**にある**ターチン（大慶）**には中国最大の油田があり，石油精製業，石油化学工業が発達している。

②**不適**。**ニース**は，フランス南東部の地中海沿岸にあり，海水浴や日光浴を楽しむ人々でにぎわう。フランスを代表する観光保養都市であるが，スキーリゾートを目的とした都市ではない。

③**不適**。**パナマシティ**は，太平洋とカリブ海を結ぶ**パナマ運河**の太平洋側，パナマ湾に面している。

④**不適**。カナダの**モントリオール**は，フランス系住民が多い**ケベック州**の州都で商工業の中心都市であるが，首都ではない。

問3　15　正解は②

人口密度と**老年人口割合**は，ともに人口が集中する都市中心部が高いと考えられる。ただし，人口密度は都心部から郊外に移るにつれ低くなる傾向があるが，老年人口割合は，郊外であっても若年層が減少すると高くなる。よって人口密度は都心部にほぼ限定して高位になっている**ア**，老年人口割合は**イ**が該当する。**農業・林業就業者割合**は，生産地に近い水田，畑，山林が広がる都市周辺部が高いと考え，**ウ**が該当する。

問4　16　正解は④

①**適当**。写真から道路が直線状に延び，耕地も直線的に区画整理されていることが読み取れる。

②**適当**。砺波平野は，**フェーン**や冬の**季節風**など，年間を通して風が強いことが，

屋敷の周囲の防風林設置の理由にあげられる。

③適当。農家の周囲に耕地が配置されていることが，散村の長所の1つである。

④不適。散村は，海外では新大陸の**タウンシップ制**による土地区画が行われた地域，計画的に開発された農地が広がる地域などにみられる。一般的に**農家の経営規模は大きい**。

問5　　17　　正解は②

①適当。カナダ北部でみられる氷や雪を固めドーム状に積み上げた住居は**イグルー**と呼ばれ，イヌイットの冬の住居として知られる。

②不適。北アフリカなどの乾燥地域では，石やれんがを材料とした住居がみられるが，強い日射や外気を防ぐために窓などは小さく造られている。

③適当。韓国の伝統的な家屋には，かまどから暖かい空気を床下に送り室内を暖める施設があり，**オンドル**と呼ばれる。

④適当。東南アジアの湿潤地域の住居には，通気性が重視され開口部が大きい高床式の住居がみられる。

問6　　18　　正解は③

イギリスの植民地であったインドが第二次世界大戦後に独立する際，宗教の違いが要因でいくつかの国に分離して独立した。**スリランカ**には，インドから上座部仏教が早くに伝わったことから**仏教徒**が多い。今日人口の約4分の3を占める**シンハラ人は仏教**を信仰しているが，少数派の**タミル人はヒンドゥー教**を信仰している。よって③が該当する。なお，①は**パキスタン**，②は**バングラデシュ**，④は**ネパール**が該当する。

第4問　やや難　ヨーロッパの地誌

問1　　19　　正解は③

Dはスロベニアのカルスト地方で，石灰岩が広く分布しており，**カルスト地形**の用語の由来になっている。よって③が該当する。なお，①はポー川下流域のパダノ＝ヴェネタ平野の説明でC，②はパリ盆地に発達している**ケスタ地形**とその土地利用の説明でB，④はスコットランド地溝帯のAが該当する。

問2　　20　　正解は②

Jはライン川の下流にある**デュッセルドルフ**を示している。鉄鋼業などの工業が発達し，海外の金融機関が集中している。よって②が該当する。後背地の**連接都市**

（コナベーション）は，ルール地方の都市群をさす。なお，①は「音楽の都」から**ウィーン**と考えられLが該当する。③はEUのヨーロッパ議会がおかれている**ストラスブール**を示している。アルザス地方の中心都市と考えKが該当する。④は「連邦国家」は旧ユーゴスラヴィア，「首都」はベオグラードと考えMが該当する。

CHECK 連接都市（コナベーション）は，隣接する2つ以上の都市が市街地の拡大により連続して1つの都市域のようになった都市群をいう。

問3　21　正解は⑤

農業人口1人当たりの農業生産額は，機械化，栽培技術が進んだ農業が行われている先進国で，1人当たり耕地面積が広い国ほど高位を示すと考えられる。よって**ウ**が該当する。**農地面積1ha当たりの農業生産額**は土地生産性を意味し，比較的せまい農地に，技術，資本，労働力が大量に投下される集約農業が行われている地域が高いと考え，酪農が盛んな**デンマーク**や園芸農業が盛んな**オランダ**が高位を示す**ア**が該当する。**農産物の輸出入比**は，農産物の輸出額が輸入額より多いほど高位になるが，その理由は2つの場合が考えられる。1つは農業が国の産業，輸出品の中心となる場合で多くの発展途上国にみられる。もう1つはアメリカ合衆国のように企業的に輸出目的で農業を行う場合である。ヨーロッパ内でも先進地域と経済発展がやや遅れている南部・東部の両方が高位を示す**イ**が該当する。

問4　22　正解は①

やや難しいが図中**カ～ケ**のうち国名を特定しやすいものから考えよう。自国民，外国人とも失業率が突出して高い**カ**は，経済状態が厳しい地域と考えられる。東ヨーロッパと紛らわしいが，②が該当する。ギリシャは2010年に財政危機が表面化し，EUなどの支援を受けたが，スペインも多くの財政赤字をかかえており，両国とも失業率は20％を超えている（2014年）。自国民，外国人ともに低い**ク**は③が該当する。スイス，ノルウェーとも1人当たりのGNIがヨーロッパの中でもきわめて大きく，経済が安定している。残る**キ**と**ケ**は，①，④のいずれかに該当するが，**キ**は自国民より外国人の失業率が高い点，**ケ**は外国人より自国民の失業率の方がやや高い点に注目しよう。**キ**はもともと外国人労働者を多く受け入れていたが，経済が悪化したため多くの外国人労働者が失業したと考え，①のオランダ，フランスが該当する。**ケ**はもともと労働力の送り出し国であったため，外国人労働者は少なく失業者も少ないと考え，④のハンガリー，ポーランドが該当する。

2016年度：地理Ｂ/本試験〈解答〉　9

問5　23　正解は③

サ．西側の国に東側の国が編入されたのはドイツである。1990年に当時分断され
ていた東西ドイツの統一が達成されたが，経済格差は，依然解消されていない。

シ．北部の工業は，ミラノ，トリノを中心とした繊維，重化学工業，南部の国営に
よる製鉄所は，南部の開発の拠点としてタラントに建設されたものと考えると，
イタリアが該当する。

ス．北部のフランドル地方には伝統的な羊毛工業が発達していると考えると，ベル
ギーが該当する。

CHECK　ベルギーでは，北部に多いゲルマン系フラマン人と南部に多いラテン系ワロン人
の言語紛争がある。

問6　24　正解は②

①適当。1995年のシェンゲン協定の発効により，協定国間では国境管理が撤廃さ
れ人々の移動の自由化が進んだ。

②不適。EU域内の経済関係が強化されたことと，ヨーロッパ域外からの直接投資
の減少は関連性がないと考えられる。むしろ，EUとの摩擦を避けるため，アメ
リカ合衆国や日本の企業はEU域内の投資を活発化させている。

③適当。ヨーロッパでは，農山漁村に滞在して地域の自然，文化，人々と触れ合う
グリーンツーリズムなどの取り組みが進んでいる地域もある。

④適当。ドイツのエッセン近郊の炭鉱とコークス工場の跡地がツォルフェライン炭
鉱業遺跡群として世界遺産に登録されるなど，地域経済の再生が図られている。

第5問　標準　インドと南アフリカ共和国の地誌

問1　25　正解は③

①不適。Aは大インド（タール）砂漠を示し，Eは中緯度高圧帯の支配下にあり，
ともに乾燥地域にある。カカオは高温多湿を好むので，これらの地域で栽培され
ているとは考えにくい。

②不適。Fは地中海性気候が分布し，ブドウ栽培が行われているが，Bは熱帯モン
スーン気候が分布し，夏の多雨を利用して米の栽培が行われている。高温乾燥気
候を好むブドウが栽培されているとは考えにくい。

③適当。Cはデカン高原を示している。肥沃なレグール土が広がり，ステップ気候
のもとで綿花が栽培されている。Gの判断は難しいが，ここでもステップ気候が
分布し，綿花が栽培されている。

10 2016年度：地理B／本試験〈解答〉

④**不適**。Dはサバナ気候，Hは温暖湿潤気候が広がり，いずれも夏に雨が多いが，**ライ麦はヨーロッパ北部など寒冷な地域で栽培されている**。

問2 | 26 | 正解は②

インドは1990年代の開放経済の導入以降，工業生産力は増加し，**輸出額に占める工業製品の割合は高い**。しかし，人口が多いため，**1人当たりGDPは依然として低い状態にある**。よって②が該当する。なお①は「世界の工場」と呼ばれるほど輸出向けに工業製品が生産されている**中国**，④は石油，天然ガスなどの資源が輸出の中心になっている**ロシア**，残る③は**ブラジル**が該当する。

問3 | 27 | 正解は①

ア．選択肢にあるクロム，すずともに合金材料に用いられるが，インドと南アフリカ共和国が世界産出量の約50％を占める鉱産資源は**クロム**である。**すずは中国などアジアの産出量が多い**。

イ．**ダイヤモンド**の産出国は，ロシア，コンゴ民主共和国，ボツワナなどが上位を占めるが，研磨などの加工国は，中国，インド，イスラエルなどが知られる。

> **CHECK** クロム鉱の主な産出国と世界産出量に占める割合（精鉱量，％，2012年）
> 南アフリカ 43.0　カザフスタン 15.6　インド 15.2
> **すず鉱の主な産出国と世界産出量に占める割合**（含有量，％，2013年）
> 中国 37.4　インドネシア 32.4　ペルー 8.1

問4 | 28 | 正解は②

①**不適**。インドの主な貿易相手国は，アメリカ合衆国，中国，アラブ首長国連邦で，一方，南アフリカ共和国は中国，アメリカ合衆国である。ともにイギリスとの経済的な結びつきは弱い。

②**適当**。**イギリス連邦**は，イギリスとその植民地であった独立国からなる緩やかな国家連合である。イギリスを含め53カ国が加盟し，インドや南アフリカ共和国も含まれる。

③**不適**。英語は，インドで**準公用語**として使用されているが，憲法が公認している22の言語には含まれていない。一方，南アフリカ共和国では11ある**公用語**の中に英語が含まれている。

④**不適**。インド，南アフリカ共和国ともイギリスの植民地であったが，南アフリカ共和国は1934年に独立したのに対し，インドの独立は第二次世界大戦後の1947年である。

2016年度：地理B/本試験〈解答〉 **11**

問5 29 正解は④

①適当。**カースト制**は，ヴァルナと呼ばれる4つの階級からなる身分関係と，ジャーティと呼ばれる細分化された生まれや職業による分業関係が結びついた身分制度である。

②適当。インドは農業就業人口の割合が高く，土地を持たない貧困農民が多い。工業の発展により都市部へ流入する農民が多数みられる。

③適当。**アパルトヘイト**は，白人の優位を維持するため，法律で居住地，土地所有，公共施設の利用などを制限した政策である。

④**不適**。発展途上国や途上地域の近代化は，一般に首都や大都市の都心部に重点的に投資されることから始まる。都心部が過密化すると郊外に進出する傾向がみられるが，郊外から都心部への移転は考えにくい。

第6問　標準　岩手県北上市とその周辺の地域調査

問1 30 正解は①

エの地点から矢印方向に広がる地形の様子を，等高線を参考に読み取ろう。図の手前と前方左側に比較的高い山地が広がり，その間に小さな扇状地がみられるが，それらの山地以外は平坦な地形が広がっていることを読み取ると①が得られる。なお，②はア，③はイ，④はウが該当する。

問2 31 正解は③

灌漑に利用したと考えられる夏油川は，2カ所の史跡記号を結んだ線より北西側のかつての南部藩領を流れているため，**カ**は**南部藩**が当てはまる。一方の**キ**は**伊達藩**となる。「伊吹」などに**溜池**が点在していることも読み取れる。方形の農地に沿って整然と並んだ**針葉樹**の地図記号は，南東側のかつての伊達藩の領域でみられるので，**ク**は**伊達藩**が当てはまる。一方の**ケ**は，北西側の**南部藩**が当てはまる。同じ方形の農地がみられるが，植樹はみられない。

問3 32 正解は①

サ．開発が新しい**一戸建て住宅**が建ち並び，余裕がある土地利用が行われていることが読み取れる。よって郊外の**A**が該当する。

シ．広い道路に面して**大型の商業施設**がみられることから，郊外の幹線道路が交差している**B**が該当する。

ス．**アーケードがある商店街**がみられ，建物が密集していることから，市街中心部にある**C**が該当する。

12 2016年度：地理B／本試験〈解答〉

問4 <u>33</u> 正解は④

表1中の**チ**は1980年代以降，北上市をはじめ東北地方の幹線道路沿いに生産が増加している業種を考え，**電気機械器具**が該当する。日本の工業は，1960年代は素材工業と機械工業が中心であったが，石油危機以後，機械工業が中心となり，半導体，エレクトロニクス産業が成長した。こうした産業構造の変化とあわせて，立地面でも，IC関連工業は軽量で付加価値が高い製品を製造するため，東北や九州地方南部へも工業が分散した。こうした日本の工業の動向が北上市の工業にも反映している。次に**タ**と**ツ**を比較して，1960年は木材・木製品が1位であったように，北上市周辺では一次産品を原料とした工業が盛んであったと考え，**タは窯業・土石製品**が該当する。**ツ**は新しく成長してきた**輸送用機械器具**が該当する。

CHECK IC産業が空港や幹線道路沿いに立地することで，東北地方はシリコンロード，九州地方はシリコンアイランドと呼ばれる。

問5 <u>34</u> 正解は④

企業などの事業所は大都市に集中する傾向があるため，1km²当たりの事業所数は盛岡市や北上市が上位を示す**ミ**が該当する。1世帯当たりの自動車保有台数と通勤・通学者数に占める他市町村への通勤・通学者の割合は判断に迷うかもしれない。高齢者が多く，公共交通機関に恵まれない山間部ほど自動車保有台数は高位を示すと考え**ム**，通勤・通学者は県庁所在地の盛岡市などに鉄道や道路網を利用して集まると考え，盛岡市周辺が高位を示す**マ**が該当する。

問6 <u>35</u> 正解は④

①適当。市内の観光地ごとに**図形表現図**で外国人客数の多少を表すことができる。

②適当。地区ごとの利用者の割合の大小をみるには，相対分布図の**階級区分図**が適している。

③適当。地区ごとの小売店数のような，その地点での絶対的な数量の分布には**ドットマップ**が適当である。

④**不適**。**流線図**は，人や物の移動の方向や量を表現するのに用いられる。駐車場収容台数などのような，数値の絶対的な分布を示す表現には適さない。

NOTE

NOTE

NOTE

NOTE

⑅⑅⑅⑅⑅⑅⑅⑅⑅ NOTE ⑅⑅⑅

共通テスト対策の強い味方！

赤本ノート&ルーズリーフ
共通テスト対策の必須アイテム

マークシートに慣れる！&実力分析ができる！

「共通テスト赤本シリーズ」や「Smart Startシリーズ」とセットで使って**過去問演習の効果を最大化** ※全科目対応

詳しい使い方はこちら

Smart Start シリーズ

詳しくはこちら

3訂版 共通テスト スマート対策

分野別の演習問題で**基礎固め&苦手克服**

共通テストを徹底分析！
選択科目もカバー
ラインナップ 全15点
好評発売中！

共通テスト 満点のコツ シリーズ

目からウロコのコツが満載！

英語〔リスニング〕／古文／漢文／
化学基礎／生物基礎

こんなふうに解けばいいのか！

詳しくはこちら▶

2024年版

共通テスト
過去問研究

地理B
問題編

矢印の方向に引くと
本体から取り外せます ➡
ゆっくり丁寧に取り外しましょう

問題編

<共通テスト>
- 2023年度　地理B　本試験 91
  - 地理A　本試験
- 2022年度　地理B　本試験・追試験 79 86
  - 地理A　本試験
- 2021年度　地理B　本試験(第1日程) 89
- 2021年度　地理B　本試験(第2日程) 85
- 第2回　試行調査　地理B 88
- 第1回　試行調査　地理B 80

<センター試験>
- 2020年度　地理B　本試験 92
- 2019年度　地理B　本試験 69
- 2018年度　地理B　本試験 91
- 2017年度　地理B　本試験
- 2016年度　地理B　本試験

* 2021年度の共通テストは，新型コロナウイルス感染症の影響に伴う学業の遅れに対応する選択肢を確保するため，本試験が以下の2日程で実施されました。
  第1日程：2021年1月16日(土)および17日(日)
  第2日程：2021年1月30日(土)および31日(日)
* 第2回試行調査は2018年度に，第1回試行調査は2017年度に実施されたものです。

マークシート解答用紙　2回分
※本書に付属のマークシートは編集部で作成したものです。実際の試験とは異なる場合がありますが，ご了承ください。

2023

共通テスト
本試験

地理 B ·················· 2
地理 A ·················· 36

1 科目につき解答時間 60 分
配点 100 点

地理 B

(解答番号 [1] ～ [31])

第1問 自然環境と自然災害に関する次の問い(問1～6)に答えよ。(配点 20)

問1 自然環境に関する様々な現象の理解には，それぞれの時間スケールと空間スケールの認識が必要になる。次の図1は，気候や気象に関するいくつかの現象についておおよその時間スケールと空間スケールを模式的に示したものであり，①～④は，エルニーニョ・ラニーニャ現象，地球温暖化，低気圧・台風，モンスーンのいずれかである。モンスーンを示したものとして最も適当なものを，図1中の①～④のうちから一つ選べ。[1]

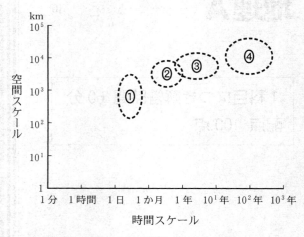

日本気象学会編『新教養の気象学』などにより作成。

図 1

問2 サンゴ礁やマングローブの分布は，海水温，海水の塩分，海水の濁度などの影響を受ける。次の図2中のアとイは，南北アメリカにおけるサンゴ礁とマングローブのいずれかの分布を示したものである。また，後の図3は，主な海流を示したものである。マングローブと海流の向きとの正しい組合せを，後の①～④のうちから一つ選べ。　2

ア

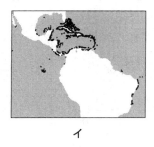
イ

　　サンゴ礁または
　　マングローブ

UN Environment Programme World Conservation Monitoring Centre の資料などにより作成。

図　2

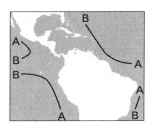

AとBを結ぶ実線は海流を示す。

図　3

	①	②	③	④
マングローブ	ア	ア	イ	イ
海流の向き	AからB	BからA	AからB	BからA

問 3 次の図4は、東京といくつかの都市における月別・時間別の気温分布を等値線で示したものであり、**カ〜ク**は、オーストラリアのパース、ロシアのヤクーツク、ボリビアのラパスのいずれかである。都市名と**カ〜ク**との正しい組合せを、後の①〜⑥のうちから一つ選べ。　3

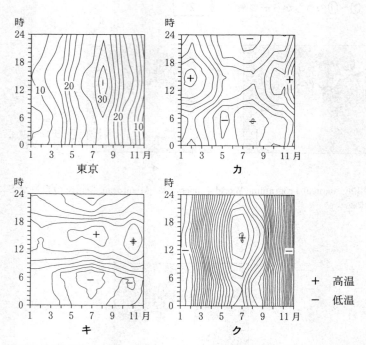

気温の単位は℃。等値線の間隔は2.5℃。時間はすべて現地時間。
統計年次は2020年。NOAAの資料により作成。

図　4

	①	②	③	④	⑤	⑥
パース	カ	カ	キ	キ	ク	ク
ヤクーツク	キ	ク	カ	ク	カ	キ
ラパス	ク	キ	ク	カ	キ	カ

問 4 次の図 5 中の①~⑤は，自然災害の影響を受ける大西洋周辺のいくつかの地域を示したものである。また，後の文 J と K は，いくつかの地域で発生する自然災害について述べたものである。これらのうち，J と K の両方が当てはまる地域と，J のみが当てはまる地域を，図 5 中の①~⑤のうちから一つずつ選べ。

J と K の両方　4　・J のみ　5

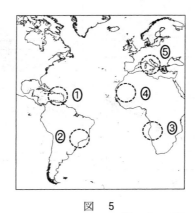

図　5

J　火山が分布し，噴火に伴う噴出物や火砕流などによる災害が発生する。

K　熱帯低気圧が頻繁に襲来し，強風や大雨，高潮などによる災害が発生する。

問5 次の図6中の**タ～ツ**は，図7中のP～Rのいずれかの範囲において発生した地震*の震源について，東西方向の位置と深度を示したものである。**タ～ツ**とP～Rとの正しい組合せを，後の①～⑥のうちから一つ選べ。　6

*2012～2020年に発生したマグニチュード3以上の地震。

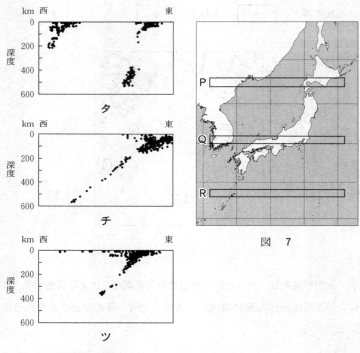

USGSの資料により作成。

図　6

	①	②	③	④	⑤	⑥
タ	P	P	Q	Q	R	R
チ	Q	R	P	R	P	Q
ツ	R	Q	R	P	Q	P

問6 次の図8は，日本の都市内を流れる小規模な河川について，短時間の豪雨の降水量と河川の水位の変化を模式的に示したものであり，凡例XとYは，都市化の前と後のいずれかである。また，後の文章は，図8に関することがらについて述べたものである。空欄マに当てはまる語句と，空欄ミに当てはまる文との組合せとして最も適当なものを，後の①〜④のうちから一つ選べ。7

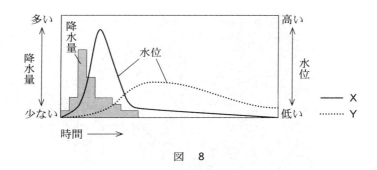

図　8

雨の降り方が同じであっても，都市化の前と後では河川の水位の変化が異なり，都市化によって（　マ　）のように変化する。これは，（　ミ　）ことが主な要因である。

（　ミ　）に当てはまる文
　m　河道が改修され，遊水地や放水路が造られた
　n　森林や田畑が減少し，地表面が舗装された

	①	②	③	④
マ	XからY	XからY	YからX	YからX
ミ	m	n	m	n

第 2 問　資源と産業に関する次の問い（問 1 〜 6）に答えよ。（配点　20）

問 1　次の図1は，中世ヨーロッパにおける村落の模式図である。この村落の形態や農業に関することがらについて述べた文として最も適当なものを，後の①〜④のうちから一つ選べ。　8

William R. Shepherd, *Historical Atlas* により作成。

図　1

① 教会や集落は，防御のための濠に囲まれていた。
② 耕作地を春耕地，秋耕地，休閑地に分けて輪作していた。
③ 土壌侵食を防ぐため，耕作地を短冊状に分割して利用していた。
④ 農民は，耕作地に隣接した場所に分散して居住していた。

問 2 次の図 2 は，いくつかの地域における耕作地に占める灌漑面積の割合と，1 ha 当たりの穀物収量を示したものであり，①～④は，アフリカ，中央・西アジア，東アジア，ヨーロッパのいずれかである。東アジアに該当するものを，図 2 中の①～④のうちから一つ選べ。 9

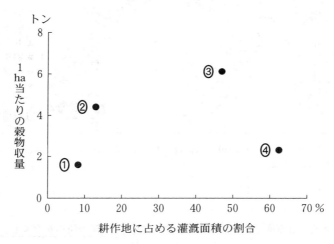

統計年次は 2017 年。AQUASTAT などにより作成。

図 2

問3 次の図3は，世界における遺伝子組み換え作物の栽培状況と栽培面積の上位5か国を示したものである。図3に関することがらについて述べた文章中の下線部①～④のうちから最も適当なものを一つ選べ。 10

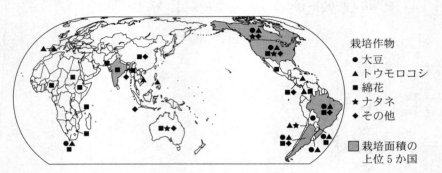

統計年次は2019年。International Service for the Acquisition of Agri-biotech Applicationsの資料などにより作成。

図 3

　遺伝子組み換え作物を導入することで，①農薬の使用をなくし，単位面積当たりの収量を向上させることができるため，その栽培面積は拡大している。②栽培国数の内訳をみると，発展途上国よりもOECD加盟国の方が多い。遺伝子組み換え作物の栽培拡大の背景には，多国籍アグリビジネスの存在がある。③栽培面積の上位5か国は，国土面積が広く，いずれの国でも企業的な大規模農業が中心に行われている。また，世界では，④遺伝子組み換え作物の栽培を食用の作物以外に限定したり，栽培自体を行わない国がみられる。

問4 後の図4は，いくつかの食肉について，世界に占める生産量が1％以上の国・地域における生産量に占める輸出量の割合を示したものである。図4中のA～Cは，牛肉，鶏肉，羊肉のいずれかである。品目名とA～Cとの正しい組合せを，後の①～⑥のうちから一つ選べ。 11

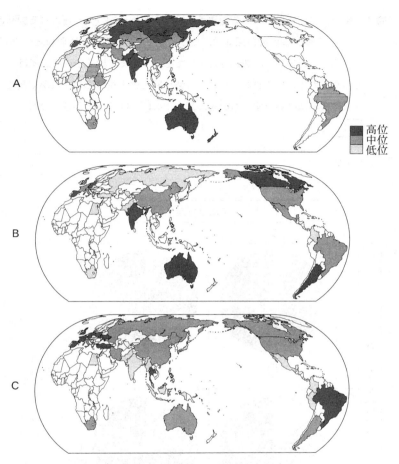

加工品などを含む。牛肉には，水牛，ヤクなどの肉を含む。
統計年次は2019年。FAOSTATにより作成。

図　4

	①	②	③	④	⑤	⑥
牛　肉	A	A	B	B	C	C
鶏　肉	B	C	A	C	A	B
羊　肉	C	B	C	A	B	A

問5 輸出入の際に用いられる輸送手段は、国の地理的位置や運ばれる製品の性質によって異なる。次の図5は、フランスとポルトガルにおける、2019年のEU*域外への輸送手段別割合を示したものである。図5中のアとイはフランスとポルトガルのいずれか、EとFは輸出額と輸出量**のいずれかである。フランスの輸出額に該当するものを、図5中の①〜④のうちから一つ選べ。

12

*EUにはイギリスを含む。
**重量ベース。

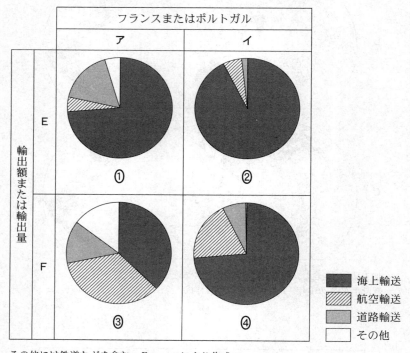

その他には鉄道などを含む。*Eurostat* により作成。

図 5

問6 環境意識の高まりや技術開発により,紙の生産には,木材から作られるパルプに加え,古紙の再生利用が進められている。次の図6は,いくつかの国におけるパルプと古紙の消費量を示したものである。図6中の**カ~ク**はアメリカ合衆国,カナダ,ドイツのいずれか,凡例XとYはパルプと古紙のいずれかである。ドイツとパルプとの正しい組合せを,後の**①~⑥**のうちから一つ選べ。 13

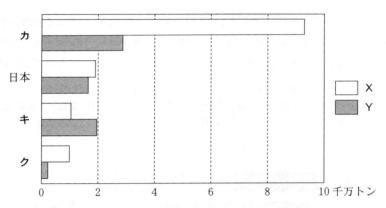

統計年次は2019年。FAOSTATにより作成。

図 6

	①	②	③	④	⑤	⑥
ドイツ	カ	カ	キ	キ	ク	ク
パルプ	X	Y	X	Y	X	Y

第3問 東京都に住む高校生のミノルさんは，祖父のカヲルさんが住む鹿児島県を訪ねたことをきっかけに，日本の人口や都市をめぐる諸問題について考えた。この探究に関する次の問い（**問1～6**）に答えよ。（配点 20）

問1 鹿児島県で生まれたカヲルさんは，1960年代前半に大学進学のため県外へ移動した。その話を聞いたミノルさんは，地方から大都市圏への人口移動について調べた。次の図1は，1960年と2018年における，日本のいくつかの地方から三大都市圏（東京圏，名古屋圏，大阪圏）*への人口移動とその内訳を示したものである。図1中の**ア**と**イ**は四国地方と九州地方**のいずれか，凡例**A**と**B**は東京圏と大阪圏のいずれかである。九州地方と東京圏との正しい組合せを，後の**①**～**④**のうちから一つ選べ。 14

*東京圏は東京都，埼玉県，千葉県，神奈川県，名古屋圏は愛知県，岐阜県，三重県，大阪圏は大阪府，京都府，兵庫県，奈良県。
**沖縄県は含まない。

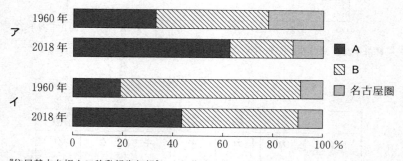

『住民基本台帳人口移動報告年報』により作成。

図　1

	①	②	③	④
九州地方	ア	ア	イ	イ
東京圏	A	B	A	B

問2 大学を卒業したカヲルさんは東京で働いていたが，現在の東京は大きく変わったとミノルさんに話した。次の図2は，東京都区部のいくつかの指標の推移について，1970年を100とした指数で示したものである。図2中の**カ～ク**は，工業地区の面積，住宅地の平均地価，4階以上の建築物数のいずれかである。項目名と**カ～ク**との正しい組合せを，後の①～⑥のうちから一つ選べ。 15

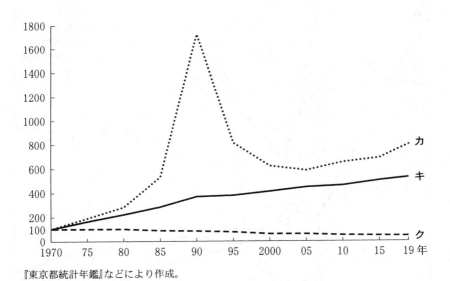

『東京都統計年鑑』などにより作成。

図　2

	①	②	③	④	⑤	⑥
工業地区の面積	カ	カ	キ	キ	ク	ク
住宅地の平均地価	キ	ク	カ	ク	カ	キ
4階以上の建築物数	ク	キ	ク	カ	キ	カ

問 3 カヲルさんは，1980年代に転職にともなって鹿児島県へ戻った。次の図3は，カヲルさんが現在住んでいるある地方都市の様子を示したものである。また，後の会話文サ〜スは，図3中の地点D〜Fのいずれかの地点における，周辺の景観について話し合ったものである。D〜Fとサ〜スとの組合せとして最も適当なものを，後の①〜⑥のうちから一つ選べ。 16

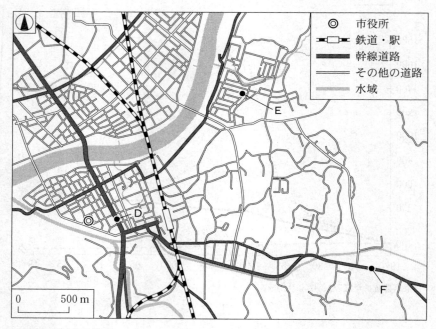

図　3

2023年度：地理B／本試験　**17**

【会話】

サ	カヲル	「1980 年代以前から幹線道路が整備されていたけれど，2000 年代前半までは，周辺には水田や畑が広がっていたんだ」
	ミノル	「現在は，道路沿いに全国チェーンの店舗がみられるよ。店舗には広い駐車場があるね」

シ	カヲル	「1980 年代以前は，水田や畑が広がっていたけれど，近年は市内でも人口が大きく増えている地域の一つなんだ」
	ミノル	「現在は，開発が進んで住宅が増えているね」

ス	カヲル	「1980 年代中頃までは，百貨店やスーパーマーケットがあって，大変にぎわっていたんだ」
	ミノル	「現在は，自動車は走っているけれど人通りは少ないね。シャッターが閉まったままの店舗もあるよ」

	①	②	③	④	⑤	⑥
D	サ	サ	シ	シ	ス	ス
E	シ	ス	サ	ス	サ	シ
F	ス	シ	ス	サ	シ	サ

問4 ミノルさんは、カヲルさんから過疎化の進行によって全国で様々な問題が起きていることを聞いた。次の図4は、過疎市町村*の面積が都道府県面積に占める割合、老年人口の増加率、老年人口に占める食料品へのアクセスが困難な人口**の割合を示したものである。図4を見てミノルさんたちが話し合った会話文中の下線部①～④のうちから、**誤りを含むもの**を一つ選べ。 | 17 |

*総務省が定める要件を満たす市町村。
**自宅から店舗まで500 m以上、かつ自動車利用が困難な老年人口。

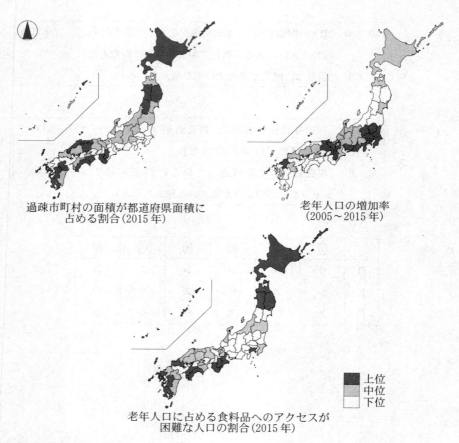

国勢調査などにより作成。

図 4

ミノル　「過疎市町村は，人口減少率や高齢化の進展度合いなどで決まると学校で
　　　　習ったよ。全体的な傾向として，①過疎市町村の面積が都道府県面積に
　　　　占める割合は，三大都市圏よりも三大都市圏以外の地域で高い傾向にある
　　　　ね」

カヲル　「最近の老年人口の増加率は，三大都市圏の方が高い傾向にあるね」

ミノル　「②三大都市圏における老年人口の増加傾向は，三大都市圏以外からの高
　　　　齢者の流入が主な原因であると考えられるよ」

カヲル　「老年人口に占める食料品へのアクセスが困難な人口の割合が高い都道府
　　　　県は，三大都市圏以外に多いよ」

ミノル　「農山村地域では，③移動が困難な高齢者のために，食料品を積んで集落
　　　　を回る移動販売車があると聞いたよ」

カヲル　「老年人口に占める食料品へのアクセスが困難な人口の割合が高い都道府
　　　　県は，神奈川県などの三大都市圏にもみられるね」

ミノル　「これは，④駅から離れた丘陵地に 1970 年代前後に開発された住宅地に
　　　　住む高齢者が多いことも理由の一つだと思うよ」

カヲル　「過疎化・高齢化に伴う問題の解決は，日本全体の課題といえるね。高齢
　　　　化は，日本の人口構造の変化とも関係しているよ。調べてみたらどうか
　　　　な」

問 5 東京に戻ったミノルさんは，少子高齢化に伴う労働力不足を考える指標として，従属人口指数*があることを先生から聞き，次の図5を作成した。図5は，いくつかの国における，将来予測を含む従属人口指数の推移を示したものであり，①～④は，日本，エチオピア，中国**，フランスのいずれかである。日本に該当するものを，図5中の①～④のうちから一つ選べ。　18

*（年少人口＋老年人口）÷生産年齢人口×100で算出。従属人口指数が60の場合，100人の生産年齢人口で60人の年少人口と老年人口を支えることを意味する。
**台湾，ホンコン，マカオを含まない。

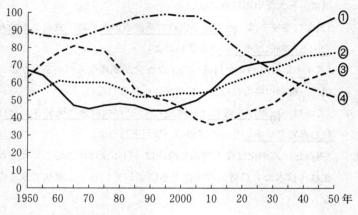

2020年以降は予測値。
World Population Prospects により作成。

図　5

2023年度：地理Ｂ／本試験　**21**

問 6　ミノルさんは，労働力の不足を補うために外国から労働者を受け入れている

国があることを学んだ。次の表1は，イギリスにおける 1990 年，2005 年，

2019 年の外国生まれの人口について上位5か国を示したものである。表1中

の**マ〜ム**は，アイルランド，インド，ポーランドのいずれかである。国名と

マ〜ムとの正しい組合せを，後の**①〜⑥**のうちから一つ選べ。　19

表　1

（単位：万人）

順位	1990 年		2005 年		2019 年	
1 位	マ	61.2	ミ	54.9	ミ	91.8
2 位	ミ	40.0	マ	46.3	ム	91.4
3 位	パキスタン	22.8	パキスタン	38.0	パキスタン	60.5
4 位	ドイツ	21.3	ム	32.9	マ	44.3
5 位	アメリカ合衆国	14.2	ドイツ	26.1	ドイツ	34.8
総計		365.0		592.6		955.2

総計には6位以下も含む。

International Migrant Stock 2019 により作成。

	①	②	③	④	⑤	⑥
アイルランド	マ	マ	ミ	ミ	ム	ム
インド	ミ	ム	マ	ム	マ	ミ
ポーランド	ム	ミ	ム	マ	ミ	マ

第4問 インドと中国は地理的に連続しており，ともに人口が多く経済発展を遂げている。この地域に関する次の問い（**問1～6**）に答えよ。（配点 20）

問 1 次の図1は，インドと中国周辺の地形を示したものであり，後の表1は，図1中のA～Dのいずれかの範囲における耕地，草地・裸地，森林の面積割合を示したものである。図1中のCに該当するものを，表1中の①～④のうちから一つ選べ。 20

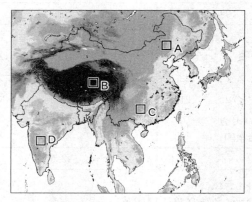

色の濃い部分ほど標高の高い地域を示している。
国土地理院の資料により作成。

図 1

表 1

(単位：%)

	耕　地	草地・裸地	森　林	その他
①	96.3	0.4	0.8	2.5
②	50.4	45.7	0.8	3.1
③	15.9	0.3	72.5	11.3
④	10.2	88.6	0.1	1.1

国土地理院の資料により作成。

問2 次の図2は，インドと中国*の行政区**を作付総面積に占める小麦と米の割合により区分したものであり，凡例a～dは，行政区ごとの小麦と米の作付面積の割合により設定したグループを示したものである。また，図3は，図2中の凡例a～dのグループの設定基準を示したものであり，a～cは，ア～ウのいずれかである。a～cとア～ウとの正しい組合せを，後の①～⑥のうちから一つ選べ。21

*台湾，ホンコン，マカオを含まない。
**インドの州には連邦直轄地を含み，島嶼部を除く。中国の省には，省に相当する市・自治区を含む。いずれも国境係争地を除く。

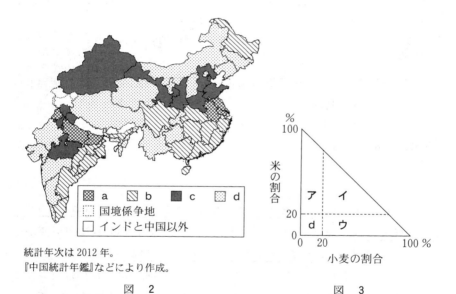

統計年次は2012年。
『中国統計年鑑』などにより作成。

図2　　　　　　　　　　　　図3

	①	②	③	④	⑤	⑥
a	ア	ア	イ	イ	ウ	ウ
b	イ	ウ	ア	ウ	ア	イ
c	ウ	イ	ウ	ア	イ	ア

問3 次の図4は,インドと中国*の行政区**について,2001年と2018年の1人当たり総生産と出生率を示したものである。図4に関することがらについて述べた文章中の下線部①~④のうちから,適当でないものを一つ選べ。 22

*台湾,ホンコン,マカオを含まない。
**インドの州には連邦直轄地を含み,島嶼部を除く。中国の省には,省に相当する市・自治区を含む。いずれも国境係争地を除く。

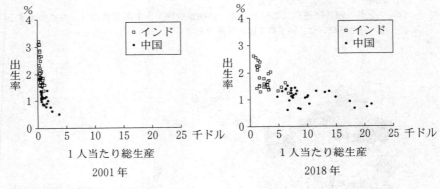

『中国統計年鑑』などにより作成。

図 4

図4から,①1人当たり総生産が高い地域では,出生率が低いという傾向がみられる。また,行政区における1人当たり総生産の差は,2001年から2018年にかけて,②インドよりも中国の方が大きくなったことが分かる。

こうした傾向の背景には,両国の社会・経済状況の違いがある。インドでは,③政府主導の家族計画が浸透し,農村部を中心に出生率が大きく低下した。中国では政府による経済特区や外国企業による投資などの偏在により,④沿岸部と内陸部との経済格差が大きくなっている。

問 4 次の図5は，インドと中国*における2000年と2017年の産業別GDPの割合を示したものである。図5中のJとKはインドと中国のいずれか，凡例サとシは運輸・通信業と農林水産業のいずれかである。インドと運輸・通信業との正しい組合せを，後の①～④のうちから一つ選べ。 23

*台湾，ホンコン，マカオを含まない。

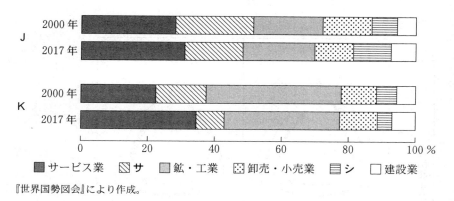

図 5

	①	②	③	④
インド	J	J	K	K
運輸・通信業	サ	シ	サ	シ

問5 次の図6は,インド,中国*,オーストラリアについて,1995年と2019年における3か国間の輸出額と移民の送出数を示したものである。図6中の**タ**と**チ**はインドと中国のいずれか,**P**と**Q**は輸出額と移民の送出数のいずれかである。中国と輸出額との正しい組合せを,後の①〜④のうちから一つ選べ。

24

*台湾,ホンコン,マカオを含まない。

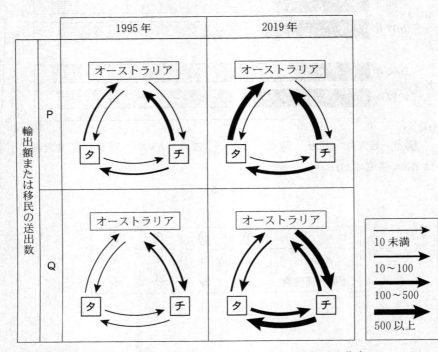

単位は輸出額が億ドル,移民の送出数が千人。UN Comtradeなどにより作成。

図　6

	①	②	③	④
中国	タ	タ	チ	チ
輸出額	P	Q	P	Q

問6 次の図7は,インドと中国周辺におけるPM2.5*の地表面での濃度を示したものであり,SとTは,2018年の1月と7月のいずれかである。図7に関することがらについて述べた文章中の空欄マとミに当てはまる語句の組合せとして最も適当なものを,後の①〜④のうちから一つ選べ。 25

*大気中に浮遊している直径2.5μm(マイクロメートル)以下の微粒子。

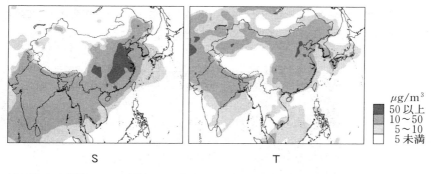

SPRINTARS開発チームの資料により作成。

図　7

　インドと中国では,工場などからの煤煙や自動車からの排ガスによる大気汚染が問題となっている。原因物質の一つであるPM2.5は,季節によって広がりに違いがあり,図7中のSが（　マ　）を示したものである。近年,日本ではユーラシア大陸から飛来するPM2.5が問題となっており,国際的な対応が求められている。このように,原因となる物質が複数の国にまたがって拡大していく環境問題の例としては,（　ミ　）があげられる。

	①	②	③	④
マ	1月	1月	7月	7月
ミ	海洋ごみの漂着	土地の塩性化（塩類化）	海洋ごみの漂着	土地の塩性化（塩類化）

第5問 東京の高校に通うユキさんは、友人のツクシさんと利根川(とねがわ)下流域の地域調査を行った。この地域調査に関する次の問い(問1〜6)に答えよ。(配点 20)

問1 現地調査の前に、ユキさんたちは利根川の特徴を調べた。次の図1は、関東地方の主な河川の分布といくつかの地点A〜Cを示したものである。また、後の文章は、利根川の特徴についてユキさんたちがまとめたものである。文章中の空欄アに当てはまる語句と、空欄イに当てはまる数値との組合せとして最も適当なものを、後の①〜⑥のうちから一つ選べ。26

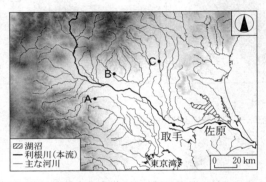

色の濃い部分ほど標高の高い地域を示している。
国土数値情報などにより作成。

図 1

利根川の流域面積は、日本最大である。かつて東京湾に流れていた利根川の本流は、江戸時代に現在の流路に変更された。現在の利根川の流域には、図1中の地点(ア)が含まれている。また、利根川下流域は、かつて広大な潟湖(せきこ)になっていたが、土砂の堆積や干拓によって現在では大部分が陸地になった。図1中の取手(とりで)から佐原(さわら)までの区間における河川の勾配は、1万分の1程度であり、取手と佐原の河川付近の標高差は、約(イ)である。

① AとB ― 4m ② AとB ― 40m ③ AとC ― 4m
④ AとC ― 40m ⑤ BとC ― 4m ⑥ BとC ― 40m

問 2　ツクシさんは，利根川下流域の土地利用を調べた。次の図 2 は，陰影をつけて地形の起伏を表現した地図であり，後の図 3 中の①～④は，図 2 中の E～H のいずれかの範囲における土地利用の割合を示したものである。F に該当するものを，図 3 中の①～④のうちから一つ選べ。　27

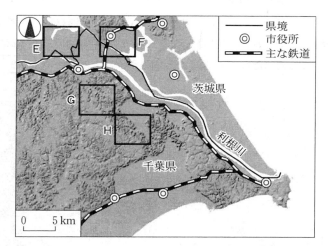

地理院地図により作成。

図　2

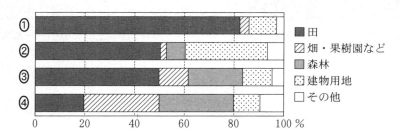

河川・湖沼を除いた値。統計年次は 2017 年。国土数値情報により作成。

図　3

問 3 ユキさんたちは，利根川下流域での都市の発展や交通手段の変遷について調べた。次の図 4 は，佐原周辺のある地域における，1931 年と 2019 年に発行された 2 万 5 千分の 1 地形図(原寸，一部改変)である。また，後の図 5 は，取手から河口までの利根川本流における渡船と橋のいずれかの分布を示したものであり，**サ〜ス**は，1932 年の橋，1981 年の渡船，1981 年の橋のいずれかである。後の会話文中の空欄 **J** には図 4 中の **a** と **b** のいずれか，空欄 **K** には図 5 中の**サ〜ス**のいずれかが当てはまる。空欄 **J** と空欄 **K** に当てはまる記号の組合せとして最も適当なものを，後の ①〜⑥ のうちから一つ選べ。| 28 |

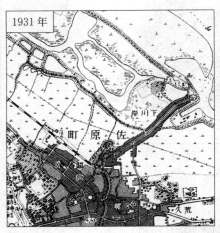
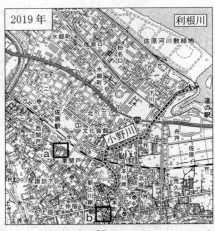

2019 年の図中の点線は小野川を示す。

$\left(\text{図は}\dfrac{85}{100}\text{に縮小}\text{——編集部}\right)$

図 4

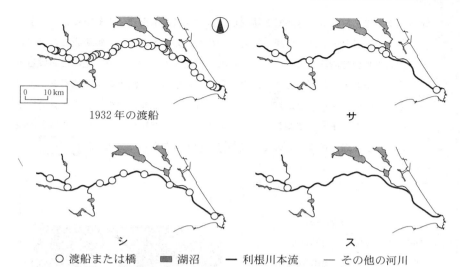

図 5

ユキ 「1931年と2019年の地形図を比較して佐原周辺の都市の発達を調べたよ。佐原周辺は，江戸時代の水運によって発展し始めたんだ」

ツクシ 「図4中のaとbは，どちらも2019年に市街地になっているけれど，より古くから中心地として発達していたのは（ J ）だね」

ユキ 「1930年代以降，この地域では他にどのような変化があったかな」

ツクシ 「1932年と1981年における渡船と橋の分布を図5にまとめたよ。1932年には，多くの地点で渡船が利用されているね。1932年に橋が架かっていた地点は，川幅が比較的狭い所に限られていたそうだよ」

ユキ 「自動車交通の増加に対応して道路網が整備されてきたことを考えると，1981年の橋の分布は，（ K ）の図であるとわかるね」

① a ― サ　　② a ― シ　　③ a ― ス
④ b ― サ　　⑤ b ― シ　　⑥ b ― ス

問4 ユキさんたちは，博物館を訪問し，この地域の水害とその対策について学んだ。次の資料1は，佐原周辺で発生した水害の年表とその対策施設についてまとめたものである。また，後の図6は，現在の佐原周辺のある地域における水域の分布を示したものであり，**タ**と**チ**は，利根川の支流上の地点である。後の会話文中の空欄**P**には地点**タ**と**チ**のいずれか，空欄**Q**には後の文**f**と**g**のいずれかが当てはまる。空欄**P**に当てはまる地点と，空欄**Q**に当てはまる文との組合せとして最も適当なものを，後の①～④のうちから一つ選べ。 29

資料　1

水害の年表
1906年　八筋川で堤防決壊
1910年　十六島で堤防決壊
1938年　十六島で浸水被害
1941年　十六島で浸水被害

1921年に完成した水害対策施設

十六島実年同好会編『新島の生活誌』などにより作成。

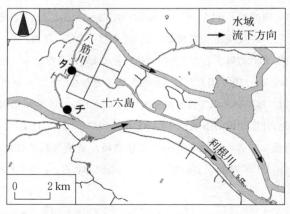

地理院地図により作成。

図　6

学芸員 「かつてこの地域では，利根川の支流への逆流などにより，水害が発生していました。このような被害を防ぐために，1921 年に図 6 中の（　P　）の位置に，資料 1 中の写真のような水門が設置されました。さらに，1940年以降に排水ポンプの設置が進んだことにより，現在では浸水被害も少なくなりました」

ツクシ 「この地域は，安心して住めるようになったのですね」

学芸員 「ただし，数年前に台風が接近した際に，避難指示が出されました。利根川のような大きな河川の下流域では，今後も洪水に備えるための取組みを進めていくことが必要です」

ユ キ 「大きな河川の下流域では，（　Q　）などの取組みが行われていますね」

　（　Q　）に当てはまる文

　　f　決壊を防ぐため，堤防を補強する

　　g　土砂の流出や流木を防ぐため，ダムを建設する

	①	②	③	④
P	タ	タ	チ	チ
Q	f	g	f	g

34 2023年度：地理Ｂ／本試験

問 5 利根川下流域でウナギ漁が盛んであったことを知ったツクシさんは，ウナギ
の現状について調べ，次の資料2にまとめた。資料2中の**マ**と**ミ**は，国内の養
殖生産量と，国外からの輸入量のいずれかである。また，後の写真1中の**s**と
tは，利根川下流域の河川周辺において撮影したものであり，資料2中の空欄
Xには，**s**と**t**のいずれかが当てはまる。国内の養殖生産量に該当する記号
と，空欄**X**に当てはまる写真との組合せとして最も適当なものを，後の**①**～**④**
のうちから一つ選べ。　30

資料　2

ニホンウナギの生態と水産資源としてのウナギの現状

　ニホンウナギは，河川などで成長した後，海へ下り産卵するといわれている。
1970 年代以降，日本国内のウナギの漁獲量は減少し，現在，日本国内で消費さ
れるウナギのほとんどは，国内での養殖生産と輸入によってまかなわれている。
近年，利根川下流域では，写真1中の（　**X**　）にみられるような取組みが行われ
ており，ニホンウナギや川魚などの水産資源の回復に寄与することが期待されて
いる。

日本国内におけるウナギの供給量の推移

（単位：トン）

	国内漁獲量	マ	ミ	合　計
1973 年	2,107	15,247	6,934	24,288
1985 年	1,526	39,568	41,148	82,242
2000 年	765	24,118	133,211	158,094
2015 年	70	20,119	31,156	51,345

水産庁の資料により作成。

s 石材を用いて整備された護岸　　t 本流の堰のそばに設置された流路

写真　1

	①	②	③	④
国内の養殖生産量	マ	マ	ミ	ミ
X	s	t	s	t

問6　ユキさんたちは、さらに考察を深めるために、先生のアドバイスを参考にして新たに課題を探究することにした。次の表1は、新たな探究課題に関する調査方法を、ユキさんたちがまとめたものである。探究課題の調査方法としては**適当でないもの**を、表1中の①〜④のうちから一つ選べ。　31

表　1

新たな探究課題	調査方法
地域の都市化により、農地の分布はどのように変化したか？	① 撮影年代の異なる空中写真を入手し、年代別の土地利用図を作成する。
橋の開通により、住民の生活行動はどのように変化したか？	② 聞き取り調査により、周辺住民に生活行動の変化を尋ねる。
防災施設の整備により、住民の防災意識はどのように変化したか？	③ GISを用いて、防災施設から一定距離内に住む人口の変化を調べる。
環境の変化により、利根川流域の漁獲量はどのように変化したか？	④ 図書館やインターネットで資料を入手し、漁獲量の推移を調べる。

地 理 A

（解答番号 1 ～ 31 ）

第1問 地理的技能とその活用，および日本の自然環境や自然災害に関する次の問い（問1～6）に答えよ。（配点 20）

問1 次の図1は，メルカトル図法を用いて描いた地図である。図1に関することがらについて述べた文として**適当でないもの**を，後の①～④のうちから一つ選べ。 1

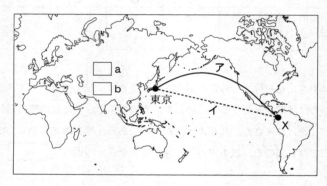

図　1

① 図中で同じ大きさで表現されているaとbを比較すると，地球上の実際の面積はbの方が大きい。
② この図で緯線と経線を示すと，それらは直交する。
③ 図中の任意の地点間を結んだ直線は，等角コースとなる。
④ 東京と地点Xの大圏コースを表現した**ア**は，地球上の実際の距離を比較すると**イ**よりも長い。

問2 次の写真1は，後の図2中の地点A～Cのいずれかの上空から，矢印の方向を撮影したものである。また，後の文章は，写真1と図2に関することがらについて述べたものである。写真1の撮影地点と文章中の空欄eに当てはまる語句との組合せとして最も適当なものを，後の①～⑥のうちから一つ選べ。 2

写真　1

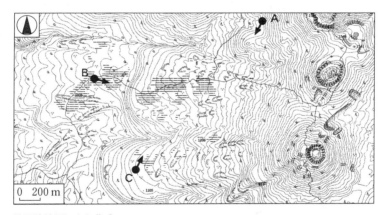

地理院地図により作成。

図　2

　図2中には，円形の凹地をともなったいくつかの山頂部が確認できる。また，図2の中央部の湿地がみられる場所は，傾斜の緩やかな地形が広がっている。このような特徴から，写真1と図2に示される地形は，（　e　）地形であると判断できる。

	①	②	③	④	⑤	⑥
撮影地点	A	A	B	B	C	C
e	火　山	カルスト	火　山	カルスト	火　山	カルスト

問 3 次の図3中の①〜④は，日本のいくつかの観測地点における気温の年較差，日最大風速15 m/秒以上の年間日数，年間の日照時間，真夏日*の年間日数のいずれかを示したものである。年間の日照時間に該当するものを，図3中の①〜④のうちから一つ選べ。　3

*最高気温が30℃以上の日。

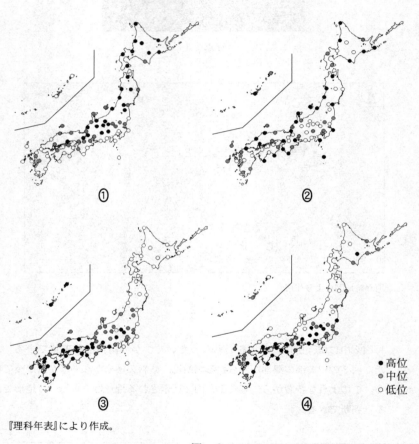

『理科年表』により作成。

図　3

問 4 次の図4は，日本のある地域の地形を分類して示したものであり，図5は，図4の地域で高潮による浸水が発生した場合の浸水継続時間を予測したものである。図4と図5に関することがらについて述べた文として最も適当なものを，後の①〜④のうちから一つ選べ。 4

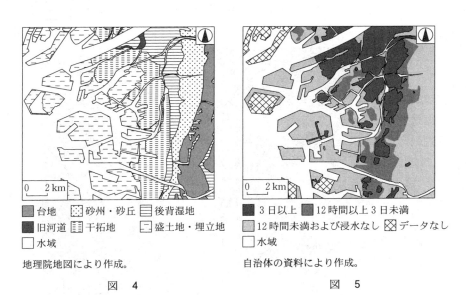

図 4　　　　　　　　　　　　　図 5

① 干拓地では，北部と南部で浸水の様子が異なり，南部の方が浸水継続時間は長い。
② 干拓地と盛土地・埋立地の浸水継続時間を比べると，干拓地よりも盛土地・埋立地の方が長い。
③ 砂州・砂丘の西側に広がる後背湿地では，浸水継続時間が3日以上となる範囲が，その面積の半分以上を占める。
④ 台地と砂州・砂丘を比べると，浸水継続時間が12時間以上3日未満である範囲は，砂州・砂丘よりも台地の方で広い。

問5 次の図6は，日本のある河川ｓの流域の一部について，陰影をつけて地形の起伏を表現した図と地形図を重ねて，地点ｔから洪水に対する避難場所Ｊ～Ｌへの避難経路を示したものである。また，後の文章カ～クは，避難場所Ｊ～Ｌとそれらへの避難経路の特徴について述べたものである。Ｊ～Ｌとカ～クとの組合せとして最も適当なものを，後の①～⑥のうちから一つ選べ。 5

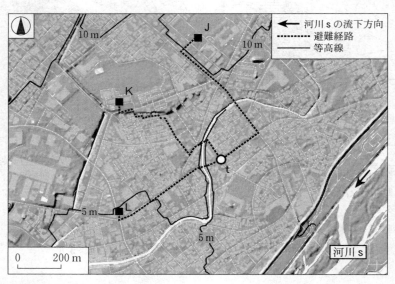

地理院地図により作成。

図　6

カ　地点ｔから避難場所へ向かう途中で，崖崩れに遭遇する危険性が最も高い経路である。事前に別の避難経路を考えておく必要がある。

キ　地点ｔから標高の低い方へ避難する経路である。河川ｓの氾濫時には，三つの避難場所の中で，最も浸水深が大きくなる可能性が高い。

ク　地点ｔと避難場所との比高が最も大きく，標高の高い避難場所へ向かう経路である。避難開始直後は，河川ｓと平行に上流方向へ移動する。

	①	②	③	④	⑤	⑥
J	カ	カ	キ	キ	ク	ク
K	キ	ク	カ	ク	カ	キ
L	ク	キ	ク	カ	キ	カ

問 6　自然現象は，自然災害を引き起こす一方で，利用可能な資源を生み出すこと
　　　もある。日本における自然現象がもたらす自然災害と資源について述べた文と
　　　して**適当でないもの**を，次の①～④のうちから一つ選べ。　　6

① 火山は，噴火によって大きな被害をもたらしてきたが，火山によってつく
られた地形は観光資源となっている。

② 河川は，氾濫によって被害をもたらしてきたが，堆積した土砂は肥沃な土
壌を生み出してきた。

③ 山地でみられる積雪は，雪崩などによって被害をもたらすが，雪融(ゆきど)け水は
農業用水に利用されている。

④ 竜巻は，建物の倒壊などの被害をもたらすが，その強風は風力発電に利用
されている。

第2問 世界の生活・文化に関する次の問い(**問1～6**)に答えよ。(配点 20)

問1 水は、人々の生活に欠かせないが、使用量や使用目的に地域差がみられる。次の図1は、世界のいくつかの地域における年間水使用量を用途別に示したものであり、**ア**と**イ**は北アメリカと東アジアのいずれか、凡例**A**と**B**は農業用と工業用のいずれかである。北アメリカと農業用との正しい組合せを、後の**①**～**④**のうちから一つ選べ。 7

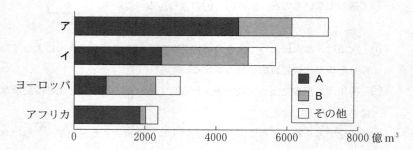

北アメリカの数値にはメキシコを含む。ヨーロッパの数値にはロシアを含む。
統計年次は2013～2017年のいずれか。AQUASTATにより作成。

図 1

	①	②	③	④
北アメリカ	ア	ア	イ	イ
農業用	A	B	A	B

問 2 人々は，自然環境に応じた生活を営んできた。次の写真1は，世界のある地域でみられる生活の様子を撮影したものである。また，後の図2は，いくつかの地域における地点D～Gの最暖月と最寒月の月平均気温，および最多雨月と最少雨月の月降水量を示したものである。写真1のような生活がみられる地域における，月平均気温と月降水量として最も適当なものを，後の①～④のうちから一つ選べ。 8

ユニフォトプレス提供　　　　　Don Mammoser / Shutterstock.com
主食となる作物の栽培の様子　　　　　家屋と生活の様子

写真　1

＊編集の都合上，類似の写真に差し替え。

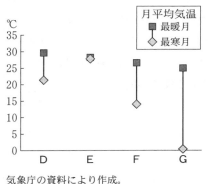
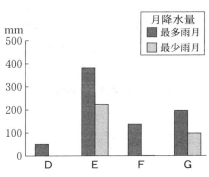

気象庁の資料により作成。

図　2

① D　　　② E　　　③ F　　　④ G

問3 自然環境や社会・経済の状況に合わせて，世界各地では様々な形態の移動手段がみられる。次の写真2は，いくつかの移動手段を撮影したものであり，後の①〜④の文は，写真2中の**カ**と**キ**に関することがらについて述べたものである。これらのうち，**カとキの両方**に当てはまる最も適当なものと，**キのみ**に当てはまる最も適当なものを，①〜④のうちから一つずつ選べ。

カとキの両方　9　・キのみ　10

カ　イギリスでみられる　　　　キ　南アメリカのボリビアで
　　水路橋を通る船舶　　　　　　　みられるロープウェイ

写真　2

＊キの写真は編集の都合上，類似の写真に差し替え。
ユニフォトプレス提供

① 大雨や強風時にも移動できるようにした手段である。
② 起伏のある地形を移動できるようにした手段である。
③ 鉄道よりも一度に大量の旅客を運べるようにした手段である。
④ 道路の交通渋滞の緩和を目的とした手段である。

問 4　人々の国際的な往来が多い空港では，多言語への対応が求められている。次の写真3は，いくつかの国の首都の空港における国際線の出発案内を撮影したものであり，**サ〜ス**は，マレーシア，メキシコ，西アジアのカタールのいずれかのものである。また，図3中のJ〜Lは，2017年における東京と**サ〜ス**の間の週当たり往復旅客便数を示したものである。**サ〜ス**とJ〜Lとの正しい組合せを，後の①〜⑥のうちから一つ選べ。　11

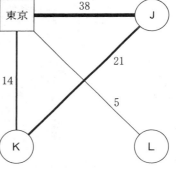

Googleストリートビューにより作成。

一つの都市に複数の空港が存在する場合は合計値。

*OAG Flight Guide Worldwide*により作成。

写真　3　　　　　　　　　　　　　　　図　3

	①	②	③	④	⑤	⑥
サ	J	J	K	K	L	L
シ	K	L	J	L	J	K
ス	L	K	L	J	K	J

問5 サケ・マス類は，貿易を通じて世界各地で食されている魚である。次の図4中のXとYは，2018年におけるサケ・マス類の輸出量と輸入量のいずれかについて，上位10か国を示したものである。また，図4中の凡例**タ**と**チ**は，鮮魚・冷蔵品と冷凍品のいずれかである。輸入量の図と鮮魚・冷蔵品の凡例との正しい組合せを，後の**①**～**④**のうちから一つ選べ。 12

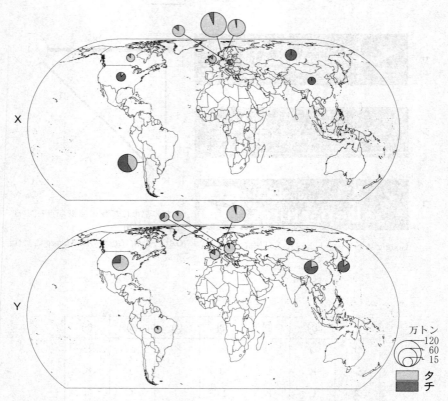

中国の数値には台湾，ホンコン，マカオを含まない。デンマークの数値にはグリーンランド，フェロー諸島を含む。FAOSTATにより作成。

図 4

① X－タ **②** X－チ **③** Y－タ **④** Y－チ

2023年度：地理Ａ／本試験　**47**

問 6　経済情勢や自然環境などを背景に，世界の人々の生活を支える製造業には，
　　　国や地域による特色がみられる。次の表1は，いくつかの国Ｐ～Ｒにおける製
　　　造業の出荷額と，出荷額に占めるいくつかの業種の割合を示したものである。
　　　また，後の文マ～ムは，Ｐ～Ｒのいずれかにおける製造業の特徴を述べたもの
　　　である。Ｐ～Ｒとマ～ムとの組合せとして最も適当なものを，後の①～⑥のう
　　　ちから一つ選べ。　13

表　1

	出荷額 （億ドル）	出荷額に占める業種の割合（%）		
		繊維・衣類	石油製品	輸送用機械
P	9,222	1.6	3.9	23.6
Q	1,894	3.2	21.4	1.0
R	1,356	54.4	0.2	2.9

石油製品には，石炭製品などを含む。
統計年次は，2016年または2018年。UNIDOの資料により作成。

　　マ　国が主導する産業振興策を背景に，国内で豊富にとれる天然資源を加工し
　　　　て輸出する製造業が中心である。
　　ミ　製造にかかる人件費の高さなどに対応するため，付加価値が高く生産に高
　　　　度な技術や知識を必要とする製造業へと移行している。
　　ム　低賃金で雇用できる国内の豊富な労働力をいかした，外国向けの安価な製
　　　　品の生産が製造業の中心である。

	①	②	③	④	⑤	⑥
P	マ	マ	ミ	ミ	ム	ム
Q	ミ	ム	マ	ム	マ	ミ
R	ム	ミ	ム	マ	ミ	マ

第3問 北アメリカに関する次の問い（問1～6）に答えよ。（配点 20）

問1 北アメリカには，自然環境の特徴を反映した多くの国立公園がある。次の図1は，北アメリカの地形を示したものであり，A～Cは，北アメリカにあるいくつかの国立公園の位置を示している。また，後の写真1中のア～ウは，A～Cのいずれかの景観を撮影したものである。A～Cとア～ウとの正しい組合せを，後の①～⑥のうちから一つ選べ。 14

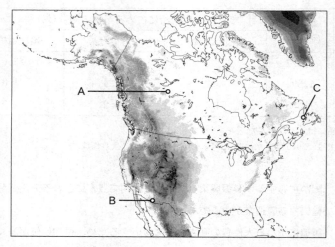

色の濃い部分ほど標高の高い地域を示している。

図 1

写真 1

ア：Clark Swimm / Shutterstock.com
イ・ウ：ユニフォトプレス提供
＊イ・ウは編集の都合上，類似の写真に差し替え。

	①	②	③	④	⑤	⑥
A	ア	ア	イ	イ	ウ	ウ
B	イ	ウ	ア	ウ	ア	イ
C	ウ	イ	ウ	ア	イ	ア

問 2 北アメリカでは，自然環境の特徴をいかして様々な農産物が生産されている。次の図 2 中の①〜④は，トウモロコシ，ブドウ，メープルシロップ，綿花のいずれかについて，アメリカ合衆国*における生産量の上位 10 州と，それらがアメリカ合衆国全体に占める割合を示したものである。ブドウに該当するものを，図 2 中の①〜④のうちから一つ選べ。　15

*アラスカ州とハワイ州を含まない。

統計年次は 2017 年。U.S. Department of Agriculture の資料により作成。

図　2

問 3 北アメリカでは，地域によって人口の構成が異なる。次の図3は，アメリカ合衆国を4地域に区分して示したものである。また，後の図4は，アメリカ合衆国におけるアジア系，アフリカ系，先住民の人口について，地域別の割合を示したものであり，凡例**カ～ク**は，西部，南部，北東部のいずれかである。地域区分と**カ～ク**との正しい組合せを，後の①～⑥のうちから一つ選べ。 16

西部にはアラスカ州とハワイ州を含む。

図 3

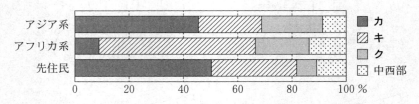

統計年次は2010年。U.S. Census Bureauの資料などにより作成。

図 4

	①	②	③	④	⑤	⑥
西 部	カ	カ	キ	キ	ク	ク
南 部	キ	ク	カ	ク	カ	キ
北東部	ク	キ	ク	カ	キ	カ

問 4 北アメリカの都市には，世界各地から多くの人々が移り住み，独自の都市景観が形成されている。次の写真2は，カナダのある都市における，いくつかの地区を撮影したものである。写真2中の**サ〜セ**の地区でみられる人々の生活の様子を述べた文として**適当でないもの**を，後の①〜④のうちから一つ選べ。
17

写真：アフロ

サ

Diego Grandi / Shutterstock.com

シ

Chandra Ramsurrun / Shutterstock.com

ス

Roberto Machado Noa / Getty

セ

写真　2

① **サ**の地区では，箸やスプーンを用いて食事をする慣習がみられる。
② **シ**の地区では，牛を神聖視して食肉用としない慣習が広くみられる。
③ **ス**の地区では，ハラール食材を扱う店がいくつかみられる。
④ **セ**の地区では，旧暦の新年を祝う行事が行われている。

問 5　アメリカ合衆国では，産業の発展によって都市住民の生活水準が向上してきたが，課題もみられる。次の表1は，アメリカ合衆国のいくつかの都市における職業別就業者割合を示したものであり，**タ**と**チ**は，デトロイトと，シリコンヴァレーに位置するサンノゼのいずれかである。表1に関することがらについて述べた文章中の空欄**E**に当てはまる記号と，空欄**F**に当てはまる語句との組合せとして最も適当なものを，後の**①**～**④**のうちから一つ選べ。　18

表　1

(単位：%)

	タ	チ
飲食業従事者	8.7	7.4
運輸業従事者	8.0	4.6
情報処理・通信技術者	3.5	12.7
生産工程従事者	10.1	4.7
販売従事者	9.6	8.6
その他	60.1	62.0

統計年次は2019年。U.S. Department of Labor の資料により作成。

　アメリカ合衆国では，特定の産業が発達した都市が各地でみられるが，それぞれの都市で異なる課題も生じている。例えば，（　**E**　）は，現代のアメリカ合衆国の中でも経済発展が著しい都市であるが，（　**F**　）の高騰による家計の負担増や，長距離通勤が問題となっている。

	①	②	③	④
E	タ	タ	チ	チ
F	社会保障費	住居費	社会保障費	住居費

問6 カナダでは21世紀以降に,閣僚構成が大きく変化してきた。次の図5は,先住民,マイノリティ*,ヨーロッパ系**の閣僚を性別・選出州別に示したものであり,MとNは,2006年と2015年のいずれかである。図5に関することがらについて述べた文章中の空欄マに該当する図と,空欄ミに当てはまる語句との組合せとして最も適当なものを,後の①~④のうちから一つ選べ。
 19

*アジア系,アフリカ系など,ヨーロッパ以外にルーツをもつ人々。
**ヨーロッパにルーツをもつ人々。

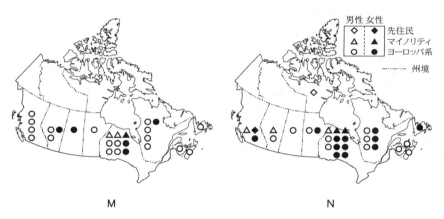

図 5

2015年に就任した首相は,性の平等性に配慮し,難民として移住してきた者や元パラリンピック代表選手など,様々な背景のある議員を閣僚に任命した。2015年を示している図は,(マ)である。この選出からは,これまでカナダが掲げてきた(ミ)をさらに推進した点がうかがえる。

	①	②	③	④
マ	M	M	N	N
ミ	多文化主義	民族主義	多文化主義	民族主義

第4問 生徒たちは授業で,「環境問題の解決はなぜ難しいのか」について班に分かれて探究した。この探究に関する次の問い(**問1～6**)に答えよ。(配点 20)

問 1 先生は,環境問題に対する国や地域の立場の違いを把握するため,地球温暖化に関する国際会議におけるいくつかのグループA～Dを次の図1に示した。図1を見ながら話し合った先生と生徒たちとの会話文中の下線部①～④のうちから,**誤りを含むもの**を一つ選べ。20

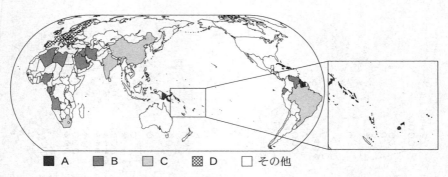

経済産業省の資料などにより作成。2018年時点。

図　1

先　生「気候変動枠組条約締約国会議では,立場にどのような違いがありますか」

チハル「グループAには,①温暖化による海面上昇の影響を受けやすく,温室効果ガスの高い排出削減目標を主張している国が多いと思います」

ゲンタ「グループBには,②温暖化対策の進展による埋蔵資源の経済的価値の上昇を期待して,早急な温暖化対策を求めている国が多いと思います」

シズヤ「グループCには,③近年急速な経済成長を経験し,先進国に対して温暖化対策の推進とあわせて支援を要求している国が多いと思います」

ノエル「グループDには,④環境政策に積極的に取り組み,温室効果ガスの排出削減目標の厳格化を掲げている国が多いと思います」

先　生「さらに班で,環境問題の解決を困難にしている要因を探究しましょう」

問2 シズヤさんの班では,環境問題の背景に先進国と発展途上国との経済格差があるのではないかと考え,プラスチックごみの国際的な取引について調べた。次の資料1は,いくつかの国について,それぞれの国のプラスチックごみの輸出量の変化とその背景を,シズヤさんたちがまとめたものである。資料1中のア～ウはアメリカ合衆国,中国*,マレーシアのいずれか,F年とG年は2010年と2019年のいずれかである。マレーシアと2010年との正しい組合せを,後の①～⑥のうちから一つ選べ。 21

*台湾,ホンコン,マカオを含まない。

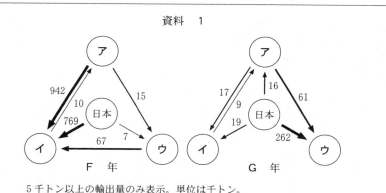

資料 1

5千トン以上の輸出量のみ表示。単位は千トン。

プラスチックごみの一部は,再利用するために輸出されてきたが,中国が2017年に輸入を厳しく制限した。その受け皿になった東南アジア諸国でも規制が進みつつある。

UN Comtrade などにより作成。

	①	②	③	④	⑤	⑥
マレーシア	ア	ア	イ	イ	ウ	ウ
2010年	F年	G年	F年	G年	F年	G年

問3 チハルさんの班では、環境汚染問題において、問題の発生した地域と影響を受ける地域が一致しないこともある点に注目し、過去の事例を調べた。次の資料2は、国際河川であるライン川で発生した有害物質の流出事故について、河川のいくつかの地点a～dにおいて観測された有害物質の濃度の推移を示したものである。資料2に関することがらについて述べた文章中の下線部J～Lの正誤の組合せとして最も適当なものを、後の①～⑧のうちから一つ選べ。 22

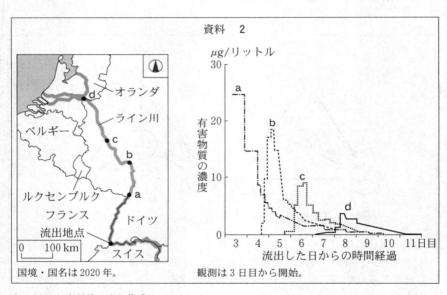

Capel et al. (1988) により作成。

　1986年11月、スイスにある薬品倉庫で火災が発生し、水銀などの有害物質が大量にライン川に流出した。有害物質は、 J 地点dでは流出した日から8日目に濃度が最大値となった。有害物質の拡散は河川の流れと関係し、有害物質の K 移動の速度は、地点a―b間よりも地点b―c間の方が4倍以上速い。また、 L 観測された濃度の最大値は、流出地点から離れるほど小さくなっている。

2023年度：地理Ａ／本試験　57

	①	②	③	④	⑤	⑥	⑦	⑧
J	正	正	正	正	誤	誤	誤	誤
K	正	正	誤	誤	正	正	誤	誤
L	正	誤	正	誤	正	誤	正	誤

問 4　ゲンタさんの班では，環境問題に関する解決策の導入が，他方では新たな地球的課題を生み出している側面に着目し，いくつかの国におけるバイオ燃料をめぐる問題について考えた。次のＰ～Ｒの文は，アメリカ合衆国，インドネシア，ブラジルのいずれかにおける，バイオ燃料の導入拡大にともなって懸念される問題について述べたものである。国名とＰ～Ｒとの組合せとして最も適当なものを，後の①～⑥のうちから一つ選べ。　23

Ｐ　バイオ燃料の利用が推進されたことで国内需要が増え，その主原料となるサトウキビの栽培地域が拡大し，熱帯雨林の破壊が進む。

Ｑ　国内でのバイオ燃料導入策の開始や輸出用バイオ燃料の需要増加により，その主原料となるアブラヤシの農園開発が，低地や湿地などの自然林にも拡大する。

Ｒ　世界最大のトウモロコシ生産国であるが，トウモロコシ由来のバイオ燃料の需要が増加したことで，競合する飼料用の供給量が減り，穀物価格の高騰につながる。

	①	②	③	④	⑤	⑥
アメリカ合衆国	P	P	Q	Q	R	R
インドネシア	Q	R	P	R	P	Q
ブラジル	R	Q	R	P	Q	P

問5 ノエルさんの班では,環境問題の原因が日常生活と結びついている点に注目し,自家用車利用による環境負荷について話し合った。次の図2は,日本の三大都市圏内のいくつかの都市について,自家用車利用の割合*と人口密度を示したものであり,凡例XとYは,中心都市と周辺都市**のいずれかである。また,図3は,ノエルさんの家族の通勤ルートを模式的に示したものである。会話文中の空欄カに当てはまる記号とキに当てはまる数値との組合せとして最も適当なものを,後の①～④のうちから一つ選べ。　24

*平日の全移動手段に占める自家用車利用の割合。
**中心都市は,東京都区部といくつかの政令指定都市。周辺都市は,中心都市の周辺に位置するいくつかの都市。

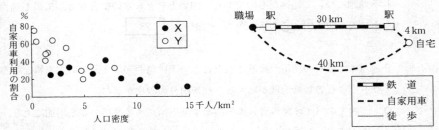

統計年次は2015年。国土交通省の資料により作成。

図2　　　　　　　　　図3

ノエル 「周辺都市では,郊外化によって自家用車に依存した生活様式が定着してきたので,図2で周辺都市を示しているのは(カ)だね」

リョウ 「一人を1km輸送する際に排出される二酸化炭素は,ガソリンを燃料とした自家用車では150g,鉄道では20gとすると,片道の距離だけで考えた場合,図3の自家用車だけを利用する通勤ルートは,駅まで自家用車で行って鉄道を使うルートよりも(キ)倍の環境負荷になるね」

	①	②	③	④
カ	X	X	Y	Y
キ	5	15	5	15

問6 生徒たちは，班ごとの探究テーマと，その課題に対する取組みの例を次の資料3にまとめた。取組みの例としては**誤りを含むもの**を，資料3中の①〜④のうちから一つ選べ。 25

資料 3

シズヤさんの班

探究テーマ
「先進国から発展途上国へのプラスチックごみの移動」

課題に対する取組みの例
① 廃棄物の流通を管理する国際的なルールを策定する

チハルさんの班

探究テーマ
「有害物質の流出事故による国際河川の汚染の拡大」

課題に対する取組みの例
② きれいな飲用水を供給できるよう浄水施設を整備する

ゲンタさんの班

探究テーマ
「バイオ燃料の導入拡大に伴う食料や生態系への影響」

課題に対する取組みの例
③ 廃棄物や廃材を活用したバイオ燃料の開発を進める

ノエルさんの班

探究テーマ
「日常生活における過度な自家用車利用による環境負荷」

課題に対する取組みの例
④ 利便性の高い公共交通ネットワークを整備する

第5問 地理Bの第5問に同じ。 26 ～ 31 （配点 20）

2022

共通テスト
本試験

地理 B ·················· 2
地理 A ·················· 36

1 科目につき解答時間 60 分
配点 100 点

地理　B

(解答番号 [1] ～ [31])

第1問 世界の自然環境や自然災害に関する次の問い(**問1～6**)に答えよ。
(配点 20)

問 1 大陸棚*は大陸プレートの縁辺部に広がる。次の図1中の**a**と**b**のいずれかは東南アジア周辺，また，**ア**と**イ**のいずれかは中央アメリカ周辺の大陸棚の分布を正しく示したものである。東南アジア周辺と中央アメリカ周辺の大陸棚を正しく示した記号の組合せを，後の**①**～**④**のうちから一つ選べ。[1]

*水深200mより浅い海域を大陸棚とする。

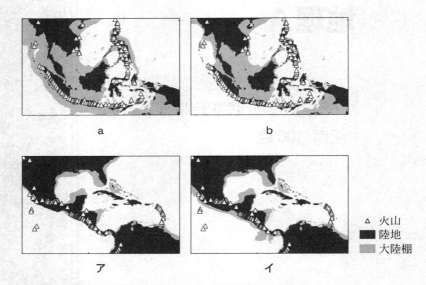

火山はすべて正しい位置にある。NOAAの資料などにより作成。

図　1

① aとア　　**②** aとイ　　**③** bとア　　**④** bとイ

問 2　土砂供給や海面変動などの影響を受けて，河口には特徴的な地形がつくられることがある。次の図 2 中の A と B は，ヨーロッパの二つの河川の主な河道を示したものであり，後の表 1 中のカとキは，河川 A と B のいずれかにおける年平均流量と河道の標高の割合*を示したものである。また，後の文 x と y は，図 2 中の河川 A と B のいずれかにおける河口にみられる地形の特徴について述べたものである。河川 B に該当する記号と文との正しい組合せを，後の①～④のうちから一つ選べ。　2

*それぞれの河川の主な河道の長さを 100 % とした場合の値。

― 主な河道
■ 流量観測地点

Natural Earth などにより作成。

図　2

表　1

	年平均流量 (m³/秒)	河道の標高の割合 (%)			
		100 m 未満	100～500 m	500～1,000 m	1,000 m 以上
カ	1,539	70.5	26.3	1.7	1.5
キ	467	79.8	20.2	0.0	0.0

NOAA の資料などにより作成。

x　過去に形成された谷に海水が侵入してできたラッパ状の地形
y　河川によって運搬された砂や泥などが堆積してできた低平な地形

	①	②	③	④
記号	カ	カ	キ	キ
文	x	y	x	y

問 3 地形や気候の影響を受けて,世界の大河川の流域には様々な植生がみられる。次の図3中のE～Hは,チベット高原に源流をもついくつかの河川の流域と主な河道を示したものである。また,後の表2は,図3中のE～Hのいずれかにおける,流域面積全体に占めるいくつかの植生などの面積割合を示したものである。Gに該当するものを,表2中の①～④のうちから一つ選べ。

3

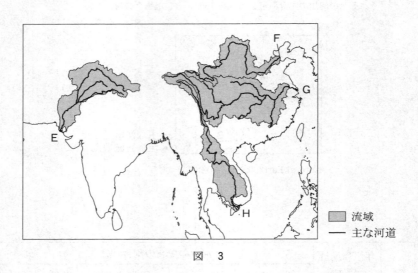

図 3

表 2

(単位：%)

	常緑広葉樹林の割合	落葉広葉樹林の割合	低木・草地の割合	裸地(砂や岩など)の割合
①	31.0	10.3	7.4	0.0
②	14.5	13.7	13.0	0.0
③	0.7	0.5	38.0	18.3
④	0.4	4.1	28.9	8.9

Geospatial Information Authority of Japan, Chiba University and collaborating organizations の資料などにより作成。

問4 次の図4は，オーストラリアにおける1月の気温，1月の降水量，7月の気温，7月の降水量のいずれかを等値線で示したものである。図4中のPとQは気温と降水量のいずれか，サとシは1月と7月のいずれかである。1月の気温に該当するものを，図4中の①〜④のうちから一つ選べ。 4

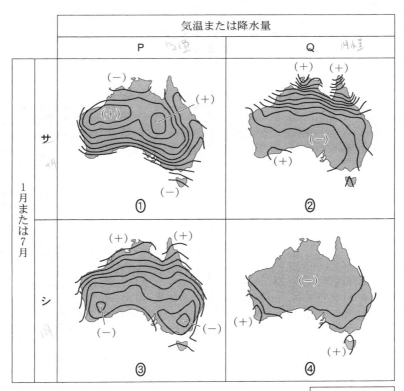

気温は月平均気温，降水量は月平均の日降水量。等値線の間隔は気温が2℃，降水量が1 mm/日。NOAAの資料により作成。

図 4

問5 次の図5は，アフリカを5地域に区分*して示したものである。また，表3は，この5地域について，1990年から2019年の期間における地震，火山噴火，熱帯低気圧による自然災害の発生数**を集計したものであり，タ～ツは，北部，西部，東部のいずれかである。地域とタ～ツとの正しい組合せを，後の①～⑥のうちから一つ選べ。 5

*マダガスカル以外の島嶼国を除く。
**死者10名以上，被災者100名以上，非常事態宣言の発令，国際援助の要請のいずれかの状況をもたらした自然災害の報告数の合計。

表 3

	地 震	火山噴火	熱帯低気圧
タ	13	0	0
チ	12	2	53
中 部	4	2	1
南 部	3	0	1
ツ	0	0	1

EM-DATにより作成。

図 5

	①	②	③	④	⑤	⑥
北 部	タ	タ	チ	チ	ツ	ツ
西 部	チ	ツ	タ	ツ	タ	チ
東 部	ツ	チ	ツ	タ	チ	タ

問6 自然災害の種類は，地域や季節によって大きく異なる。次の図6は，日本における土砂災害*と雪崩による被害の発生状況を時期ごとに示したものであり，マ～ムは，3～5月，6～8月，9～11月のいずれかである。時期とマ～ムとの正しい組合せを，後の①～⑥のうちから一つ選べ。 6

*崖崩れ，地すべり，土石流。

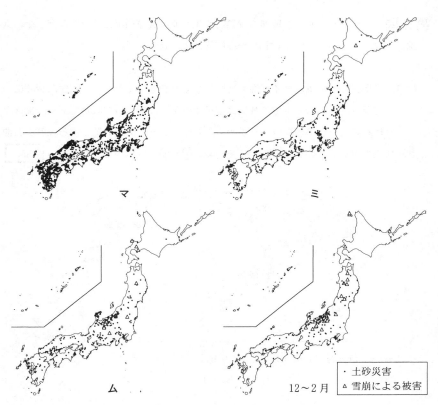

該当する災害が1回以上発生した5kmメッシュの代表点の分布。
統計年次は2006〜2009年。国土交通省の資料により作成。

図 6

	①	②	③	④	⑤	⑥
3〜5月	マ	マ	ミ	ミ	ム	ム
6〜8月	ミ	ム	マ	ム	マ	ミ
9〜11月	ム	ミ	ム	マ	ミ	マ

第2問

リナさんたちは，地理の授業で持続可能な資源利用について探究した。資源と産業に関する次の問い（**問1～6**）に答えよ。（配点 20）

問1 リナさんたちは，まず資源の地域的な偏りを考えるために，主要な資源について調べた。次の図1中の凡例**ア**と**イ**は炭田と油田のいずれかであり，文**A**と**B**は石炭と石油のいずれかを説明したものである。油田に該当する凡例と石油に該当する文との正しい組合せを，後の**①**～**④**のうちから一つ選べ。 7

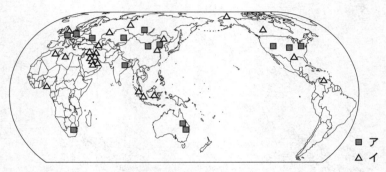

Energy Statistics Yearbook などにより作成。

図 1

A この資源は，生産量上位10か国の世界に占める割合が9割を超えており，世界最大の生産国と消費国が同一である。

B この資源は，世界のエネルギー供給量の約3分の1を占めており，確認されている埋蔵量の約半分が特定の地域に偏っている。

	①	②	③	④
凡例	ア	ア	イ	イ
文	A	B	A	B

問 2 次にリナさんたちは，先生から配られた資料1をもとに，世界の地域別の資源利用とその環境への影響について考えた。資料1中の図2は，世界の人口と世界の1次エネルギー消費量の推移を示したものであり，凡例カとキは，アフリカとヨーロッパのいずれかである。凡例キに該当する地域名と，資料1中の文章の空欄Xに当てはまる語句との正しい組合せを，後の①～④のうちから一つ選べ。 8

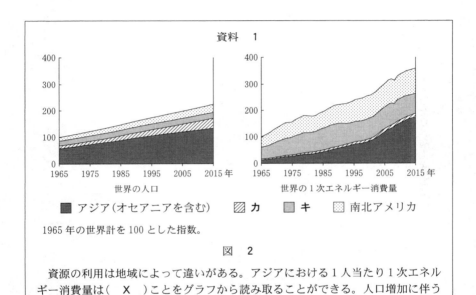

資料 1

図 2

資源の利用は地域によって違いがある。アジアにおける1人当たり1次エネルギー消費量は（ X ）ことをグラフから読み取ることができる。人口増加に伴う資源の需要増加は，環境にどのような影響を与えるだろうか？

World Population Prospects などにより作成。

	①	②	③	④
キ	アフリカ	アフリカ	ヨーロッパ	ヨーロッパ
X	増えている	変化していない	増えている	変化していない

問3 次にリナさんたちは，1995年と2015年における各国のデータを調べて，経済発展が環境へ及ぼす影響について考察した。次の図3は，いくつかの国a～cと世界平均について，1人当たりGDPと1人当たり二酸化炭素排出量の変化を示したものである。また，後の文サ～スは，図3中のa～cのいずれかにおける変化の背景をリナさんたちが整理したものである。a～cとサ～スとの組合せとして最も適当なものを，後の①～⑥のうちから一つ選べ。9

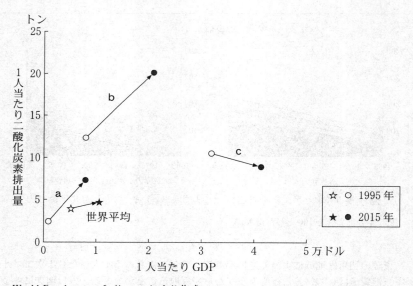

World Development Indicators により作成。

図　3

サ 産業構造の転換に伴い脱工業化が進み，再生可能エネルギーの普及も進んだ。

シ 資源が豊富にあるため，国内の燃料消費のコストが低いことや，世界的な資源需要の高まりを背景に経済成長が進んだ。

ス 農業や軽工業が中心であったが，その後は工業化が進み，重工業の比率が高まった。

	①	②	③	④	⑤	⑥
a	サ	サ	シ	シ	ス	ス
b	シ	ス	サ	ス	サ	シ
c	ス	シ	ス	サ	シ	サ

問 4 リナさんたちは、経済発展が環境へ及ぼす影響についての考察をふまえ、化石燃料と再生可能エネルギーの発電量について調べた。次の表1は、いくつかの国における化石燃料と再生可能エネルギーについて、発電量と総発電量*に占める割合を示したものである。表1をもとに環境への負荷について話し合った、先生とリナさんたちとの会話文中の下線部 e 〜 g について、正誤の組合せとして正しいものを、後の①〜⑧のうちから一つ選べ。 | 10 |

*化石燃料と再生可能エネルギーのほか、原子力などを含む。

表 1

	化石燃料		再生可能エネルギー	
	発電量 （億 kWh）	総発電量に 占める割合（%）	発電量 （億 kWh）	総発電量に 占める割合（%）
中 国	46,783	70.5	16,624	25.1
アメリカ合衆国	26,915	62.8	7,182	16.8
日 本	8,199	76.7	1,682	15.7
ドイツ	3,461	52.9	2,163	33.1
カナダ	1,247	18.9	4,322	65.6
世界全体	165,880	64.5	62,695	24.4

再生可能エネルギーは、水力、太陽光、地熱、風力などの合計。中国の数値には台湾、ホンコン、マカオを含まない。
統計年次は 2017 年。『世界国勢図会』により作成。

先　生　「環境への負荷を，化石燃料と再生可能エネルギーの二つから考えてみましょう。化石燃料による発電は環境への負荷が大きく，再生可能エネルギーによる発電は環境への負荷がきわめて小さいとした場合，表1から環境への負荷はどのように考えられますか」

リ　ナ　「e 国別でみた環境への負荷は，中国が最も大きくなるのではないでしょうか」

ナオキ　「人口を考慮して環境への負荷を考えると，f 1人当たりでみた環境への負荷は，アメリカ合衆国が最も大きくなると思います」

カオル　「近年は再生可能エネルギーも普及しているので，国ごとで評価するときには，発電量の大小ではなく構成比で考えるのが重要だと思います。g 発電量の構成比でみると，ドイツが環境への負荷が最も小さい構成比であると考えます」

エミコ　「持続可能な資源利用に向けて環境への負荷を軽減する方法を考えていくことが重要ですね」

	①	②	③	④	⑤	⑥	⑦	⑧
e	正	正	正	正	誤	誤	誤	誤
f	正	正	誤	誤	正	正	誤	誤
g	正	誤	正	誤	正	誤	正	誤

問 5 リナさんたちは，環境への負荷の軽減に寄与する森林資源に注目し，資源とその利用についてまとめた。次の図4は，いくつかの国における森林面積の減少率，木材輸出額，木材伐採量を示したものであり，K～Mはエチオピア，ブラジル，ロシアのいずれか，凡例タとチは薪炭材と用材*のいずれかである。ブラジルと薪炭材との正しい組合せを，後の①～⑥のうちから一つ選べ。 11

*製材・ベニヤ材やパルプ材などの産業用の木材。

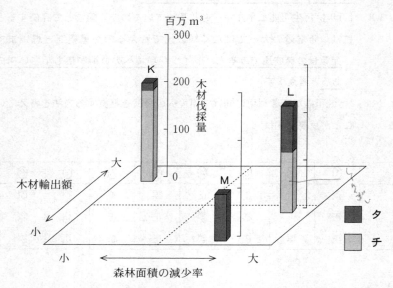

森林面積の減少率は1995年から2015年までの変化。森林面積の減少率と木材輸出額は相対的に示してある。統計年次は2017年。FAOSTATなどにより作成。

図 4

	①	②	③	④	⑤	⑥
ブラジル	K	K	L	L	M	M
薪炭材	タ	チ	タ	チ	タ	チ

問6 リナさんたちは、これまで調べたことをもとに、循環型社会に向けた持続可能な資源利用の課題と取組みについて資料2にまとめた。各国でみられる取組みのうち、循環型社会に寄与するものとして**適当でないもの**を、資料2中の①～④のうちから一つ選べ。 12

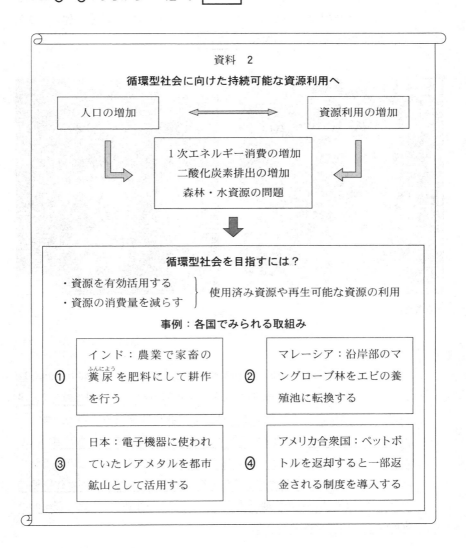

第3問 村落・都市と人口に関する次の問い（問1〜6）に答えよ。（配点 20）

問 1 社会や経済の変化は，伝統的な村落にも影響を及ぼす。次の図1は，富山県の砺波平野のある地域における，1963年と2009年の同範囲の空中写真である。図1に関連することがらについて述べた文章中の下線部①〜④のうちから，**適当でないもの**を一つ選べ。 13

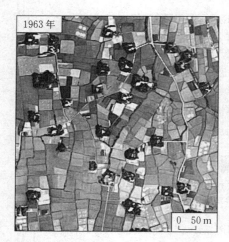
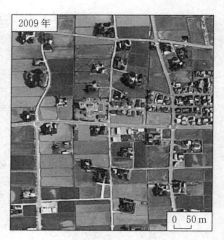

図　1

　この村落では，水田や畑などの耕地の中に伝統的な家屋が数十mから数百m間隔で並んでいる。1960年代以降，①農業の機械化や効率化のため，耕地は，一つの区画が広くなるように長方形状に区切り直された。また，②モータリゼーションに対応するため，かつての耕地を区切るあぜ道のほとんどが，舗装されて幅の広い道路に変わった。この地域では，1963年から2009年の間に③人口増加や核家族化の進展に伴い，耕地の一部は住宅地となった。④1戸当たりの敷地面積は，近年建てられた住宅よりも，伝統的な家屋の方が広い傾向がみられる。

問 2 現代の都市では，生活を支える様々な公共サービスが提供されている。次の図2は，日本のある地域における人口分布といくつかの公共施設の立地を示したものであり，凡例**ア**〜**ウ**は，交番・駐在所，ごみ処理施設*，500席以上の市民ホールのいずれかである。公共施設名と**ア**〜**ウ**との正しい組合せを，後の①〜⑥のうちから一つ選べ。14

*ごみ処理施設には，最終処分場を含み，し尿処理施設は含まない。

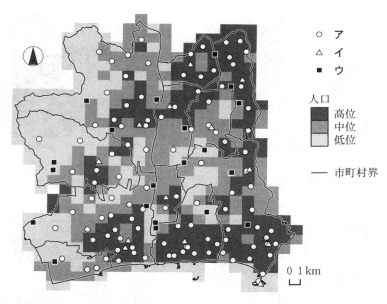

国土数値情報などにより作成。

図　2

	①	②	③	④	⑤	⑥
交番・駐在所	ア	ア	イ	イ	ウ	ウ
ごみ処理施設	イ	ウ	ア	ウ	ア	イ
市民ホール	ウ	イ	ウ	ア	イ	ア

問3 先進国の大都市内部の衰退した地区において，専門的職業従事者などの経済的に豊かな人々の流入と地区の再生が進む現象は，ジェントリフィケーションという概念で説明される。次の図3は，ある先進国の大都市の中心業務地区付近の概要といくつかの指標を示したものである。ジェントリフィケーションがみられる地区として最も適当なものを，図3中の①～④のうちから一つ選べ。

15

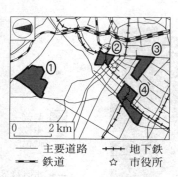

――― 主要道路　＋＋＋ 地下鉄
══ 鉄道　　　☆ 市役所

中心業務地区付近の概要

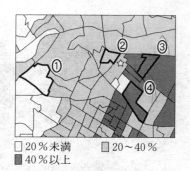

□ 20％未満　　■ 20～40％
■ 40％以上

2000年の居住者の貧困率

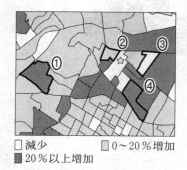

□ 減少　　■ 0～20％増加
■ 20％以上増加

大学を卒業している居住者の増減
（2000～2015年）

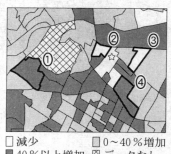

□ 減少　　■ 0～40％増加
■ 40％以上増加　※ データなし

賃料の増減
（2000～2015年）

UCLA Lewis centerの資料などにより作成。

図　3

問 4 次の図 4 は，ヨーロッパの主要な都市の空港*における，ヨーロッパ以外から到着する航空便の旅客数の内訳を，出発地域別に示したものである。図 4 中の**カ〜ク**はパリ，フランクフルト，マドリードのいずれか，凡例 A と B はアフリカと北アメリカ**のいずれかである。パリと北アメリカとの正しい組合せを，後の①〜⑥のうちから一つ選べ。 16

  *一つの都市に複数の空港が存在する場合は合計値。
  **北アメリカにはメキシコを含まない。

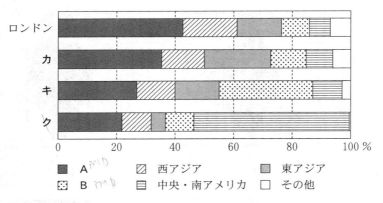

統計年次は 2018 年。
Eurostat により作成。

図 4

	①	②	③	④	⑤	⑥
パ リ	カ	カ	キ	キ	ク	ク
北アメリカ	A	B	A	B	A	B

問5 次の図5は，人口ピラミッドを示したものであり，サとシはシンガポールとドイツのいずれか，DとEは国全体と外国生まれのいずれかである。シンガポールの外国生まれに該当するものを，図5中の①〜④のうちから一つ選べ。 17

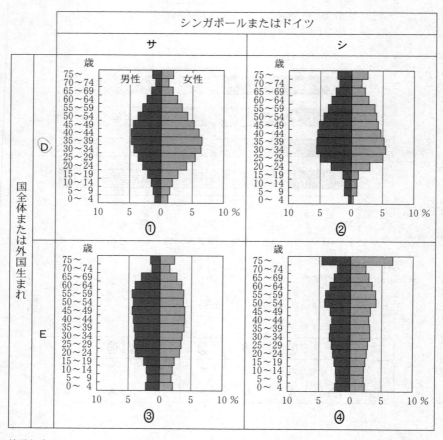

統計年次は2019年。*International migrant stock 2019*により作成。

図　5

問6 人口増減は，国や地域により状況が異なる。次の図6は，いくつかの国における1980年，2000年，2019年の出生率と死亡率を示したものであり，①〜④は，カナダ，韓国，バングラデシュ，マレーシアのいずれかである。マレーシアに該当するものを，図6中の①〜④のうちから一つ選べ。 18

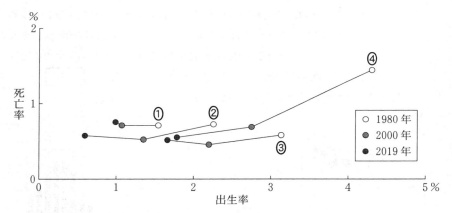

World Development Indicators により作成。

図 6

第4問 ラテンアメリカに関する次の問い(A・B)に答えよ。(配点 20)

A ラテンアメリカの自然と社会に関する次の問い(問1〜4)に答えよ。

問1 次の図1は、ラテンアメリカの二つの河川の流域と主な河道を示したものであり、地点DとEは、流量観測地点を示したものである。また、図2中のアとイは、図1中のDとEのいずれかの地点における月平均流量の年変化*を示したものである。図1と図2を説明した文章中の空欄aとbに当てはまる記号と語句との正しい組合せを、後の①〜④のうちから一つ選べ。19

*各月の平均流量の合計を100%とした。

図 1

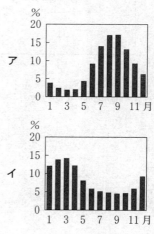

Global Runoff Data Centre の資料などにより作成。

図 2

河川の流量とその季節変化は、流域の気候の影響を受けている。地点Dの月平均流量の年変化を示す図は(a)となる。地点DとEを流れる河川の年平均流量には10倍以上の差があり、地点Eを流れる河川の年平均流量は、地点Dを流れる河川よりも(b)。

	①	②	③	④
a	ア	ア	イ	イ
b	多い	少ない	多い	少ない

問2 各国の電力の供給源は，経済力や得られる資源などにより異なる。次の図3は，ラテンアメリカのいくつかの国におけるエネルギー源別の発電量の割合を示したものであり，凡例J～Lは，火力，再生可能エネルギー*，水力のいずれかである。エネルギー源とJ～Lとの正しい組合せを，後の①～⑥のうちから一つ選べ。 20

*太陽光，地熱，風力などを含み，水力を除く。

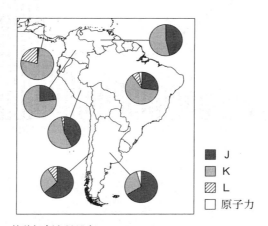

統計年次は2017年。
Energy Statistics Yearbook などにより作成。

図 3

	①	②	③	④	⑤	⑥
火 力	J	J	K	K	L	L
再生可能エネルギー	K	L	J	L	J	K
水 力	L	K	L	J	K	J

問 3　次の図4は，ブラジルの農産物の輸出額と，輸出総額に占める農産物の割合の推移を示したものであり，後の図5は，1971年と2019年におけるブラジルの農産物の輸出品目の内訳を示したものである。図4と図5から読み取れることがらとその背景について述べた文章中の下線部①〜④のうちから，**適当でないものを一つ選べ。** 21

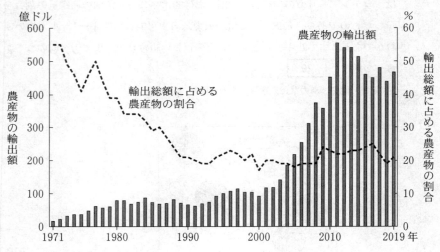

図　4

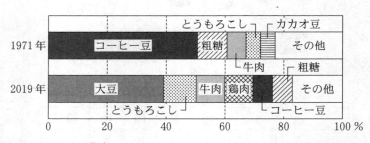

図　5

ブラジルでは，農産物が重要な外貨獲得源であり，1970年代初頭の農産物の輸出は，①大土地所有制を背景とした商品作物の生産に支えられていた。1990年代にかけては，②工業化が進展して輸出に占める農産物の割合は低下した。2000年代には，③農業が輸出指向型産業の性格を強めていった。1971年と比較すると，2019年には穀物や肉類の輸出額が増加するとともに，④コーヒー豆の輸出額は減少し，モノカルチャー経済からの脱却が進んでいる。

問4　次の図6は，ラテンアメリカのいくつかの国における，GNI（国民総所得）に占める所得上位10％層の所得の割合と，1人当たりGNIを示したものであり，カ～クは，アルゼンチン，ブラジル，ボリビアのいずれかである。国名とカ～クとの正しい組合せを，後の①～⑥のうちから一つ選べ。| 22 |

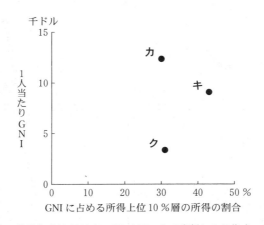

統計年次は2018年。World Bankの資料により作成。

図　6

	①	②	③	④	⑤	⑥
アルゼンチン	カ	カ	キ	キ	ク	ク
ブラジル	キ	ク	カ	ク	カ	キ
ボリビア	ク	キ	ク	カ	キ	カ

B 南太平洋の東部と西部に位置するチリとニュージーランドに関する次の問い（問5～6）に答えよ。

問5 次の図7に示したチリとニュージーランドには，自然条件において共通する点と異なる点がある。後の①～④の文は，両国の自然条件の特徴を述べたものである。これらのうち，**チリのみ**に当てはまるものと，**ニュージーランドのみ**に当てはまるものを，①～④のうちから一つずつ選べ。

チリ　23　・ニュージーランド　24

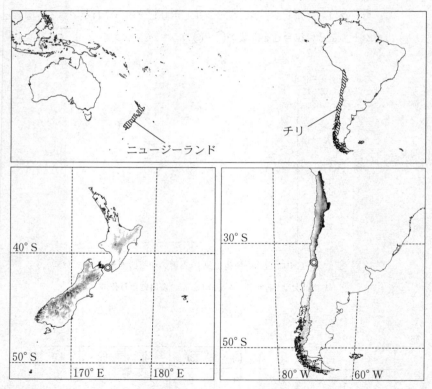

色の濃い部分ほど標高の高い地域を示している。◎は首都の位置を示している。

図　7

① 寒流の影響で，1年を通して降雨のほとんどない地域がある。

② 首都は，偏西風の影響を受けて年中湿潤な地域に位置している。

③ フィヨルドなどの氷河地形や，山岳氷河がみられる地域がある。

④ 変動帯に位置しているため，国内に火山があり，地震が頻発する。

問 6　チリとニュージーランドでは，貿易を通じた他地域との結びつきが変化している。次の表1は，チリとニュージーランドの輸出総額に占める鉱産物の割合と，1985年と2018年における輸出総額の地域別割合を示したものである。表1中の**サ**と**シ**はチリとニュージーランドのいずれか，**X**と**Y**は北アメリカ*と西ヨーロッパ**のいずれかである。チリと西ヨーロッパとの正しい組合せを，後の①～④のうちから一つ選べ。　| 25 |

*メキシコを含まない。
**アイルランド，イギリス，イタリア，オーストリア，オランダ，スイス，スペイン，ドイツ(1985年は西ドイツと東ドイツとする)，フランス，ベルギー，ポルトガル，ルクセンブルク。

表　1

(単位：%)

	鉱産物の割合(2018年)	輸出総額の地域別割合					
		1985年			2018年		
		東アジア	X	Y	東アジア	X	Y
サ	30.4	17.3	23.8	35.5	50.5	15.2	10.8
シ	2.2	21.3	16.2	19.5	37.4	10.9	8.1

東アジアの数値は，日本，韓国，台湾，中国，ホンコン，マカオの合計。
UN Comtrade により作成。

	①	②	③	④
チ リ	サ	サ	シ	シ
西ヨーロッパ	X	Y	X	Y

第5問 東北地方に住む高校生のリサさんとユイさんは，北海道苫小牧市とその周辺の地域調査を行った。この地域調査に関する次の問い(**問1～6**)に答えよ。
(配点 20)

問1 リサさんたちは，調査に出発する前に次の図1を見て，苫小牧市周辺の景観の特徴について考えた。図1から考えられることがらについて述べた文として最も適当なものを，後の①～④のうちから一つ選べ。26

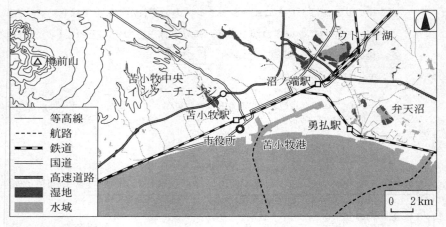

地理院地図により作成。

図　1

① 南側からフェリーで苫小牧港に近づくと，進行方向に向かって右側に市街地と樽前山が見えるだろう。
② 列車で勇払駅から東に向かうと，左側に弁天沼やウトナイ湖の水面が見えるだろう。
③ 沼ノ端駅のそばを通る国道を北西方向に歩いていくと，その先に湿地の見える場所があるだろう。
④ バスで苫小牧中央インターチェンジから高速道路を西に向かうと，右側には市街地が，左側には樽前山が見えるだろう。

問2 先生から借りた過去の5万分の1地形図(原寸,一部改変)を見たリサさんたちは,次の図2のように,苫小牧市周辺で多くの川が河口付近で屈曲し,流路が頻繁に変化していることに気づいた。川の流路が変化している理由を知るために,リサさんたちは,苫小牧市内の博物館を訪問して学芸員に質問した。リサさんたちと学芸員との会話文中の空欄**ア**〜**ウ**に当てはまる語句の組合せとして最も適当なものを,後の①〜⑧のうちから一つ選べ。 27

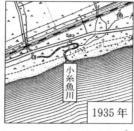
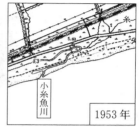

図　2　（図は $\frac{85}{100}$ に縮小——編集部）

リ　サ 「なぜ,この地域では図2のように多くの川が河口付近で曲がり,海岸線と平行に流れるのですか」

学芸員 「苫小牧市の海岸は,直線的に砂浜が続くのが特徴です。これは,（　**ア**　）によって運ばれる砂の堆積が最も大きな理由です。他方で,この地域では（　**イ**　）になると,河川の流量が大幅に減少するため,河口付近が砂でふさがれて,川の流路がたびたび変わるのです」

ユ　イ 「（　**イ**　）には,河川よりも海の運搬・堆積作用の方が（　**ウ**　）なるということですね」

	①	②	③	④	⑤	⑥	⑦	⑧
ア	沿岸流	沿岸流	沿岸流	沿岸流	潮汐	潮汐	潮汐	潮汐
イ	夏季	夏季	冬季	冬季	夏季	夏季	冬季	冬季
ウ	大きく	小さく	大きく	小さく	大きく	小さく	大きく	小さく

問 3 リサさんたちは，苫小牧港の整備と苫小牧市の発展について，市役所の職員から話を聞いた。次の図 3 は，苫小牧市周辺の概要と，陰影をつけて地形の起伏を表現した苫小牧港と室蘭港の地図である。また，後の図 4 は苫小牧港と室蘭港の海上貨物取扱量の推移を，図 5 は 2018 年における両港の海上貨物取扱量の内訳を示したものである。これらの図をもとにした，リサさんたちと職員との会話文中の下線部①〜④のうちから，**誤りを含むもの**を一つ選べ。 28

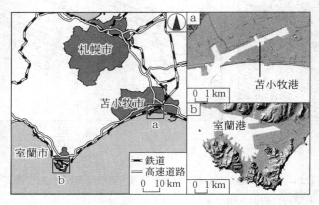

地理院地図などにより作成。

図 3

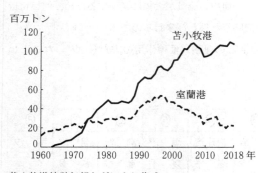

苫小牧港統計年報などにより作成。

図 4

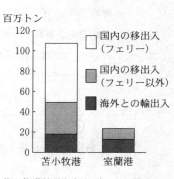

苫小牧港統計年報などにより作成。

図 5

職　員　「室蘭港は，1960 年代まで工業製品や北海道の内陸部で産出されたエネル
　　　　ギー資源を本州に積み出す，北海道でも有数の港湾でした」

リ　サ　「①室蘭港が，内湾に面していて波が穏やかな天然の良港だからですね」

職　員　「一方で，現在の苫小牧港は，1963 年に大規模な掘り込み式の港湾として
　　　　整備されてから，急速に海上貨物取扱量を増やしていきます」

ユ　イ　「苫小牧港が発展したのは，②人口が多い札幌市やその周辺の地域に近い
　　　　ことと，北海道の中央部からの輸送距離が短縮できたためでしょうね」

職　員　「かつての苫小牧市では，戦前に立地した一部の大工場がみられる程度で
　　　　した。苫小牧港が整備されて以降，港湾に関連する産業も成長しました。
　　　　人口も増え，苫小牧市は北海道内で屈指の工業都市となりました」

リ　サ　「苫小牧市で港湾関連の産業が発達したのは，③港の近くが平坦で，巨大
　　　　な倉庫や工場を造りやすかったことも関係していますね」

職　員　「2018 年時点で苫小牧港は，北海道で最も海上貨物取扱量が多い港湾で
　　　　す。苫小牧港は，フェリーが海上貨物取扱量の半分以上を占めているのが
　　　　特徴です」

ユ　イ　「フェリーを除いた海上貨物取扱量をみると，④苫小牧港は，海外との貿
　　　　易の占める割合が室蘭港よりも高いですね。苫小牧港は，北海道の重要な
　　　　海の玄関口となっているのですね」

32 2022年度：地理B／本試験

問 4 市役所の職員の話に興味をもったリサさんたちは，苫小牧港整備以降の工業の変化を統計で確認した。次の表1は，製造業のいくつかの業種の変化について，北海道の製造品出荷額に占める苫小牧市の割合と，苫小牧市の製造品出荷額に占める各業種の割合を示したものである。また，表1中のA～Cは，食料品，石油製品・石炭製品，パルプ・紙・紙加工品のいずれかである。業種とA～Cとの正しい組合せを，後の**①**～**⑥**のうちから一つ選べ。 29

表 1

(単位：%)

	北海道の製造品出荷額に占める苫小牧市の割合		苫小牧市の製造品出荷額に占める各業種の割合	
	1971 年	2018 年	1971 年	2018 年
A	28.6	31.6	54.1	9.6
B	3.7	69.5	0.7	56.1
C	0.9	0.4	5.8	0.7

『工業統計表』などにより作成。

	①	②	③	④	⑤	⑥
食料品	A	A	B	B	C	C
石油製品・石炭製品	B	C	A	C	A	B
パルプ・紙・紙加工品	C	B	C	A	B	A

問 5 リサさんたちは，苫小牧市内のいくつかの住宅地区を歩き，建物や街並みの特徴をメモした資料1と，1995年と2015年の年齢別人口構成を示す図6を作成した。図6中の**カ**と**キ**は，資料1中の地区**d**と**e**のいずれかにおける人口構成の変化を示したものであり，X年とY年は，1995年と2015年のいずれかである。地区**d**に該当する図と1995年との正しい組合せを，後の**①**～**④**のうちから一つ選べ。 30

資料 1

地区 d　市中心部の社員用住宅地区

工場従業員とその家族向けの住宅団地。空き部屋もいくつかある。冬に洗濯物を乾かせるよう，ベランダに覆いがつけられている。

地区 e　郊外の戸建て住宅地区

30年ほど前に造成された地区。車が2台以上ある家が目立つ。北向きの玄関には，屋根や覆いのある家が多い。

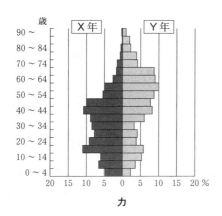
カ

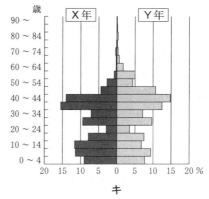
キ

国勢調査により作成。

図　6

	①	②	③	④
地区 d	カ	カ	キ	キ
1995年	X 年	Y 年	X 年	Y 年

問 6 現地での調査を終えたリサさんたちは，学校に戻り調査結果と地域の問題について次の図7を見ながら先生と話し合った。図7は，1995年から2015年にかけての人口増減を示したものである。また，会話文中の空欄Eには語句サとシのいずれか，空欄Fには文タとチのいずれかが当てはまる。空欄EとFに当てはまる語句と文との組合せとして最も適当なものを，後の①～④のうちから一つ選べ。 31

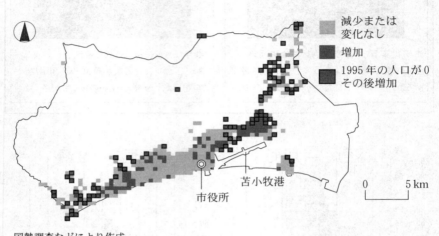

図 7

リ　サ 「苫小牧市では，私たちの住む市と似た問題もみられました。空き店舗や空き地が増えたり，街に来る人が減少したりするなどの問題が，（　E　）側の市街地ではみられます」

先　生 「同じような問題は，全国の地方都市でも共通してみられます。では，この問題の解決に向けた取組みを，構想してみてください」

ユ　イ 「この問題の解決には，（　F　）が考えられるのではないでしょうか。この取組みは，温室効果ガスの削減にもつなげられると思います」

先　生 「いいですね。今回の調査と考察を私たちの住む市でも活用してください」

（　E　）に当てはまる語句

サ　市役所の西

シ　苫小牧港の北

（　F　）に当てはまる文

タ　郊外で大型の駐車場を備えたショッピングセンターの開発や，大規模なマンションの建設を進めること

チ　利用者の予約に応じて運行するバスの導入や，公共交通機関の定時運行によって利便性を高めること

	①	②	③	④
E	サ	サ	シ	シ
F	タ	チ	タ	チ

地　理　A

（解答番号 [1] ～ [30]）

第1問　地図の読み取りと活用，および日本の自然災害に関する次の問い（**問1～6**）に答えよ。（配点　20）

問1　次の図1は，日本のある地域を示したものである。この地域にみられる特徴について述べた文として最も適当なものを，後の**①**～**④**のうちから一つ選べ。[1]

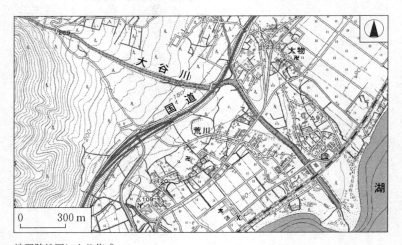

地理院地図により作成。

図　1

① 河川による侵食のため，国道の西側の方が東側よりも傾斜が緩い。
② 国道の西側は水はけや日当たりがよいため，果樹園が広がっている。
③ 国道の東側の水を得やすい地域には，集落や水田が分布している。
④ 土砂の堆積により大谷川の河床は高く，河川が国道や鉄道の上を通る。

問 2 次の図 2 は，陰影をつけて地形の起伏を表現した関東地方の地図上に，気温が 30 ℃ 以上となる年間時間数の分布を示したものである。図 2 中の A と B は，高温となる時間が特に長い地点を示している。図 2 を見た先生と生徒による会話文中の空欄**ア**と**イ**に当てはまる語句と地点との組合せとして最も適当なものを，後の ① ～ ④ のうちから一つ選べ。 2

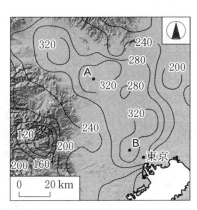

2003～2007 年の平均値。
環境省の資料などにより作成。

図 2

先 生 「高温となる時間の長い地域がいくつか局所的に分布しています。ヒートアイランド現象や，風が（ **ア** ）際に高温となるフェーン現象など，いくつかの要因が複合的に作用していると考えられます」

生 徒 「地形条件から推測すると，地点 A と B とを比較した場合，（ **イ** ）の方が，フェーン現象による影響を受けやすいのではないでしょうか」

	①	②	③	④
ア	山地を上る	山地を上る	山地から下る	山地から下る
イ	A	B	A	B

問3 GISは，地域の望ましい施設配置を検討する際に役立つ。次の図3は，ある地域における人口分布と現在の役所の支所，および追加で配置する支所の候補地点**カ**と**キ**を示したものである。また，図4は，最寄りの支所からの距離別人口割合であり，aとbは，**カ**と**キ**のいずれかに2か所目の支所が配置された後の状況を示したものである。さらに，後の文DとEは，**カ**と**キ**のいずれかに支所を配置するときの考え方を述べたものである。候補地点**キ**に当てはまる距離別人口割合と考え方との組合せとして最も適当なものを，後の①～④のうちから一つ選べ。 3

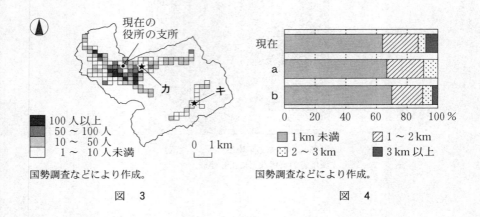

図　3　　　　　　　　　　　　図　4

考え方

D　公平性を重視し，移動にかかる負担の住民間の差をできるだけ減らす。

E　効率性を重視し，高い利便性を享受できる住民をできるだけ増やす。

	①	②	③	④
距離別人口割合	a	a	b	b
考え方	D	E	D	E

問 4 次の図5は，ある地域の火山防災マップであり，図6は，図5と衛星画像を地形の3Dモデルに重ね合わせたものである。また，後の文サ～スは，図5中のJ～Lのいずれかの地点における火山災害の危険性について述べたものである。J～Lとサ～スとの組合せとして最も適当なものを，後の①～⑥のうちから一つ選べ。 4

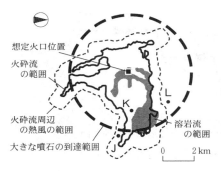

自治体の資料により作成。

図 5

地理院地図などにより作成。

図 6

サ 小高い場所のため，溶岩流や火砕流の到達は免(まぬが)れるが，火砕流周辺の熱風は到達する可能性がある。

シ 山麓部のため，火砕流が流れ込む危険があるほか，谷に沿って流れてくる溶岩流の一部が見えない可能性がある。

ス 想定火口位置との間に尾根があるため，溶岩流や火砕流が流れ込む危険は小さいが，火口付近の状況が確認しにくい可能性がある。

	①	②	③	④	⑤	⑥
J	サ	サ	シ	シ	ス	ス
K	シ	ス	サ	ス	サ	シ
L	ス	シ	ス	サ	シ	サ

問 5　造成された住宅地の中には，地震による被害に差異がみられる場合がある。次の図 7 は，住宅地造成前後の地形断面を模式的に示したものであり，①～④は，造成後の宅地の場所である。他の宅地よりも地盤が固く，地震発生時には揺れにくいと考えられるが，周辺の盛り土からの崖崩れの可能性がある宅地として最も適当なものを，図 7 中の①～④のうちから一つ選べ。　5

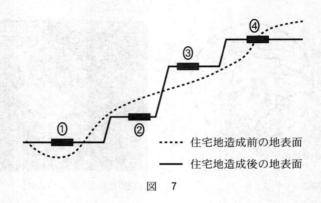

図　7

問 6 防災・減災の取組みの中には，自然環境の多様な機能をいかした社会資本の整備や土地利用を図ろうとする考え方にもとづくものがある。この考え方に当てはまる防災・減災の事例として**適当でないもの**を，次の①～④のうちから一つ選べ。 　6

① 海岸と田畑との間にマツの植栽を行うことで，海からの飛砂や風の被害を防ぐ。

② 植林地が荒廃しないように継続的に管理することで，斜面崩壊による土砂災害を防ぐ。

③ 堤防沿いに竹を植栽することで，洪水時にあふれた水を早く排出して下流の洪水被害を軽減する。

④ 流域の水田を一時的に水をたくわえる遊水地として利用することで，河川の氾濫による洪水被害を軽減する。

第 2 問　世界の生活・文化に関する次の問い(問1～6)に答えよ。(配点　20)

問 1　作物の生産は，地域における消費や食文化と関連する。次の図1は，ジャガイモの生産量と1人当たり年間消費量について，世界の上位10か国を示したものである。図1から読み取れることがらとその背景について述べた文として最も適当なものを，後の①～④のうちから一つ選べ。　7

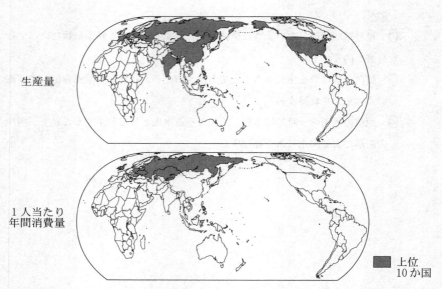

中国には台湾，ホンコン，マカオを含まない。統計年次は2017年。FAOSTATにより作成。

図　1

① 生産量が多いアメリカ合衆国では，ジャガイモは国内向けに生産されており，加工食品用ではなく主に生食用として消費されている。
② 生産量が多いインドや中国では，ジャガイモは単位面積当たりの収量が多いために栽培が盛んであり，ほとんどが輸出向けとなっている。
③ 生産量と1人当たり年間消費量が多い東ヨーロッパでは，冷涼でやせている土地でも育つジャガイモが広く生産され，日常食として定着している。
④ 1人当たり年間消費量が多いイギリスでは，ヨーロッパで初めてジャガイモが持ち込まれ，食文化の中に定着している。

問 2 世界には家畜とともに暮らす人々がいる。次の図 2 中の A ～ C は，水牛，トナカイ，ラクダを家畜として利用する主な地域に含まれる，いずれかの地点の年降水量と気温の年較差を示したものである。また，後の文 ア ～ ウ は，図 2 中の A ～ C を含む地域のいずれかでみられる家畜について説明したものである。A ～ C と ア ～ ウ との組合せとして最も適当なものを，後の ① ～ ⑥ のうちから一つ選べ。 8

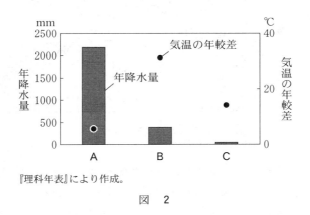

『理科年表』により作成。

図 2

ア 乾燥に強く，水を飲まずに長時間の移動が可能で，交通・運搬のほか，乳や肉は食料，毛は織物，皮は衣服などとして利用されている。

イ 寒さに強く，そりでの運搬のほか，肉や血は食料，皮は衣服や住居，骨や角は薬や道具などの材料として利用されている。

ウ 農地の耕作や運搬に使われるほか，乳や肉は食料，皮は衣服，角は印材などとして利用されている。

	①	②	③	④	⑤	⑥
A	ア	ア	イ	イ	ウ	ウ
B	イ	ウ	ア	ウ	ア	イ
C	ウ	イ	ウ	ア	イ	ア

問 3 人々は地域の自然環境に適応しながら暮らしてきた。次の図3中のE～Gは、生活や産業に風の影響がみられる地域を示したものである。また、後の文章カ～クは、E～Gのいずれかに関することがらについて述べたものである。E～Gとカ～クとの組合せとして最も適当なものを、後の①～⑥のうちから一つ選べ。 9

図 3

カ この地域では、家屋に煙突のような突き出た塔がみられる。夏の暑さをしのぐため、上空の風を家屋に取り込む構造となっている。

キ この地域では、強風によって家屋に被害が及ぶことがある。そのため、避難用のシェルターが地中や家屋の近くに設置されている。

ク この地域では、卓越風が地域の産業と密接に結びついていた。かつては、風力が主に排水や製粉、製材に利用されていた。

	①	②	③	④	⑤	⑥
E	カ	カ	キ	キ	ク	ク
F	キ	ク	カ	ク	カ	キ
G	ク	キ	ク	カ	キ	カ

問 4 次の写真1は，アラビア半島南端に位置するイエメンの都市，シバームを撮影したものである。この都市は，ハドラマウト川の渓谷地帯にある古都で，交易の中心地として栄え，世界文化遺産にも登録されている。写真1に関連することがらについて述べた文として**適当でないもの**を，写真1中の①～④のうちから一つ選べ。 10

① 砂嵐を防ぎ，日陰を利用するため，建物を密集させている。

② 地震対策として，高層の建物は主にコンクリートで造られている。

③ 防衛と洪水対策のために建てられた城壁で市街が囲まれている。

④ 水の流れがない時期には，交通路として利用されている。

写真 1

ユニフォトプレス提供

問5 次の写真2は、ヨーロッパのある地域における建築物であり、後の図4中の①〜⑨は、ヨーロッパにおける主な言語とキリスト教の主な宗派との組合せを示したものである。写真2の建築物がある地域の主な言語と宗派との組合せとして最も適当なものを、後の図4中の①〜⑨のうちから一つ選べ。 11

写真 2

	主な言語 ゲルマン語派	スラブ語派	ラテン語派
カトリック	①	②	③
正教	④	⑤	⑥
プロテスタント	⑦	⑧	⑨

(左側: キリスト教の主な宗派)

図 4

問 6 次の表1は，オーストラリアにおける出生地別の人口割合の変化を示したものであり，aとbは，1996年と2016年のいずれかである。また，図5は，オーストラリア全体とシドニー大都市圏における家庭での使用言語の割合を示したものであり，XとYは，オーストラリア全体とシドニー大都市圏のいずれかである。表1と図5に関する文章中の空欄サとシに当てはまる語句と記号との正しい組合せを，後の①〜④のうちから一つ選べ。 12

表 1 (単位：%)

出生地	人口割合 a	人口割合 b
オーストラリア	73.7	78.0
イギリス	4.6	6.0
ニュージーランド	2.2	1.6
中 国	2.2	0.6
インド	1.9	0.4
フィリピン	1.0	0.5
ベトナム	0.9	0.9
イタリア	0.7	1.3

中国の数値には台湾，ホンコン，マカオを含まない。Parliament of Australia の資料などにより作成。

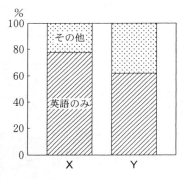

統計年次は2016年。
Australian Bureau of Statistics の資料などにより作成。

図 5

出生地別の人口割合は，（ サ ）に変化した。それに伴って，家庭での使用言語にも変化がみられる。オーストラリア国内でも地域による違いがみられ，シドニー大都市圏に該当するのは（ シ ）である。

	①	②	③	④
サ	aからb	aからb	bからa	bからa
シ	X	Y	X	Y

第3問

地理研究部のイオリさんたちは，東アジアの暮らしについて，地域性と結びつきに着目して調べた。イオリさんたちが探究したことに関する次の問い（**問 1 ～ 6**）に答えよ。（配点　20）

問 1　イオリさんたちは，東アジアの気候について調べ，次の図1と後の図2にまとめた。図2中の**ア～エ**は，図1中のラサ，シーアン，タイペイ，プサンのいずれかの地点における最暖月と最寒月の月平均気温，および最多雨月と最少雨月の月降水量を示したものである。プサンに該当するものを，後の**①～④**のうちから一つ選べ。　13

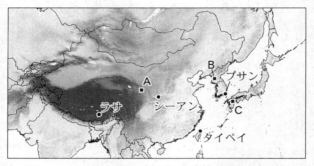

色の濃い部分ほど標高の高い地域を示している。
国土地理院の資料などにより作成。

図　1

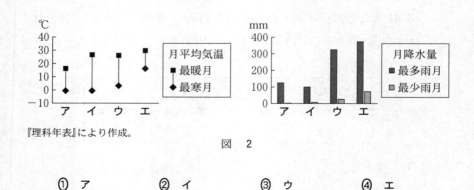

『理科年表』により作成。

図　2

① ア　　　**②** イ　　　**③** ウ　　　**④** エ

問2 東アジアには自然環境に応じて様々な食文化がみられるのではないかと考えたナツキさんは，麺類に着目して次の資料1にまとめた。資料1中の**カ〜ク**は，前ページの図1中の地点**A〜C**を含む地域のいずれかで伝統的に食べられてきた麺類に関して示したものである。**カ〜ク**と**A〜C**との組合せとして最も適当なものを，後の①〜⑥のうちから一つ選べ。 14

資料　1

カ  二毛作の農作物として小麦が生産されている。小麦粉から麺を手延べするほか，野菜などの具材を入れる。

キ  主に小麦が生産されている。小麦粉を麺の材料として利用するほか，イスラーム（イスラム教）の文化の影響から，豚肉ではなく牛肉を入れる。

ク  低温に強いソバが広く生産されている。そば粉を麺の材料に加えるほか，冬の保存食としてつくる辛い漬物の汁を入れる。

	①	②	③	④	⑤	⑥
カ	A	A	B	B	C	C
キ	B	C	A	C	A	B
ク	C	B	C	A	B	A

問 3 イオリさんは，食に関する暮らしの変化をとらえるために，東アジアの食料消費について調べた。次の図3は，日本，韓国，中国*における重要な穀物である小麦と米の1人当たり年間供給量の変化を示したものである。図3中の空欄EとFは小麦と米のいずれか，サとシは日本と中国のいずれかである。小麦と日本との正しい組合せを，後の①～④のうちから一つ選べ。 15

*台湾，ホンコン，マカオを含まない。

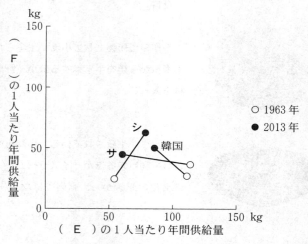

FAOSTATにより作成。

図　3

	①	②	③	④
小　麦	E	E	F	F
日　本	サ	シ	サ	シ

問4 イオリさんたちは，東アジアの結びつきによっても暮らしが支えられているのではないかと考え，日本，韓国，中国*の3か国間の貿易を調べた。次の図4は，3か国間の取引割合を示したものであり，JとKは乗用車と野菜**のいずれか，タとチは韓国と中国のいずれかである。野菜と韓国との正しい組合せを，後の①～④のうちから一つ選べ。 16

*台湾，ホンコン，マカオを含まない。
**乾燥，生鮮，冷蔵，冷凍などを含む。

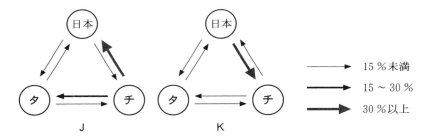

3か国間の輸入取引額の合計が100％となるようにした。
統計年次は2018年。UN Comtradeにより作成。

図　4

	①	②	③	④
野　菜	J	J	K	K
韓　国	タ	チ	タ	チ

52 2022年度：地理Ａ/本試験

問 5 次にイオリさんは，サービスに関する日本の貿易を調べた。次の表１は，いくつかの国・地域に対する日本の国際収支のうち，知的財産使用料*と文化・娯楽等サービスの収支を示したものであり，表１中のマとミは知的財産使用料と文化・娯楽等サービスの収支のいずれか，ＭとＮは韓国と中国**のいずれかである。文化・娯楽等サービスの収支と中国との正しい組合せを，後の①〜④のうちから一つ選べ。 17

*著作権料や特許料など。
**台湾，ホンコン，マカオを含まない。

表　1

（単位：億円）

	マ	ミ
Ｍ	5,284	84
台　湾	759	6
Ｎ	388	− 280

2015〜2019 年の平均値。
日本銀行の資料により作成。

	①	②	③	④
文化・娯楽等サービスの収支	マ	マ	ミ	ミ
中　国	Ｍ	Ｎ	Ｍ	Ｎ

問 6 最後にナツキさんは、人々の移動に着目して訪日旅行者の動向をまとめた。次の図5は、2000年から2018年にかけての韓国、台湾、中国*からの訪日旅行者数の推移を示したものであり、図6は、2018年における訪日旅行者の地方別延べ宿泊数**の国・地域別内訳を示したものである。図5中のラとリ、および図6中の凡例PとQは、韓国と中国のいずれかである。中国に該当する正しい組合せを、後の①〜④のうちから一つ選べ。 18

*ホンコンとマカオを含まない。
**宿泊者数×宿泊数。

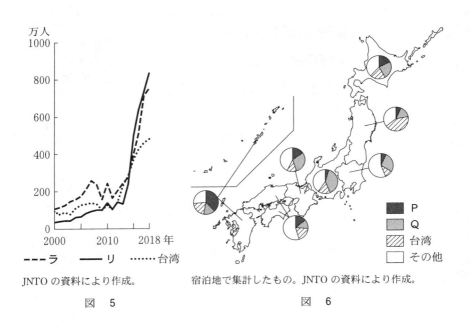

JNTOの資料により作成。

図 5

宿泊地で集計したもの。JNTOの資料により作成。

図 6

	①	②	③	④
訪日旅行者数の推移	ラ	ラ	リ	リ
訪日旅行者の地方別延べ宿泊数	P	Q	P	Q

第4問 地球的課題に関する次の問い(問1〜6)に答えよ。(配点 20)

問1 食料問題の背景の一つに,食料用途以外での穀物利用の増加があげられる。次の図1は,穀物の消費量に占める用途別の割合を地域ごとに示したものであり,アとイはアフリカとヨーロッパのいずれか,凡例AとBは食料用途と飼料用途のいずれかである。ヨーロッパと飼料用途との正しい組合せを,後の①〜④のうちから一つ選べ。 19

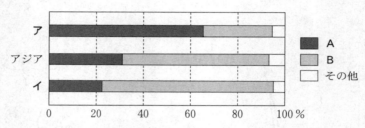

統計年次は2016年。FAOSTATにより作成。

図 1

	①	②	③	④
ヨーロッパ	ア	ア	イ	イ
飼料用途	A	B	A	B

問 2　次の資料 1 は，日本における食事 D と E に使用されている主な食材の重量と産地を示したものである。これらの食事のフードマイレージ*や食材の調達に関連することがらについて述べた文として**適当でないもの**を，後の ①～④ のうちから一つ選べ。 20

*食材の重量に，生産地から消費地までの輸送距離を乗じた値。国内産の輸送距離は全て同一とする。

資料　1

食事 D

焼き魚定食
　主な食材
　・コメ　　　　120 g　国内産
　・アジ　　　　100 g　国内産
　・大豆　　　　 40 g　アメリカ合衆国産
　・大根　　　　 20 g　国内産

食事 E

ハンバーグ（目玉焼きのせ）セット
　主な食材
　・牛肉　　　　120 g　アメリカ合衆国産
　・小麦粉　　　100 g　カナダ産
　・卵　　　　　 40 g　国内産
　・コーヒー豆　 20 g　タンザニア産

① 食材の重量が倍増しても，使用食材をすべて国内産に変更することで，食事 D と E ともにフードマイレージは小さくなる。

② 食事 D と E のフードマイレージを計算すると，食事 D よりも食事 E の値が大きい。

③ 食事 E について，使用食材をすべて国内産に変更することで，食事をつくるのに必要な単価を大幅に低下させることができる。

④ 食事 E について，フェアトレードの仕組みを活用することによって単価は上昇するが，その上昇分が生産者に還元されることになる。

56 2022年度：地理A／本試験

問3 次の表1は，2018年と2030年におけるメガシティ*の数を地域別に示したものであり，J～Lは，アジア，アフリカ，北アメリカのいずれかである。また，メガシティの現状と課題に関する文章中の空欄aには，文カとキのいずれかが当てはまる。Kに該当する地域と空欄aに当てはまる文との組合せとして最も適当なものを，後の①～⑥のうちから一つ選べ。 ┌─────┐ 21 └─────┘

*人口1000万人以上の都市や都市圏。

表　1

	2018年の メガシティ数	2030年の メガシティ数（予測値）
J	20	27
中央・南アメリカ	6	6
K	3	5
L	2	2
ヨーロッパ	2	3
オセアニア	0	0

The World's Cities in 2018 により作成。

　世界各地のメガシティの特性を比較すると，発生する都市問題は地域によって異なる傾向がみられる。例えば，中央・南アメリカのメガシティでは，（　a　）が顕著な問題となっており，対策が求められている。

カ　急速に進む高齢化と社会基盤の老朽化

キ　人口増加に伴って生じるスラムの拡大と居住環境の悪化

	①	②	③	④	⑤	⑥
K	アジア	アジア	アフリカ	アフリカ	北アメリカ	北アメリカ
a	カ	キ	カ	キ	カ	キ

問 4 モータリゼーションの進展は、環境問題との関わりが大きい。次の図2は、いくつかの国の1990年と2015年における人口千人当たりの自動車保有台数と、人口千人当たりの窒素酸化物排出量*を示したものである。図2中の**サ〜ス**は日本、アメリカ合衆国、ポーランドのいずれか、凡例**X**と**Y**は1990年と2015年のいずれかである。ポーランドと2015年との正しい組合せを、後の①〜⑥のうちから一つ選べ。 22

*窒素酸化物は大気汚染物質の一つであり、排出量は自動車、船舶、航空機などの移動する発生源からの値を示す。

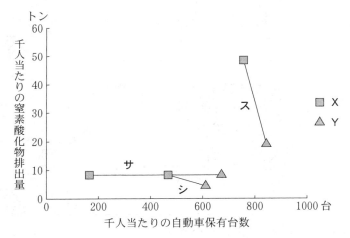

『世界の統計2018』などにより作成。

図　2

	①	②	③	④	⑤	⑥
ポーランド	サ	サ	シ	シ	ス	ス
2015年	X	Y	X	Y	X	Y

問 5 次の図 3 は，スマートフォンなどの電子機器に利用される金属であるタンタルと，古くから貴金属として利用されてきた金の産出量を国・地域別に示したものである。鉱物の分布と採掘をめぐる課題に関する文章中の下線部①～④のうちから，**適当でないもの**を一つ選べ。 23

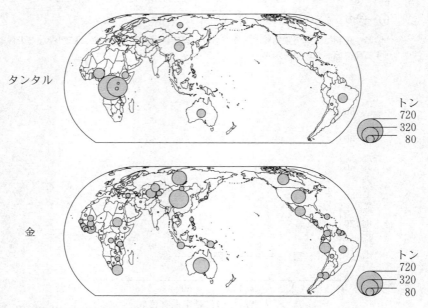

中国の数値には台湾，ホンコン，マカオを含まない。
統計年次は 2017 年。USGS の資料などにより作成。

図　3

　　図 3 から，①金よりもタンタルの方が産出国に偏りがあること，また②タンタルは金と比べて産出量が少ないことがわかる。分布や産出量から，③タンタルより金の方が，産出国の政情不安が世界全体の産出量に影響を与えやすいといえる。タンタルはレアメタルの一つであり，④情報通信機器の世界的な普及などに伴い需要が増加しているが，レアメタルは武装集団が資金源とするなど，紛争と関わることもあるため，利用国側の姿勢が問われている。

問6 現代社会の変化は，世界各地の先住民族の暮らしに影響を及ぼしている。次の図4中のP～Rは，いくつかの先住民族が主に居住する地域を示しており，後の文タ～ツは，図4中のP～Rのいずれかに居住する先住民族に関連することがらについて述べたものである。P～Rとタ～ツとの最も適当な組合せを，後の①～⑥のうちから一つ選べ。24

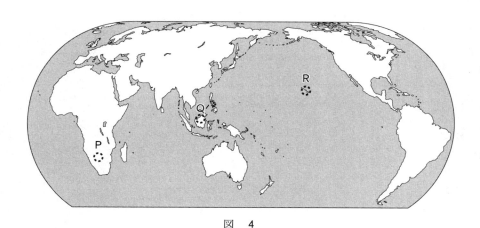

図 4

タ この地域の先住民族の言語は，1970年代にこの地域の公用語となり，観光に活用されるなど，文化の多様性のシンボルとなっている。

チ この地域の先住民族は，移動しながら採集や狩猟などを行ってきたが，野生動物保護区の設置などに伴って定住化が進んでいる。

ツ この地域では，先住民族が焼畑による自給的な作物栽培を行ってきたが，近年では商品作物の栽培が拡大し，森林の生物多様性が損なわれている。

	①	②	③	④	⑤	⑥
P	タ	タ	チ	チ	ツ	ツ
Q	チ	ツ	タ	ツ	タ	チ
R	ツ	チ	ツ	タ	チ	タ

第5問 地理Ｂの第5問に同じ。 $\boxed{25}$ ～ $\boxed{30}$ （配点 20）

共通テスト
追試験

2022

地理 B

解答時間 60 分
配点 100 点

地　理　B

（解答番号　1　～　30）

第 1 問　世界の自然環境と自然災害に関する次の問い（A・B）に答えよ。
（配点　20）

A　次の図 1 を見て，世界の自然環境に関する後の問い（問 1 ～ 3）に答えよ。

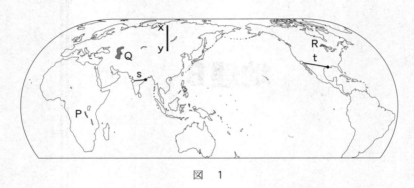

図　1

問 1　大陸の東西では，同緯度帯でも気候が大きく異なることがある。次の表 1 は，図 1 中の線 s と t の西端と東端における月降水量を示したものであり，①～④は，線 s の 1 月と 7 月，線 t の 1 月と 7 月のいずれかである。線 s の 7 月に該当するものを表 1 中の①～④のうちから一つ選べ。　1

表　1

（単位：mm）

	西　端	東　端
①	790.5	281.3
②	73.0	96.0
③	1.3	93.8
④	0.6	13.9

気象庁の資料により作成。

問2 土壌や植生の特徴は気候帯の影響を受けている。次の写真1中のア～ウは，図1中の線分x—yに沿った地域にみられる植生を撮影したものである。また，後の文J～Lは，ア～ウのいずれかの土壌の特徴について述べたものである。ア～ウとJ～Lとの組合せとして最も適当なものを，後の①～⑥のうちから一つ選べ。 2

ア　　　　　　　　　イ　　　　　　　　　ウ

写真 1

J　鉄分が溶脱した灰白色のやせた酸性土壌が分布する。
K　腐植層の発達が悪く，夏は凍土が融け湿地状になるやせた土壌が分布する。
L　腐植の集積した栗色の土壌が分布する。

	①	②	③	④	⑤	⑥
ア	J	J	K	K	L	L
イ	K	L	J	L	J	K
ウ	L	K	L	J	K	J

問 3 世界の湖は，様々な成因により水深が異なり，また湖が位置する地域の気候により塩分に違いが生じている。次の表 2 中の**カ～ク**は，図 1 中の P～R のいずれかにおける最大水深と塩分を示したものである。**カ～ク**と P～R との正しい組合せを，後の①～⑥のうちから一つ選べ。　3

表 2

	最大水深(m)	塩分(g/リットル)
カ	1,471	0.6
キ	1,025	12.8
ク	406	0.1

『理科年表』などにより作成。

	①	②	③	④	⑤	⑥
カ	P	P	Q	Q	R	R
キ	Q	R	P	R	P	Q
ク	R	Q	R	P	Q	P

B 地形変化と自然災害に関する次の問い(**問 4 ～ 6**)に答えよ。

問 4 気候変動と海岸線の変化は密接に関係している。次の図 2 中の d と e は，温暖期と寒冷期のいずれかの時期における関東地方の海岸線を示したものである。また，後の文章は，図 2 に関連することがらを述べたものである。温暖期に該当する図と文章中の空欄**サ**に当てはまる語句との組合せとして最も適当なものを，後の①～④のうちから一つ選べ。 4

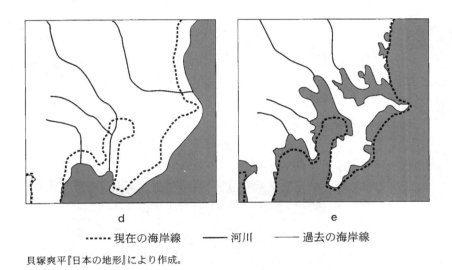

······ 現在の海岸線 ── 河川 ── 過去の海岸線

貝塚爽平『日本の地形』により作成。

図　2

地球は温暖期と寒冷期を繰り返してきた。温暖期における関東地方では，現在よりもやや気温が高く，沿岸の一部ではサンゴもみられた。一方，寒冷期における関東地方の平野では，（　**サ**　）が発達していた。

	①	②	③	④
図	d	d	e	e
サ	V字谷	U字谷	V字谷	U字谷

問 5 次の図3は，ある港における突堤建設以降の海岸線の変化を示したものであり，後の写真2は，港と突堤付近を上空から撮影したものである。図3と写真2から考えられることがらについて述べた文として最も適当なものを，後の①～④のうちから一つ選べ。　5

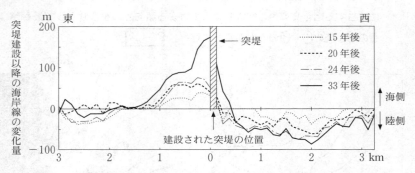

小池一之・太田陽子編『変化する日本の海岸』により作成。

図　3

国土地理院の資料により作成。

写真　2

① 突堤の西側での海岸侵食は，港から2km付近が最大となっている。
② 突堤の西側1km付近では，1年当たりの海岸線の侵食速度が増している。
③ 海岸線の変化から，沿岸流は西から東へ流れていることがわかる。
④ 突堤の東側では，主に土砂の埋立てによって海岸線が変化している。

問 6 津波の被害は，地形の違いにより異なる。次の図 4 は，インドネシアのある平野における 2004 年インド洋大津波の浸水範囲と浸水深，および地形の分布を示したものである。図 4 の範囲における津波の状況について考えられることがらを述べた文①〜④のうちから，**適当でないもの**を一つ選べ。 6

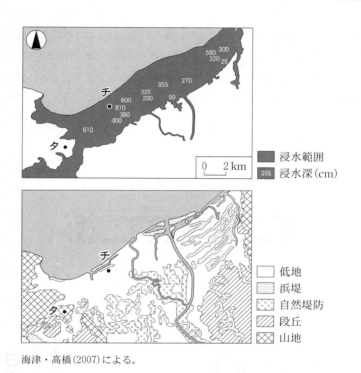

図 4

① 地点**タ**は山地に位置するため，津波が到達しなかった。
② 地点**チ**付近は低地で海岸線に近いため，浸水深が周囲より大きい。
③ いくつかの河川では，津波が遡上している。
④ 浜堤は標高が高く，そのほとんどが津波による浸水を免れた。

第2問

ゲンさんたちは、地理の授業で製造業のグローバル化について探究した。ゲンさんたちが探究したことに関する次の問い（**問1～6**）に答えよ。（配点　20）

問1 ゲンさんたちは、自動車産業のグローバル化に関する新聞記事の切抜きをまとめた次の資料1を先生から提示された。資料1中の記事AとBの発行年は、1992年と2005年のいずれかである。また、後の図1は、資料1を見てゲンさんたちが作成した2000年と2019年における国別の国内自動車生産台数*を示したものである。資料1と図1をもとにしたゲンさんたちによる会話文中の空欄**ア**と**イ**に当てはまる語句と記事との組合せとして最も適当なものを、後の①～④のうちから一つ選べ。　7

*2019年時点における上位12か国。

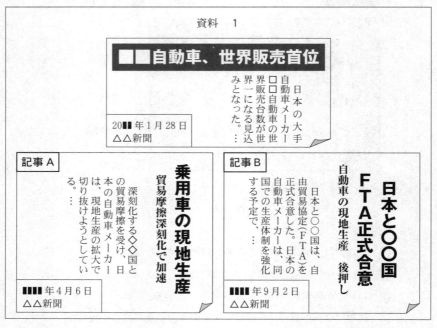

資料　1

■■自動車、世界販売首位

日本の大手自動車メーカーの世界販売台数が世界一になる見込みとなった。…

20■■年1月28日
△△新聞

記事A

乗用車の現地生産
貿易摩擦深刻化で加速

深刻化する◇◇国との貿易摩擦を受け、日本の自動車メーカーは、現地生産の拡大で切り抜けようとしている。…

■■■■年4月6日
△△新聞

記事B

日本と〇〇国
FTA正式合意
自動車の現地生産　後押し

日本と〇〇国は、自由貿易協定（FTA）を正式合意した。日本の自動車メーカーは、同国での生産体制を強化する予定で、…

■■■■年9月2日
△△新聞

日本経済新聞などにより作成。

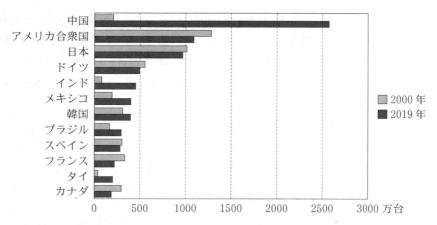

中国の数値には台湾，ホンコン，マカオを含まない。
国際自動車工業連合会の資料により作成。

図　1

ゲ　ン　「資料1から，日本の大手自動車メーカーの販売台数が世界一になったことがわかるね」

ナオコ　「でも図1を見ると，日本の国内生産台数は1位ではないね。また，中国やインドなどの新興工業国では国内生産台数が大きく増加しているね」

ゲ　ン　「日本では国内生産台数は減少しているよ。日本の動きは，図1に示した欧米の先進工業国と（　ア　）傾向だね」

リョウ　「2000年以降に日本の自動車メーカーが現地生産を進めようとした主な背景も，資料1の記事（　イ　）からうかがえるね」

ケイタ　「製造業の生産拠点の移動が進んできたのかな。もっと調べてみよう」

	①	②	③	④
ア	共通する	共通する	異なる	異なる
イ	A	B	A	B

問 2 次にゲンさんたちは，自動車以外の製造業にも興味をもち，様々な工業製品の貿易について調べた。次の図2は，いくつかの工業製品について，輸出金額の上位15か国・地域が世界の輸出金額に占める割合を示したものであり，**カ**～**ク**は，衣類，航空機*，テレビのいずれかである。工業製品名と**カ**～**ク**との正しい組合せを，後の①～⑥のうちから一つ選べ。　8

*航空機の部品や人工衛星などを含む。

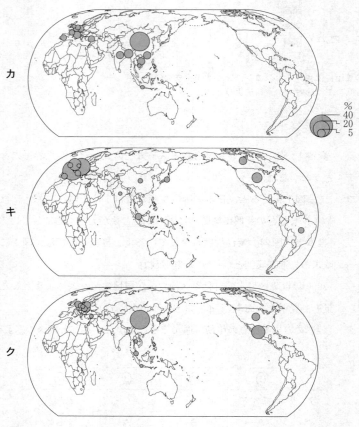

中国の数値には台湾，ホンコン，マカオを含まない。
統計年次は2016年。『国際連合貿易統計年鑑』により作成。

図　2

2022年度：地理B/追試験　**71**

	①	②	③	④	⑤	⑥
衣　類	カ	カ	キ	キ	ク	ク
航空機	キ	ク	カ	ク	カ	キ
テレビ	ク	キ	ク	カ	キ	カ

問 3　ゲンさんたちは，製造業の生産拠点が国境を越えて広がっていることを知り，日本企業がどのような対応をとってきたのかを非製造業と対比しながら調べた。次の表 1 は，いくつかの国における2000 年と 2019 年の日本企業の海外現地法人に占める製造業と非製造業の割合を示したものであり，**サ**と**シ**は製造業と非製造業のいずれか，**D**と**E**はアメリカ合衆国とベトナムのいずれかである。製造業とアメリカ合衆国との正しい組合せを，後の**①**～**④**のうちから一つ選べ。　9

表　1

(単位：％)

	サ		シ	
	2000 年	2019 年	2000 年	2019 年
D	73.7	57.8	26.3	42.2
E	44.5	35.7	55.5	64.3
シンガポール	38.9	16.8	61.1	83.2

『海外事業活動基本調査』により作成。

	①	②	③	④
製造業	サ	サ	シ	シ
アメリカ合衆国	D	E	D	E

問4 ゲンさんたちは，製造業のグローバル化と産業構造の変化について考えるため，いくつかの国**タ～ツ**の1980年，1995年，2016年の産業別就業者割合を次の図3に示した。また，文**J～L**は，**タ～ツ**のいずれかにおける製造業のグローバル化と産業構造の変化について述べたものである。**タ～ツ**と**J～L**との組合せとして最も適当なものを，後の**①～⑥**のうちから一つ選べ。10

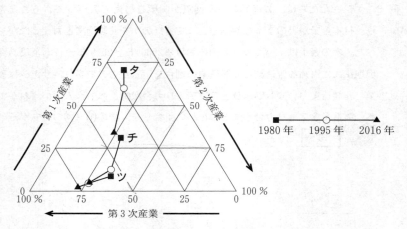

1980年と1995年の統計値のない国は，できるだけ近い年の値を用いた。
『世界国勢図会』などにより作成。

図　3

J　1980年から1995年にかけては製造業の拡大が経済成長を牽引していたが，それ以降は製造業の生産拠点が国内から国外に移動している。

K　1980年には農林水産業が中心であったが，2016年には工業製品の世界的な生産拠点としての役割が高まっている。

L　3か国の中では最も早い時期から経済のサービス化が進み，製造業においては付加価値の高い製品の生産が拡大している。

	①	②	③	④	⑤	⑥
タ	J	J	K	K	L	L
チ	K	L	J	L	J	K
ツ	L	K	L	J	K	J

問5 ゲンさんたちは，製造業において知的財産の役割が大きくなっていることを知り，次の図4に，いくつかの国における知的財産使用料の受取額と支払額との関係を1人当たりGNI（国民総所得）別に示した。図4を見たゲンさんたちの会話文中の下線部①～④のうちから，**誤りを含むもの**を一つ選べ。11

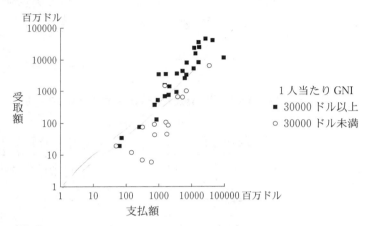

統計年次は，1人当たりGNIが2017年，知的財産使用料の収支が2019年。IMFの資料などにより作成。

図 4

先 生 「製造業では，特許権や商標権などの知的財産の保護が重要になり，知的財産使用料の受取りや支払いという形で国際的に取引されていますね。図4からどんなことが考えられるかを話し合ってみましょう」

ゲ ン 「所得水準が相対的に低い国では，受取額よりも支払額の方が多いね。①先進工業国の特許を使って生産をするようになったからかな」

リョウ 「所得水準が相対的に高い国には，受取額と支払額ともに多い国もあるね。②先進工業国間での取引も多いことを反映しているからかな」

ナオコ 「所得水準が高いけど受取額が少ない国もあるよ。③取引相手となる国との経済連携協定を結んでいないからかな」

先 生 「特許などは，企業が外国の生産拠点で使った際にも支払いが必要ですね」

ケイタ 「所得水準が高い国の方が受取額も多くなる傾向があるね。先生の話をふまえると，④先進工業国の多国籍企業が増加しているからかな」

問 6 製造業のグローバル化について探究してきたゲンさんたちは，先進工業国と新興工業国における製造業のグローバル化による課題とそれに対する企業の取組みについて，次の資料2にまとめた。資料2中の空欄 a には先進工業国の取組みを示した語句マとミのいずれか，空欄 b には新興工業国の取組みを示した語句 P と Q のいずれかが当てはまる。空欄 a と b に当てはまる語句の組合せとして最も適当なものを，後の①～④のうちから一つ選べ。 12

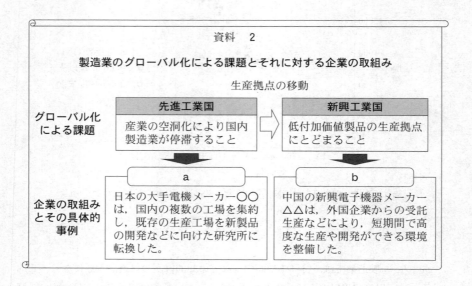

a に当てはまる語句

マ 企業間ネットワークの強化　　　ミ 技術革新の加速化

b に当てはまる語句

P 製品のブランド化　　　Q 高い技術力の獲得

	①	②	③	④
a	マ	マ	ミ	ミ
b	P	Q	P	Q

2022年度：地理B／追試験　**75**

第3問　人口と都市に関する次の問い（**問1～6**）に答えよ。（配点　20）

問1　次の表1は，いくつかの国について，人口密度と人口増加率の変化を示したものであり，①～④は，アルジェリア，カタール，ニュージーランド，ベトナムのいずれかである。アルジェリアに該当するものを，表1中の①～④のうちから一つ選べ。　13

表　1

	人口密度 （人/km²）	人口増加率（%）	
		1980～2000年	2000～2020年
①	294	47.2	21.8
②	248	164.9	386.3
③	18	61.5	41.3
④	18	22.6	25.0

人口密度の統計年次は2020年。
『世界国勢図会』などにより作成。

問2 次の図1は，いくつかの国における人口千人当たり死亡数の推移を示したものであり，A～Cは，日本，アメリカ合衆国，フィリピンのいずれかである。また，後の図2中のア～ウは，これら3か国のいずれかについて，年齢別人口構成を示したものである。アメリカ合衆国に該当する正しい組合せを，後の①～⑨のうちから一つ選べ。 14

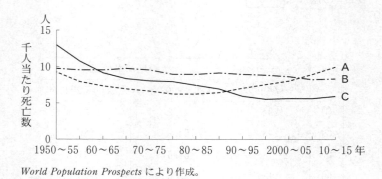

World Population Prospects により作成。

図 1

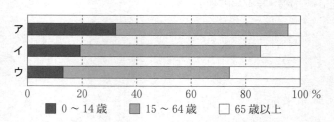

統計年次は2015年。World Population Prospects により作成。

図 2

	①	②	③	④	⑤	⑥	⑦	⑧	⑨
千人当たり死亡数	A	A	A	B	B	B	C	C	C
年齢別人口構成	ア	イ	ウ	ア	イ	ウ	ア	イ	ウ

問 3 次の図3は，先進国*と発展途上国**における都市人口と農村人口のいずれかの推移を示したものである。先進国の都市人口に該当するものを，図3中の①～④のうちから一つ選べ。 15

*北アメリカとヨーロッパの国々，日本，オーストラリア，ニュージーランド。
**先進国以外の国・地域でメキシコを含む。

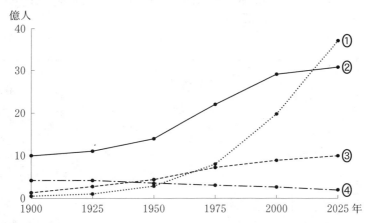

2025年は予測値。*World Urbanization Prospects* などにより作成。

図 3

問 4 多国籍企業の集中度などが特に高い都市を世界都市とみなすことがある。次の図 4 は，2000 年と 2020 年のいずれかの時点における上位 20 の世界都市の地理的な位置を模式的に示したものであり，凡例 E と F は，この 20 年間に上位 20 に加わった都市と外れた都市のいずれかである。また，後の文章は，世界都市に関連することがらを述べたものである。図 4 中の凡例 F と文章中の空欄 a に当てはまる語句との組合せとして最も適当なものを，後の①〜④のうちから一つ選べ。　16

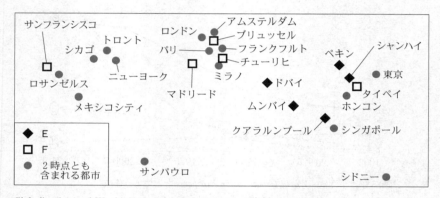

Globalization and World Cities Research Network の資料により作成。

図　4

　世界都市は，国際分業の進展に伴う激しい競争に直面している。その結果，上位 20 の都市の入れ替わりが起きている。世界都市は，多国籍企業が集まるだけでなく，世界的な（　a　）として重要な役割を果たしている。

	①	②	③	④
F	加わった都市	加わった都市	外れた都市	外れた都市
a	金融業の取引拠点	製造業の生産拠点	金融業の取引拠点	製造業の生産拠点

問5 次の図5中の**カ〜ク**は，日本のある大都市を中心とする地域において世帯総数に占める，高齢者夫婦のみ世帯，20〜29歳の単身者世帯，乳幼児のいる世帯の割合のいずれかを示したものである。項目名と図5中の**カ〜ク**との正しい組合せを，後の**①〜⑥**のうちから一つ選べ。17

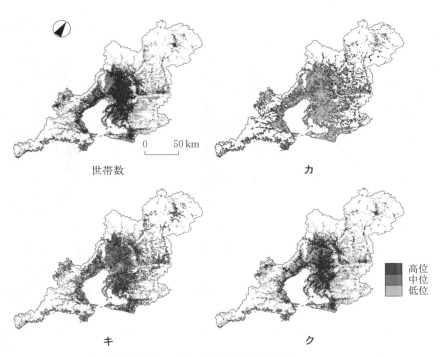

1kmメッシュの値。統計年次は2015年。国勢調査により作成。

図　5

	①	②	③	④	⑤	⑥
高齢者夫婦のみ世帯	カ	カ	キ	キ	ク	ク
20〜29歳の単身者世帯	キ	ク	カ	ク	カ	キ
乳幼児のいる世帯	ク	キ	ク	カ	キ	カ

問6 次の図6は、日本の大都市圏郊外に位置し、1970年代に入居が始まったニュータウン内のある地区における人口ピラミッドを時期別に示したものであり、J～Lは、1975年、1995年、2015年のいずれかである。また、後の文サ～スは、いずれかの時期に地区で生じていた現象を述べたものである。J～Lとサ～スとの組合せとして最も適当なものを、後の①～⑥のうちから一つ選べ。18

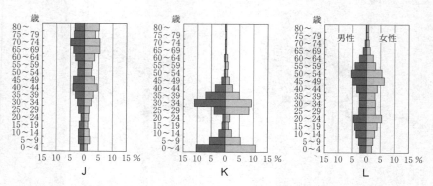

国勢調査などにより作成。

図 6

サ この地区で生まれ育った人たちが就職・結婚などを機に転出し、学校の統廃合の議論が活発化した。

シ 住宅の建設が同時期に集中し、公共サービスの供給が追いつかず、学校が新設・増設された。

ス 住宅の老朽化や空き家の発生といった住環境の悪化が生じ、学校の跡地利用が進んだ。

	①	②	③	④	⑤	⑥
J	サ	サ	シ	シ	ス	ス
K	シ	ス	サ	ス	サ	シ
L	ス	シ	ス	サ	シ	サ

第 4 問　ヨーロッパに関する次の問い(問1〜6)に答えよ。(配点　20)

問 1　次の図1中のA〜Dは，いくつかの都市の位置を示したものであり，後の図2中の①〜④は，都市A〜Dのいずれかの雨温図である。都市Aに該当するものを，図2中の①〜④のうちから一つ選べ。　19

図　1

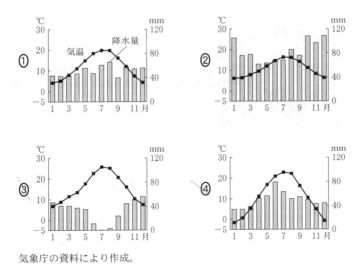

気象庁の資料により作成。

図　2

問 2 次の写真1中の**ア～ウ**は，図1中の**x～z**のいずれかの範囲における，侵食により形成された特徴的な地形を撮影したものである。**ア～ウ**と**x～z**との組合せとして最も適当なものを，後の①～⑥のうちから一つ選べ。 20

ア
溶食による凹地が多数みられ，その底では農作物が栽培されている。

Daniela Ribeiro, ZRC SAZU

イ
深い谷が形成されており，大型の遊覧船の往来がみられる。

Zbynek Burival / Shutterstock.com

ウ
水はけのよい谷の斜面をいかして，果樹栽培が行われている。

ユニフォトプレス提供

写真 1

＊ウは編集の都合上，類似の写真に差し替え。

	①	②	③	④	⑤	⑥
ア	x	x	y	y	z	z
イ	y	z	x	z	x	y
ウ	z	y	z	x	y	x

問 3 次の図3中のJ~Lは，人口密度，外国生まれの人口の割合，第1次産業就業者割合のいずれかを示したものである。項目名とJ~Lとの正しい組合せを，後の①~⑥のうちから一つ選べ。 21

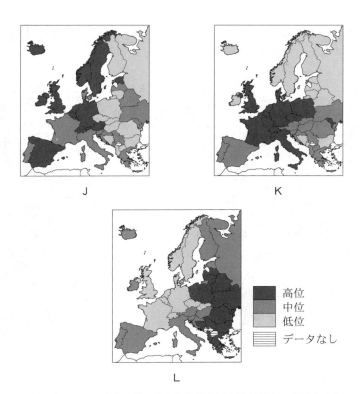

統計年次は，人口密度と第1次産業就業者割合が2018年，外国生まれの人口の割合が2020年。*World Population Prospects*などにより作成。

図　3

	①	②	③	④	⑤	⑥
人口密度	J	J	K	K	L	L
外国生まれの人口の割合	K	L	J	L	J	K
第1次産業就業者割合	L	K	L	J	K	J

問4 次の図4中のPとQは，EU圏内の都市の空港から出発した年間の旅客数と貨物量のいずれかについて，2018年の上位12都市*を示したものである。また，図4中の凡例は，旅客数または貨物量と，その目的地の内訳を示したものであり，カとキは国内またはEU圏外のいずれかである。貨物量の図とEU圏外の凡例との正しい組合せを，後の①～④のうちから一つ選べ。 22

*一つの都市に複数の空港が存在する場合は合計値。

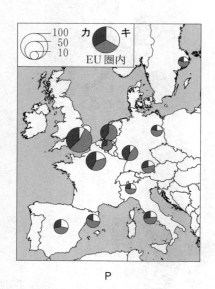
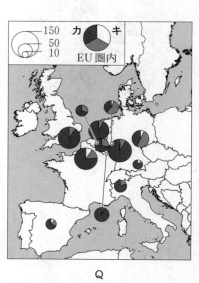

単位は旅客数が百万人，貨物量が万トン。
Eurostat により作成。

図　4

	①	②	③	④
貨物量	P	P	Q	Q
EU圏外	カ	キ	カ	キ

問 5 次の図 5 中の S ～ U は，いくつかの同系統の言語の分布を示したものであり，文**サ～ス**は，S ～ U のいずれかの言語について述べたものである。S ～ U と**サ～ス**との組合せとして最も適当なものを，後の ①～⑥ のうちから一つ選べ。 23

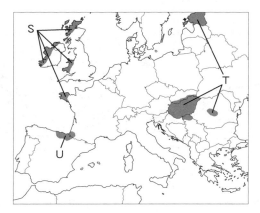

ロン・E・アシャー『世界民族言語地図』などにより作成。

図　5

サ かつて広い範囲で使用されていた形跡がヨーロッパ各地の地名などに残るが，現在は限られた地域で使用されている。

シ 周囲に分布するラテン語派の言語より起源が古く，他の言語と系統関係がみられない孤立言語とみなされている。

ス ユーラシア大陸中央部に起源をもつとされ，周囲に分布する言語とは異なる語族に属している。

	①	②	③	④	⑤	⑥
S	サ	サ	シ	シ	ス	ス
T	シ	ス	サ	ス	サ	シ
U	ス	シ	ス	サ	シ	サ

問6 次の図6は、旧東ドイツ地域に存在し、1993年に閉山した褐炭*の採掘場とその周辺について、1980年と2015年の土地利用を示したものである。図6に関連することがらについて述べた文章中の下線部①〜④のうちから、**適当でないもの**を一つ選べ。 24

*石炭の一種で不純物を多く含む。

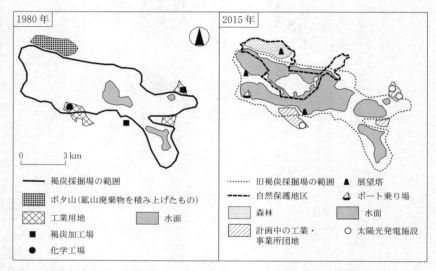

図 6

ドイツでは、褐炭は発電や化学工業に使われてきた。図6の褐炭採掘場は、大規模な露天掘りによってできた凹地が閉山後に湖に改変されたほか、①自然保護地区が設けられ、かつてのボタ山に展望塔が設置されるなど、観光客も訪れる場所となった。また、②褐炭加工場や化学工場の跡地は森林になった。

この地域の土地利用変化には、ドイツの③1次エネルギー供給に関する政策の変化が反映されている。ドイツでは、他地域の閉山した鉱山においても、自然環境の再生や、④産業の歴史を示す遺構を活用・保存する取組みがみられ、産業遺産の有効利用が図られている。

第5問 長野県飯田市の高校に通うリュウさんたちは，飯田市の地域調査を行った。この地域調査に関する次の問い(問1〜6)に答えよ。(配点 20)

問1 リュウさんたちは，飯田市の自然環境を理解するために，飯田市を南北に流れる天竜川の流域全体に関する特徴を図書館やインターネットで調べ，次の図1〜3を入手した。これらの図をもとにしたリュウさんたちによる会話文中の下線部①〜④のうちから，**誤りを含むもの**を一つ選べ。25

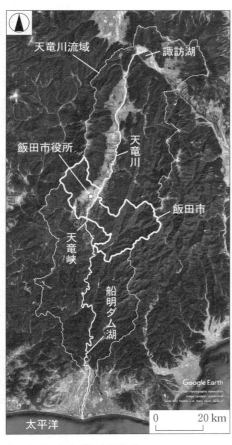

Google Earth などにより作成。

図 1

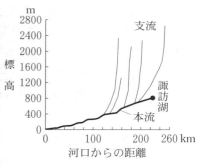

国土交通省の資料により作成。

図 2

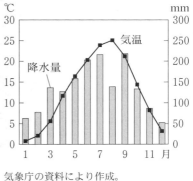

気象庁の資料により作成。

図 3

リュウ 「天竜川流域を示した図1を見ると，天竜川は，諏訪湖（すわ）を出た後に南下し，太平洋にそそいでいるよ。飯田市よりも上流の①天竜川の左岸と右岸の流域面積を比較すると，左岸の方が広くなっているね」

ウ　タ 「図1の天竜峡（てんりゅうきょう）よりも上流では河川に沿って市街地や農地が広がっているけれど，②天竜峡から船明（ふなぎら）ダム湖にかけては，より山がちになっているね」

ミドリ 「天竜川の本流と支流の河床の標高と，河口からの距離との関係を示した図2を見ると，③天竜川に合流している支流の勾配は，天竜川の本流よりも緩やかなことがわかるね」

リュウ 「天竜川の流量はどうなっているのだろう。図3の飯田市の雨温図から，④天竜川の水量は冬よりも夏の方が多くなると考えられるね」

ウ　タ 「こうした河川の特徴を活かして，飯田市から河口部まで木材を運搬していたそうだよ」

ミドリ 「天竜川の流域全体から，飯田市の自然環境の特徴が理解できるね」

問 2 リュウさんたちは,飯田市の市域が天竜川をまたいで広がっていることに興味をもち,飯田市の地表面の傾斜,人口,小学校と児童数に関する次の図 4 を作成した。図 4 から読み取れることがらについて述べた文として最も適当なものを,後の ①～④ のうちから一つ選べ。 26

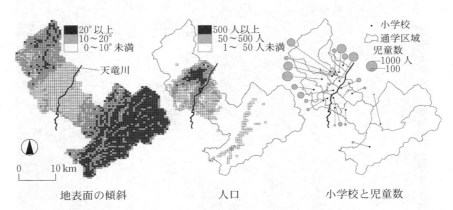

傾斜および人口は 500 m メッシュで示した。人口でメッシュのない範囲はデータなし。
統計年次は,人口が 2015 年,児童数が 2019 年。国土交通省の資料などにより作成。

図 4

① 天竜川に沿った地表面の傾斜が小さい地域は,人口が少ない。
② 天竜川から離れた地表面の傾斜が大きい地域は,小学校の通学区域が広い。
③ 天竜川の東側の方が,西側に比べて児童数が多い。
④ 小学校は地形条件や人口にかかわらず,均等に分布している。

問3 リュウさんたちは，地理院地図の機能を活用して作成した次の図5を見ながら現地調査を行い，地形の特徴を確認した。リュウさんたちが話し合った会話文中の下線部①〜④のうちから，誤りを含むものを一つ選べ。27

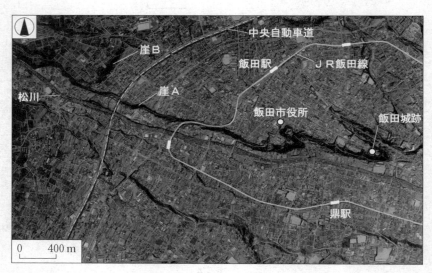

図 5

リュウ 「市街地には，天竜川の支流である松川（まつかわ）が西から東に流れているよ。飯田駅や飯田市役所は松川の北側にあるね。崖Aは松川の流れに沿っているけど，崖Bは松川の流れにほぼ直交するから，①崖Bは，松川による侵食でつくられたものではないと思うよ」

ウタ 「②飯田城跡は，段丘の末端付近に立地しているね」

ミドリ 「JR飯田線には大きく曲がっている箇所があるね。③駅がある場所の標高は，鼎（かなえ）駅の方が飯田駅よりも高いね」

リュウ 「④中央自動車道は，松川がつくった氾濫原と段丘面を横切って建設されているね」

問4 リュウさんたちは，1947年の大火をきっかけに飯田駅の南東側で大規模な復興事業が実施されたことを知った。そこで，リュウさんたちは市街地にどのような大規模火災の被害軽減策がみられるかを観察し，地点E～Hで写真を撮影し，次の資料1にまとめた。大規模火災の被害軽減策として**当てはまらないもの**を，資料1中の①～④のうちから一つ選べ。28

越山ほか(2001)などにより作成。

問 5　飯田市の農業に興味を持ったリュウさんたちは，飯田市周辺で盛んに栽培されているリンゴとキュウリについて，長野県全体の出荷時期と出荷先を調べた。次の図 6 は，東京および名古屋の中央卸売市場における都道府県別の入荷量の月ごとの変化を，年間の入荷量を 100 としたときの割合で示したものである。図 6 中の J と K はリンゴとキュウリのいずれか，カとキは東京と名古屋のいずれかである。東京の中央卸売市場におけるリンゴの入荷割合に該当するものを，図 6 中の①～④のうちから一つ選べ。　29

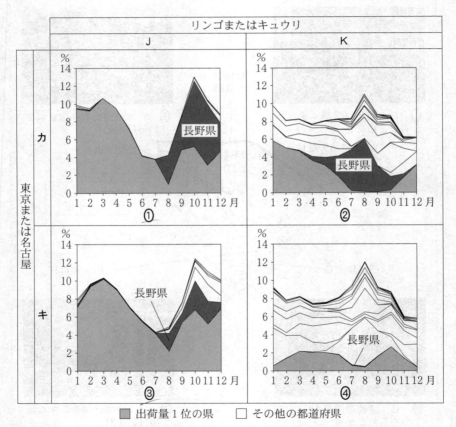

統計年次は 2020 年。東京都中央卸売市場の資料などにより作成。

図　6

問 6　リュウさんたちは高校に戻って、環境モデル都市に選定されている飯田市の取組みについて先生も交えて話し合った。先生が用意した次の図7は、日本の森林資源量の年別の数値を示したものであり、後の資料2は、リュウさんたちがまとめた森林資源の活用案である。リュウさんたちと先生との会話文中の空欄**サ**には後の文eとfのいずれか、空欄**シ**には資料2中のXとYのいずれかが当てはまる。空欄**サ**と**シ**に当てはまる文と活用案との組合せとして最も適当なものを、後の①〜④のうちから一つ選べ。　30

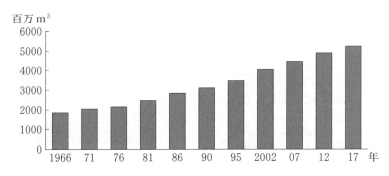

数値は樹木の幹の体積を示す。林野庁の資料により作成。

図　7

先　生　「図7は、日本全体における森林資源量の年別の数値を示したものですが、飯田市でも同様の傾向がみられます。この図からどんなことが考えられますか」

リュウ　「宅地化などで森林がなくなっていると思っていたけれど、森林の資源量は増加しているんですね」

ウ　タ　「この要因として、（　**サ**　）によって伐採量が減少していることがあげられると思います」

先　生　「飯田市は森林面積の割合が80％以上と高い値を占めていますし、これらの森林資源を活用することが重要ですね。グループで話し合い、活用案をまとめてみてください」

ミドリ 「二つの活用案を考え，資料2を作ってみました。森林資源を持続的に活用するためには，活用案（ シ ）の方がより有効だと思います」
先　生 「今後の授業でさらに学びを深めていきましょう」

（ サ ）に当てはまる文
　e　環境意識の高まりや新たな規制の制定で，樹木の伐採が制限されたこと
　f　高齢化の進展や後継者問題などで，林業従事者が不足したこと

資料　2

活用案X

ペレットストーブの普及を促進する

・ペレットを燃料にしたストーブを使えば化石燃料の利用量を減らせる

ペレット：間伐材やこれまで利用されてこなかった端材などを粉砕して固めたもの

活用案Y

活用されていない山林にソーラーパネルを設置する

・ソーラーパネルは，発電時に地球温暖化の原因となる二酸化炭素を出さない

	①	②	③	④
サ	e	e	f	f
シ	X	Y	X	Y

共通テスト

本試験
（第1日程）

2021

地理 B

１科目につき解答時間 60 分
配点 100 点

地 理 　 B

(解答番号 1 ～ 32)

第1問 世界の自然環境に関する次の問い(**A・B**)に答えよ。(配点 20)

A 地理の授業で世界の気候と自然災害について学んだコハルさんのクラスは，気候の成り立ちやその変動の影響について各班で探究することにした。世界の気候と自然災害に関する次の問い(**問1～3**)に答えよ。

問1 各地の雨温図の特徴に影響を与える気候因子を確認するために，コハルさんの班は，仮想的な大陸と等高線および地点**ア～カ**が描かれた次の資料1を先生から渡された。これらの地点から2地点を選択して雨温図を比較するとき，海からの距離による影響の違いが強く現れ，それ以外の気候因子の影響ができるだけ現れない組合せとして最も適当なものを，下の**①～④**のうちから一つ選べ。 1

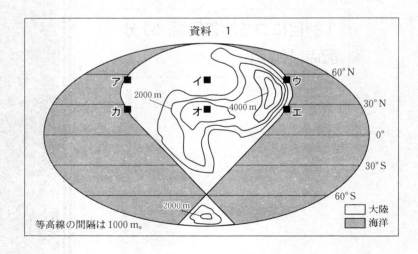

① アとイ　　② イとウ　　③ エとオ　　④ オとカ

問2 次に,コハルさんの班は,ある地点DとEの二つの雨温図が描かれた次の資料2を先生から渡されて,雨温図に示された気候の特徴とその原因となる大気大循環について話し合った。下の会話文中の空欄サとシに当てはまる語の正しい組合せを,下の①~④のうちから一つ選べ。 2

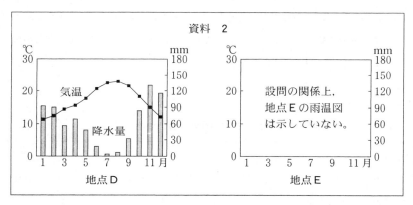

気象庁の資料により作成。

コハル 「地図帳で調べてみると,地点DとEはどちらも沿岸にあり,地点Eは地点Dからほぼ真南に約800 km離れているようだね」
イズミ 「最暖月や最多雨月は,それぞれ両地点で現れる時期がほぼ同じだね」
ミツハ 「地点DとEが位置する緯度帯では,降水量が多い時期の雨は,主に(サ)という気圧帯の影響を強く受けていることを授業で習ったよ」
コ ウ 「月降水量30 mm以上の月が続く期間に注目すると,地点Eの方が地点Dよりも(シ)のは,この気圧帯の移動を反映していると考えられるね」

	①	②	③	④
サ	亜寒帯低圧帯(高緯度低圧帯)	亜寒帯低圧帯(高緯度低圧帯)	熱帯収束帯(赤道低圧帯)	熱帯収束帯(赤道低圧帯)
シ	長 い	短 い	長 い	短 い

4 2021年度：地理B／本試験(第1日程)

問 3 コハルさんたちはまとめとして，気候変動などに関連した世界各地の自然災
害の原因について，各班で調べてカードに書き出した。次の a ～ d は，タカシ
さんの班とコハルさんの班のカードであり，次ページの会話文は，その内容に
ついて意見交換したときのものである。会話文中の空欄**タ**には a と b のいずれ
か，空欄**チ**には c と d のいずれか，空欄**ツ**には次ページの文 G と H のいずれか
が当てはまる。空欄**タ**と**チ**のそれぞれに当てはまるカードと，空欄**ツ**に当ては
まる文との組合せとして最も適当なものを，次ページの**①**～**⑧**のうちから一つ
選べ。 | 3 |

カード

【タカシさんの班が調べた災害】 タイで雨季に起こった大洪水

a	b
河川上流域での森林減少による水源涵養機能の喪失	低緯度地域で発生した熱帯低気圧の襲来

【コハルさんの班が調べた災害】 東アフリカで飢餓をもたらした大干ばつ

c	d
貯水・給水施設の不足や内戦に伴う農地の荒廃	ラニーニャ現象を一因とした大気の循環の変化

タカシ 「自然災害には複数の原因があり，"災害のきっかけ"と"災害に対する弱さ"に分けられそうだよ」

コハル 「なるほど。そうすると，"災害に対する弱さ"に対応するのは，タイの洪水についてはカード（ **タ** ），東アフリカの大干ばつについてはカード（ **チ** ）だね」

タカシ 「被害を軽減するためには，"災害に対する弱さ"への対策を講じるとともに，"災害のきっかけ"が起こる状況を事前に知っておく必要がありそうだね」

コハル 「タイの洪水については，例えば，タイの雨季に降水量が多かった事例と（ **ツ** ）事例とで周辺の気圧配置や気流などを比較すると，タイでの"災害のきっかけ"を考えるヒントが得られそうだよ」

（ **ツ** ）に当てはまる文
  G　雨季に降水量が少なかった
  H　乾季に降水量が多かった

	①	②	③	④	⑤	⑥	⑦	⑧
タ	a	a	a	a	b	b	b	b
チ	c	c	d	d	c	c	d	d
ツ	G	H	G	H	G	H	G	H

B 地理の授業で，世界の代表的な山を教材に取りあげて，世界の自然環境やその変化を考えることにした。次の図1と下の図2を見て，下の問い(**問4～6**)に答えよ。

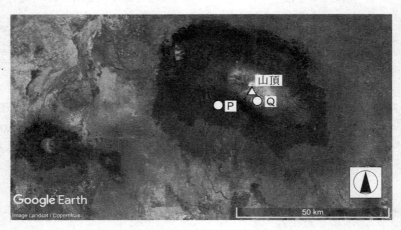

Google Earth により作成。

図　1

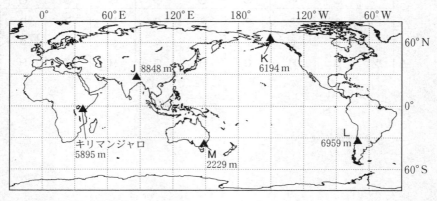

『理科年表』などにより作成。

図　2

問 4 次の先生と生徒たちの会話文中の空欄**マ**と**ミ**に当てはまる正しい数字を，下の**①**〜**④**のうちから一つずつ選べ。ただし，同じものを繰り返し選んでもよい。**マ** 4 ・**ミ** 5

先　生　「学校の休みを利用して，図１に示したアフリカ大陸最高峰のキリマンジャロに登ってきました。キリマンジャロは，標高が5895 mで，山頂付近には小規模な氷河がある火山です。図２はキリマンジャロと，ユーラシア，北アメリカ，南アメリカ，オーストラリアの各大陸における最高峰の山Ｊ〜Ｍの位置と標高を示しています。図１や図２からどのようなことが考えられるでしょうか」

アズサ　「現在の変動帯に位置している山は，山Ｊ〜Ｍの中で（　**マ**　）つあります」

チヒロ　「氷河が分布している山は，山Ｊ〜Ｍの中で（　**ミ**　）つあります」

先　生　「なるほど。みなさん様々な視点から山をとらえることができていますね」

    ① 1　　　　　**②** 2　　　　　**③** 3　　　　　**④** 4

問5 次の写真1は，図1中の地点PとQで先生が登山中に撮影したものであり，下の生徒たちの発言ヤとユは，写真1を見て両地点の自然環境を比較したものである。生徒たちの発言ヤとユの内容について**誤りを含むもの**をすべて選び，その組合せとして正しいものを，下の①〜④のうちから一つ選べ。 6

地点　P　　　　　　　　　　　地点　Q

写真　1

生徒たちの発言

ヤ　「森林の有無は降水量のみで決まるので，地点Pの方が地点Qに比べて降水量が多いと考えられます」

ユ　「標高が高くなるにつれて気温は下がるので，地点Pは地点Qよりも気温が高いと考えられます」

① ヤとユ
② ヤ
③ ユ
④ 誤りを含むものはない

問6 生徒たちは,世界の山岳氷河の中に,急激に縮小しているものがあることを教わった。そこで,氷河の縮小に伴って,氷河に覆われた流域から流出する水の構成要素やその変化,それが生活に与える影響を調べ,次の資料3に模式図としてまとめた。資料3中の空欄**ラ**には下の図3中のf〜hのいずれか,空欄**リ**には下の文**X**と**Y**のいずれかが当てはまる。空欄**ラ**と**リ**に当てはまる図と文との組合せとして最も適当なものを,下の①〜⑥のうちから一つ選べ。7

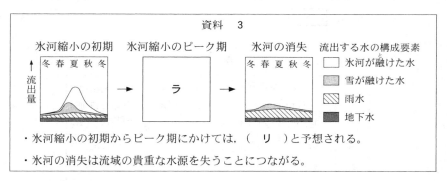

IPCCの資料などにより作成。

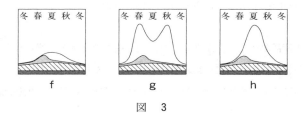

図 3

X 発電や農業などに利用できる水の量が一時的に増える
Y 氷河が融けた水によって発生する洪水の頻度が減少する

	①	②	③	④	⑤	⑥
ラ	f	f	g	g	h	h
リ	X	Y	X	Y	X	Y

第2問 産業に関する次の問い（**問1～6**）に答えよ。（配点 20）

問1 次の表1は，小麦の主要輸出国について，小麦の生産量，小麦の1ha当たり収量，国土面積に占める耕地の割合を示したものであり，**A～C**は，アメリカ合衆国，フランス，ロシアのいずれかである。また，下の文**ア～ウ**は，表1中の**A～C**のいずれかにおける小麦生産の特徴と背景について述べたものである。**A～C**と**ア～ウ**との組合せとして最も適当なものを，下の**①～⑥**のうちから一つ選べ。 8

表 1

	小麦の生産量 （百万トン）		小麦の1ha 当たり収量 （トン）	国土面積に 占める耕地 の割合（%）
	1997年	2017年		
A	67.5	47.4	3.1	17.5
B	44.3	86.0	3.1	7.5
C	33.8	38.7	7.3	35.5

統計年次は2017年。FAOSTATにより作成。

ア 生産活動の自由化が進められ，大規模な農業企業が増加した。

イ 農村振興のために，補助金を支払う政策が推進された。

ウ バイオ燃料や植物油の原料となる他の穀物との競合が生じた。

	①	②	③	④	⑤	⑥
A	ア	ア	イ	イ	ウ	ウ
B	イ	ウ	ア	ウ	ア	イ
C	ウ	イ	ウ	ア	イ	ア

問 2 次の図1中のカとキは，2000年と2017年のいずれかについて，漁獲量*と養殖業生産量の合計の上位8か国を示したものであり，凡例EとFは，漁獲量と養殖業生産量のいずれかである。2017年の図と養殖業生産量の凡例との正しい組合せを，下の①～④のうちから一つ選べ。 9

*養殖業生産量を含まない。

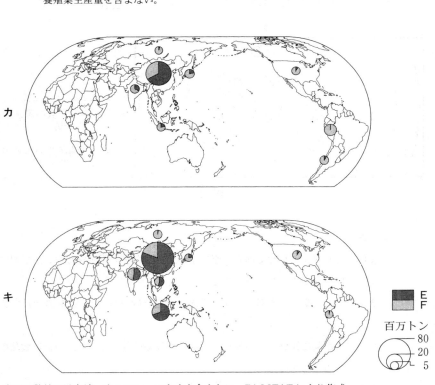

中国の数値には台湾，ホンコン，マカオを含まない。FAOSTATにより作成。

図 1

	①	②	③	④
2017年	カ	カ	キ	キ
養殖業生産量	E	F	E	F

問 3 工場は，原料や製品の輸送費が小さくなる地点に理論上は立地するとされている。次の図 2 は，原料産地から工場までの原料の輸送費と，市場で販売する製品の輸送費を示した仮想の地域であり，下の条件を満たす。また，図 2 中の①～④の地点は，工場の建設候補地を示したものである。総輸送費が最小となる地点を，図 2 中の①～④のうちから一つ選べ。 10

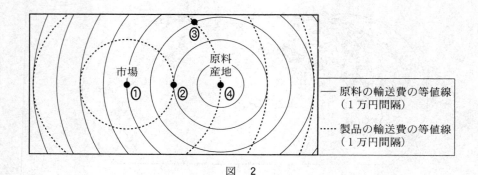

図　2

条　件

- 使用する原料は 1 種類であり，原料産地から工場まで原料を輸送し，工場で生産した製品を市場まで輸送する。
- 総輸送費は，製品 1 単位当たりの原料の輸送費と製品の輸送費の合計である。
- 輸送費は距離に比例して増加し，距離当たり輸送費について，原料は製品の 2 倍の費用がかかる。
- 市場や原料産地にも工場を建設できる。

2021年度：地理Ｂ／本試験（第Ｉ日程）　13

問 4 工業の立地には原料や製品の輸送費が影響し，主な原料が同じであっても製品の性質によって工場の立地パターンが異なる場合がある。次の文**サ～ス**は，飲用牛乳，バター，アイスクリーム*のいずれかの輸送費について述べたものであり，下の表２中のＪ～Ｌは，東日本に立地する工場数をそれぞれ地域別に示したものである。**サ～ス**とＪ～Ｌとの正しい組合せを，下の①～⑥のうちから一つ選べ。　11

*乳脂肪分８％以上のもので，原料は生乳のほかクリーム，バター，脱脂粉乳など。

サ 製品に比べて原料の輸送費が多くかかる。

シ 原料と製品の輸送費はほとんど変化しない。

ス 原料に比べて製品の輸送費が多くかかる。

表　2

	J	K	L
北海道	51	29	4
東　北	50	6	17
関　東	60	11	26

年間生産量５万リットル未満のアイスクリーム工場は含まない。
統計年次は 2018 年。『牛乳乳製品統計調査』により作成。

	①	②	③	④	⑤	⑥
サ	J	J	K	K	L	L
シ	K	L	J	L	J	K
ス	L	K	L	J	K	J

問5 日本の企業は，経済のグローバル化に伴い，海外への直接投資を積極的に増やしてきた。次の図3は，日系海外現地法人の売上高のうち，製造業の売上高について主な国・地域別の構成比の推移を示したものであり，**タ〜ツ**は，ASEAN*，アメリカ合衆国，中国**のいずれかである。国・地域名と**タ〜ツ**との正しい組合せを，下の①〜⑥のうちから一つ選べ。 12

*インドネシア，タイ，フィリピン，マレーシアの4か国の値。
**台湾，ホンコン，マカオを含まない。

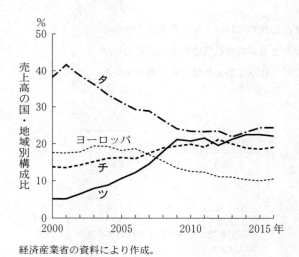

経済産業省の資料により作成。

図 3

	①	②	③	④	⑤	⑥
ASEAN	タ	タ	チ	チ	ツ	ツ
アメリカ合衆国	チ	ツ	タ	ツ	タ	チ
中 国	ツ	チ	ツ	タ	チ	タ

問6 次の図4は，日本のいくつかの商業形態の店舗数について，立地する地区の特徴別の割合を示したものであり，X〜Zは，大型総合スーパー*，コンビニエンスストア，百貨店のいずれかである。また，図4中の凡例**マ**と**ミ**は，住宅街とロードサイド**のいずれかである。コンビニエンスストアとロードサイドとの正しい組合せを，下の①〜⑥のうちから一つ選べ。 13

*衣食住にわたる各種商品を販売し，売場面積3,000 m² 以上（特別区及び政令指定都市は6,000 m² 以上）のもの。
**国道など主要道路の沿線。

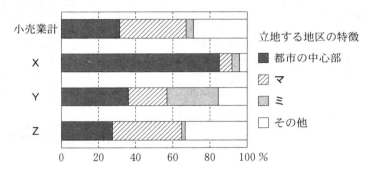

都市の中心部は，駅周辺と市街地の商業集積地区およびオフィス街地区。
統計年次は2014年。商業統計表により作成。

図　4

	①	②	③	④	⑤	⑥
コンビニエンスストア	X	X	Y	Y	Z	Z
ロードサイド	マ	ミ	マ	ミ	マ	ミ

第3問 都市と人口に関する次の問い(問1～6)に答えよ。(配点 20)

問1 都市は，社会・経済的条件だけでなく，様々な自然条件のもとで立地している。下の図2中の①～④は，図1中のア～エのいずれかの範囲における人口100万人以上の都市の分布を示したものである。イに該当するものを，図2中の①～④のうちから一つ選べ。 14

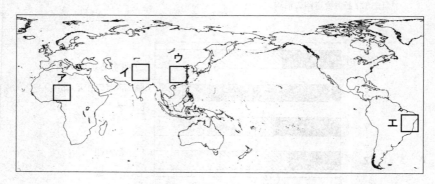

図 1

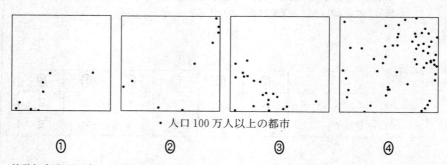

・人口100万人以上の都市

統計年次は2015年。World Urbanization Prospectsにより作成。

図 2

問 2 次の図 3 中のカ～クは，オーストラリア，韓国，ケニアのいずれかの国における，国全体の人口および人口第 1 位の都市の人口に占める，0～14 歳，15～64 歳，65 歳以上の人口の割合を示したものであり，a と b は，国全体あるいは人口第 1 位の都市のいずれかである。オーストラリアの人口第 1 位の都市に該当する正しい組合せを，下の①～⑥のうちから一つ選べ。15

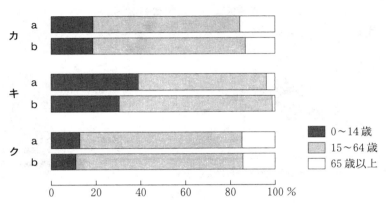

統計年次は，オーストラリアが 2016 年，韓国が 2018 年，ケニアが 2019 年。
Australian Bureau of Statistics の資料などにより作成。

図 3

① カ―a ② カ―b ③ キ―a
④ キ―b ⑤ ク―a ⑥ ク―b

問 3 次の図4は、インド系住民*の人口上位20か国とその国籍別の割合を示したものである。図4とそれに関連することがらについて述べた文として最も適当なものを、下の①〜④のうちから一つ選べ。 16

*インド国籍を有する者と、インド出身者またはその子孫で移住先の国籍を有する者との合計。

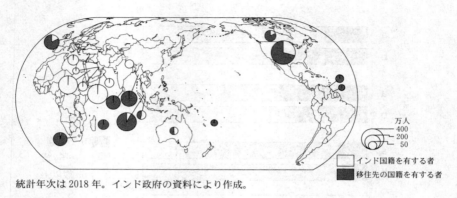

統計年次は2018年。インド政府の資料により作成。

図 4

① インド系住民のうち、移住先の国籍を有する者は、英語を公用語とする国やイギリスの植民地であった国に多く分布する。

② 東南アジアやラテンアメリカには、第二次世界大戦以前に、観光業に従事するために移住したインド出身者の子孫が多く居住している。

③ 1970年代のオイルショック以降に増加した西アジアのインド系住民の多くは、油田開発に従事する技術者である。

④ 1990年代以降、インド国内の情報通信技術産業の衰退に伴い、技術者のアメリカ合衆国への移住が増加している。

問4 大都市圏の内部では，人口分布の時系列変化に一定のパターンがみられる。次の図5は，島嶼部を除く東京都における2010年の市区町村と1925年の人口密集地*を示したものである。また，下の表1中の**サ**〜**ス**は，図5中のA〜Cのいずれかの市区町村における1925〜1930年，1965〜1970年，2005〜2010年の人口増加率を示したものである。A〜Cと**サ**〜**ス**との正しい組合せを，下の**①**〜**⑥**のうちから一つ選べ。17

*1925年時点の市区町村のうち，人口密度が4,000人/km² 以上のもの。

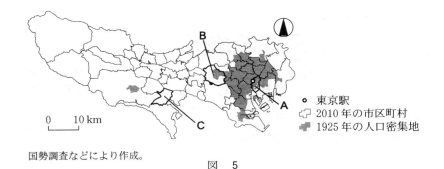

国勢調査などにより作成。

図　5

表　1
(単位：％)

	1925〜1930年	1965〜1970年	2005〜2010年
サ	103.9	3.0	4.0
シ	6.3	−18.9	24.8
ス	2.6	65.3	1.2

国勢調査により作成。

	①	②	③	④	⑤	⑥
A	サ	サ	シ	シ	ス	ス
B	シ	ス	サ	ス	サ	シ
C	ス	シ	ス	サ	シ	サ

問5 近年，日本の都市や農村の多くで，居住者のいない住宅が増加している。次の図6は，日本のいくつかの市区町村について，居住者のいない住宅の割合とその内訳を，空き家*，賃貸用・売却用の住宅，別荘などの住宅に分けて示したものである。また，下の文E～Gは，図6中のタ～ツのいずれかの市区町村の特徴について述べた文である。E～Gとタ～ツとの正しい組合せを，下の①～⑥のうちから一つ選べ。 18

*人が長期間住んでいない住宅や取り壊すことになっている住宅。

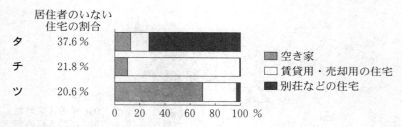

統計年次は2018年。住宅・土地統計調査により作成。

図 6

E 観光やレジャーのために多くの人々が来訪する。
F 高齢化や過疎化によって人口減少が進んでいる。
G 転出者や転入者の多い大都市圏に含まれる。

	①	②	③	④	⑤	⑥
E	タ	タ	チ	チ	ツ	ツ
F	チ	ツ	タ	ツ	タ	チ
G	ツ	チ	ツ	タ	チ	タ

問 6 急速に経済発展した台湾のタイペイ（台北）では、交通網の再編成が政策上の課題になっている。次の図7は、タイペイのバス専用レーンの分布を設置時期別に示したものであり、図8は、地下鉄路線とバス路線の長さの推移について、1998年の値を100とした指数で示したものである。図7と図8に関連することがらについて述べた下の文章中の下線部ｘとｙの正誤の組合せとして正しいものを、下の①～④のうちから一つ選べ。 19

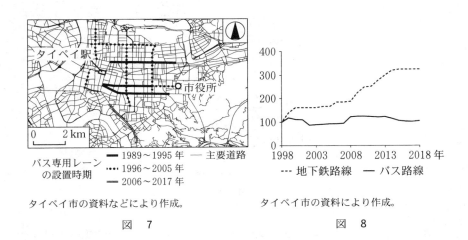

図 7　　　　　　　　　　　　　図 8

　タイペイの従来の都心部はタイペイ駅周辺であり、市役所周辺にも副都心が計画的に整備された。都心部・副都心の周辺におけるバス専用レーンは、主に ｘ都市部・副都心と郊外を結ぶ道路から順に整備されてきた。

　市民の移動にかかる環境負荷が小さい都市交通体系への再編が求められるようになり、2000年代半ば以降、ｙ大量輸送の可能な地下鉄路線が拡充してきた。

	①	②	③	④
ｘ	正	正	誤	誤
ｙ	正	誤	正	誤

第4問 アメリカ合衆国に関する次の問い（**A・B**）に答えよ。（配点 20）

A 次の図1を見て，アメリカ合衆国に関する下の問い（**問1〜4**）に答えよ。

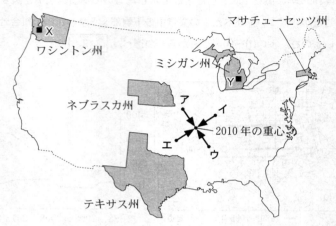

U.S. Census Bureau の資料などにより作成。

図　1

問 1(1) 図1中の**ア〜エ**の地点と矢印のうち，1950年の人口分布の重心と2010年の重心への移動方向を示したものとして最も適当なものを，次の①〜④のうちから一つ選べ。　20

① ア　　　　② イ　　　　③ ウ　　　　④ エ

(2) (1)で示された，1950年から2010年にかけての重心の移動が生じた要因として最も適当なものを，次の①〜④のうちから一つ選べ。　21

① 安価な労働力を指向した工場の進出と先端技術産業の成長
② 製鉄業や自動車産業の成長と雇用の増加
③ 大陸横断鉄道の開通と開拓の進展
④ 農村部から大都市圏への大規模な人口の移動

2021年度：地理Ｂ／本試験（第Ⅰ日程）　**23**

問2　次の表1は，図1中に示したいくつかの州における取水量の水源別の割合と使用目的別の割合を示したものであり，表1中の**カ～ク**は，テキサス州，ネブラスカ州，マサチューセッツ州のいずれかである。州名と**カ～ク**との正しい組合せを，下の**①～⑥**のうちから一つ選べ。　　22

表　　1

(単位：％)

	水源別の割合		使用目的別の割合		
	地下水	地表水	工業用水	生活用水	農業用水
カ	61.3	38.7	31.3	3.1	65.6
キ	27.0	73.0	40.8	48.5	10.6
ク	33.8	66.2	58.6	14.2	27.2

統計年次は 2015 年。USGS の資料により作成。

	①	②	③	④	⑤	⑥
テキサス州	**カ**	**カ**	**キ**	**キ**	**ク**	**ク**
ネブラスカ州	**キ**	**ク**	**カ**	**ク**	**カ**	**キ**
マサチューセッツ州	**ク**	**キ**	**ク**	**カ**	**キ**	**カ**

問 3　図1中のミシガン州とワシントン州は，ほぼ同緯度に位置しており，面積もほぼ同じである。次の図2中のサとシは，図1中のXとYのいずれかの地点における月平均気温と月降水量をハイサーグラフで示したものである。また，下の表2中のGとHは，ミシガン州とワシントン州のいずれかにおける小麦とテンサイの年間生産量を示したものである。地点Xに該当するハイサーグラフとワシントン州に該当する作物の年間生産量との正しい組合せを，下の①～④のうちから一つ選べ。　23

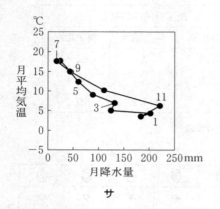
サ

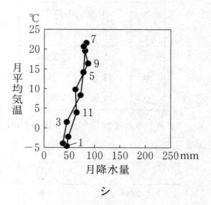
シ

気象庁の資料により作成。

図　2

表　2

	小麦（万ブッシェル）	テンサイ（千トン）
G	15,321	87
H	3,572	4,278

ブッシェルは穀物の計量単位で，1ブッシェルは約35リットルに相当する。
統計年次は2017年。USDAの資料により作成。

	①	②	③	④
ハイサーグラフ	サ	サ	シ	シ
作物の年間生産量	G	H	G	H

問4 次の図3は，ミシガン州とワシントン州の州全体，およびミシガン州とワシントン州の人口最大都市であるデトロイト市とシアトル市における，人種・民族別人口割合を示したものである。図3中の**タ**と**チ**は，ミシガン州とワシントン州のいずれか，JとKは，州全体と人口最大都市のいずれかである。ミシガン州の州全体に該当するものを，図3中の①～④のうちから一つ選べ。24

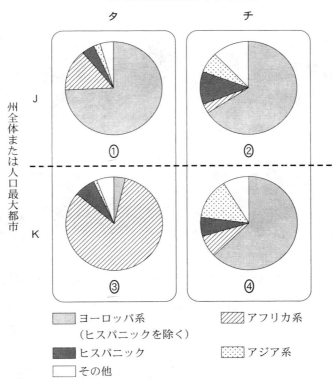

図　3

B　アメリカ合衆国の社会と経済の多様性に関する次の問い(**問5・6**)に答えよ。

問5　次の図4は、アメリカ合衆国の各州*における都市人口率と、社会経済にかかわるいくつかの指標を示したものであり、図4中の**マ〜ム**は、外国生まれの人口の割合、貧困水準以下の収入の人口の割合、持ち家率のいずれかである。指標名と**マ〜ム**との正しい組合せを、下の**①〜⑥**のうちから一つ選べ。

25

*コロンビア特別区(ワシントンD.C.)を含み、アラスカ州とハワイ州を除く。

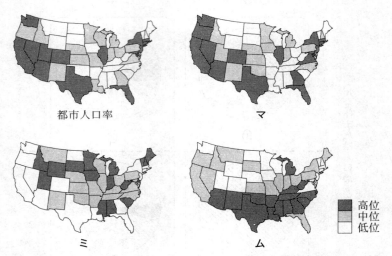

統計年次は、都市人口率が2010年、外国生まれの人口の割合、貧困水準以下の収入の人口の割合、持ち家率が2016年。
U.S. Census Bureauの資料などにより作成。

図　4

	①	②	③	④	⑤	⑥
外国生まれの人口の割合	マ	マ	ミ	ミ	ム	ム
貧困水準以下の収入の人口の割合	ミ	ム	マ	ム	マ	ミ
持ち家率	ム	ミ	ム	マ	ミ	マ

問6 次の図5は，2012年と2016年のアメリカ合衆国の大統領選挙における，各州*の選挙人**の数と選挙人を獲得した候補者の政党を示したものである。図5から読み取れることがらとその背景について述べた下の文章中の空欄ラとリに当てはまる語句の正しい組合せを，下の①～④のうちから一つ選べ。
26

*コロンビア特別区（ワシントンD.C.）を含み，アラスカ州とハワイ州を除く。
**有権者が投票で大統領選挙人を選出し，この選挙人が大統領を選出する。一部の州を除いて，各州で最も得票の多い候補者が，その州のすべての選挙人を獲得する。

アメリカ合衆国連邦政府の資料などにより作成。

図　5

　図5を見ると，両時点とも民主党の候補者が選挙人を獲得した州は（　ラ　）に多い。この要因として，地域の産業構造の特徴や有権者の社会経済的特性などがあげられる。五大湖沿岸の地域では，2012年の民主党に代わって，2016年には共和党の候補者が選挙人を獲得した州が多く分布する。これは，グローバル化の影響で衰退したこの地域の製造業について，共和党の候補者が（　リ　）政策を主張したことなどが大きく影響したと考えられている。

	①	②	③	④
ラ	南部や中西部	南部や中西部	ニューイングランドや西海岸	ニューイングランドや西海岸
リ	移民労働力を増やす	工場の海外移転を抑制する	移民労働力を増やす	工場の海外移転を抑制する

第5問 京都市に住む高校生のタロウさんは，京都府北部にある宮津市の地域調査を行った。次の図1を見て，この地域調査に関する下の問い（**問1～6**）に答えよ。

（配点　20）

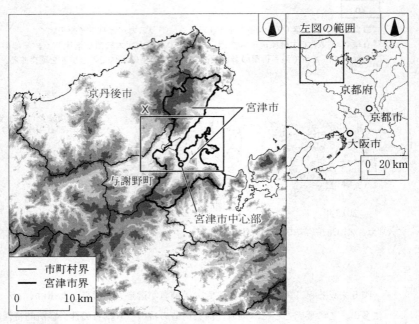

左図の陸地では，色の濃い部分ほど標高の高い地域を示している。
宮津市界の一部は水面上にある。
国土数値情報などにより作成。

図　1

問 1 タロウさんは，京都府における人口変化の地域差と京都市との関係を調べるために，主題図を作成した。次の図 2 は，京都府の各市町村について，1990〜2015 年の人口増減率と 2015 年の京都市への通勤率を示したものである。図 2 から読み取れることがらを述べた文として正しいものを，下の①〜④のうちから一つ選べ。 27

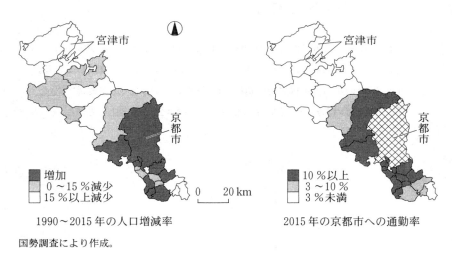

図　2

① 宮津市とその隣接市町村では，すべての市町村で人口が 15 ％ 以上減少している。

② 京都市への通勤率が 10 ％ 以上の市町村では，すべての市町村で人口が増加している。

③ 京都市への通勤率が 3 〜 10 ％ の市町村の中には，人口が増加している市町村がある。

④ 京都市への通勤率が 3 ％ 未満の市町村の中には，人口が増加している市町村がある。

問 2 タロウさんは，宮津市の中心部が城下町であったことに関心をもち，現在の地形図と江戸時代に描かれた絵図を比較して，地域の変化を調べることにした。次ページの図3中の**ア**は，宮津市中心部の現在の地形図であり，**イ**は，**ア**とほぼ同じ範囲の江戸時代に描かれた宮津城とその周辺の絵図を編集したものである。図3から読み取れることがらとして最も適当なものを，次の**①**～**④**のうちから一つ選べ。　28

① 新浜から本町にかけての地区には，江戸時代は武家屋敷が広がっていた。

② 体育館の北側にある船着き場は，近代以降の埋立地に立地している。

③ 宮津駅から大手橋までの道は，江戸時代から城下町の主要道であった。

④ 宮津城の本丸の跡地には，市役所を含む官公庁が立地している。

地理院地図により作成。

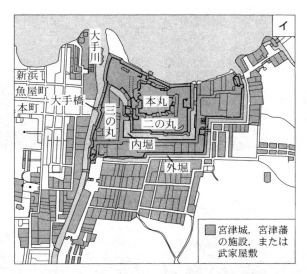

弘化2(1845)年に描かれた絵図を編集したものであるため歪みがある。
『宮津市史』をもとに作成。

図　3

問 3 宮津湾と阿蘇海の間にある砂州は天橋立と呼ばれ，有名な観光地であることを知ったタロウさんは，様々な地点から天橋立の写真を撮影した。次の図4は，図1中のXの範囲を示したものであり，下の写真1は，図4中の地点A～Dのいずれかから矢印の方向に撮影したものである。地点Aに該当するものを，写真1中の①～④のうちから一つ選べ。 29

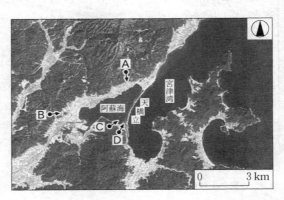

地理院地図により作成。

図 4

写真 1

問4 天橋立近くの土産物店で丹後ちりめんの織物製品が数多く売られているのを見たタロウさんは,丹後ちりめんについて調べ,次の資料1にまとめた。資料1中の空欄カ~クに当てはまる語の正しい組合せを,下の①~⑧のうちから一つ選べ。30

資料　1

●丹後ちりめんの特徴
・生地に細かい凹凸のある絹織物。
・しわが寄りにくく,風合いや色合いに優れる。
・主要な産地は京都府の京丹後市と与謝野町で,冬季の（　カ　）季節風が生産に適する。

丹後織物工業組合提供

●丹後ちりめんの動向
・1960~70年代:豊富な労働力や広い土地を求めた京都市の西陣織の業者から仕事を請け負い,生産量が多かった。
・1980~90年代:和服を着る機会が減少したことと（　キ　）な織物製品の輸入が急増したことで,生産が縮小した。
・2000年以降:洋服の生地や,スカーフ,インテリア用品などの商品開発を進めるとともに,（　ク　）により海外市場へ進出しつつある。

	カ	キ	ク
①	乾いた	安価	大量生産
②	乾いた	安価	ブランド化
③	乾いた	高価	大量生産
④	乾いた	高価	ブランド化
⑤	湿った	安価	大量生産
⑥	湿った	安価	ブランド化
⑦	湿った	高価	大量生産
⑧	湿った	高価	ブランド化

34　2021年度：地理B／本試験（第１日程）

問 5　タロウさんは，宮津市北部の山間部にある集落で調査を行った。次の資料2
　　　は，ある集落の住民に対してタロウさんが実施した聞き取り調査の結果を整理
　　　したものと，その内容から考察したことをまとめたものである。タロウさんの
　　　考察をまとめた文として**適当でないもの**を，資料2中の①〜④のうちから一つ
　　　選べ。　31

資料　2

【聞き取り調査の結果】

●小学校（分校）の廃校

　・かつては集落に子どもが多かったため，分校が設置されていた。

　・廃校に伴い，集落の小学生は，遠くの学校に通うことになる。

●伝統的な文化や技術の継承

　・春祭りで行われていた太刀振り神事が途絶えてしまった。

　・集落にある植物を用いた織物や和紙がつくられてきた。

●都市と農村の交流

　・NPO や地元企業などにより，棚田の保全が進められている。

　・集落の周辺で，ブナ林や湿地などをめぐるツアーが行われている。

●移住者の増加

　・米作りや狩猟を行うことを目的として移住してきた人がいる。

　・移住者の中には，古民家を改修して居住する人がいる。

【考察】

　①　小学校の廃校は，若年層の継続的な流出や少子化が背景にある。

　②　住民の高齢化により，伝統的な文化や技術の担い手が減少している。

　③　自然環境への関心の高まりにより，都市と農村の交流が進められている。

　④　移住者の増加は，宮津市における人口の郊外化が背景にある。

問6 天橋立で多くの外国人を見かけたタロウさんは，外国人観光客の動向を調べることにした。次の図5は，2018年の外国人延べ宿泊者数*と，その2013年に対する比を都道府県別に示したものである。また，下の文章は，図5から読み取れることがらとその背景について述べたものであり，空欄**サ**には大阪府と沖縄県のいずれか，空欄**シ**には下の文FとGのいずれかが当てはまる。空欄**サ**に当てはまる府県名と空欄**シ**に当てはまる文との組合せとして最も適当なものを，下の①〜④のうちから一つ選べ。 32

*宿泊者数×宿泊数。

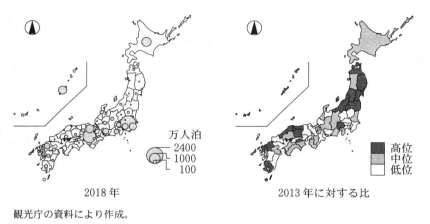

図 5

2018年の外国人延べ宿泊者数をみると，東京都が最多であり，次に多いのが（ **サ** ）である。また，2013年に対する比をみると，外国人延べ宿泊者数が少ない県で高位を示すところが多く，この背景として，（ **シ** ）外国人旅行者が増加し，外国人の宿泊地が多様化したことが考えられる。

F 温泉や農山漁村を訪れて体験型の観光を楽しむ
G ショッピングや大型テーマパークを楽しむ

① 大阪府 ― F   ② 大阪府 ― G   ③ 沖縄県 ― F   ④ 沖縄県 ― G

共通テスト

本試験
（第2日程）

地理 B

2021

解答時間 60 分
配点 100 点

地 理 B

(解答番号 1 ～ 30)

第1問 世界の自然環境と災害に関する次の問い(**A・B**)に答えよ。(配点 20)

A マキさんたちは，2005～2014年に報告された土砂災害発生地点を，次の図1のようにまとめ，世界で発生している土砂災害についてクラスで探究することになった。世界の土砂災害と人間活動に関する下の問い(**問1～3**)に答えよ。

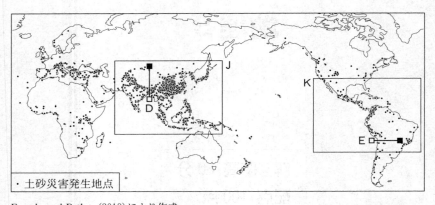

Froude and Petley (2018) により作成。

図 1

問1 マキさんたちは，図1から「土砂災害を発生させる要因は山脈の地形的特徴にあるのではないか」という仮説を立て，世界の山脈について調べることにした。次の図2中のアとイは，図1中の線DとEのいずれかに沿った地形断面である。また，下の文GとHは，図1中の線DとEのいずれかが横断する山脈について述べたものである。図1中の線Dに該当する図と文との組合せとして最も適当なものを，下の①～④のうちから一つ選べ。 1

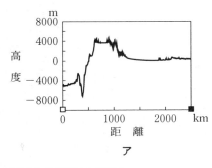
ア

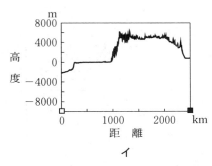
イ

NOAAの資料により作成。

図 2

G 海洋プレートが沈み込む変動帯にあり，火山が多い。
H 大陸プレートどうしが衝突する変動帯にあり，褶曲や断層が多い。

	①	②	③	④
図	ア	ア	イ	イ
文	G	H	G	H

問 2 マキさんたちは，降雨と土砂災害との関係について考察するために，いくつかの地域における月別の土砂災害発生地点の違いを調べた。次の図3中のカとキは，図1中のJとKの範囲における，1月と7月のいずれかの土砂災害発生地点を示したものである。図3をもとに話し合った，下の会話文中の下線部①～④のうちから，誤りを含むものを一つ選べ。 2

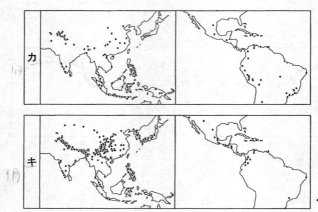

・土砂災害発生地点

統計年次は2005～2014年。Froude and Petley (2018)により作成。

図 3

マ　キ 「アジアでは，カの時期に土砂災害が少ないようだね。南アジアに①北西から季節風(モンスーン)が吹き寄せて，乾季になる時期だね」

チナツ 「ペルー付近は，カの時期に土砂災害が多発する傾向にあるよ。キの時期よりも②熱帯収束帯(赤道低圧帯)が南に位置して，降水量が増える時期だね」

マ　キ 「キの時期は，日本で土砂災害が多発しているね。この時期の日本は，③海上から吹く暖かく湿った風の影響を受けているね」

チナツ 「中央アメリカでキの時期に土砂災害が多いのは，④熱帯低気圧の襲来も影響しているようだよ」

問 3 マキさんたちは,土砂災害が多発している東アジアにおける人間の営みと土砂の流出との関係について調べることにした。先生から提示された次の図4は,黄河から海への土砂流出量の変化を示したものである。図4で示された土砂流出量の変化について,その背景と影響をマキさんたちがまとめた下のカード①~④のうちから,**適当でないもの**を一つ選べ。 3

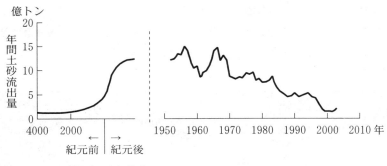

Wang et al. (2007)により作成。

図 4

① 紀元後に黄河流域における人間活動が活発化し,土砂流出量の増加をもたらした。	② 1960年代半ば以降に土砂流出量の減少傾向が続き,海岸侵食のリスクが増大した。
③ 黄河流域における水力発電需要の増加が,土砂の流出を促進した。	④ 黄土高原における植林などの土壌保全が,土砂の流出を抑制した。

B　高校生のフミさんたちは，国の研究所の研究員から地球規模の森林の分布とそれらの特徴，森林における災害についての特別授業を受けた。世界の森林に関する次の問い（問4〜6）に答えよ。

問4　最初に，研究員は人工衛星の観測から得られた世界の森林分布を示し，その特徴について考えてみようと提案した。フミさんたちは，次の図5のように森林が密な地域と疎らな地域の組合せを，4つの大陸から一つずつ選び出して話し合った。下の会話の条件に当てはまる地域の組合せとして最も適当なものを，図5中の①〜④のうちから一つ選べ。　4

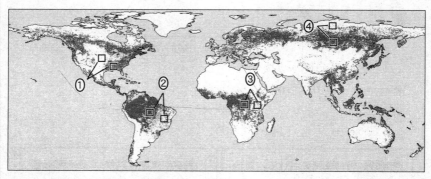

点は森林の分布を示す。JAXAの資料により作成。

図　5

フ　ミ　「地図帳を見ると，森林が密な地域よりも，疎らな地域は標高が低いようだね」

ユ　ウ　「森林が密な地域と疎らな地域の年降水量を比べると，この4つの組合せの中で最も差が小さいようだよ」

サ　キ　「森林が疎らな地域よりも，密な地域の方が年平均気温は高いね。そのことが，この地域において，森林が密か疎らかの違いの主な要因となっているようだね」

問5 次に,研究員は,世界の森林のうち,熱帯雨林,温帯林,亜寒帯林を対象に森林の違いを考えてみようと提案した。次の資料1は,世界全体におけるそれぞれの森林の炭素量を,植物と土壌が占める割合に分けて研究員が示したものである。資料1をもとに,森林の特徴についてフミさんたちがまとめた文として下線部が最も適当なものを,下の①～④のうちから一つ選べ。 5

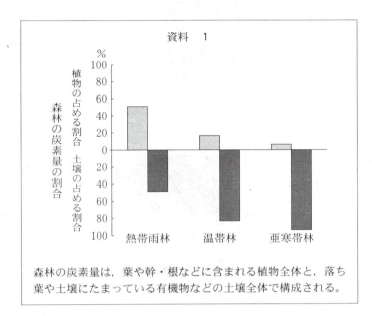

USDA の資料などにより作成。

① 熱帯雨林の土壌の炭素量の割合が最も小さいのは,主に落ち葉などの分解が速いためと考えられる。
② 温帯林の植物の炭素量の割合が熱帯雨林に比べて小さいのは,近年の人為的な開発の影響を強く受けているためと考えられる。
③ 亜寒帯林の植物の炭素量の割合が最も小さいのは,主に降水量が少ないことによって成長が制限されているためと考えられる。
④ 植物と土壌の炭素量の割合を比較すると,緯度が低い地域の森林ほど,有機物を含む土壌層が厚く,樹木の成長がよいと考えられる。

問 6 最後に，研究員とフミさんたちは，世界の森林で起きる災害の一つとして，カナダの森林火災を取り上げ，次の図6と下の写真1を見ながら話し合った。次ページの会話文中の空欄PとQに当てはまる語句と文との組合せとして最も適当なものを，次ページの①～④のうちから一つ選べ。 6

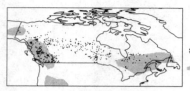

森林火災が発生した地域
7月の気温が平年よりも2℃以上高い地域

Natural Resources Canada の資料などにより作成。

図 6

今日の森林火災の危険性　　高い

写真　1

研究員 「森林面積が広いカナダでは，森林火災が大きな災害の一つです。図6
　　　　は，2018年に森林火災が発生した地域と7月の気温が平年よりも2℃以
　　　　上高い地域を重ねて示したものです」

フ　ミ 「気温が平年よりも高い地域で火災が多いようですが，そうではない地域
　　　　でも火災がみられますね」

研究員 「森林火災が発生したり，拡大したりする要因として，気温の高さ以外に
　　　　どのようなことが考えられますか」

サ　キ 「森林火災の発生や拡大には，（　P　）も影響していると思います」

研究員 「そうですね。現地では写真1のような表示で森林火災の危険性が予報さ
　　　　れています。これらの図や写真から，火災の危険性を予報する意味を考え
　　　　てみましょう」

フ　ミ 「この地域の森林では，（　Q　）だと思います」

研究員 「皆さん，しっかりと考察できましたね」

（　P　）に当てはまる語句
　　サ　雨がほとんど降っていない日数の多さ
　　シ　風が弱い日数の多さ

（　Q　）に当てはまる文
　　タ　落ち葉や土壌の表層も燃えて広がりやすいため，消火が困難になる危険性
　　　　を知らせる必要があるから
　　チ　焼畑をしていると燃え広がりやすくなるため，農業従事者に危険性を知ら
　　　　せる必要があるから

	①	②	③	④
P	サ	サ	シ	シ
Q	タ	チ	タ	チ

第2問 産業と貿易に関する次の問い(問1〜6)に答えよ。(配点 20)

問1 産業の立地と地域の人口は深く結びついているが,その関係は産業の特性によって異なる。次の図1は,都道府県の人口と産業別就業者数を示したものであり,ア〜ウは,農林業,製造業,小売業のいずれかである。産業とア〜ウとの正しい組合せを,下の①〜⑥のうちから一つ選べ。 7

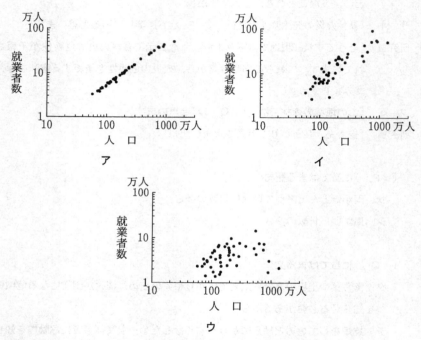

統計年次は2015年。国勢調査により作成。

図 1

	①	②	③	④	⑤	⑥
農林業	ア	ア	イ	イ	ウ	ウ
製造業	イ	ウ	ア	ウ	ア	イ
小売業	ウ	イ	ウ	ア	イ	ア

問 2　農業の立地には，地域の自然条件のほか，市場からの距離が重要な要因となる。市場からの距離と農業地域の形成を説明した仮想のモデルに関する次の条件と下の説明文を読んで，空欄**カ**に当てはまるものを，下の図2中の①～④のうちから一つ選べ。　8

条　件
- 市場が一つだけ存在する。
- 自然条件はどこも同じで，生産にかかる費用は一定である。
- 作物を市場へ運ぶ輸送費は距離に比例する。
- 農地面積当たり収益は，作物の販売価格から生産にかかる費用と輸送費を引いて求める。

説明文
　図2は，横軸に市場からの距離を，縦軸に作物別に見込める農地面積当たり収益を示したものである。作物Aは作物Bより輸送費が多くかかるが，市場での販売価格は高い。より収益の高い作物が選択されるならば，横軸の線上で生産される作物の分布は（　**カ**　）のようになる。

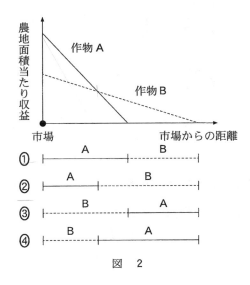

図　2

問3 農業の立地には市場からの距離に加え様々な要因が作用する。次の図3中のサ～スは，米，野菜，果樹のいずれかについて，東日本の14都県における，東京からの距離と農地面積当たり収益の推計値*を示したものである。また，次ページの図4中のD～Fは，田，畑，樹園地のいずれかについて，その14都県の農地面積の構成比を指数で示したものである。野菜と畑との正しい組合せを，次ページの①～⑨のうちから一つ選べ。　9

*農地面積当たり収益は，作物別農業産出額を田，畑，樹園地の面積で割った値。

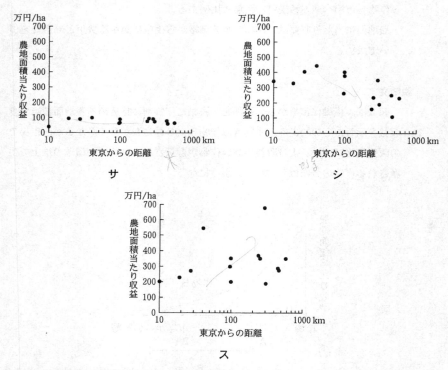

東京からの距離は各県庁所在地までの直線距離で，東京都は10 kmとした。
野菜の産出額は野菜・豆・いもの合計。
統計年次は2017年。『生産農業所得統計』などにより作成。

図　3

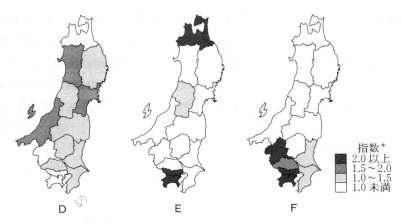

*各都県の農地面積に占める田,畑,樹園地の構成比を,それぞれ全国の構成比で割ったもの。
統計年次は2017年。『作物統計調査』により作成。

図　4

	①	②	③	④	⑤	⑥	⑦	⑧	⑨
野菜	サ	サ	サ	シ	シ	シ	ス	ス	ス
畑	D	E	F	D	E	F	D	E	F

問4　次の①〜④の文は,世界各地の産業の立地について述べたものである。このうち,市場からの距離の近さが立地に強く影響している例として最も適当なものを,①〜④のうちから一つ選べ。　10

① アメリカ合衆国のシアトルには,航空機組立産業が立地している。
② イタリアのフィレンツェには,付加価値の高い繊維産業が立地している。
③ インドのバンガロールには,英語対応のコールセンターが立地している。
④ 東京には,出版や印刷に関係する産業が立地している。

問 5 2国間で行われる貿易は，各国の資源や産業構造の影響を受ける。次の表1は，いくつかの国について，1人当たり GDP（国内総生産）と輸出依存度*をもとに4つに分類したものであり，J～Lは，シンガポール，ベトナム，カナダのいずれかである。また，下の**タ～ツ**は，日本がJ～Lのいずれかの国から輸入する主要な品目である。J～Lと**タ～ツ**との正しい組合せを，下の①～⑥のうちから一つ選べ。 11

*輸出額を GDP で割った値。

表　1

		輸出依存度	
		50 % 未満	50 % 以上
1人当たり GDP	2万ドル未満	インドネシア	J
	2万ドル以上	K	L

統計年次は 2016 年。『世界国勢図会』により作成。

タ　機械類（集積回路など）や医薬品

チ　機械類（電気機器など）や衣類

ツ　石炭や肉類

	①	②	③	④	⑤	⑥
J	タ	タ	チ	チ	ツ	ツ
K	チ	ツ	タ	ツ	タ	チ
L	ツ	チ	ツ	タ	チ	タ

問6 次の図5は，ある3か国の2017年における訪日観光客数と，1人当たり旅行消費額およびその内訳を示したものであり，マ～ムは，アメリカ合衆国，韓国，中国*のいずれかである。また，図5中の凡例PとQは，買い物代と宿泊費のいずれかである。アメリカ合衆国と買い物代との正しい組合せを，下の①～⑥のうちから一つ選べ。 12

*台湾，ホンコン，マカオを含まない。

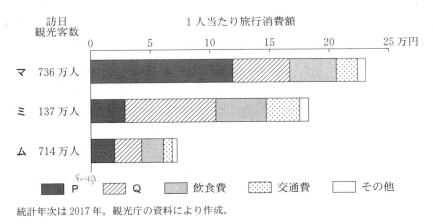

統計年次は2017年。観光庁の資料により作成。

図 5

	①	②	③	④	⑤	⑥
アメリカ合衆国	マ	マ	ミ	ミ	ム	ム
買い物代	P	Q	P	Q	P	Q

第3問 人口と村落・都市に関する次の問い(問1〜6)に答えよ。(配点 20)

問1 次の図1は，いくつかの国について，老年人口率が7％，14％，21％に達した年，または達すると予測されている年を示したものであり，①〜④は，カナダ，中国*，日本，フランスのいずれかである。カナダに該当するものを，図1中の①〜④のうちから一つ選べ。　13

*台湾，ホンコン，マカオを含まない。

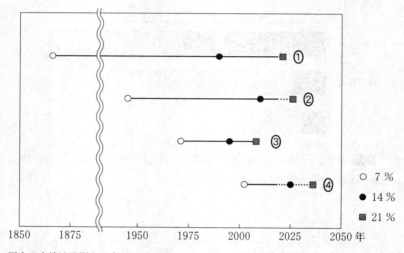

図中の点線は予測を示す。*World Population Prospects* などにより作成。

図　1

問 2 次の図2は，いくつかの国における女性の労働力率を年齢階級別に示したものであり，凡例ア～ウは，アメリカ合衆国，韓国，フィンランドのいずれかである。国名とア～ウとの正しい組合せを，下の①～⑥のうちから一つ選べ。 14

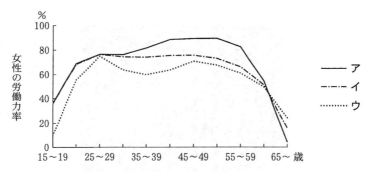

アメリカ合衆国の15～19歳は16～19歳の値。
統計年次は2017年。『世界の統計』により作成。

図 2

	①	②	③	④	⑤	⑥
アメリカ合衆国	ア	ア	イ	イ	ウ	ウ
韓 国	イ	ウ	ア	ウ	ア	イ
フィンランド	ウ	イ	ウ	ア	イ	ア

問3 次の写真1は，ある集落の景観を撮影したものである。下の文**カ**と**キ**のいずれかは，写真1のような形態の集落が分布する地域について述べたものであり，文**a**と**b**のいずれかは，このような形態の利点を説明したものである。写真1のような形態の集落に該当する文の組合せとして最も適当なものを，下の**①**～**④**のうちから一つ選べ。15

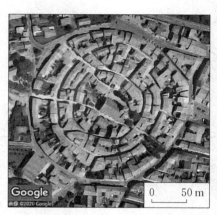

Googleマップにより作成。

写真　1

分布する地域

　カ　開発の歴史が新しく，村落が計画的につくられた地域

　キ　平野部で農業生産性が高く，外敵への備えが必要であった地域

形態の利点

　a　各農家の近くに耕地が集まっており，耕作や収穫の利便性が高い。

　b　教会や広場があり，農業や社会生活などで共同作業を行いやすい。

	①	②	③	④
分布する地域	カ	カ	キ	キ
形態の利点	a	b	a	b

問4 次の図3は，ある三つの国A〜Cにおける都市人口率の推移を示したものであり，下の文サ〜スは，A〜Cのいずれかの国における社会・経済的な状況について述べたものである。A〜Cとサ〜スとの組合せとして最も適当なものを，下の①〜⑥のうちから一つ選べ。 16

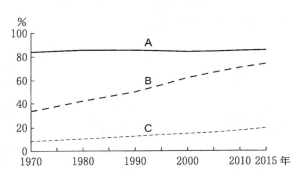

World Urbanization Prospects により作成。

図　3

サ　植民地支配のもとで多数のプランテーションが開発されたものの，ルックイースト政策などにより外国資本の導入が進み，工業化の進展が著しい。

シ　長期的な植民地支配を受けることはなかったものの，モノカルチャー経済の傾向が残っており，近年でも最大の輸出品目はコーヒー豆である。

ス　鉄鉱石・石炭などの鉱産資源や農畜産物の輸出額が大きいものの，脱工業化が進み，就業人口に占める第3次産業就業者の割合が高い。

	①	②	③	④	⑤	⑥
A	サ	サ	シ	シ	ス	ス
B	シ	ス	サ	ス	サ	シ
C	ス	シ	ス	サ	シ	サ

問5 次の図4は，ある大都市における主な鉄道網と，いくつかの移動手段について，出勤目的の移動者数が多い地区間を線で結んだものであり，EとFは，自動車と鉄道のいずれかである。また，下の文章は，図4から読み取れることがらを述べたものであり，空欄Xには，図4中の地区タとチのいずれかが当てはまる。自動車に該当する図と空欄Xに当てはまる地区との正しい組合せを，下の①～④のうちから一つ選べ。17

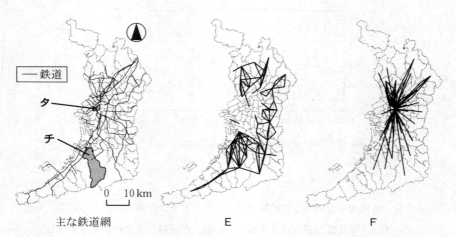

地区間の移動者数が，自動車は500人以上，鉄道は2,000人以上を示した。
統計年次は2010年。国土数値情報などにより作成。

図　4

大都市では，道路網や鉄道網の発達により，都市内部の人口分布は昼間と夜間で大きく異なる。夜間人口100人に対する昼間人口を示す昼夜間人口指数について，図4中の地区タとチを比べると，（　X　）の方が大きな値を示す。

① E―タ　　② E―チ　　③ F―タ　　④ F―チ

問6 次の図5は，日本のある県庁所在都市の中心部におけるいくつかの施設の立地を示したものであり，凡例**マ**〜**ム**は，公立中学校，コンビニエンスストア，ビジネスホテルのいずれかである。施設名と**マ**〜**ム**との正しい組合せを，下の①〜⑥のうちから一つ選べ。 18

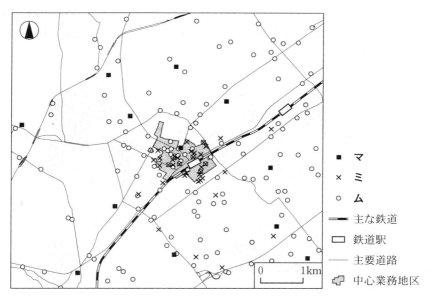

図　5

	①	②	③	④	⑤	⑥
公立中学校	マ	マ	ミ	ミ	ム	ム
コンビニエンスストア	ミ	ム	マ	ム	マ	ミ
ビジネスホテル	ム	ミ	ム	マ	ミ	マ

第4問 西アジアに関する次の問い(**A・B**)に答えよ。(配点 20)

A 西アジアの自然環境や社会経済に関する次の問い(**問1～4**)に答えよ。

問1 次の図1は，西アジアの地形を示したものであり，下の図2は，図1中のD～Gのいずれかの地点における1月と7月の月平均気温および月降水量を示したものである。Fに該当するものを，図2中の**①～④**のうちから一つ選べ。
19

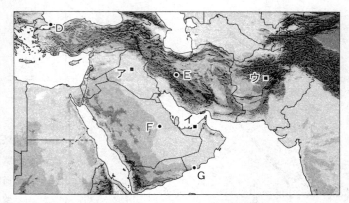

色の濃い部分ほど標高の高い地域を示し，陰影を付けている。

図 1

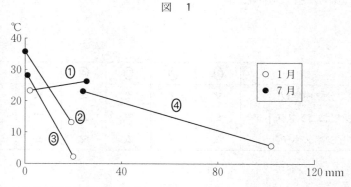

気象庁の資料などにより作成。

図 2

問2 次の写真1中のJ～Lは，図1中のア～ウのいずれかの地点における水資源の確保に関する景観を撮影したものである。J～Lとア～ウとの正しい組合せを，下の①～⑥のうちから一つ選べ。 20

J　外来河川

K　淡水化施設

L　地下水路

Google Earth により作成。

写真　1

	①	②	③	④	⑤	⑥
J	ア	ア	イ	イ	ウ	ウ
K	イ	ウ	ア	ウ	ア	イ
L	ウ	イ	ウ	ア	イ	ア

問3 次の図3は，1人当たりGNI（国民総所得）と1日当たり原油生産量によって西アジアの国々をa〜dの4つのグループに分けたものであり，下の図4は，各グループの分布を示したものである。図4中の凡例カ〜クは，図3中のa〜cのいずれかである。a〜cとカ〜クとの正しい組合せを，次ページの①〜⑥のうちから一つ選べ。 21

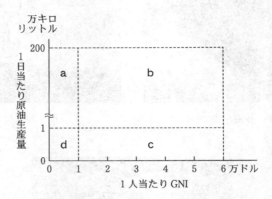

統計年次は2016年。『世界国勢図会』などにより作成。

図 3

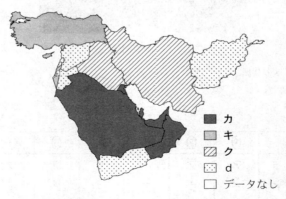

統計年次は2016年。『世界国勢図会』などにより作成。

図 4

	①	②	③	④	⑤	⑥
a	カ	カ	キ	キ	ク	ク
b	キ	ク	ク	ク	カ	キ
c	ク	キ	ク	カ	キ	カ

問 4　次の図5は，アラブ首長国連邦のドバイにおける人口の推移を示したものであり，図6は，2015年のドバイにおける人口ピラミッドを示したものである。図5と図6をもとに考えられる，2000年以降のドバイの人口増加に寄与している要因として最も適当なものを，下の①～④のうちから一つ選べ。

22

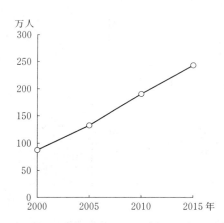

Dubai Statistics Centerの資料により作成。

図　5

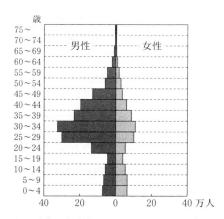

Dubai Statistics Centerの資料により作成。

図　6

① イスラーム（イスラム教）の聖地への外国からの巡礼
② 外国出身者における高い出生率
③ 建設工事の増加に伴う外国からの労働者の流入
④ 都市と農村の所得格差に伴う国内の人口移動

62 2021年度：地理Ｂ／本試験（第 2 日程）

B 西アジアのトルコと北アフリカのモロッコは，ともに地中海に面し，ヨーロッ
パとの結びつきも強い。両国に関する次の問い（**問 5・6**）に答えよ。

問 5 次の表 2 は，いくつかの食料品について，トルコとモロッコの 1 人当たり年
間供給量を示したものであり，**P**と**Q**はナツメヤシと豚肉のいずれか，**サ**と**シ**
はトルコとモロッコのいずれかである。ナツメヤシとモロッコとの正しい組合
せを，下の**①**～**④**のうちから一つ選べ。 23

表 2

（単位：kg）

		1 人当たり年間供給量	
		P	Q
国 名	サ	0.01	0.64
	シ	0.01	2.88

統計年次は 2013 年。FAOSTAT により作成。

	①	②	③	④
ナツメヤシ	P	P	Q	Q
モロッコ	サ	シ	サ	シ

問 6 人口の国際移動には，教育・雇用機会の獲得や紛争からの逃避など，様々な
背景がある。次ページの図 7 中の凡例**S**と**T**は，ヨーロッパ各国に居住するト
ルコ人とモロッコ人の数のいずれかを示したものである。また，次ページの
図 8 中の**タ**と**チ**は，トルコとモロッコのいずれかが受け入れている難民数の推
移を示したものである。モロッコに該当する正しい組合せを，次ページの**①**～
④のうちから一つ選べ。 24

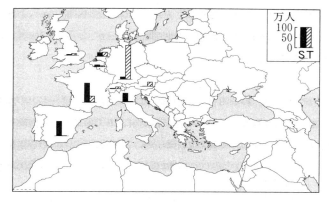

ヨーロッパ各国のうち、居住するトルコ人とモロッコ人の合計が10万人以上の国を示した。
統計年次は2017年。UN Population Division の資料により作成。

図 7

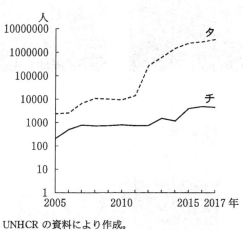

UNHCR の資料により作成。

図 8

	①	②	③	④
ヨーロッパ各国に居住するモロッコ人の数	S	S	T	T
モロッコが受け入れている難民数	タ	チ	タ	チ

第5問 福岡市の高校に通うヨウジさんは,夏休みに関東地方から来た友人のユウタさんと一緒に福岡市とその周辺の地域調査を行った。この地域調査に関する次の問い(問1～6)に答えよ。(配点 20)

問1 ユウタさんは,福岡市付近の地形を確認するため,飛行機の中から写真を撮影した。次の写真1中の**ア～ウ**は,福岡市とその周辺を示した次ページの図1中のA～Cのいずれかの地点の上空から,矢印の方向の景観を撮影したものである。**ア～ウ**とA～Cとの正しい組合せを,次ページの①～⑥のうちから一つ選べ。 25

ア

イ

ウ

写真 1

図　1

	①	②	③	④	⑤	⑥
ア	A	A	B	B	C	C
イ	B	C	A	C	A	B
ウ	C	B	C	A	B	A

問 2　ヨウジさんは，ユウタさんに福岡市の都市圏を説明するために，GIS（地理情報システム）を用いて主題図を作成した。次の図2は，人口集中地区*の分布と福岡市への通勤・通学率を示したものである。図2に関連することがらを述べた文として最も適当なものを，下の①～④のうちから一つ選べ。　26

*国勢調査において人口密度が4,000人/km²以上，かつ隣接した地域の人口が5,000人以上を有する地域を指す。

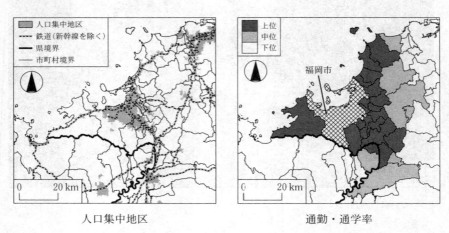

人口集中地区　　　　　　通勤・通学率

統計年次は2015年。国勢調査などにより作成。

図　2

① 福岡市への通勤・通学率が上位の市町村には，学校や企業が福岡市よりも多く立地していると考えられる。
② 福岡市への通勤・通学率が上位の市町村は，福岡県外の福岡市に隣接した市町村にも広がっている。
③ 福岡市への通勤・通学率が中位の市町村には，人口集中地区はみられない。
④ 福岡市を含む人口集中地区の広がりから，鉄道沿線では住宅地などの開発が進んできたと考えられる。

2021年度：地理B／本試験(第2日程)　**67**

問 3　福岡市の産業に関心を持ったヨウジさんたちは，市役所を訪問し，職員から
　　　詳しい話を聞いた。次の表1は，産業別の就業者数の上位3業種を示したもの
　　　であり，EとFは全国と福岡市のいずれかである。また，下の会話文中の空欄
　　　カには，下の語句XとYのいずれかが当てはまる。福岡市に該当する記号と**カ**
　　　に当てはまる語句との組合せとして最も適当なものを，下の①～④のうちから
　　　一つ選べ。　27

表　1

順　位	E	F
1　位	製造業	卸売業・小売業
2　位	卸売業・小売業	医療・福祉
3　位	医療・福祉	その他サービス業*

*産業大分類での名称は，サービス業(他に分類されないもの)である。
統計年次は2015年。国勢調査により作成。

職　　員　「産業別の就業者数の順位を示した表1を見てください。福岡市と全国の
　　　　　就業者数の順位には違いがあります」

ヨウジ　「福岡市の産業にはどのような特徴がありますか」

職　　員　「福岡市は古くからの港町であり，現在も交通の拠点となっています。こ
　　　　　のため，広域に商品などを供給する大企業の支店が立地しています」

ユウタ　「そのような大企業の支店数を，九州地方の他都市と比較することで，福
　　　　　岡市の(　**カ**　)としての特性を推測できますね」

　　X　経済の中心地
　　Y　政治・行政の中心地

	①	②	③	④
福岡市	E	E	F	F
カ	X	Y	X	Y

問4 ヨウジさんたちは，福岡市都心の始発駅から電車に乗り，景観の変化を調べてみた。次の写真2中のJ～Lは，ヨウジさんたちがいくつかの駅の周辺で景観を撮影したものである。また，次ページの表2中のサ～スは，J～Lの写真を撮影した地点を含む市区町村のいずれかにおける，2005年から2015年の人口増加率と老年人口増加率を示したものである。J～Lとサ～スとの正しい組合せを，次ページの①～⑥のうちから一つ選べ。 28

J 始発駅から数分で着く駅であり，新しいマンションが建ち並んでいた。

K 始発駅から30分ほどで着く駅であり，丘の上に古い戸建ての住宅が並んでいた。

L 始発駅から1時間ほどで着く駅であり，駅周辺に田畑が広がっていた。

写真　2

表　2

（単位：％）

	人口増加率	老年人口増加率
サ	15.3	46.2
シ	−0.7	24.1
ス	3.6	49.0

統計年次は 2005～2015 年。
国勢調査により作成。

	①	②	③	④	⑤	⑥
J	サ	サ	シ	シ	ス	ス
K	シ	ス	サ	ス	サ	シ
L	ス	シ	ス	サ	シ	サ

問 5 福岡市の海岸線に埋立地が多いことに気が付いたヨウジさんたちは，地理院地図に1950年頃の海岸線を書き入れた次の図3を見ながら付近を歩いて，土地利用を観察した。ヨウジさんたちが話し合った下の会話文中の下線部①〜④のうちから，**誤りを含むもの**を一つ選べ。 29

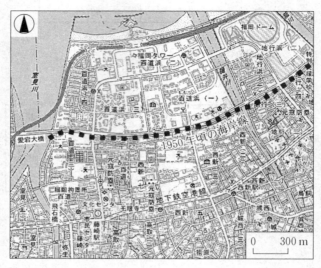

地理院地図により作成。

図　3

ヨウジ「藤崎駅を出てすぐに元寇防塁があったね」
ユウタ「①史跡や寺社は，古くから人々が住んでいたことを示していることが多いよ」
ヨウジ「愛宕大橋から飛石橋にかけては，河道がカーブしていたね。②河道の形状は古くからの土地かどうかを判別する手掛かりになるよ」
ユウタ「百道浜の方に歩いていくと整然とした住宅地が広がっていたね」
ヨウジ「建物の密度や区画の広さをみると，③埋立地では計画的な都市開発が行われてきたことが分かるよ」
ユウタ「④古くからの土地か埋立地なのかは，地図で公共施設や学校の有無を見ると判断できるよ」

問 6 福岡市での地域調査を通じて地方中心都市の役割に関心を持ったユウタさんは，福岡市からみた日本の人口移動について考えた。次の図 4 は，各都道府県から福岡市への転入者数の方が多い場合は転入超過とし，福岡市から各都道府県への転出者数の方が多い場合は転出超過として，その超過人数を示したものである。図 4 に関連することがらを述べた文として下線部が**適当でないもの**を，下の①〜④のうちから一つ選べ。30

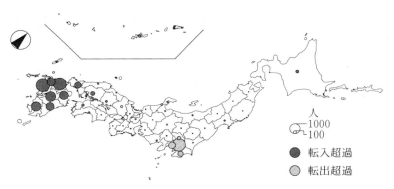

統計年次は 2018 年。『福岡市統計書』により作成。

図　4

① 九州地方の各県からの転入超過は，<u>進学や就職をきっかけにした人口移動による</u>と考えられる。
② 中国・四国地方のうち転入超過を示す地域は，<u>人口の増加率が高い</u>と考えられる。
③ 大阪圏や名古屋圏への転出超過や転入超過が少ないのは，<u>転出者数と転入者数が均衡している</u>ためと考えられる。
④ 東京圏への大幅な転出超過は，<u>日本全体における人口の東京一極集中を反映している</u>と考えられる。

共通テスト
第2回 試行調査

地理B

解答時間 60分
配点 100点

第2回
試 行

2 第 2 回 試行調査：地理 B

地　理　B

$$\left(\text{解答番号}\boxed{\ 1\ }\sim\boxed{\ 32\ }\right)$$

第 1 問　人々の生活は，世界各地の自然環境とかかわりながら形成されてきた面が
ある。世界の自然特性を様々な角度から考えるための下の問い（**問 1～6**）に答えよ。
（配点　20）

問 1　現在では世界各地の自然環境を考察するために，GIS（地理情報システム）が
積極的に使われている。次の図 1 は，世界のある海岸地方の衛星データから
GIS で作成した地図である。また，次ページの図 2 は，図 1 中の矢印の視点か
らの地形景観を 3D 化したものであり，図 2 の下の文章は，この地域の海岸
地形の形成過程についてまとめたものである。次ページの文章中の空欄**ア**と**イ**
に当てはまる語の正しい組合せを，次ページの**①～④**のうちから一つ選べ。
\boxed{\ 1\ }

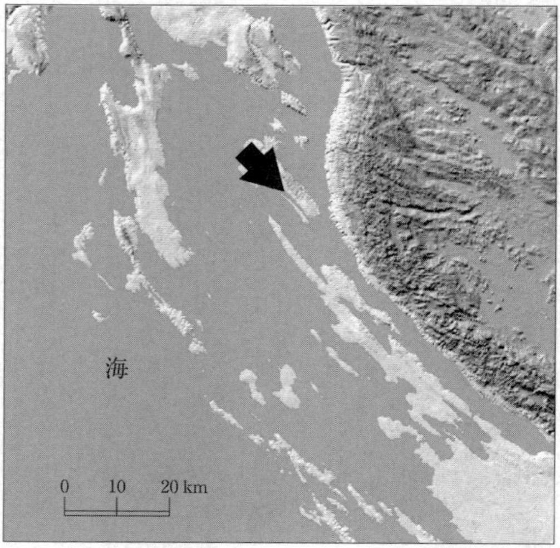

JAXA の資料により作成。

図　1

高さは強調して表現してある。Google Earth により作成。

図　2

　図1では，海岸線とほぼ（　ア　）して，細長い島々が配列している様子が読み取れる。これは，海岸線と同じ向きの稜線をもった地形が沈水し，稜線の一部が沈水から取り残されて島々ができたことを示している。すなわち，図2にみられる海岸付近の山地と島に挟まれた海域は，雨水や河川など主に（　イ　）営力により形成された谷に，海水が侵入してできたものと考えられる。

	①	②	③	④
ア	直交	直交	平行	平行
イ	外的	内的	外的	内的

問2　人々の生活に影響を及ぼす自然の力は，世界の中に偏在している。次ページの図3中のA～Cは，火山噴火や地震などが多い地域を示している。また，次ページの図4中のカ～クは，図3中のA～Cのいずれかの範囲を示しており，jとkは火山または地震の震央*のいずれかである。図3中のAの範囲に当てはまる図と，図4中のjがあらわすものとの正しい組合せを，①～⑥のうちか

ら一つ選べ。 2

*2000～2016年に観測されたマグニチュード6.0以上の地震の震央。

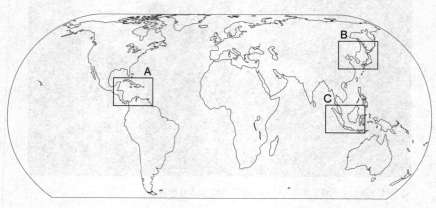

図 3

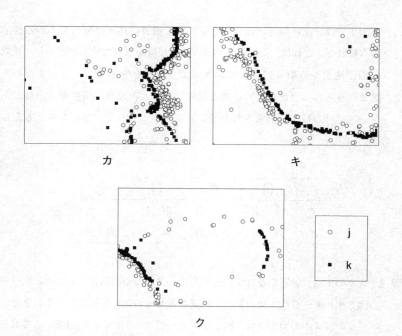

USGSの資料などにより作成。

図 4

	①	②	③	④	⑤	⑥
A	カ	カ	キ	キ	ク	ク
j	火山	地震の震央	火山	地震の震央	火山	地震の震央

問3 世界各地の気候は様々な背景によって影響を受ける。次の図5中の**サ〜ス**は，下の図6中の地点**E〜G**のいずれかにおける1月および7月の降水量を示したものである。図5中の**サ〜ス**について述べた次ページの文中の下線部について，正誤の組合せとして正しいものを，次ページの①〜⑧のうちから一つ選べ。 3

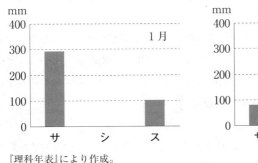
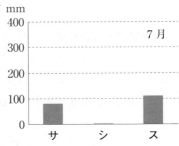

『理科年表』により作成。

図 5

図 6

6 第2回 試行調査：地理B

サ：1月に降水量が多く7月にも降水がみられることから，北東貿易風と南東貿易風の収束帯などの影響を受ける地点**E**だろう。

シ：両月ともに降水量がほぼ記録されていないことから，高い山脈の風下側に位置するなどの影響で，低地の気温も低く雲が発達しにくい地点**F**だろう。

ス：両月ともに降水がみられるが，大きく変化しないことから，寒気と暖気の境界に生じる前線などの影響を受ける地点**G**だろう。

	①	②	③	④	⑤	⑥	⑦	⑧
サ	正	正	正	正	誤	誤	誤	誤
シ	正	正	誤	誤	正	正	誤	誤
ス	正	誤	正	誤	正	誤	正	誤

問 4 自然環境の特徴について検討するためには，目的に応じて適切な方法を選択することが重要である。「今年の夏季は例年に比べて暑かった」ということを，世界の様々な地点において客観的に検討するための方法として最も適当なものを，次の①～④のうちから一つ選べ。　| 4 |

① 「猛暑日」(最高気温35℃以上の日)という指標を用い，検討対象地点の猛暑日数平年値(30年間の平均値)と今年の猛暑日数とを比較する。

② 検討対象地点とその周辺にある気象観測所の今年の夏季の気温データを収集し，気温の分布図を作成する。

③ 検討対象地点における夏季の平均気温平年値(30年間の平均値)を求め，今年の夏季の平均気温と比較する。

④ 検討対象地点付近で，通行する人に聞き取り調査し，今年の夏季の気温についての考えを聞く。

問5 人々の生活の場は，自然の特性を生かして形成されていることがある。次の図7は，日本の河川の上流から下流にかけての地形を模式的に示したものであり，下のタ～ツの文は，図7中の地点P～Rにおける典型的な地形と土地利用の特徴について述べたものである。P～Rとタ～ツとの正しい組合せを，下の①～⑥のうちから一つ選べ。 5

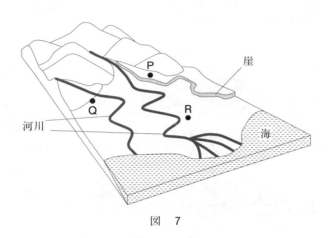

図 7

タ 河川近くの砂などが堆積した微高地は古くからの集落や畑などに，河川から離れた砂や泥の堆積した水はけの悪い土地は水田などに利用されてきた。

チ 砂や礫が堆積して形成された土地で，地下にしみこんだ伏流水が湧き出しやすく，水が得やすいため集落が形成されてきた。

ツ 3地点の中では形成年代が古く，平坦な地形で，水が得にくいため開発が遅れる傾向があり，用水路の整備にともない水田や集落の開発が進んだ。

	①	②	③	④	⑤	⑥
P	タ	タ	チ	チ	ツ	ツ
Q	チ	ツ	タ	ツ	タ	チ
R	ツ	チ	ツ	タ	チ	タ

問6 自然災害にともなう被害の規模は、地域の自然条件とともに社会条件ともかかわりがある。次の図8中の**ナ〜ヌ**は、1986年から2015年の間に世界で発生した自然災害*の、発生件数、被害額、被災者数のいずれかについて地域別の割合を示したものである。**ナ〜ヌ**と指標名との正しい組合せを、下の**①〜⑥**のうちから一つ選べ。 6

*自然現象に起因する災害で、10名以上の死者、100名以上の被災者、非常事態宣言の発令、国際援助の要請のいずれかに該当するもの。

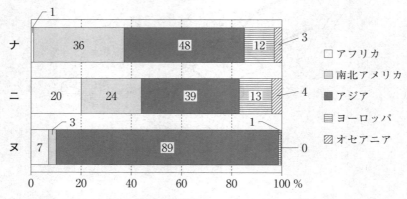

Natural Disaster Data Book 2015 により作成。

図 8

	ナ	ニ	ヌ
①	発生件数	被害額	被災者数
②	発生件数	被災者数	被害額
③	被害額	発生件数	被災者数
④	被害額	被災者数	発生件数
⑤	被災者数	発生件数	被害額
⑥	被災者数	被害額	発生件数

第2問 資源・エネルギーの開発と工業の発展に関する次の模式図を見て，図中の ⓐ〜ⓕに関する下の問い（**問1〜6**）に答えよ。（配点 20）

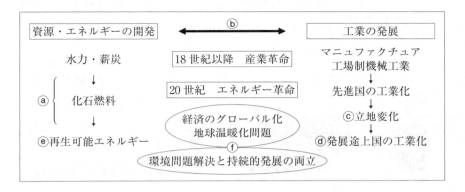

問1 ⓐに関して，次の表1は，世界のエネルギー資源の埋蔵量と，埋蔵量を年間生産量で除した可採年数を地域別に示したものであり，①〜④は，アフリカ，北アメリカ（メキシコを含む），中・南アメリカ（メキシコを除く），西アジアのいずれかである。アフリカに該当するものを，表1中の①〜④のうちから一つ選べ。 7

表 1

	石油 埋蔵量（億バレル）	石油 可採年数（年）	天然ガス 埋蔵量（兆 m³）	天然ガス 可採年数（年）	石炭 埋蔵量（億トン）	石炭 可採年数（年）
①	8,077	70	79.1	120	12	752
②	3,301	126	8.2	46	140	141
③	2,261	31	10.8	11	2,587	335
欧州（ロシアを含む）・中央アジア	1,583	24	62.2	59	3,236	265
④	1,265	43	13.8	61	132	49
アジア（西アジアを除く）・太平洋	480	17	19.3	32	4,242	79

統計年次は2017年。
BP Statistical Review of World Energy の資料などにより作成。

問2 ⓑに関して，次の図1は，石油や鉄鉱石の利用を事例として，資源・エネルギーの産出から加工，さらには利用・消費について写真と文章で示したものである。図1中の文章中の下線部①〜④のうちから，**適当でないもの**を一つ選べ。 8

産出

世界の資源について産出国からの貿易でみると，①鉄鉱石の輸出量ではオーストラリアとブラジルが上位を占める。また，②原油の輸入量を国別でみると，最大の国は日本である。

加工

石油化学コンビナートや製鉄所では，資源を加工して化学製品や鉄鋼などを生産している。第二次世界大戦後は，③生産施設の大規模化やオートメーション化が進んだ。

利用・消費

利用・消費でみると，1人当たりのエネルギー消費量は発展途上国よりも先進国で多い。工業製品では，④先進国に比べ，発展途上国で消費量の増加率が高くなっている。

図 1

写真提供：ユニフォトプレス（図1内全て）

問 3　ⓒに関して，資源使用量の変化とともに製鉄所の立地は変化してきた。次の図2は，仮想の地域を示したものであり，下の枠は地図中の凡例および仮想の条件である。このとき，次ページの図3中のア〜ウは，1900年前後，1960年前後，2000年前後のいずれかにおける鉄鋼生産国の製鉄所の立地場所を示したものである。輸送費の観点から年代順で立地の変化を考えたとき，年代とア〜ウとの正しい組合せを，次ページの①〜⑥のうちから一つ選べ。ただし，地図で示されていない自然環境や社会環境は条件として考慮しない。　9

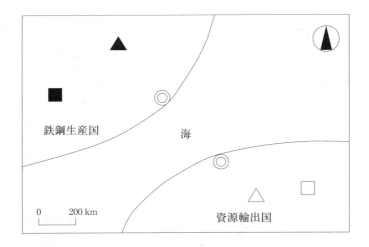

＜凡例および仮想の条件＞
・■石炭，▲鉄鉱石・・・坑道掘り
・□石炭，△鉄鉱石・・・露天掘り
・図中の◎は貿易港をもつ都市を示している。
・1970年代以降，坑道掘りは産出量が減少する一方，露天掘りは産出量が増加して，図中の南東側の国が資源輸出国となったとする。
・次ページの表2は，鉄鋼製品1トン当たりの石炭と鉄鉱石の使用量の推移を示している。

図　2

表 2 鉄鋼製品1トン当たりの石炭と鉄鉱石の使用量の推移

(単位：トン)

	1901年	1930年	1960年	1970年	2000年
石 炭	4.0	1.5	1.0	0.8	0.8
鉄鉱石	2.0	1.6	1.6	1.6	1.5

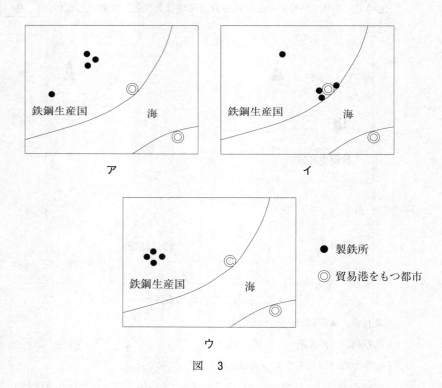

図 3

	①	②	③	④	⑤	⑥
1900年前後	ア	ア	イ	イ	ウ	ウ
1960年前後	イ	ウ	ア	ウ	ア	イ
2000年前後	ウ	イ	ウ	ア	イ	ア

第 2 回 試行調査：地理B　13

問 4　ⓓに関して，東アジア・東南アジアにおける発展途上国の工業化について述べた文として最も適当なものを，次の①～④のうちから一つ選べ。　10

① 各国・地域の工業化は，輸出指向型から，外国資本の導入による輸入代替型の工業化政策に路線を転換することで進んだ。

② 工業化にともなって，先進国との貿易が増加して，東アジア・東南アジア域内の貿易額が減少した。

③ 中国の重化学工業化は，都市人口の増加を抑制し，国内の沿岸部と内陸部との地域間経済格差を緩和した。

④ 東南アジアの自動車工業は，原材料から最終製品までの生産において，国境を越えた工程間の分業によって発展した。

問 5　ⓔに関して，次の表3中のカ～クは，水力，地熱，バイオマスのいずれかの発電量上位5か国を示したものである。カ～クと再生可能エネルギー名との正しい組合せを，下の①～⑥のうちから一つ選べ。　11

表　3

	1 位	2 位	3 位	4 位	5 位
カ	アメリカ合衆国	フィリピン	インドネシア	ニュージーランド	メキシコ
キ	アメリカ合衆国	中　国	ドイツ	ブラジル	日　本
ク	中　国	ブラジル	カナダ	アメリカ合衆国	ロシア

中国には，台湾，ホンコン，マカオを含まない。統計年次は，水力とバイオマスが2016年，地熱が2014年。『自然エネルギー世界白書2017』などにより作成。

	①	②	③	④	⑤	⑥
カ	水　力	水　力	地　熱	地　熱	バイオマス	バイオマス
キ	地　熱	バイオマス	水　力	バイオマス	水　力	地　熱
ク	バイオマス	地　熱	バイオマス	水　力	地　熱	水　力

問6 ⓕに関して，次の図4は，二酸化炭素排出量の世界上位8か国について，1人当たり二酸化炭素排出量と，1990年を100とした指数で2011年の二酸化炭素排出量を示したものであり，円の大きさはそれぞれの国の二酸化炭素排出量を示している。図4から考えられることがらとその背景について述べた文として**適当でないもの**を，下の①〜④のうちから一つ選べ。　12

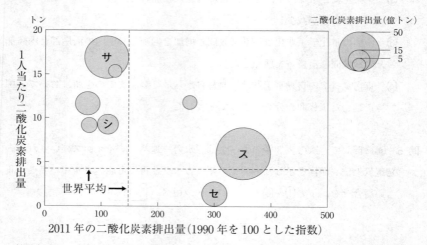

統計年次は，各国の二酸化炭素排出量と1人当たり二酸化炭素排出量が2011年。『世界国勢図会』などにより作成。

図　4

① サは，環境問題への対策が遅れており，1人当たり二酸化炭素排出量が8か国の中で最大となっている。

② スは，急速な工業化によって，1人当たり二酸化炭素排出量が増加している。

③ サとシは，再生可能エネルギーや電気自動車が普及すると，それぞれの円の位置が右上方向に移行する。

④ スとセは，今後も経済発展が進むと，世界全体の二酸化炭素排出量が大きく増加することが懸念されている。

第 3 問 高校生のミズホさんたちは，地理の授業で生活文化の多様性について学んだ。その学習の成果を学校の文化祭で他の生徒たちにも伝えるために，展示資料を作成することにした。展示資料Ⅰ〜Ⅲに関する下の問い(**問 1 〜 6**)に答えよ。
(配点　20)

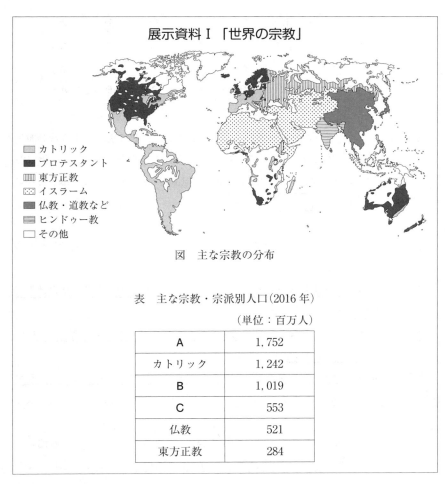

図は *Alexander Schulatlas* により作成。
表は *The World Almanac and Book of Facts* により作成。

16 第2回 試行調査：地理B

問 1 ミズホさんたちは，世界の宗教の多様性を示すために，主な宗教の分布や人口について，展示資料Ⅰにまとめた。展示資料Ⅰの表中のA～Cは，イスラーム，ヒンドゥー教，プロテスタントのいずれかである。A～Cと宗教・宗派名との正しい組合せを，次の①～⑥のうちから一つ選べ。　13

	①	②	③	④	⑤	⑥
イスラーム	A	A	B	B	C	C
ヒンドゥー教	B	C	A	C	A	B
プロテスタント	C	B	C	A	B	A

問 2 次にミズホさんたちは，世界の宗教がどのようにして現在のような分布になったのか，各宗教が伝播する経路を展示資料Ⅰの図中に書き込むことにした。それについて話し合った会話文中の下線部①～④のうちから，**適当でない**ものを一つ選べ。　14

ミズホ 「世界各地の宗教のなかでも，キリスト教とイスラームと仏教は世界各地に広く分布しているね」

アズサ 「①キリスト教はヨーロッパの人々が他の大陸へ入植したり，植民地支配を進めたりしたことで広まったのではないかな」

ツバサ 「同じキリスト教でも，②東方正教はゲルマン語派の言語を話す国々を中心に伝わっていったようだね」

ミズホ 「③イスラームは交易や領土の拡大によってアラビア半島から北アフリカに伝わったと考えられるよ。その後は中央アジアや東南アジアにも拡大しているね」

アズサ 「インドで生まれた仏教は，中国を経由して東アジアへ伝わった経路のほかに，④南アジアから東南アジアへ伝わった経路があるんじゃないかな」

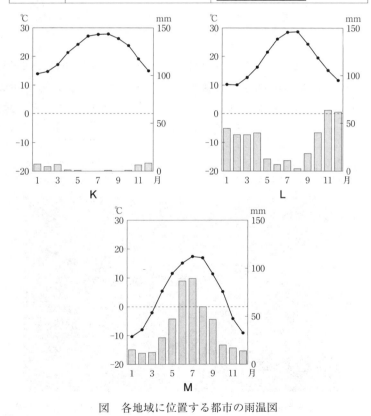

展示資料Ⅱ「生活文化と自然環境」

表 各地域の伝統的な衣服と家屋

	伝統的衣服	伝統的家屋
ア地域	丈夫で加工しやすい毛織物を使った衣服	石灰岩などの加工しやすい石を利用した石積みの家屋
イ地域	狩猟で得た獣皮を裁断・縫製した衣服	豊富にある木材を加工して組立てられた木造家屋
ウ地域	放熱性に優れた麻や木綿を素材とする衣服	ⓐ土を素材とした日干しれんが積みなどの家屋

図 各地域に位置する都市の雨温図

図は『理科年表』により作成。

問 3　ミズホさんたちは，生活文化の多様性が自然環境と関係していることを明らかにするために，気候に特色がある地域別に伝統的な衣服と家屋について調べ，展示資料Ⅱをまとめた。展示資料Ⅱの図中のK～Mは，表中のア～ウの地域に位置する都市の雨温図を示したものである。K～Mとア～ウとの正しい組合せを，次の①～⑥のうちから一つ選べ。　15

	①	②	③	④	⑤	⑥
K	ア	ア	イ	イ	ウ	ウ
L	イ	ウ	ア	ウ	ア	イ
M	ウ	イ	ウ	ア	イ	ア

問 4　次にミズホさんたちは，生活文化と自然環境の関係を個別の事例で説明するために，各地域の伝統的家屋を説明するカードを作成した。次のカードは展示資料Ⅱの表中の下線部ⓐに関するものである。写真を説明した文として最も適当なものを，カード中の①～④のうちから一つ選べ。　16

① 強い日差しを避けるために窓は小さくなっている
② 集落内の風通しを良くするために屋根は平らになっている
③ 病害虫や疫病を防ぐために家屋が密集して建てられている
④ 季節風を避けるために樹木が植えられている

写真提供：ユニフォトプレス

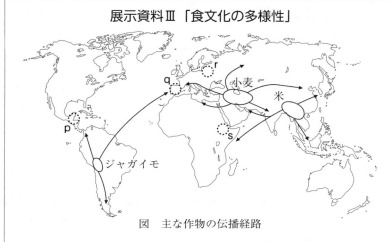

図　主な作物の伝播経路

表　伝播経路および主食とする地域

作物	特徴
小麦	西アジアで栽培化され，ヨーロッパから中国にかけて伝わり，ヨーロッパ人が進出した地域にも広まった。
米	東は東南アジアから東アジア，西は南アジアまで伝わり，アジアでは広く主食とされている。
ジャガイモ	原産地の南アメリカからヨーロッパに持ち込まれ，現在でも南アメリカでは主食となっている地域がある。
トウモロコシ	・原産地はどこで，どのように伝播したか？（作成中） ・主食となっている地域はどこか？（作成中）

図は星川清親『栽培植物の起原と伝播』などにより作成。

問 5　ミズホさんたちは，生活文化のなかでも食文化の多様性に着目して，展示資料Ⅲをまとめることにした。展示資料Ⅲの図と表は，小麦，米，ジャガイモの伝播経路および主食とする地域を示したものであり，図中のp〜sは，作成中のトウモロコシの原産地または伝播した地域を示している。トウモロコシの伝播経路を表した模式図として最も適当なものを，次ページの①〜④のうちから一つ選べ。　17

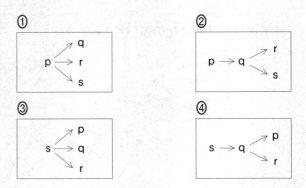

問6 ミズホさんたちが文化祭で展示資料Ⅲについて説明していると，他の生徒から質問があった。次の会話文中の空欄**カ**と**キ**に当てはまる文の正しい組合せを，下の①〜④のうちから一つ選べ。 18

他の生徒 「世界の食文化は多様というけれど，最近は欧米諸国の文化が世界中に広がって，食文化はどんどん画一化されていってるんじゃないかな」
ミズホ 「確かに画一化している面もあるね。日本でも カ しているね」
他の生徒 「日本での食文化の画一化について，何か説明できるデータはないかな」
アズサ 「例えば キ を比較してみたらどうだろう」
ツバサ 「長い期間の推移をグラフにしてみる必要がありそうだね」

T　フランス料理店やスペイン料理店など各国の料理を提供する店が立地
U　アメリカ合衆国の巨大企業が全国各地でハンバーガーショップを展開

X　日本と欧米諸国の1人当たりカロリー摂取量とその内訳
Y　日本と欧米諸国の農産物輸出額とその内訳

① カ―T　キ―X　　　② カ―T　キ―Y
③ カ―U　キ―X　　　④ カ―U　キ―Y

第4問 オセアニアに関する下の問い(**問1～6**)に答えよ。(配点 20)

問1 ケッペンの気候区分で，次の図1中のオークランドと同じ気候区に含まれるオーストラリアの都市を，図1中の①～④のうちから一つ選べ。 19

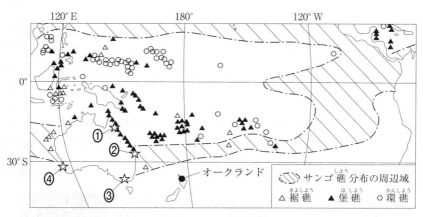

堀(1990)により作成。

図　1

問2 上の図1は，オーストラリアから南太平洋にかけてのサンゴ礁の分布を示しており，次のA～Cは図1からの読み取りを，次ページのe～gはA～Cのいずれかに関連することがらを述べた文である。堡礁について当てはまる，図の読み取りと関連することがらとの適当な組合せを，次ページの①～⑨のうちから二つ選べ。ただし，解答の順序は問わない。 20 ・ 21

【図の読み取り】

A　オーストラリア大陸の東岸に多くみられる。

B　サンゴ礁分布の周辺域に多く分布する。

C　南アメリカ大陸の西岸には分布しない。

【関連することがら】
e　寒流や湧昇流により海水温が相対的に低い。
f　現在の間氷期が始まり，海水温が上昇してから，サンゴ礁が形成可能になった。
g　世界自然遺産のグレートバリアリーフを構成している。

	①	②	③	④	⑤	⑥	⑦	⑧	⑨
図の読み取り	A	A	A	B	B	B	C	C	C
関連することがら	e	f	g	e	f	g	e	f	g

問3　次の写真1は，太平洋島嶼国のサモアにおける伝統的な農村風景を撮影したものである。写真1に関連することがらについて述べた下の文章中の空欄アとイに当てはまる語の正しい組合せを，下の①〜④のうちから一つ選べ。　22

K　　　　　　　　　　　L
写真　1

　サモアは一年中暑く湿度が高いため，Kのような（　ア　）住居が数多くみられる。また，サモアの農村部に暮らす人々は自給自足に近い生活を送っており，Lのように，住居の周囲でココヤシなどとともに主食である（　イ　）を栽培している。しかし，近年は海外からの影響を受けて，伝統的な生活習慣や豊かな自然環境が変化しつつあり，持続可能な開発が課題である。

	①	②	③	④
ア	風通しの良い	風通しの良い	移動式の	移動式の
イ	タロイモ	バナナ	タロイモ	バナナ

問4 下の表1は，次の図2中の太平洋島嶼国の旧宗主国または国際連合の信託統治の旧施政権国を示したものである。また，次ページの図3は，太平洋島嶼国に対するいくつかの国からのODA(政府開発援助)供与額を示したものであり，**カ〜ク**はアメリカ合衆国，オーストラリア，日本のいずれかである。国名と**カ〜ク**との正しい組合せを，次ページの**①〜⑥**のうちから一つ選べ。23

図　2

表　1

旧宗主国または 国際連合信託統治の旧施政権国	太平洋島嶼国
アメリカ合衆国	マーシャル諸島，ミクロネシア連邦，パラオ
イギリス	トンガ，フィジー，ソロモン諸島，ツバル，キリバス
オーストラリア	パプアニューギニア
ニュージーランド	サモア，クック諸島，ニウエ
2国(イギリス・フランス)	バヌアツ
3国(イギリス・オーストラリア・ニュージーランド)	ナウル

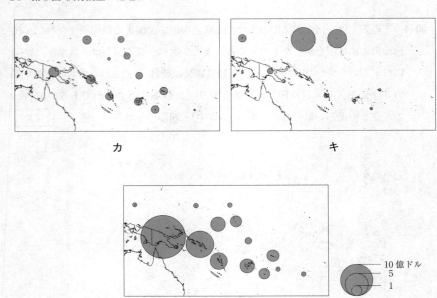

統計年次は2011〜2015年の合計。
OECDの資料などにより作成。

図 3

	①	②	③	④	⑤	⑥
アメリカ合衆国	カ	カ	キ	キ	ク	ク
オーストラリア	キ	ク	カ	ク	カ	キ
日　本	ク	キ	ク	カ	キ	カ

問 5 ニュージーランドとカナダは，太平洋を挟んで1万 km 以上も離れている
が，その歴史，社会，生活文化などには共通点も多い。次の表2は，1985年と
2015年におけるニュージーランドとカナダへの移民数が多い上位5位までの
送出国を示したものである。また，下の文章は，表2の読み取りとそれに関連
することがらについて述べたものであり，文章中の空欄**P～R**には次ページの
サ～スの文のいずれかが当てはまる。空欄**P～R**と**サ～ス**との正しい組合せ
を，次ページの**①～⑥**のうちから一つ選べ。 24

表　2

順位	ニュージーランド		カナダ	
	1985年	2015年	1985年	2015年
1位	オーストラリア	オーストラリア	ベトナム	フィリピン
2位	イギリス	イギリス	ホンコン	インド
3位	アメリカ合衆国	インド	アメリカ合衆国	中　国
4位	サモア	中　国	イギリス	イラン
5位	カナダ	フィリピン	インド	パキスタン

中国には，台湾，ホンコン，マカオを含まない。
ニュージーランド統計局の資料などにより作成。

　　移民の受入国となるニュージーランドとカナダでは，言語が共通する国から
の移民が多い。1985年をみると，ニュージーランドでオーストラリアやサモ
アから，カナダでアメリカ合衆国から移民が多いのは， P ことが影
響している。2015年には，ニュージーランドとカナダとで共通する国からの
移民が急激に増加しており，これは Q ためである。その一方で，
R ために，2015年の移民数の送出国別順位にニュージーランドと
カナダで違いがみられる。

26 第2回 試行調査：地理B

　　サ　受入国での難民に対する政策が異なる

　　シ　経済発展した送出国との結びつきが強まった

　　ス　送出国と受入国とが地理的に近接している

	①	②	③	④	⑤	⑥
P	サ	サ	シ	シ	ス	ス
Q	シ	ス	サ	ス	サ	シ
R	ス	シ	ス	サ	シ	サ

問 6　2国間での人口移動には，送出国と受入国のそれぞれの国内における状況も
　　影響する。次の図4は，オーストラリア・ニュージーランドと太平洋島嶼国と
　　の間の人口移動を引き起こす要因について，送出国と受入国とでまとめたもの
　　である。送出国と受入国とにおける人口移動の要因として**適当でないもの**
　　を，図4中の①～⑧のうちから二つ選べ。ただし，解答の順序は問わない。
　　　25 ・ 26

送出国　　　　　　　　　　　　　　受入国

①　居住環境の悪化　　　　　⑤　相対的に高い賃金
②　雇用機会の不足　　　　　⑥　多文化主義
③　少子高齢化　　　　　　　⑦　デジタルデバイド
④　人口増加　　　　　　　　⑧　労働力不足

図　4

第5問 高校生のリョウさんは，大分県大分市の大学に進学した姉のサツキさんを訪問して，大分市と別府市を中心とした地域の調査を行った。この地域調査に関する下の問い(**問1〜6**)に答えよ。(配点 20)

問1 リョウさんは，次の図1を参考に大分駅に行く経路を考えた。図1中の**A〜C**は，リョウさんが候補とした経路を示したものであり，**A**は日豊本線の列車を，**B**は大分自動車道を通り大分駅前へ行く高速バスを，**C**は久大本線の列車を，それぞれ使う経路である。また，次ページの**ア〜ウ**の文は，それぞれの経路の様子について，リョウさんが図1から読み取った内容である。**A〜C**と**ア〜ウ**との正しい組合せを，次ページの**①〜⑥**のうちから一つ選べ。 27

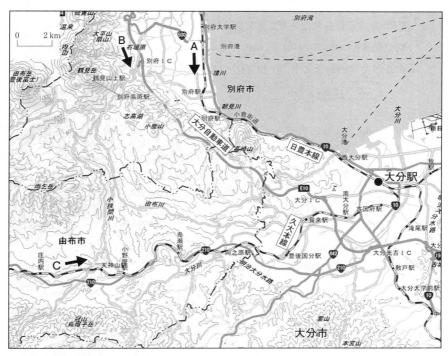

地理院地図により作成。

図 1

28 第2回 試行調査：地理B

ア　この経路では，大分市に入ると進行方向右側に山が迫るだろう。

イ　この経路では，大分市に入るまで国道沿いの谷を通ることが多いだろう。

ウ　この経路では，大分市に入るまで標高の高い山麓を通ることが多いだろう。

	①	②	③	④	⑤	⑥
A	ア	ア	イ	イ	ウ	ウ
B	イ	ウ	ア	ウ	ア	イ
C	ウ	イ	ウ	ア	イ	ア

問 2　大分市の駅前商店街の観察から景観変化に関心をもったリョウさんは，新旧の地図を比較することにした。次ページの図2は，大分市中心部における1930年に発行された2万5千分の1地形図（原寸，一部改変）と，これとほぼ同じ範囲の2018年の地理院地図である。図2から読み取れるこの地域の変化を述べた次の会話文中の下線部①～④のうちから，**適当でないもの**を一つ選べ。　28

サツキ　「昔の大分市中心部の地形図を，大学の地理の先生からもらってきたよ。インターネットから出力した現在の地図と比べてみよう。大分駅前から北へ延びる大通りには，かつては①駅前から市街地中心部や海岸線に伸びる路面電車があったんだね。今もあったら便利だろうね」

リョウ　「路面電車は近年見直されてきているよね。海からの玄関口である②フェリー発着所は，昔は『師範校』だったんだ」

サツキ　「西側の山麓には，『歩四七*』や『練兵場』などの表記から分かるように，軍用地があったんだね。③現在では一部は学校用地などになっているのかな。大分城の北東に広がる④区画整理された地区も，今では宅地化しているね」

リョウ　「地図を見比べて確認しながら，もっと大分の街を歩いてみたいね」

*歩四七は，歩兵第47連隊を省略して示したものである。

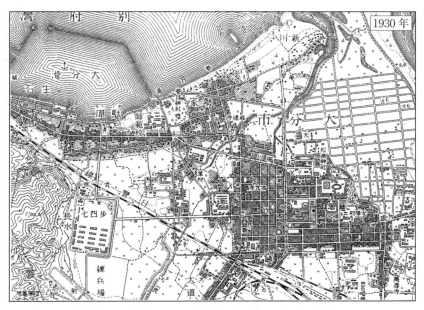

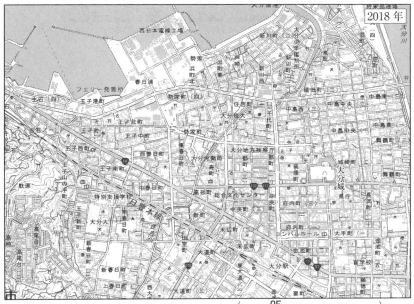

図　2　(図は $\frac{85}{100}$ に縮小──編集部)

問 3 臨海部の工業地帯を地図でみたリョウさんは，大分市の産業変化に関する論文や統計データをインターネットで調べ，市の発展が「新産業都市*」指定の影響を受けたことを知った。次の図3は大分市の産業別就業者数の推移を，図4は大分市の工業種別従業者数の割合の推移を，それぞれ示したものである。図3と図4から読み取れることがらをリョウさんがまとめた次ページの文章中の下線部①～④のうちから，**適当でないもの**を一つ選べ。| 29 |

*重化学工業などを育成し地域開発の拠点とした地域。

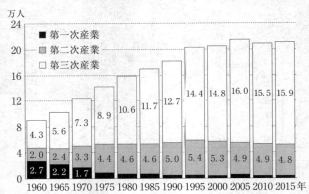

「分類不能」を除く。国勢調査などにより作成。

図 3

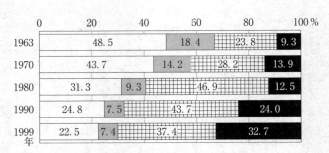

「地場資源型素材工業」はパルプ・紙，土石等を，「臨海型素材工業」は鉄鋼や金属，化学工業を示す。
宮町(2004)により作成。

図 4

【リョウさんがまとめた文章】

　　1963年には当時の地方工業として典型的であった①軽工業と地場資源型素材工業が全業種の約3分の2を占めていたが，1964年に新産業都市に指定され臨海部の大規模な埋め立てが進むと，②臨海型素材工業の拡大とともに第二次産業人口は増加した。その後，1980年から90年代末にかけて，③機械工業の大幅な伸びに支えられ，第二次産業人口割合も拡大した。工業都市としての成長を背景に大分市の人口も伸び，④1960年に全体の5割に満たなかった第三次産業人口は2015年には7割を超えるようになった。

問4　大分市で多くの保育所待機児童*が報告されていることを知ったリョウさんは，「なぜ大分市で保育所不足が生じたのだろう」という問いをもち，いくつかの資料をみながらサツキさんと仮説を立てた。次の図5は，リョウさんとサツキさんが考えた仮説を示しており，図中の資料D〜Fには，**仮説を考えるもととなった資料**として，次ページの図6中のカ〜クがそれぞれ当てはまる。D〜Fとカ〜クとの組合せとして最も適当なものを，次ページの①〜⑥のうちから一つ選べ。　30

*保育所への入所を希望して入所できない児童のうち，一定の基準を満たす者。

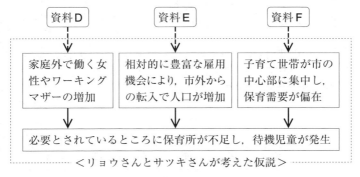

図　5

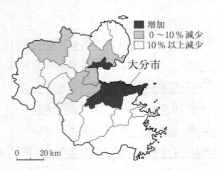

大分県内の人口増減率
(1995～2015 年)
行政界は 2015 年時点。
国勢調査により作成。

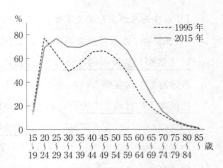

大分市の女性の年齢階級別労働力率
(1995 年・2015 年)
国勢調査により作成。

カ　　　　　　　　　　　キ

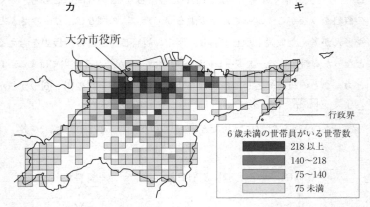

6 歳未満の世帯員がいる世帯数の 1 km メッシュマップ(2015 年)
メッシュのない範囲はデータなし。
国土地理院の資料により作成。

ク

図　6

	①	②	③	④	⑤	⑥
D	カ	カ	キ	キ	ク	ク
E	キ	ク	カ	ク	カ	キ
F	ク	キ	ク	カ	キ	カ

問5 別府市の観光案内所に立ち寄ったリョウさんは，別府温泉が長い歴史をもつ観光地であることを知った。次の図7は，リョウさんが得た資料から作成したレポートの一部であり，図7中の空欄P～Rには観光客数の増減に関する背景として，下のサ～スのいずれかの文が当てはまる。P～Rとサ～スとの組合せとして最も適当なものを，下の①～⑥のうちから一つ選べ。　31

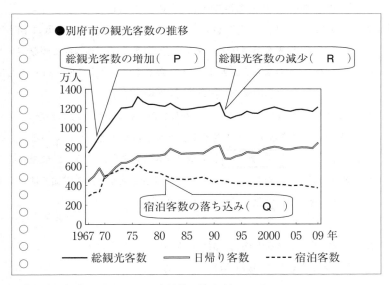

調査方法が変更されたため2010年以降の値は示していない。
別府市『観光動態要覧』により作成。

図　7

サ　国民所得の向上と全国的なレジャーブーム
シ　石油危機による低成長への転換や，交通網の整備
ス　日本経済における急激な景気の悪化

	①	②	③	④	⑤	⑥
P	サ	サ	シ	シ	ス	ス
Q	シ	ス	サ	ス	サ	シ
R	ス	シ	ス	サ	シ	サ

34 第2回 試行調査：地理B

問6 リョウさんとサツキさんは，観光やまちづくりを目指して，様々な取組みが
行われていることを話し合った。次の会話文中の空欄**タ**に入る国名と，**チ**に入
る具体的な取組みを述べた下の**X**または**Y**の文との組合せとして最も適当なも
のを，下の①～④のうちから一つ選べ。 32

リョウ 「街中で外国からの観光客の姿を多く見かけたね」

サツキ 「大分県には温泉観光資源が多く，2015年には海外から大分県に年間約56
万人の宿泊観光客が訪れているよ。近年は歴史的，地理的なつながりの深
い（　**タ**　）から来る人たちが56％と最も多いよ。大分県をはじめ九州で
は，外国人観光客の割合が高いことが特徴だね」

リョウ 「これからの観光に向けて，どんな取組みが行われているのかな」

サツキ 「大分にとどまらず，日本各地で様々な取組みが進められているよ。例え
ば日本では，　　**チ**　　にも取り組んでいるね。こうした取組みなどを
進めながら，観光を通して定住人口の減少を交流人口の増加で補い，持続
可能な地域の活性化を目指しているよ」

X 行政やサービスなど観光に関わる専門的な人材の育成

Y 観光客1人当たりの観光消費額の抑制

	①	②	③	④
タ	アメリカ合衆国	アメリカ合衆国	韓　国	韓　国
チ	X	Y	X	Y

共通テスト
第1回 試行調査

地理B

解答時間 60分
配点 100点

第1回
試 行

地　理　Ｂ

（解答番号　1　～　30　）

第1問　熱帯の気候と日本の自然災害に関する次の問い（**A・B**）に答えよ。

　A　次の図1を見て，また下の先生と生徒の会話文を読み，下の問い（**問1～4**）に答えよ。

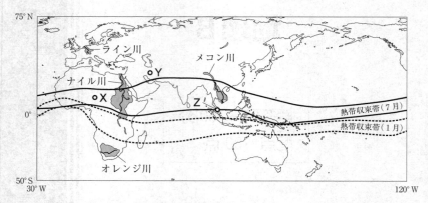

河川周辺に示された範囲は，当該河川の流域を示す。
吉良(1983)などにより作成。

図　　1

先　生「図1は熱帯収束帯が形成される範囲を示しています。熱帯収束帯では積乱雲が次々と発生していて，赤道低圧帯とも呼ばれます」

生　徒「どうして熱帯収束帯では積乱雲が発生するのですか？」

先　生「赤道付近では ₐ南北からの風が収束していて，また太陽からのエネルギーを多く受けることから，激しい対流活動や上昇気流が生じているためです」

生　徒「赤道付近が熱帯雨林気候（Af）になるのは，熱帯収束帯の影響なのですね」

先　生「その通りです。熱帯雨林気候だけでなく， ｂその他の熱帯地域や周辺地域の気候も熱帯収束帯に影響を受けています」

第 1 回 試行調査：地理B　**3**

問 1　会話文中の下線部 **a** に関して，熱帯収束帯で収束する南北からの卓越風の風向の組合せとして正しいものを，次の①～④のうちから一つ選べ。　　1

　　① 北西と南西　　② 北西と南東　　③ 北東と南西　　④ 北東と南東

問 2　会話文中の下線部 **b** に関して，そのように考えられる根拠を述べた文として**適当でないもの**を，次の①～④のうちから一つ選べ。　　2

　　① アフリカのサヘル地域では，干ばつの被害を受けることがある。
　　② 太平洋東側の赤道付近では，平年よりも海水温が高くなる時期がある。
　　③ 熱帯雨林気候に隣接する地域では，雨季と乾季がみられる。
　　④ 北西太平洋の温帯の地域では，暴風雨をもたらす熱帯低気圧が襲来することがある。

問 3　次の表 1 中の①～④は図 1 中のオレンジ川，ナイル川，メコン川，ライン川のいずれかの河川の河口付近における年流出高*と，流量が最大になる月を示したものである。ナイル川に該当するものを，表 1 中の①～④のうちから一つ選べ。　　3

　* 1 年間の河川総流出量を流域面積で除し，水深に換算したもの。

表　1

	年流出高(mm)	流量が最大になる月
①	618	9　月
②	436	1　月
③	14	7　月
④	9	3　月

Global Runoff Data Centre, University of New Hampshire の
資料により作成。

問4 次の写真1中のア〜ウは，図1中のX〜Zのいずれかの地点の景観を撮影したものである。ア〜ウとX〜Zとの正しい組合せを，下の①〜⑥のうちから一つ選べ。 4

写真提供：ユニフォトプレス

ア

イ

篠田雅人撮影

ウ

写真　1

	①	②	③	④	⑤	⑥
ア	X	X	Y	Y	Z	Z
イ	Y	Z	X	Z	X	Y
ウ	Z	Y	Z	X	Y	X

第 1 回 試行調査：地理Ｂ　**5**

B　日本の自然災害に関する次の問い（**問 5 ～ 6**）に答えよ。

問 5　火山について説明した次の文章中の下線部 c ～ e について，正誤の組合せとして正しいものを，下の①～⑧のうちから一つ選べ。　5

　　日本には 100 以上の活火山が存在し，その火山活動により様々な災害が引き起こされてきた。例えば，c 高温のガスと固体粒子が一体となって高速度で流下する火砕流（かさいりゅう）は，山麓（さんろく）に大きな被害をもたらす。また，火山灰は風下側に堆積し農作物などへ甚大な被害を与えるだけでなく，d 大気中に長期間とどまって，地球規模の気温上昇を引き起こすことがある。その一方で，私たちは火山からの恩恵も受けており，その美しい景観を観光資源として活用したり，e 地下の豊富な熱エネルギーを利用して地熱発電を行ったりしている。

	①	②	③	④	⑤	⑥	⑦	⑧
c	正	正	正	正	誤	誤	誤	誤
d	正	正	誤	誤	正	正	誤	誤
e	正	誤	正	誤	正	誤	正	誤

問 6 次の図2は，ある地域で危惧されている災害の範囲を地形図上に示したものであり，図2中の**カ〜ク**は，河川が氾濫した際の水深1m以上の浸水，急傾斜地の崩壊，津波による水深1m以上の浸水のいずれかである。災害をもたらす現象名と**カ〜ク**との正しい組合せを，次ページの**①〜⑥**のうちから一つ選べ。 6

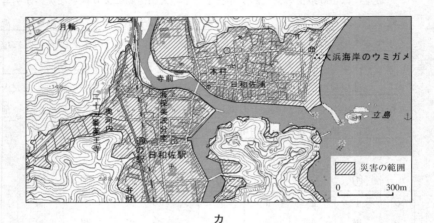

カ

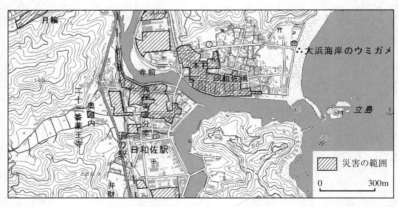

キ

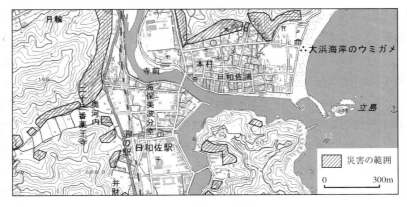

自治体の資料などにより作成。地形図は地理院地図を用いた。

図 2

	河川が氾濫した際の水深１m以上の浸水	急傾斜地の崩壊	津波による水深１m以上の浸水
①	カ	キ	ク
②	カ	ク	キ
③	キ	カ	ク
④	キ	ク	カ
⑤	ク	カ	キ
⑥	ク	キ	カ

8 第Ⅰ回 試行調査：地理B

第2問 地理の授業で，「なぜ，世界で食料問題が起こっているのか？」をクラスで探究していくことにした。世界の食料問題に関する次の問い（**問1～6**）に答えよ。

問1 授業の最初，先生から世界の地域別に，発展途上国の栄養不足人口率が次の表1のように示され，食料不足が生じている地域*を確かめた。次に，食料不足が生じる理由を考察するため，穀物自給率と人口増加率をみることにした。次ページの図1中の**ア**と**イ**は，穀物自給率，人口増加率のいずれかの指標について，その高低を国別に示したものである。栄養不足人口率と穀物自給率および人口増加率との関係を述べた文として最も適当なものを，次ページの**①～④**のうちから一つ選べ。　　**7**

*先進国の栄養不足人口率は5％以下。

表　1

地　域	発展途上国の栄養不足人口率
アフリカ	20.7 %
アジア	13.5 %
ラテンアメリカおよびカリブ海諸国	6.4 %
オセアニア	13.5 %

統計年次は2010～2012年。
The State of Food Insecurity in the World 2015 により作成。

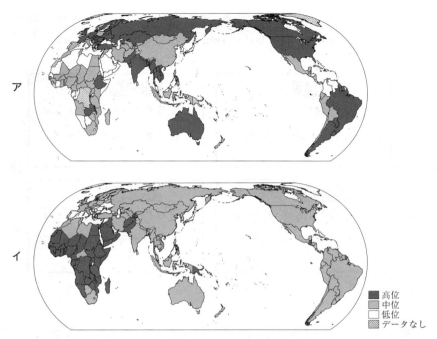

統計年次は穀物自給率が2011年,人口増加率が2010〜2015年の平均値。
国連人口統計などにより作成。

図　1

① アは穀物自給率,イは人口増加率を示しており,栄養不足人口率が高いところは,穀物自給率が高く,人口増加率が低い傾向がみられる。
② アは穀物自給率,イは人口増加率を示しており,栄養不足人口率が高いところは,穀物自給率が低く,人口増加率が高い傾向がみられる。
③ アは人口増加率,イは穀物自給率を示しており,栄養不足人口率が高いところは,穀物自給率が高く,人口増加率が低い傾向がみられる。
④ アは人口増加率,イは穀物自給率を示しており,栄養不足人口率が高いところは,穀物自給率が低く,人口増加率が高い傾向がみられる。

※問題文中の図に誤りがあったため,集計の対象外とすると大学入試センターから発表があった。

次に,世界で主食となっている主な作物について,各班に分かれて調べた。次の図2中のカードA～Dは,各班が調べることにした課題である。

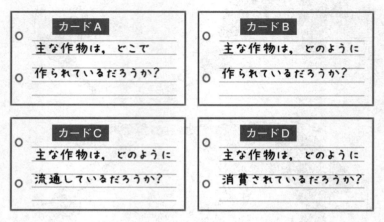

図 2

問2 図2中のカードAを調べた班は,主な作物の生産国を調べ,グラフにまとめた。次ページの図3は,小麦,米,トウモロコシ,大豆について,上位5か国とそれらが世界に占める割合を示したものであり,図3中のP～Rは,アメリカ合衆国,中国*,ブラジルのいずれかである。P～Rと国名との正しい組合せを,次の①～⑥のうちから一つ選べ。| 8 |

*台湾,ホンコン,マカオを含まない。

	P	Q	R
①	アメリカ合衆国	中 国	ブラジル
②	アメリカ合衆国	ブラジル	中 国
③	中 国	アメリカ合衆国	ブラジル
④	中 国	ブラジル	アメリカ合衆国
⑤	ブラジル	アメリカ合衆国	中 国
⑥	ブラジル	中 国	アメリカ合衆国

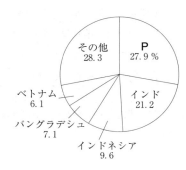
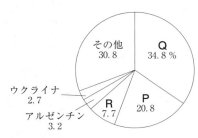
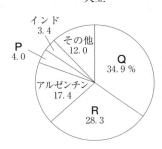

統計年次は2014年。
FAOSTATにより作成。

図 3

問 3　図2中のカードBを調べた班は，世界の地域別に統計資料を用いて，グラフを作成し分析した。次の図4は，国土面積に占める農地*の割合と耕地1ha当たりの肥料の消費量**を示したものであり，①〜④は，アジア，アフリカ，オセアニア，ヨーロッパのいずれかである。アジアに該当するものを，図4中の①〜④のうちから一つ選べ。 9

*農地には，耕地のほか牧草地などを含む。
**ふん尿などの自給肥料の消費は含まない。

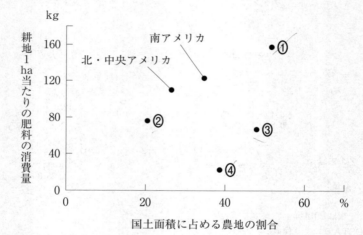

北・中央アメリカは，パナマ以北でカリブ海諸国を含む。
統計年次は2013年。
『世界国勢図会』により作成。

図　4

第 1 回 試行調査：地理B　13

問 4 図2中のカードCを調べた班は，小麦，米，トウモロコシ，大豆の世界全体の生産量と輸出量を調べた結果を，表2にまとめて話し合った。そのとき用いられた次ページの図5は，大豆の輸入上位5か国の輸入量とその世界全体に占める割合を示している。下の会話文中の空欄**カ**と**キ**に当てはまる語句の正しい組合せを，次ページの**①**〜**④**のうちから一つ選べ。　10

表　2

(単位：千 t)

作物名	生産量	輸出量
小　麦	711,142	162,798
米	738,064	37,127
トウモロコシ	1,017,537	124,222
大　豆	278,093	106,169

統計年次は2013年。『世界国勢図会』により作成。

太　郎 「生産量で一番多いのは，トウモロコシだね」

桜　子 「逆に，大豆の生産量が一番少ないね」

次　郎 「輸出量を見ると，小麦が一番多いことがわかるね」

桃　子 「米は輸出量が少ないだけでなく，生産量に占める輸出量の割合も小さいから，（　**カ**　）に生産している国や地域が多そう」

三　郎 「逆に，大豆は生産量が少ないにもかかわらず，生産量に占める輸出量の割合が大きくなっているよ。図5にみられるように，それは世界の大豆輸入における中国の輸入量が拡大したことが，生産量に占める輸出量の割合を押し上げたみたいだね」

太　郎 「なぜ，中国の輸入量が急激に増加したのだろう？」

桜　子 「それは，中国では経済発展にともなって食生活が変化して，（　**キ**　）の大豆の需要が急激に高まったからでしょうね」

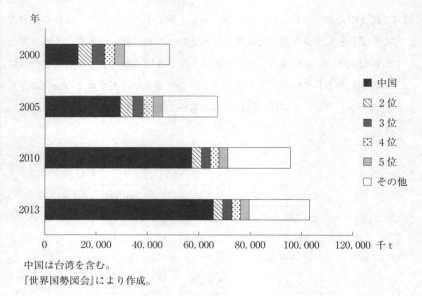

中国は台湾を含む。
『世界国勢図会』により作成。

図 5

	カ	キ
①	自給的	食料用
②	自給的	飼料用
③	商業的	食料用
④	商業的	飼料用

第１回 試行調査：地理Ｂ　15

問5　図2中のカードDを調べた班は，世界各国の飽食・飢餓と健康との関係について資料を集め探究を進めようと，表3を作成した。表3中のサ～スは，サウジアラビア，タイ，ボリビアのいずれかである。またこの班では表3中の6か国を，2か国ずつのX～Zの3グループに分類し，その考察した結果を表4にまとめた。サ～スの国名として最も適当なものを，次ページの①～⑥のうちから一つ選べ。　11

表　3

国　名	1人1日当たり食料供給熱量（kcal）	太りすぎ人口の割合*（％）	5歳未満の子供の死亡率（‰）
アメリカ合衆国	3,650	31.8	7
サ	3,063	35.2	15
ザンビア	1,911	4.2	64
シ	2,188	18.9	38
日　本	2,695	4.5	3
ス	2,752	8.5	12

*体重(kg)を身長(m)の2乗で割って算出される値が25以上の状態。
統計年次は，1人1日当たり食料供給熱量は2009～2011年の平均値，太りすぎ人口の割合は2008年，5歳未満の子供の死亡率は2015年。
世界銀行の資料などにより作成。

16　第 I 回　試行調査：地理B

表　4

グループ	国　名	考察した結果
X	アメリカ合衆国 （　サ　）	ともに１人当たり食料供給熱量，太りすぎ人口の割合は高位である。両国とも世界有数の高所得国であり，サは1970年代以降に急速にその経済的地位を上昇させた。
Y	ザンビア （　シ　）	ともに１人当たり食料供給量は低位で，５歳未満の子供の死亡率は高位である。両国とも都市部への人口集中がみられ，シの都市住民の一部では食生活の欧米化がみられる。
Z	日　本 （　ス　）	ともに１人当たり食料供給量は中位であり，太りすぎ人口の割合は低位である。スでは屋台などの外食の割合が高い。

	①	②	③	④	⑤	⑥
サウジアラビア	サ	サ	シ	シ	ス	ス
タ　イ	シ	ス	サ	ス	サ	シ
ボリビア	ス	シ	ス	サ	シ	サ

問 6　各班で調べた内容についてさらにクラスで学習を深め，世界の食料問題とその取組みについてポスターにまとめた。文章中の下線部①～④のうちから，**適当でないもの**を一つ選べ。　12

世界の食料問題とその取組み

○年○組

　世界の食料問題は発展途上国と先進国で違いがみられる。発展途上国では，所得水準が低く食料の十分に得られない地域がある。食料の増産を目的とした対策の一つとして，20世紀半ば以降に推進された「緑の革命」では，①高収量品種の導入や灌漑施設の整備などによっていくつかの国では穀物自給率が上昇した。ただし，農村部では十分にその恩恵を受けることができていない地域もみられる。近年では，②世界各地で異常気象による農作物の不作が報告されており，貧しい農村部でその影響が大きい。

　一方，多くの先進国では，③国内消費を上回る量の食料品を輸入し，大量の食料が廃棄されるフードロスの問題が生じている。世界の一部では飢餓が生じているなか，先進国の飽食は発展途上国の犠牲のうえに成り立っているとも考えられる。国際貿易においては，④農産加工品などの輸入において先進国がフェアトレードを推進しており，発展途上国の農家の生活水準が悪化している。食料問題を解決するには，先進国と発展途上国との格差を是正していくことが必要であり，私たちも食料問題に真剣に向き合わなければならない。

第3問 世界の人口と都市に関する次の問い（問1～6）に答えよ。

問 1 次の図1は、世界の主な国の人口のカルトグラムに人口密度を示したものである。図1から読み取れることがらを述べた文として最も適当なものを、下の①～④のうちから一つ選べ。 13

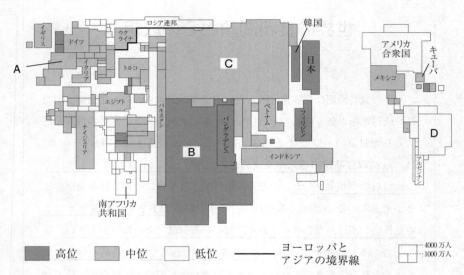

統計年次は、人口が2012年または2014年、人口密度が2015年。
『世界国勢図会』などにより作成。

図　1

① ヨーロッパでは、国土面積が小さく、人口密度が高位の国が集中している。
② アジアは人口が最も多く、特に東アジアや南アジアでは人口密度が高位や中位の国が多い。
③ アフリカは人口増加率が高く、人口密度も高位の国が多い。
④ ラテンアメリカでは、人口密度が中位や低位の国が多く、特に中央アメリカでは低位の国が多い。

問 2　次の図2中の①～④は，図1中のA～Dのいずれかの国の人口ピラミッドを示したものである。Dに該当するものを，図2中の①～④のうちから一つ選べ。 14

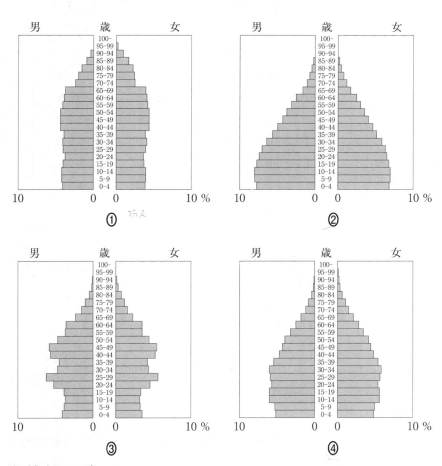

統計年次は2015年。
『国連人口統計』により作成。

図　2

20　第Ⅰ回 試行調査：地理B

問 3　次の表1は，発展途上国の中でもBRICSに続く経済発展をみせているいく
つかの国と日本の合計特殊出生率と1人当たりのGDPを示したものであり，
ア〜ウはインドネシア，ナイジェリア，メキシコのいずれかである。ア〜ウと
国名との正しい組合せを，下の①〜⑥のうちから一つ選べ。　| 15 |

表　1

	合計特殊出生率		1人当たりのGDP（ドル）	
	1990年	2015年	1990年	2015年
ア	6.49	5.59	686	2,763
イ	3.48	2.21	3,423	9,512
ウ	3.12	2.44	771	3,371
日　本	1.57	1.46	25,443	34,513

世界銀行の資料などにより作成。

	ア	イ	ウ
①	インドネシア	ナイジェリア	メキシコ
②	インドネシア	メキシコ	ナイジェリア
③	ナイジェリア	インドネシア	メキシコ
④	ナイジェリア	メキシコ	インドネシア
⑤	メキシコ	インドネシア	ナイジェリア
⑥	メキシコ	ナイジェリア	インドネシア

問 4　次ページの写真1のカ〜クは，開発のすすむいくつかの都市の景観を撮影し
たものであり，次ページの文章は，各都市についての説明である。文章中の下
線部a〜cについて，正誤の組合せとして正しいものを，下の①〜⑧のうちか
ら一つ選べ。　| 16 |

カ

キ

ク

写真　1　　　　　　　　写真提供：ユニフォトプレス

　カはリオデジャネイロであり，a 近代的な開発が進んだ沿岸部に対して，土地条件の悪い傾斜地にはファベーラと呼ばれる不良住宅地区がみられる。キはシャンハイ(上海)であり，b 沿岸部の広大な用地に高層ビル群が建設され，商業・金融の世界的な中心地として発展している。クはドバイであり，c 巨額のオイルマネーを背景に，世界最高層のビルや都市インフラの建設が進んでいる。

	①	②	③	④	⑤	⑥	⑦	⑧
a	正	正	正	正	誤	誤	誤	誤
b	正	正	誤	誤	正	正	誤	誤
c	正	誤	正	誤	正	誤	正	誤

問5 次の図3は，日本における大都市の内部構造を模式的に示したものであり，下のサ～スの文は，図3中のE～Gの各地区について述べたものである。サ～スとE～Gとの正しい組合せを，下の①～⑥のうちから一つ選べ。　17

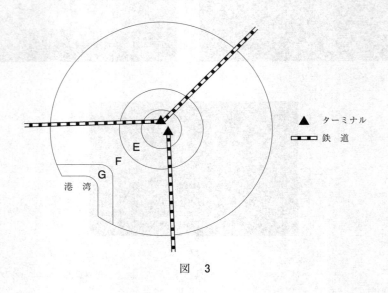

図　3

サ　大規模な工場や倉庫群などが立地している。
シ　中小の工場や商店などと住宅が混在している。
ス　鉄道に沿って住宅地が形成されている。

	①	②	③	④	⑤	⑥
E	サ	サ	シ	シ	ス	ス
F	シ	ス	サ	ス	サ	シ
G	ス	シ	ス	サ	シ	サ

第１回 試行調査：地理Ｂ　23

問 6　次のＸ～Ｚの文は，日本の人口 30 万人程度のいくつかの市区について，それらの市区のようすを述べたものであり，下の表 2 中のタ～ツは，それぞれの市区の昼夜間人口比率と年間商品販売額を示したものである。Ｘ～Ｚとタ～ツとの正しい組合せを，下の①～⑥のうちから一つ選べ。 18

Ｘ　行政と文化の中心となっている地方都市で，交通と経済の中心となっている隣接都市とは人口が競合している。

Ｙ　大都市圏の副都心で，ターミナル駅付近には高層ビルが立ち並ぶ一方，その周辺には木造住宅や小さな工場が密集している地区もみられる。

Ｚ　二つの大都市にはさまれた立地で，高度経済成長の時期に人口の急増がみられ，ベッドタウンとしての住宅開発が進んだ。

表　2

	昼夜間人口比率	年間商品販売額（百万円）
タ	148.6	1,856,287
チ	104.5	1,005,158
ツ	86.5	515,895

統計年次は，昼夜間人口比率が 2010 年，年間商品販売額が 2014 年。国勢調査などにより作成。

	①	②	③	④	⑤	⑥
Ｘ	タ	タ	チ	チ	ツ	ツ
Ｙ	チ	ツ	タ	ツ	タ	チ
Ｚ	ツ	チ	ツ	タ	チ	タ

第4問 高校生のユウさんは、ヨーロッパについての課題研究に取り組んだ。次の図1を見て、ユウさんが調べたことに関する下の問い(**問1〜6**)に答えよ。

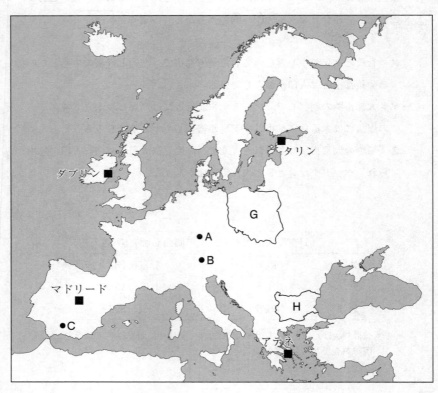

図 1

問 1 ユウさんは，ヨーロッパ各地の気候の違いについて調べた。次の図2中の①〜④は，図1中のアテネ，ダブリン，タリン，マドリードのいずれかの地点における月平均気温と月降水量を示したものである。ダブリンに該当するものを，図2中の①〜④のうちから一つ選べ。 19

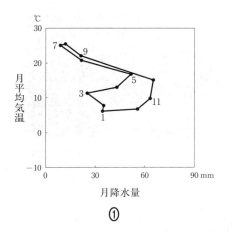

①

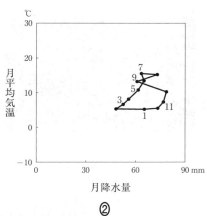

②

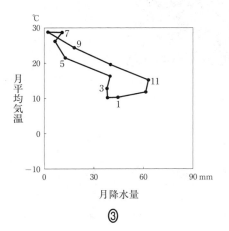

③

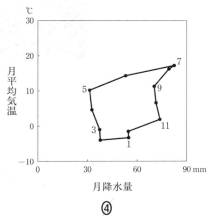

④

『理科年表』により作成。

図　2

問 2 ユウさんは，ヨーロッパの景観が地域によって大きく異なることに気がついた。次の写真 1 中のア〜ウは，図 1 中の A〜C のいずれかの地点でみられる代表的な農業景観を撮影したものである。ア〜ウと A〜C との正しい組合せを，下の①〜⑥のうちから一つ選べ。 20

写真提供：帝国書院

ア

写真提供：ユニフォトプレス

イ

写真提供：ユニフォトプレス

ウ

写真 1

	①	②	③	④	⑤	⑥
A	ア	ア	イ	イ	ウ	ウ
B	イ	ウ	ア	ウ	ア	イ
C	ウ	イ	ウ	ア	イ	ア

問 3 ユウさんは，ヨーロッパの宗教と言語の多様性について調べた。図1中の G国とH国における主な言語と宗教との正しい組合せを，次の**①**～**⑥**のうちから一つ選べ。 21

	G 国		H 国	
	言　語	宗　教	言　語	宗　教
①	ゲルマン語派	カトリック	ゲルマン語派	正教会
②	ゲルマン語派	正教会	ゲルマン語派	カトリック
③	スラブ語派	カトリック	スラブ語派	正教会
④	スラブ語派	正教会	スラブ語派	カトリック
⑤	ラテン語派	カトリック	ラテン語派	正教会
⑥	ラテン語派	正教会	ラテン語派	カトリック

問 4 ユウさんは，EU（欧州連合）の統合について先生に質問することにした。次の図 3 は，先生が示してくれたメモであり，これを参考にユウさんは EU の統合が進んだ理由を考えた。統合が進んだ理由として最も適当なものを，下の ①～④ のうちから一つ選べ。 22

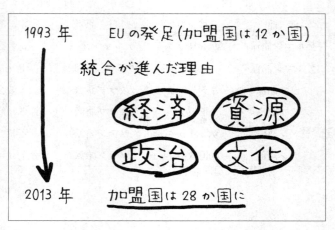

図 3

① 経済の面では，EU 域内で流通する工業製品や農産物に関税をかけて自国の産業を保護する必要があったため。
② 資源の面では，風力発電など自然再生エネルギーの共同利用を図り，資源をめぐる国家間の対立を緩和するため。
③ 政治の面では，東欧革命により東西冷戦時代が終わり，東ヨーロッパ諸国が統合を望んだため。
④ 文化の面では，食事の時にワインを日常的に飲む習慣が存在し，食文化の共通性が高かったため。

問5 ユウさんは，EUへの拠出金の分担をめぐって，加盟国間で議論が交わされていることを知った。各加盟国のEUへの拠出金額と1人当たりGNI（国民総所得）との関係を調べるために，ユウさんは次の図4を作成した。下のカ～クの文は，図4中に示したP～Rの国家群について説明したものである。P～Rとカ～クの文との正しい組合せを，下の①～⑥のうちから一つ選べ。 23

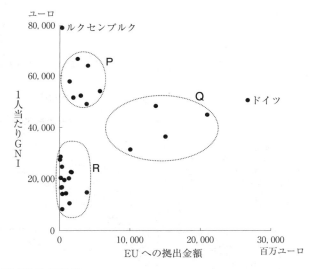

統計年次は2015年。
EUROSTATなどにより作成。

図　4

カ　EUの政治経済において中心的な役割を担ってきた国が多い。
キ　EU発足後に新たに加盟した国が多い。
ク　国内人口は少ないが，経済活動が活発な国が多い。

	①	②	③	④	⑤	⑥
P	カ	カ	キ	キ	ク	ク
Q	キ	ク	カ	ク	カ	キ
R	ク	キ	ク	カ	キ	カ

問6 EU各国において国際的な人口移動が活発であることを知ったユウさんは，移民の流れを示した次の図5を作成し，このような移動がみられる理由について考えた。次ページのX～Zは，ユウさんが考えた仮説を示したものであり，サ～スは仮説を確かめるために集めたデータを示したものである。X～Zとサ～スの組合せとして最も適当なものを，次ページの①～⑨のうちから一つ選べ。 24

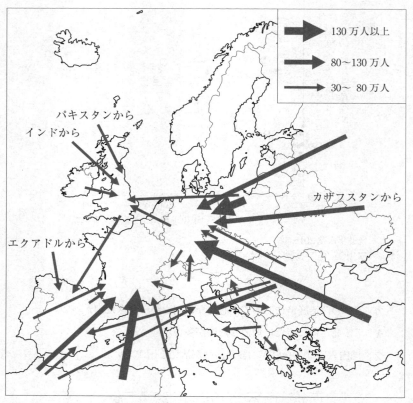

統計年次は2015年。
Trends in International Migrant Stock により作成。

図 5

第 1 回 試行調査：地理B　31

【仮説】

X　旧宗主国と旧植民地の国々との間では言語の障壁が比較的低く，雇用機会が不足し治安が悪い旧植民地から旧宗主国への人口移動がみられた。

Y　国境での審査なしで自由に出入国ができるようになり，先進国どうしの人々の相互移動が活発化し，大量の人口移動につながった。

Z　産業が発達している先進国とその他の国々との間の賃金格差が大きくなり，賃金水準の低い国々から先進国に向けて移民が流出した。

【データ】

サ　EU 加盟国および周辺国における食料自給率についてのデータ

シ　EU 加盟国および周辺国における大学進学率についてのデータ

ス　EU 加盟国における 1 人当たり工業付加価値額についてのデータ

① X － サ　　　　② X － シ　　　　③ X － ス
④ Y － サ　　　　⑤ Y － シ　　　　⑥ Y － ス
⑦ Z － サ　　　　⑧ Z － シ　　　　⑨ Z － ス

第5問 関東地方の高校に通うサクラさんは，親戚が住んでいる静岡県中部(図1とその周辺)の地域調査を行った。この地域調査に関する下の問い(**問1〜6**)に答えよ。

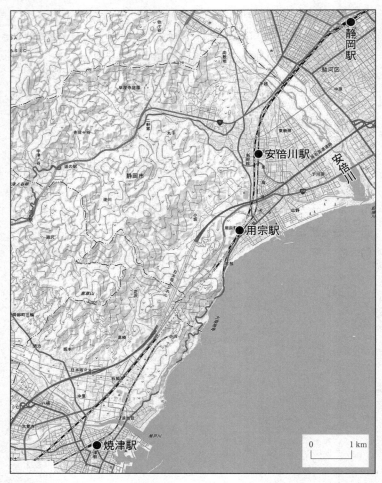

地理院地図により作成。第5問の地図はすべて同様。

図　1

図　2

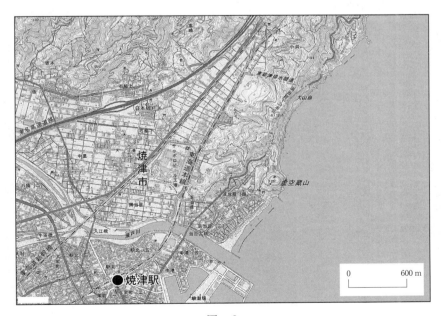

図　3

34 第Ⅰ回 試行調査：地理B

問 1 サクラさんは，静岡駅で新幹線を降り，親戚の住む焼津市を訪れるために，
図1中の静岡駅を午前10時に出発した列車に乗り，焼津駅までの車窓からの
景観を観察した。図2は安倍川駅付近の拡大図であり，図3は用宗－焼津間の
拡大図である。車窓からの景観を説明した文として最も適当なものを，次の
①～④のうちから一つ選べ。 ┃ 25 ┃

① 静岡駅を出て安倍川を渡る際に地形図と見比べたところ，地形図で示され
た位置と，実際に水の流れている位置が異なっていた。

② 図2の安倍川駅を出発すると，車窓の進行方向の右側に山地が見え，市街
地より山側の斜面は全体が針葉樹林に覆われていた。

③ 用宗駅付近を走行している際に，日差しは進行方向の右側から差し込んで
いた。

④ 用宗－焼津間のトンネルを出た所からビール工場までの間，進行方向の左
側に海が見えた。

問 2 サクラさんは，静岡県中部が避寒地として古くから知られ，特に静岡市には伊藤博文，井上馨，西園寺公望など，東京在住の明治の元勲や元老たちの別荘があったことを聞き，気候についての資料を整理した。次の図4は，日本のいくつかの地点の月平均気温を示したものであり，ア～ウは軽井沢，静岡，八丈島のいずれかである。ア～ウと地点名との正しい組合せを，下の①～⑥のうちから一つ選べ。 26

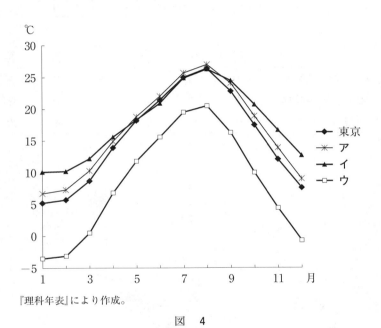

『理科年表』により作成。

図 4

	①	②	③	④	⑤	⑥
軽井沢	ア	ア	イ	イ	ウ	ウ
静岡	イ	ウ	ア	ウ	ア	イ
八丈島	ウ	イ	ウ	ア	イ	ア

問 3 静岡県中部の市町村のすがたに関心をもったサクラさんは，この地域の人口統計データを用いた主題図を作成した。下の図 5 は，静岡県中部における市区町村の位置略図と，縦横約 1 km の単位地域からなるメッシュマップで表現した人口分布図である。次ページの図 6 は，いくつかの指標の分布を図 5 中の人口分布図と同様なメッシュマップで示したものであり，カ～クは第 3 次産業就業者率，老年人口の増加率，老年人口率のいずれかである。カ～クと指標名との正しい組合せを，次の①～⑥のうちから一つ選べ。 27

	①	②	③	④	⑤	⑥
第 3 次産業就業者率	カ	カ	キ	キ	ク	ク
老年人口の増加率	キ	ク	カ	ク	カ	キ
老年人口率	ク	キ	ク	カ	キ	カ

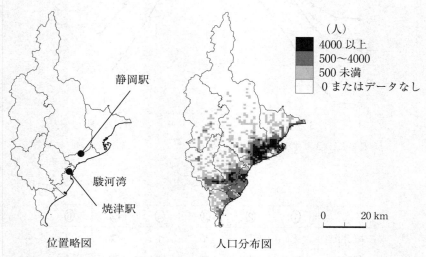

統計年次は 2010 年。国勢調査により作成。

図 5

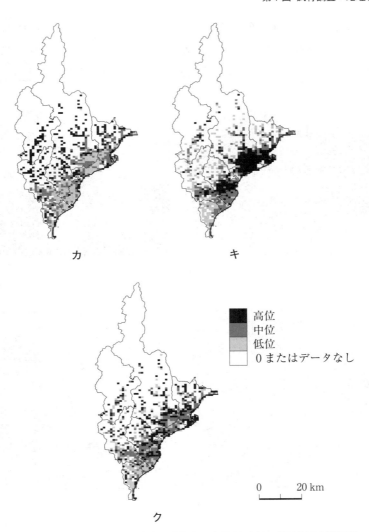

統計年次は第3次産業就業者率,老年人口率が2010年,老年人口の増加率が2000〜2010年。国勢調査により作成。

図 6

問4 焼津市の市街地を訪れたサクラさんは，次の写真1のような防災施設を見かけた。同様な施設は下の図7中の各地点でも見られた。この施設の目的や役割の説明として正しいものを，下の①〜④のうちから**すべて選べ**。　28

写真　1

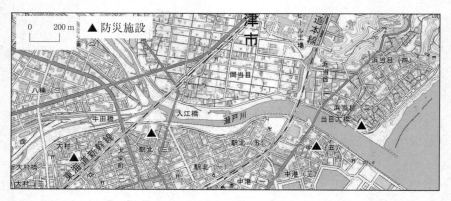

図　7

① 洪水による浸水を防ぐ施設　　② 地震による液状化を防ぐ施設
③ 津波から避難する施設　　　　④ 土石流から避難する施設

問 5　焼津市の防災施設を見て防災について関心をもったサクラさんは，静岡県中部で防災に関する地域調査を行い，地理の先生に報告した。次の図 8 は静岡県中部のある地域の地形図（左）と，同範囲の地形分類図（右）である。下のサクラさんと先生との会話文中の下線部**サ～ス**の正誤の組合せとして正しいものを，次ページの①～⑧のうちから一つ選べ。　29

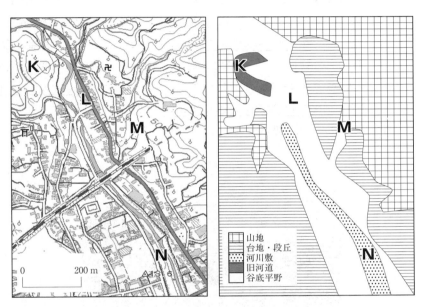

地理院地図，土地条件図により作成。
地形分類図は小面積のものを一部省略してある。

図　8

先　生　「興味深い調査をしてきましたね。図 8 や，サクラさんが調べたことをもとに，この地域の防災上の注意事項を考えてみましょう。たとえば K 地点は地形から見て，建物を建てるときには液状化の対策が必要かもしれないですね。他の地点についてはどう思いますか？」

サクラ 「はい，まずこの地区のハザードマップを見たところ，この図の範囲内に洪水の危険性がある箇所は描かれていませんでした。M地点付近は谷で土石流の危険性があると描かれており，<u>サ主に土砂災害の危険性があるので砂防ダムなどの対策が必要</u>だと思いました。ハザードマップでL地点付近は急傾斜地崩壊危険箇所となっていました。L地点付近に30年前から住んでいるという方から話を聞いたのですが，このあたりで洪水を経験したことはないそうです。しかし，地形分類図も参考にすると，L地点付近では，<u>シ土砂災害とともに洪水にも注意が必要</u>だと思います。N地点付近では，下の写真2のように，川の水面からは少し高く，道路より低い所が駐車場やテニスコートになっていました。N地点付近では<u>ス洪水の危険性があり，大雨の際には近づかないほうがいい</u>と思いました」
先　生 「みなさんはどう思いますか？」

写真　2

	①	②	③	④	⑤	⑥	⑦	⑧
サ	正	正	正	正	誤	誤	誤	誤
シ	正	正	誤	誤	正	正	誤	誤
ス	正	誤	正	誤	正	誤	正	誤

問6 静岡県中部での地域調査を終えて,日本全体の自然災害や防災に関心をもったサクラさんは,教科書や資料集に挙げられている日本の自然災害や防災対策の概要を整理し,プレゼンテーション用の資料を作成した。次の図9はサクラさんがそのまとめとして作成したものである。日本の自然災害と防災対策をまとめた文として**適当でないもの**を,図9中の①～④のうちから一つ選べ。30

日本の自然災害と防災対策のまとめ

① 日本列島はもともと地震や大雨などが多く,自然災害を受けやすい場所に位置している。
② 機械を用いた高度な土木工事が困難だった時代には,霞堤(かすみてい)など,自然災害をもたらす現象をある程度受け入れる防災対策も行われた。
③ 現代では様々な防災対策が進んでいるが,地形からみて自然災害の危険性がある場所へ住宅地が拡大しているところもある。
④ 同規模の地震・大雨などの現象が発生すれば,時代や地域にかかわらず被害の大きさは同程度である。

図 9

センター試験

本試験

2020

地理B

解答時間 60 分　配点 100 点

地理 B

(解答番号 [1] ～ [35])

第1問 次の図1を見て、世界の自然環境と自然災害に関する下の問い（問1～6）に答えよ。（配点 17）

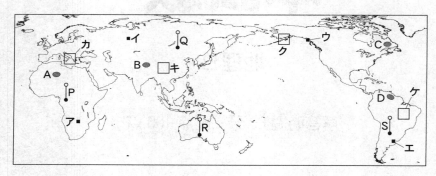

図 1

問1 次の①～④の文は、図1中のA～Dのいずれかの高地にみられる自然環境の特徴について述べたものである。Cに該当するものを、次の①～④のうちから一つ選べ。[1]

① 標高が約 500～1000 m で、氷河の削った侵食地形がみられる。
② 標高が約 900～3000 m で、ワジやオアシスがみられる。
③ 標高が約 2000～3000 m で、テーブル状の山が分布している。
④ 標高が約 4000～5000 m で、永久凍土が分布している。

問 2 次の図 2 中の①～④は，図 1 中のア～エのいずれかの地点における月平均気温と月降水量をハイサーグラフで示したものである。ウに該当するものを，図 2 中の①～④のうちから一つ選べ。 2

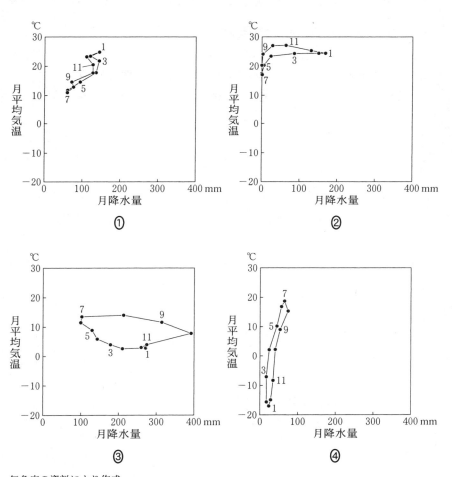

気象庁の資料により作成。

図　2

問 3 地震*の震源や火山**の分布は，プレート境界の分布と関係している。図1
中の**カ～ケ**の地域のうち，地震の震源と火山の両方が分布する地域の組合せと
して正しいものを，次の**①～⑥**のうちから一つ選べ。 3

  *1991～2010 年に発生した，震源が地下 100 km より浅いマグニチュード 4 以上の地
  震。
  **おおむね過去 1 万年間に活動があったもの。

① **カとキ**　　　② **カとク**　　　③ **カとケ**

④ **キとク**　　　⑤ **キとケ**　　　⑥ **クとケ**

問4 次の図3は，1月と7月に特徴的にみられる気圧帯の位置を模式的に示したものである。図3から読み取れることがらやその背景について述べた文として下線部が**適当でないもの**を，下の①〜④のうちから一つ選べ。 4

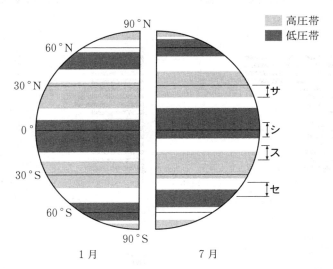

福井英一郎ほか編『日本・世界の気候図』などにより作成。

図　3

① **サ**の緯度帯では，下降気流の影響で，年間を通じて雨が降りにくい。
② **シ**の緯度帯では，上昇気流の影響で，年間を通じて多量の雨が降りやすい。
③ **ス**の緯度帯では，1月ごろに雨季のみられる気候が形成されやすい。
④ **セ**の緯度帯では，7月ごろに高温で乾燥する気候が形成されやすい。

問 5 次の図4中の ①～④ は，図1中の P～S のいずれかの経線に沿った樹木の高さ*を示したものである。Q に該当するものを，図4中の ①～④ のうちから一つ選べ。 5

*その地域の植生を構成する樹木の最大の高さ。樹木の生育していない地域では 0 m となる。

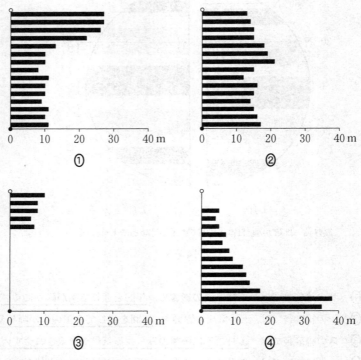

データは緯度1度ごと。
NASA の資料により作成。

図　4

問6 自然災害の種類やその発生頻度は，各地域の自然環境の特徴や生活と密接に結びついている。次の図5は，いくつかの自然災害*について，南北アメリカにおける2008～2017年の発生数**を国別に示したものであり，**タ**～**ツ**は，地震，森林火災，熱帯低気圧のいずれかである。災害名と**タ**～**ツ**との正しい組合せを，下の**①**～**⑥**のうちから一つ選べ。 6

*死者10名以上，被災者100名以上，非常事態宣言の発令，国際援助の要請のいずれか一つ以上をもたらしたもの。
**一つの災害が複数の国に被害をもたらした場合は，それぞれの国に発生数が加算される。

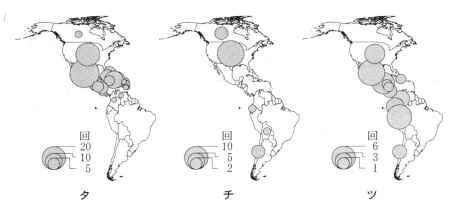

Université Catholique de Louvain の資料により作成。

図 5

	①	②	③	④	⑤	⑥
地　震	タ	タ	チ	チ	ツ	ツ
森林火災	チ	ツ	タ	ツ	タ	チ
熱帯低気圧	ツ	チ	ツ	タ	チ	タ

第2問 資源と産業に関する次の問い(問1~6)に答えよ。(配点 17)

問1 レアメタルの一つであるマンガンは,鉄鋼の生産など様々な工業で用いられてきた。次の図1は,いくつかの国におけるマンガン鉱の輸入量の推移を示したものであり,①~④は,インド,韓国,スペイン,日本のいずれかである。韓国に該当するものを,図1中の①~④のうちから一つ選べ。 7

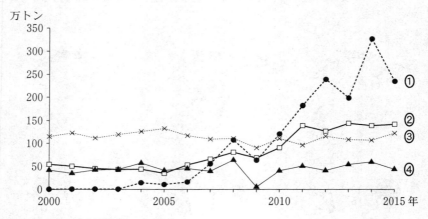

UN Comtradeにより作成。

図 1

問2 水産業と水産資源に関連することがらについて述べた文として下線部が**適当でないもの**を,次の①~④のうちから一つ選べ。 8

① 1980年代後半から1990年代半ばにかけて,日本では水産物の輸入量が増加した。
② 世界各国で水産資源の需要が高まる中で,2000年と比べて2015年の世界の漁獲量に占める養殖業の割合は増加した。
③ 世界の好漁場の多くは,大陸棚のある海域に分布している。
④ 日本では,排他的経済水域の設定の影響で沖合漁業の漁獲量が激減した。

問 3 産業構造の変化は輸出品目の内訳に反映される。次の表1は，1990年と2015年におけるシンガポールとトルコの輸出品目について，上位5品目とそれらが輸出総額に占める割合を示したものであり，**ア〜ウ**は，衣類，果実類，電気機械のいずれかである。品目名と**ア〜ウ**との正しい組合せを，下の**①〜⑥**のうちから一つ選べ。 9

表 1

(単位：％)

順 位	シンガポール				トルコ			
	1990年		2015年		1990年		2015年	
1 位	ア	24.4	ア	34.1	イ	20.3	輸送機械	12.1
2 位	一般機械	23.4	一般機械	14.7	鉄　鋼	10.3	イ	10.3
3 位	石油製品	17.5	石油製品	12.1	ウ	7.7	一般機械	8.6
4 位	イ	3.0	有機化合物	4.5	革製品	5.2	ア	5.8
5 位	プラスチック製品	2.3	精密機械	4.5	綿	4.5	金	5.1

UN Comtrade により作成。

	①	②	③	④	⑤	⑥
衣　類	ア	ア	イ	イ	ウ	ウ
果実類	イ	ウ	ア	ウ	ア	イ
電気機械	ウ	イ	ウ	ア	イ	ア

10 2020年度：地理Ｂ／本試験

問 4 次の図 2 中の**カ～ク**は，米の生産量，輸出量，輸入量のいずれかについて，
上位 12 か国・地域とそれらが世界全体に占める割合を示したものである。項
目名と**カ～ク**との正しい組合せを，次ページの**①～⑥**のうちから一つ選べ。
| 10 |

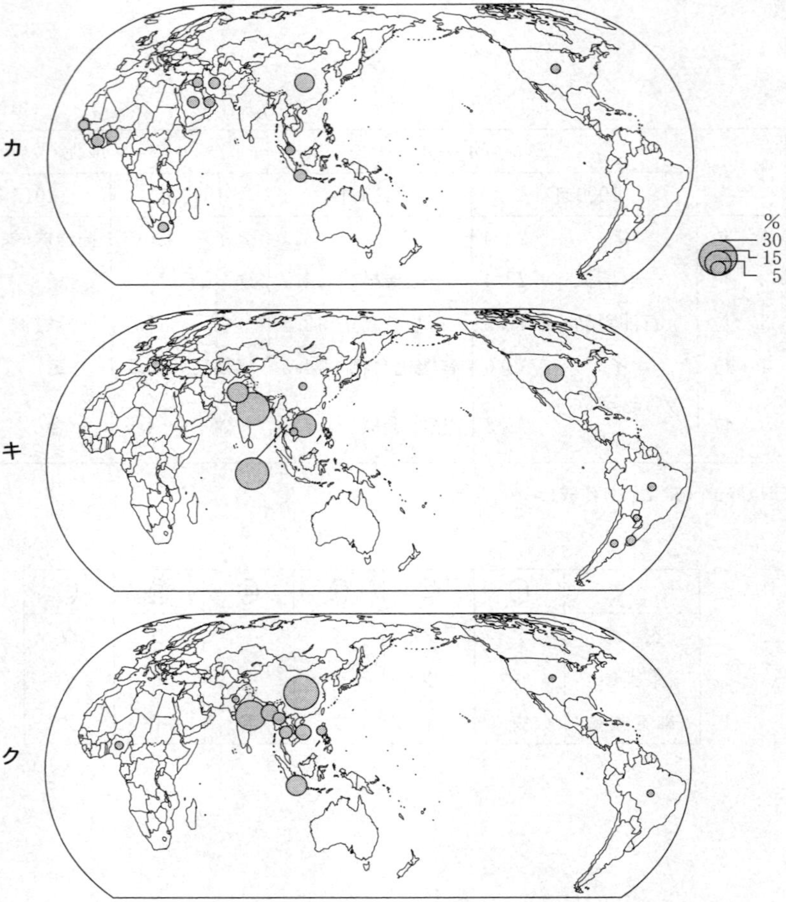

中国の数値には台湾，ホンコン，マカオを含まない。
統計年次は 2015 年。
FAOSTAT により作成。

図　2

2020年度：地理Ｂ／本試験　**11**

	①	②	③	④	⑤	⑥
生産量	カ	カ	キ	キ	ク	ク
輸出量	キ	ク	カ	ク	カ	キ
輸入量	ク	キ	ク	カ	キ	カ

問 5　近年，世界各地で自然環境をいかした発電方法が導入されつつある。2015
年における年間発電量のうち，総発電量に占める風力の割合が 20 % を超える
国・地域に該当するものを，次の①～④のうちから一つ選べ。　| 11 |

　　①　イ ラ ン　　　②　カ ナ ダ　　　③　台　湾　　　④　ポルトガル

問 6　経済のサービス化や知識産業化の進展の度合いは，国や地域によって異なる
特徴を示す。次の表 2 は，いくつかの国における人口 1 人当たり GNI（国民総
所得），人口 1 人当たり研究開発費*，労働人口に占める金融・保険業の従業
者割合を示したものであり，①～④は，アラブ首長国連邦，スイス，日本，ハ
ンガリーのいずれかである。日本に該当するものを，表 2 中の①～④のうちか
ら一つ選べ。　| 12 |

*国内での研究開発に投じられた費用の総額。

表　2

	人口 1 人当たり GNI（ドル）	人口 1 人当たり 研究開発費（ドル）	労働人口に占める 金融・保険業の従業者割合（%）
①	82,681	2,126	5.2
②	40,469	630	1.9
③	35,939	1,328	3.0
④	11,771	366	2.2

統計年次は，人口 1 人当たり GNI と人口 1 人当たり研究開発費が 2015 年，労働人口に占め
る金融・保険業の従業者割合が 2016 年。
ILOSTAT などにより作成。

第3問 都市と村落に関する次の問い(問1〜6)に答えよ。(配点 17)

問 1 次の図1は，北半球を赤道から緯度15度ごとに区切った範囲を示したものであり，下の表1中の①〜④は，図1中のア〜エのいずれかの範囲における人口300万人以上の都市*の数の推移を示したものである。ウに該当するものを，表1中の①〜④のうちから一つ選べ。 13
*各時点での各国の統計上の定義による。

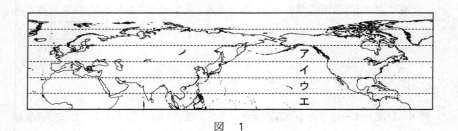

図 1

表 1

	1975年	1995年	2015年
①	21	33	54
②	6	19	39
③	6	8	9
④	4	8	15
世界全体	44	79	141

World Urbanization Prospects により作成。

問 2 国内での都市の人口規模の違いは，その国の歴史や政治・経済状況と関係がある。人口規模第1位の都市の人口*が，第2位の都市の人口*の2倍未満である国に該当するものを，次の①〜④のうちから一つ選べ。 14
*統計年次は2011年，2015年，2016年のいずれか。

① エチオピア　　　　② オーストラリア
③ 韓　国　　　　　　④ チェコ

2020年度：地理Ｂ／本試験　13

問 3　都市の経済発展や都市への人口集中は，様々な都市問題を発生させる。都市
　　　問題やその対策について述べた文として下線部が**適当でないもの**を，次の①～
　　　④のうちから一つ選べ。　| 15 |

　　① 　インドのムンバイ（ボンベイ）では，人口流入が続き，不良住宅地（スラム）
　　　に居住している人も多い。
　　② 　ドイツのフライブルクでは，路面電車などの公共交通網を整備し，中心市
　　　街地への自家用車の流入を抑制してきた。
　　③ 　ニューヨークの都心部では，近年の再開発によって住宅が改装・建設さ
　　　れ，高所得者層が減少した。
　　④ 　ペキンでは，工場での石炭使用や自家用車の急増などから，大気汚染が深
　　　刻な状況となってきた。

問 4　1997 年に中国に返還されたホンコンでは，政治体制や経済情勢の変化が住
　　　民の構成にも影響している。次の表 2 は，ホンコンにおける，1996 年と 2016
　　　年の労働者総数，2016 年の労働者総数に占める管理職・専門職*従事者の割合
　　　を国籍**別に示したものであり，①～④は，イギリス，タイ，日本，フィリピ
　　　ンのいずれかである。フィリピンに該当するものを，表 2 中の①～④のうちか
　　　ら一つ選べ。　| 16 |

　　＊看護師，小学校教員，土木技術者などを含む。
　　＊＊調査の際に回答された第 1 の国籍。

表　2

	労働者総数（人）		労働者総数に占める管理職・専門職従事者の割合（％）
	1996 年	2016 年	
①	115,102	177,984	2.6
②	96,272	19,468	83.6
③	9,663	5,589	81.9
④	9,444	6,145	8.6

1996 年の値には，ホンコン居留権のみの保有者は含まない。
香港政府統計処の資料により作成。

14　2020年度：地理Ｂ／本試験

問 5　地域間の人口移動には，地域間の結びつきやそれぞれの地域の社会経済的な
状況などが大きく影響している。次の表 3 は，日本のいくつかの都府県間にお
ける 1 年間の人口転出入数*を示したものであり，**カ〜ケ**は，宮城県，秋田
県，鳥取県，岡山県のいずれかである。鳥取県に該当するものを，下の①〜④
のうちから一つ選べ。　　17

*同一の都府県内の移動を含まない。

表　3

（単位：人）

転出前の住所地	転入後の住所地					
	東京都	大阪府	**カ**	**キ**	**ク**	**ケ**
東京都	—	17,439	6,483	2,163	1,872	655
大阪府	25,390	—	1,073	3,158	140	1,038
カ	9,499	1,269	—	155	1,683	54
キ	3,453	3,611	204	—	36	873
ク	3,035	190	2,482	32	—	13
ケ	1,034	1,218	38	908	4	—

統計年次は 2017 年。
総務省の資料により作成。

①　カ　　　　　②　キ　　　　　③　ク　　　　　④　ケ

問 6　都市が成長するにつれて，都市内部では機能が分化し，人口構成にも差異が生じる。次の図 2 は，人口 50 万人規模の日本のある県庁所在都市について，その概要と，いくつかの人口に関する指標をメッシュで示したものであり，**サ〜ス**は，総人口に占める居住期間が 5 年未満の人口*割合，総世帯数に占める核家族世帯割合および第 1 次産業就業者世帯割合のいずれかである。指標名と**サ〜ス**との正しい組合せを，下の**①〜⑥**のうちから一つ選べ。　18

*出生時からの居住者は含まない。

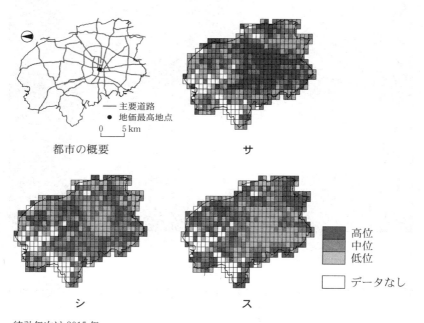

図　2

	①	②	③	④	⑤	⑥
居住期間が 5 年未満の人口割合	サ	サ	シ	シ	ス	ス
核家族世帯割合	シ	ス	サ	ス	サ	シ
第 1 次産業就業者世帯割合	ス	シ	ス	サ	シ	サ

第4問 次の図1を見て，東南アジアとオセアニアに関する下の問い（問1～6）に答えよ。（配点 17）

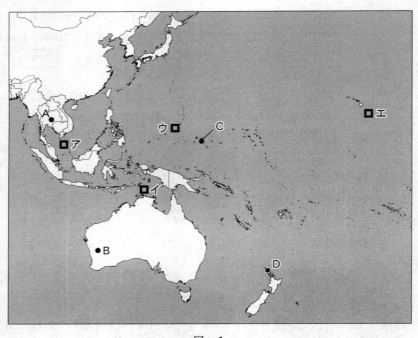

図 1

問 1 図1中の**ア**～**エ**のうち，水深の最も深い場所を含む海域を，次の①～④のうちから一つ選べ。 19

① ア　　　② イ　　　③ ウ　　　④ エ

問2 次の図2は，図1中のA～Dのいずれかの地点における月平均気温と月降水量を示したものである。Dに該当するものを，図2中の①～④のうちから一つ選べ。 20

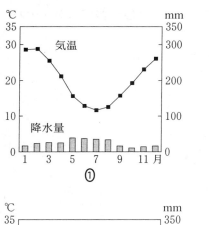
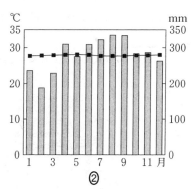
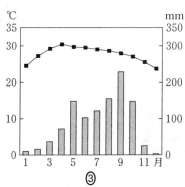
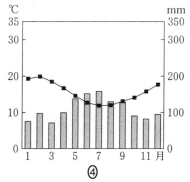

気象庁の資料により作成。

図 2

問3 東南アジアとオセアニアで行われているプランテーション農業の作物やその加工品は，いくつかの国の特徴的な輸出産品となっている。次の図3中の**カ〜ク**は，東南アジアとオセアニアにおけるコプラ油*，サトウキビ，茶のいずれかの生産量について，世界に占める割合を国・地域別に示したものである。品目名と**カ〜ク**との正しい組合せを，次ページの①〜⑥のうちから一つ選べ。 21

*ココヤシの果実の胚乳を乾燥させたコプラから得られる油。

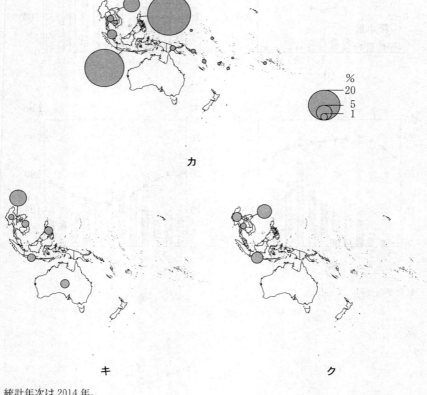

統計年次は2014年。
FAOSTATにより作成。

図 3

2020年度：地理Ｂ/本試験　19

	①	②	③	④	⑤	⑥
コプラ油	カ	カ	キ	キ	ク	ク
サトウキビ	キ	ク	カ	ク	カ	キ
茶	ク	キ	ク	カ	キ	カ

問 4 東南アジアとオセアニアの豊富な鉱産資源は，外貨の獲得に寄与している。次の表１は，いくつかの鉱産資源について，世界の産出量に占める割合を地域・国別に示したものであり，①～④は，すず，鉄鉱石，ニッケル，ボーキサイトのいずれかである。ボーキサイトに該当するものを，表１中の①～④のうちから一つ選べ。　22

表　1

(単位：%)

	①	②	③	④
東南アジア（大陸部）	14.1	1.5	0.4	0.2
東南アジア（島嶼部）	19.3	29.9	11.8	0.2
オーストラリア	2.4	9.7	27.1	34.7
オセアニア（オーストラリアを除く）	0.0	9.3	0.2	0.1

東南アジア（島嶼部）は，マレーシアを含む。
統計年次は 2015 年。
USGS の資料により作成。

問5 次の図4は，いくつかの国について，それぞれの国に対する輸出額を示したものであり，サ～セは，オーストラリア，タイ，中国*，ラオスのいずれかである。オーストラリアに該当するものを，下の①～④のうちから一つ選べ。 23

*台湾，ホンコン，マカオを含まない。

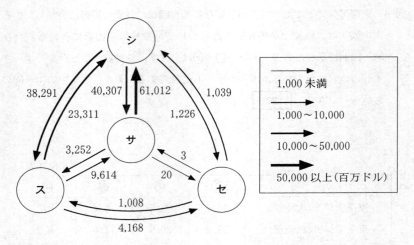

統計年次は2015年。
UN Comtradeにより作成。

図 4

① サ　　　② シ　　　③ ス　　　④ セ

問 6 東南アジアとオセアニアの国々には，歴史的経緯から多様な文化がみられる。東南アジアとオセアニアの国・地域の生活文化と民族・宗教について述べた文として**適当でないもの**を，次の①〜④のうちから一つ選べ。 24

① インドネシアのバリ島では，ムスリム（イスラム教徒）が人口の多数を占めている。

② オーストラリアでは，1970年代に白豪主義政策が廃止された後，世界各地からの移民と共生する多文化主義がとられてきた。

③ シンガポールでは，学校教育や行政・ビジネスの場で，主として英語が共通語として用いられている。

④ ベトナムでは，かつて宗主国であったフランスの影響から，コーヒーやパンを飲食する習慣が広まった。

第5問 中国とブラジルに関する次の文章を読み，下の図1を見て，下の問い（**問1～5**）に答えよ。（配点 14）

　　中国とブラジルには，ともに＠世界有数の大河が流れている。両国は，国土面積が広くかつ同程度で，ⓑ農業が盛んであり，資源も豊富である。そして，両国は，インド，南アフリカ共和国，ロシアとともに経済成長が注目されており，これら5か国はⓒBRICSとよばれている。一方，中国とブラジルのⓓ社会基盤（インフラ）の整備状況には違いがみられる。また，歴史的経緯や社会的条件などを背景に，両国ではⓔ他国との結びつきが構築されてきた。

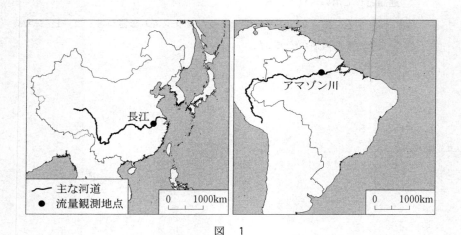

図　1

問1 下線部＠に関して，次ページの図2中の**ア**と**イ**は，図1中の長江とアマゾン川のいずれかの河川の勾配を示したものであり，次ページの図3中のAとBは，いずれかの河川の流量観測地点における月平均流量を示したものである。図2中の**ア**と**イ**および図3中のAとBのうち，長江に該当する正しい組合せを，次ページの①～④のうちから一つ選べ。　25

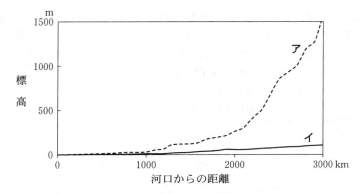

この図では，河口から 3000 km まで，標高 1500 m までの範囲が示されている。
USGS の資料などにより作成。

図　2

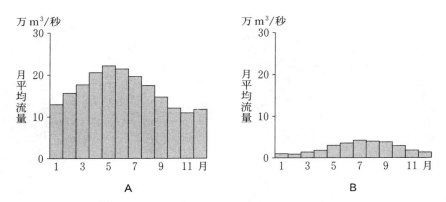

Global Runoff Data Centre, University of New Hampshire の資料により作成。

図　3

	①	②	③	④
河川の勾配	ア	ア	イ	イ
月平均流量	A	B	A	B

問 2 下線部ⓑに関して，次の図 4 中の**カ〜ク**は，中国*とブラジルにおける牛乳，小麦，バナナのいずれかの生産量について，それぞれの国全体の生産量に占める省**または州***ごとの割合を示したものである。項目名と**カ〜ク**との正しい組合せを，次ページの①〜⑥のうちから一つ選べ。 26

　*台湾，ホンコン，マカオを含まない。
　**省に相当する市・自治区を含む。
　***州に相当する連邦区を含む。

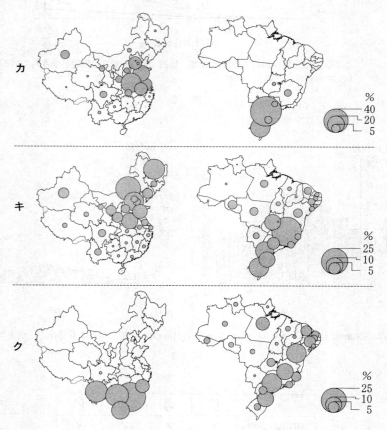

統計年次は，ブラジルの牛乳が 2017 年度，ブラジルのバナナが 2016 年度，それ以外は 2014 年度。
『中国統計年鑑 2015 年版』などにより作成。

図　4

	①	②	③	④	⑤	⑥
牛　乳	カ	カ	キ	キ	ク	ク
小　麦	キ	ク	カ	ク	カ	キ
バナナ	ク	キ	ク	カ	キ	カ

問3　下線部ⓒに関して，BRICSの国々の中でも産業構造や工業の発展過程には違いがみられる。次の図5は，インド，中国*，ブラジル，ロシアにおける製造業生産額全体に占める品目別の割合を示したものであり，サ～セは，機械類，食料品・飲料，石油製品，繊維品のいずれかである。食料品・飲料に該当するものを，下の①～④のうちから一つ選べ。　27

*台湾，ホンコン，マカオを含まない。

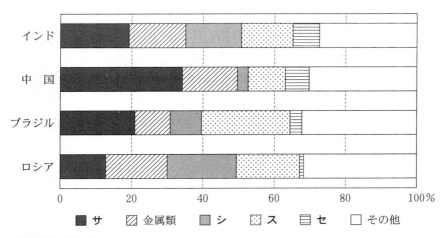

統計年次は2015年。
UNIDO, *International Yearbook of Industrial Statistics* により作成。

図　5

① サ　　　　② シ　　　　③ ス　　　　④ セ

26 2020年度：地理B／本試験

問 4 下線部ⓓに関して，中国とブラジルでは，交通網の発達や輸送手段に違いがみられる。次の表1は，両国を含む国土面積の広大ないくつかの国について，鉄道貨物輸送量と国内航空貨物輸送量を示したものであり，①〜④は，アメリカ合衆国，インド，中国*，ブラジルのいずれかである。中国に該当するものを，表1中の①〜④のうちから一つ選べ。　28

*台湾，ホンコン，マカオを含まない。

表　1

	鉄道貨物輸送量 （億トンキロ）	国内航空貨物輸送量 （百万トンキロ）
①	27,027	15,619
②	23,087	5,948
ロシア	22,986	772
③	6,658	620
④	2,677	575

トンキロは，各貨物のトン数に輸送した距離を乗じた値。
統計年次は 2014 年。
World Development Indicators などにより作成。

問5 下線部ⓔに関して、国外への移住は、その国の歴史や社会・経済状況を背景とする。次の図6は、日本における中国*またはブラジル国籍をもつ居住者数の推移について、図7は、中国*またはブラジルにおける日本出身の居住者数**の推移について、それぞれ1990年の値を100とした指数で示したものである。図6中のタとチおよび図7中のXとYは、それぞれ中国またはブラジルのいずれかである。ブラジルに該当する正しい組合せを、下の①〜④のうちから一つ選べ。29

*台湾、ホンコン、マカオを含まない。
**中国においては日本国籍をもつ居住者数、ブラジルにおいては日本で生まれた居住者数。

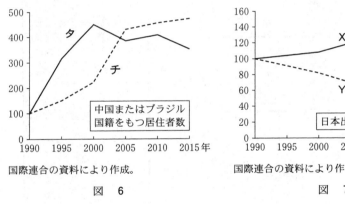

図6 図7

	①	②	③	④
中国またはブラジル国籍をもつ居住者数	タ	タ	チ	チ
日本出身の居住者数	X	Y	X	Y

第 6 問 東京の高校に通うスミさんは，教科書で見た山梨県の扇状地に興味をもち，甲府盆地とその周辺地域の調査を行った。次の図 1 を見て，この地域調査に関する下の問い(**問 1 ～ 6**)に答えよ。(配点 18)

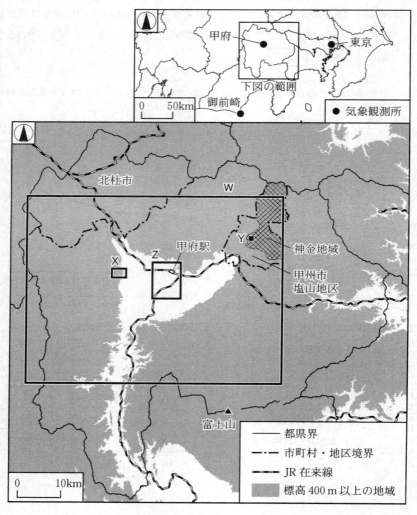

図 1

2020年度：地理Ｂ／本試験　**29**

問 1　事前調査として，スミさんはいくつかの指標から甲府の気候を他地域と比較

した。次の表 1 は，図 1 中に示した甲府を含む 3 地点の気象観測所における，

夏季の気温の日較差*と，冬季の総降水量**を示したものであり，**ア〜ウ**は，

御前崎，甲府，東京のいずれかである。気象観測所と**ア〜ウ**との正しい組合せ

を，下の**①〜⑥**のうちから一つ選べ。　　30

　*6 月，7 月，8 月の平均値。
　**1 月，2 月，12 月の合計値。

表　1

	夏季の気温の日較差(℃)	冬季の総降水量(mm)
ア	9.4	118.4
イ	6.5	159.4
ウ	5.1	248.7

気象庁の資料により作成。

	①	②	③	④	⑤	⑥
御前崎	ア	ア	イ	イ	ウ	ウ
甲　府	イ	ウ	ア	ウ	ア	イ
東　京	ウ	イ	ウ	ア	イ	ア

問 2　スミさんは，甲府盆地の地形的特徴を知るために，数値標高データを使って鳥瞰図を作成した。次の図2は，図1中のWの範囲における甲府盆地とその周辺の地形を200 m間隔の等高線で表現したものであり，下の図3は，図2中の**カ**の範囲について，図2中に示す**①**〜**④**のいずれかの方向から見下ろした鳥瞰図である。図3のように見える方向に該当するものを，図2中の**①**〜**④**のうちから一つ選べ。　31

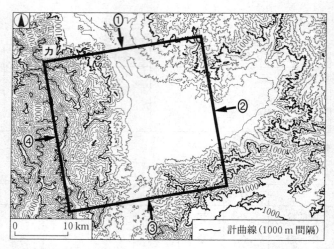

基盤地図情報により作成。

図　2

標高が高いほど濃く，高さは強調して表現してある。

図　3

問3 スミさんは，古くから氾濫の多い河川として知られる御勅使川の扇状地を歩き，地域の土地利用について住民から話を聞いた。次の図4は，図1中のXの範囲における2008年発行の2万5千分の1地形図(原寸，一部改変)に，1916年発行の2万5千分の1地形図に描かれた石積みの堤防の分布を重ねたものである。また，下の①～④の文は，図4中のA～Dのいずれかの地点における土地利用の特徴について，スミさんが作成したメモである。Dの特徴を説明した文として最も適当なものを，下の①～④のうちから一つ選べ。32

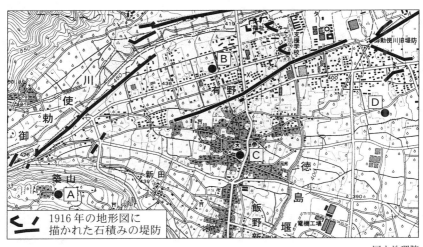

国土地理院

図　4　（図は $\frac{85}{100}$ に縮小——編集部）

① 1916年ごろには御勅使川の河道に位置していたが，直線的な道路が整備されるなど開発が進み，住宅や農地がみられるようになった。

② かつては水を得にくい土地だったが，用水路である徳島堰から地形の高低差を利用して水を引くことにより，果樹栽培が広くみられるようになった。

③ 扇状地よりも高い位置にあり，住宅や農地は，かつてたびたび発生した御勅使川の氾濫の被害を免れてきた。

④ 古くからの集落であり，等高線に沿うように延びる主要道路に面して，公共施設がみられる。

問 4 甲府盆地で養蚕業が盛んであったことを知ったスミさんは,かつて養蚕をしていた図 1 中の甲州市塩山地区の山間部にある神金地域を訪れ,住民に話を聞いた。次の写真 1 は,神金地域内に位置する図 1 中の地点 Y においてスミさんが家屋を撮影したものであり,下の図 5 は,神金地域における養蚕戸数と,それが塩山地区の養蚕戸数に占める割合の推移を示したものである。次ページのスミさんと住民との会話文中の空欄サとシに当てはまる語句の正しい組合せを,次ページの①〜④のうちから一つ選べ。 33

写真 1

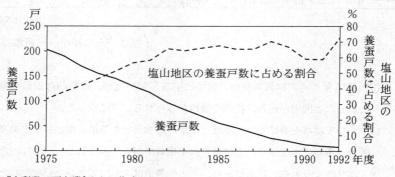

『山梨県の蚕糸業』により作成。

図 5

スミ 「写真1のような，屋根の中央部を突き上げるように高くした家屋が
　　　この周辺には多いですね。なぜこのような形をしているのですか」

住民 「養蚕が始まった当初は，このような屋根ではなかったのですが，自
　　　宅内で養蚕を行うスペースを広げるために，屋根と屋根裏を改修しま
　　　した。その際に，屋根の中央部は（　サ　）と採光を重視した構造とな
　　　りました。このような伝統的家屋には，現在は文化財として保存され
　　　ているものもあります」

スミ 「養蚕業は主要な産業だったのですね。いつごろ養蚕業が盛んだった
　　　のですか」

住民 「神金地域では，明治から昭和の中ごろにかけて養蚕業が盛んに行わ
　　　れていました。しかし，図5からもわかるように，1990年ごろまで
　　　に，養蚕戸数が大きく減少しました。神金地域と塩山地区内の他地域
　　　を比べると，神金地域は養蚕業が（　シ　）地域でした」

スミ 「現在は，養蚕に必要な桑園はほとんど残っていないのですか」

住民 「そうですね。ほとんどが果樹園にかわりました」

スミ 「時代とともに地域の主要な産業が変化してきたのですね。ありがと
　　　うございました」

	①	②	③	④
サ	通気性	通気性	防音性	防音性
シ	遅くまで行われていた	早くに縮小した	遅くまで行われていた	早くに縮小した

問5 スミさんは，甲府駅南側の中心市街地に向かう途中に多くの大型小売店があることに気づき，甲府市とその周辺地域の商業の変化について調べた。次の図6は，図1中のZの範囲における1991年と2017年の大型小売店*の分布を店舗面積別に示したものである。図6の範囲から読み取れることがらを説明した文として下線部が最も適当なものを，下の①～④のうちから一つ選べ。 34

*店舗面積が1,000 m² 以上の店舗。

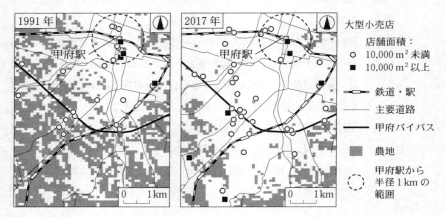

2017年の図中の農地については，2016年時点のデータを用いた。
国土数値情報などにより作成。

図 6

① 1991年時点での店舗面積10,000 m² 以上の大型小売店数は，甲府駅から半径1 kmの範囲内よりも範囲外の方が多い。

② 1991年時点と2017年時点を比べると，2017年の方が甲府駅から半径1 kmの範囲内において店舗面積10,000 m² 未満の大型小売店数が多い。

③ 2017年時点での甲府バイパスより南側にある店舗面積10,000 m² 以上の大型小売店は，1991年時点に農地であった場所に立地している。

④ 2017年時点での甲府バイパスより南側にある店舗面積10,000 m² 以上の大型小売店は，それぞれの最寄りの駅から500 m 以内に立地している。

問 6 図1中の北杜市が，近年，積極的に移住促進の取組みをすすめていることを知ったスミさんは，移住の実態を調べてみた。次の図7は，北杜市における人口の自然増加率と社会増加率の推移を示したものであり，図8は，北杜市への転入者数*が上位の4都県からの転入者の年齢別割合を示したものである。図7と図8から読み取れることがらについて説明した文として下線部が**適当でないもの**を，下の①～④のうちから一つ選べ。 35

*2015年の北杜市の居住者のうち，2010年に北杜市以外に居住していた者の数。

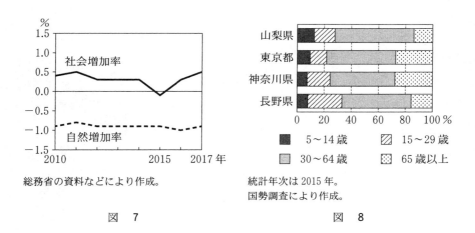

図　7　　　　　　　　　　　図　8

① 自然増加率と社会増加率との関係からみて，2010年から2017年にかけて北杜市の総人口は増加している。

② 北杜市では，2015年を除いて転入者の数が転出者の数を上回っている。

③ 東京都と神奈川県からは，2015年時点における転入者に占める高齢者の割合が他の2県に比べて高い。

④ 山梨県内からは，2015年時点における中学生以下の子どもと同居する世帯単位の転入の割合が他都県より高いことがうかがえる。

2019

本試験

地理B

解答時間 60 分　配点 100 点

地　理　B

（解答番号　1　～　35）

第 1 問　次の図 1 を見て，世界の自然環境と自然災害に関する下の問い（問 1 ～ 6）に答えよ。（配点　17）

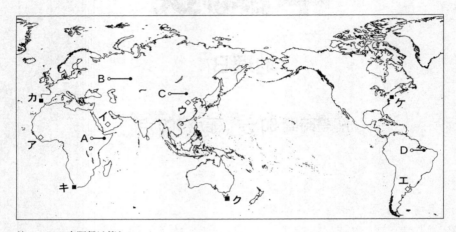

線 A ～ D の実距離は等しい。

図　1

問 1　図 1 中の**ア**～**エ**の地域で特徴的にみられる土壌と植生について述べた文として**適当でないもの**を，次の①～④のうちから一つ選べ。　1

① **ア**の地域では，腐植による栗色の土壌と丈の低い草原がみられる。
② **イ**の地域では，主に岩石や砂からなる乾燥した色の薄い土壌と荒原がみられる。
③ **ウ**の地域では，腐植の集積した褐色の土壌と混交林がみられる。
④ **エ**の地域では，肥沃な黒色の土壌と丈の高い草原がみられる。

問 2 次の図 2 中の ①～④ は，図 1 中の線 A～D のいずれかに沿った地形断面を示したものである。線 B に該当するものを，図 2 中の ①～④ のうちから一つ選べ。 2

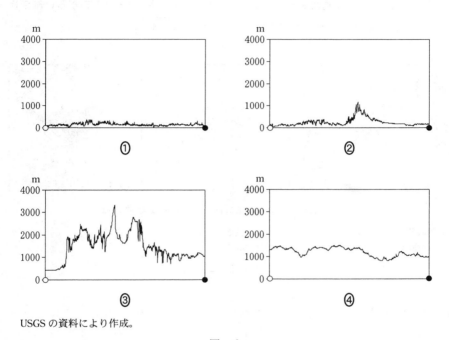

USGS の資料により作成。

図 2

問 3 河川流量の年変化は，流域の気候環境などを反映する。次の図3は，エニセイ川，コンゴ川，ミシシッピ川の流域と主な河道および流量観測地点を示したものであり，下の図4中のF～Hは，図3中のいずれかの河川の流量観測地点における月平均流量を示したものである。河川名とF～Hとの正しい組合せを，次ページの①～⑥のうちから一つ選べ。　3

エニセイ川

コンゴ川

ミシシッピ川

◯ 流域　　〜 主な河道　　■ 流量観測地点

それぞれの地図は，同縮尺で，正積図法で描かれている。
World Wildlife Fund の資料などにより作成。

図　3

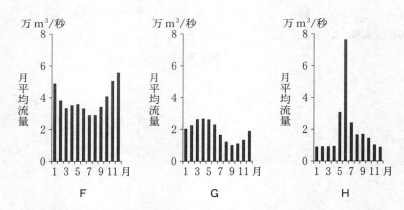

Global Runoff Data Centre, University of New Hampshire の資料により作成。

図　4

	①	②	③	④	⑤	⑥
エニセイ川	F	F	G	G	H	H
コンゴ川	G	H	F	H	F	G
ミシシッピ川	H	G	H	F	G	F

問4 次の図5中の①～④は，図1中のカ～ケのいずれかの地点における月平均気温と月降水量をハイサーグラフで示したものである。キに該当するものを，図5中の①～④のうちから一つ選べ。　4

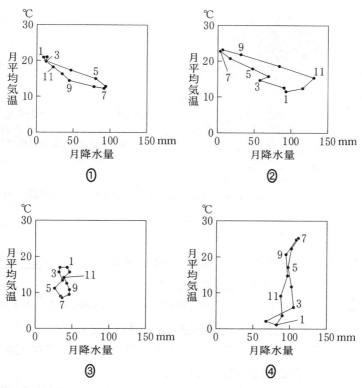

気象庁の資料により作成。

図　5

問 5 北極海の海氷分布域は季節変動し，9月に最小となる。次の図6は，北極海および周辺地域における海氷分布について，2012年9月の分布域と，1981〜2010年における9月の平均的な分布域の境界線*を示したものである。図6に関して，北極海および周辺地域の環境変化やその影響について述べた文として下線部が**適当でないもの**を，下の①〜④のうちから一つ選べ。 5

*中央値を用いて推定したもの。

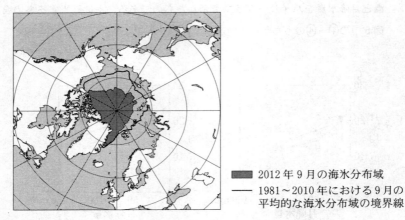

緯線は15°，経線は30°間隔。
地図は，正積図法で描かれている。
National Snow and Ice Data Center, University of Colorado Boulder の資料により作成。

図 6

① 永久凍土の融解によって地盤が軟弱化することにより，<u>道路などの社会基盤（インフラ）や建造物が被害を受ける</u>。
② 海氷が融解することにより，北極海を経由する航路が形成されると，<u>東アジアとヨーロッパを結ぶ船舶による航行距離が短縮される</u>。
③ 海氷の分布域が縮小することにより，海氷上の移動をともなう<u>伝統的な方法による狩猟が困難になりつつある</u>。
④ 海氷に覆われる期間の短期化による北極海沿岸での海岸侵食の進行は，東シベリアよりも<u>グリーンランド北部で著しくなる</u>。

問 6　熱帯低気圧や台風は，東・東南アジア地域に甚大な被害をもたらしてきた。次の図7は，2013年の7～10月に発生した一部の熱帯低気圧・台風の経路を示したものである。図7から読み取れることがらと熱帯低気圧・台風による災害の特徴について述べた下の文章中の下線部①～④のうちから，**適当でないもの**を一つ選べ。　6

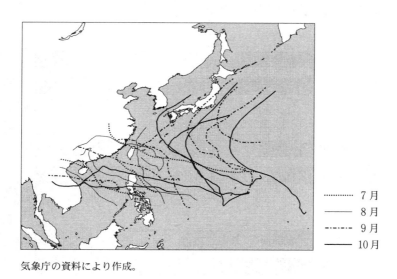

気象庁の資料により作成。

図　7

　熱帯低気圧は，地球の自転の影響で①<u>赤道上では発生しない</u>。熱帯低気圧・台風は，低緯度地域から大陸方面に進むものと，中緯度地域にまで達するものがある。中緯度地域では，②<u>卓越風の影響で西向きに進む傾向がある</u>。図7の期間のうち，日本への台風の接近および上陸が多いのは，日本付近に③<u>秋雨前線が停滞する時期</u>である。中緯度地域に達する一部の台風は，日本付近に停滞する前線へ④<u>暖かく湿潤な空気</u>を供給する。そのため，台風が日本から離れていても，大雨に警戒する必要がある。

第2問 資源と産業に関する次の問い(問1〜6)に答えよ。(配点 17)

問1 次の図1は,いくつかの農作物について,1990年と2016年の世界における生産量の割合を地域別に示したものであり,①〜④は,オリーブ,オレンジ類,コーヒー,トウモロコシのいずれかである。コーヒーに該当するものを,図1中の①〜④のうちから一つ選べ。 7

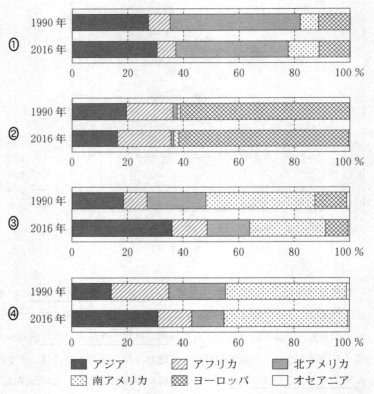

北アメリカには,メキシコからパナマまでの諸国およびカリブ海諸国が含まれる。
FAOSTATにより作成。

図 1

問2 コーヒーの一種であるアラビカ種の栽培には,標高500〜2000 mの高地が適している。コーヒーの主要な種となっているアラビカ種の原産地(栽培起源地)に該当するものを,次の①〜④のうちから一つ選べ。 8

① アラブ首長国連邦
② ウルグアイ
③ エチオピア
④ ジャマイカ

問3 次の図2は,アフリカ産のコーヒー豆がイギリスで販売されるまでの流通過程と取引の価格を模式的に示したものである。図2に関連することがらについて述べた文として下線部が**適当でないもの**を,下の①〜④のうちから一つ選べ。 9

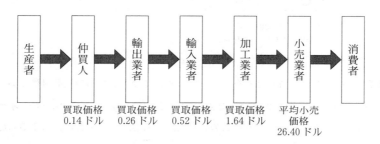

各段階での1キログラム当たりの価格を示している。
オックスファム・インターナショナル『コーヒー危機』により作成。

図 2

① アフリカのコーヒー輸出国には,輸出金額に占めるコーヒーの割合が大きい国があり,国家の経済が世界的な価格変動の影響を受けやすい。
② コーヒーの取引価格は,消費国での流通過程において,より上昇する。
③ 生産者の労働環境や所得水準を向上させるため,フェアトレードが注目されている。
④ 世界的な流通に長い歴史をもつコーヒーは,フードシステム(食料供給体系)を統括する拠点が消費国よりも生産国にある場合が多い。

10 2019年度：地理B/本試験

問4 コーヒーには，砂糖やミルクが供されることも多い。次の表1は，いくつか
の国について，牛乳，サトウキビ，テンサイの生産量を示したものであり，
①〜④は，アメリカ合衆国，日本，ブラジル，ロシアのいずれかである。アメ
リカ合衆国に該当するものを，表1中の①〜④のうちから一つ選べ。　10

表　1

(単位：万トン)

	牛　乳	サトウキビ	テンサイ
①	9,346	2,760	2,838
②	3,512	73,610	0
③	3,051	0	3,351
④	733	116	357

統計年次は2014年。
FAOSTATにより作成。

問5 次の表2は，コーヒーを輸出しているいくつかの国の輸出品目について，輸
出金額の上位4品目を示したものであり，①〜④は，インド，エチオピア，
コートジボワール，ベトナムのいずれかである。ベトナムに該当するものを，
表2中の①〜④のうちから一つ選べ。　11

表　2

	①	②	③	④
1　位	カカオ豆・同関連品	コーヒー豆	電子機器・機械	宝石・貴金属
2　位	石　油	植物油用種子類	衣料品	石油製品
3　位	天然ゴム	金　鉱	はきもの	衣料品
4　位	金　鉱	豆　類	産業用機械	輸送機械

統計年次は2016年。
UN Comtradeにより作成。

問 6 次の図 3 中のア～ウは，いくつかの産業における事業所について，全国に占める各都道府県の事業所数の割合を示したものであり，ア～ウは，喫茶店*，牛乳処理場・乳製品工場，水産食料品製造業のいずれかである。項目名とア～ウとの正しい組合せを，下の①～⑥のうちから一つ選べ。 12

*カフェを含む，飲料や簡単な食事などをその場で提供する飲食店。

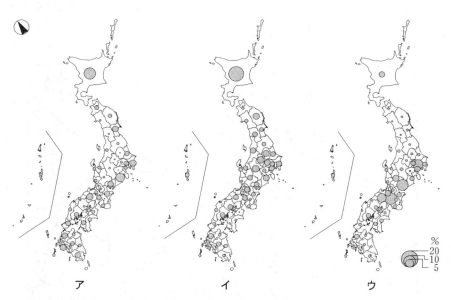

統計年次は 2014 年。
経済センサスなどにより作成。

図 3

	①	②	③	④	⑤	⑥
喫茶店	ア	ア	イ	イ	ウ	ウ
牛乳処理場・乳製品工場	イ	ウ	ア	ウ	ア	イ
水産食料品製造業	ウ	イ	ウ	ア	イ	ア

第3問 都市と村落，生活文化に関する次の問い（問1～6）に答えよ。（配点 17）

問1 都市内部の各地区の景観には，その地区のもつ機能が反映されている。次の図1は，パリとその周辺地域の交通網を模式的に示したものであり，次ページの写真1中のア～ウは，図1中のA～Cのいずれかの地点における景観を撮影したものである。A～Cとア～ウとの正しい組合せを，次ページの①～⑥のうちから一つ選べ。 13

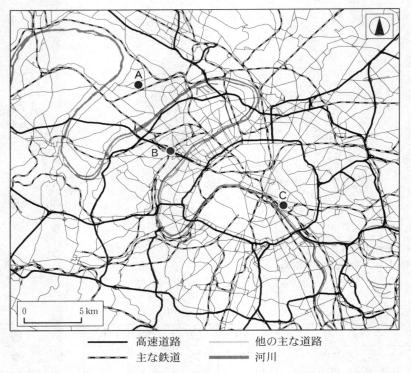

Institut National de l'Information Géographique et Forestière の資料により作成。

図 1

ア 現代的なオフィスビルや商業施設が集まる新都心地区

イ 第二次世界大戦後に開発・整備された住宅地区

＊編集の都合上，類似の写真と差し替え。
写真提供：ユニフォトプレス

ウ 歴史的な街並みを残す旧市街地区

写真　1

	①	②	③	④	⑤	⑥
A	ア	ア	イ	イ	ウ	ウ
B	イ	ウ	ア	ウ	ア	イ
C	ウ	イ	ウ	ア	イ	ア

問 2 首都が有する政治・経済的機能やその集積の度合いには，都市によって異なる特徴がみられる。次の表1は，いくつかの首都における，巨大企業*の本社数，国の総人口に占める人口割合，国際会議**の年間開催件数を示したものであり，①〜④は，キャンベラ，クアラルンプール，ソウル，ペキンのいずれかである。クアラルンプールに該当するものを，表1中の①〜④のうちから一つ選べ。 14

  *総利益が世界上位500位以内の企業。
  **国際機関が主催した会議のうち，一定規模以上で定期的に開催されたもの。

表　1

	巨大企業の本社数 （社）	国の総人口に占める 人口割合（％）	国際会議の年間開催 件数（件）
①	51	1.5	113
②	13	19.5	137
③	1	5.5	68
④	0	1.8	8

統計年次は，巨大企業の本社数が2014年，国の総人口に占める人口割合が2010年または2015年，国際会議の年間開催件数が2016年。
中国の数値には台湾，ホンコン，マカオを含まない。
UN, *Demographic Yearbook* などにより作成。

問 3　都市の形成には，河川が重要な役割を果たしてきた。次の①～④の文は，ヴァラナシ(ベナレス)，チョンチン(重慶)，ヤンゴン，リヴァプールのいずれかの都市の河川とのかかわりについて説明したものである。ヤンゴンに該当するものを，次の①～④のうちから一つ選べ。　15

①　河口から約2,500kmに位置する水運の要衝として繁栄し，近年ではダム建設や資源開発により，内陸部の物流や工業の拠点としてさらなる発展がみられる。

②　河口の三角州(デルタ)地帯に位置する旧首都で，米や木材などの交易による繁栄を経て，近年は工業開発や都市整備により著しく発展している。

③　かつて奴隷や砂糖などが運ばれた三角貿易によって栄えた河口の貿易都市で，その後に綿織物の輸出港として発展し，近年では歴史的な港湾施設の活用による観光開発がすすめられている。

④　宗教的に神聖とされる河川の流域に位置する都市で，人々が川で沐浴するための場所が設置されており，多くの巡礼者が訪れる。

問 4　ヨーロッパ諸国の植民地であった国々では，人々の信仰する宗教が旧宗主国の影響を受ける場合がある。信仰する人々が最も多い宗教が共通する，旧宗主国と植民地であった国との正しい組合せを，次の①～④のうちから一つ選べ。　16

①　イタリアとリビア　　　　②　オランダとインドネシア
③　スペインとアルゼンチン　④　フランスとベトナム

問 5　次の図 2 は，奈良盆地における 1997 年発行の 2 万 5 千分の 1 地形図（原寸，一部改変）であり，**カ～ク**は，それぞれ異なる時期に形成された集落や街区，建造物などの特徴をよく表す区域を示したものである。**カ～ク**の区域の特徴が形成された時代を古いものから順に並べたものとして正しいものを，下の①～⑥のうちから一つ選べ。　17

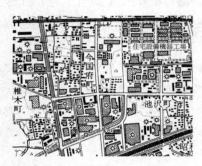

カ　中央分離帯のある幅の広い道路や大規模な工場がみられる。

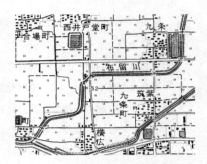

キ　直交する格子状の道路や四角形のため池がみられる。

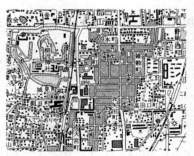

ク　堀や丁字路，寺社の立地が集中している場所がみられる。

図　2　（図は $\frac{85}{100}$ に縮小——編集部）

① カ→キ→ク　　② カ→ク→キ　　③ キ→カ→ク
④ キ→ク→カ　　⑤ ク→カ→キ　　⑥ ク→キ→カ

問6 文化・レジャーにかかわる施設や文化財の分布には，自然環境や歴史，都市規模によって様々な傾向がみられる。次の図3中のサ～スは，公立の劇場・音楽堂*，国宝(建造物)，国立公園の広報・展示施設**のいずれかの分布を示したものである。指標名とサ～スとの正しい組合せを，下の①～⑥のうちから一つ選べ。 18

*客席数1,500以上のホールをもつ施設であり，国立の施設を含まない。
**環境省直轄の施設に限る。

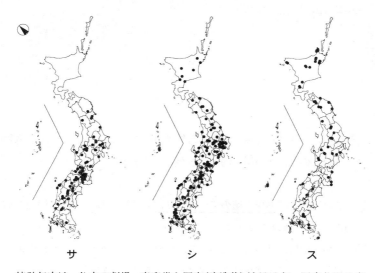

サ　　　　シ　　　　ス

統計年次は，公立の劇場・音楽堂と国宝(建造物)が2016年，国立公園の広報・展示施設が2015年。
文化庁の資料などにより作成。

図　3

	①	②	③	④	⑤	⑥
公立の劇場・音楽堂	サ	サ	シ	シ	ス	ス
国宝(建造物)	シ	ス	サ	ス	サ	シ
国立公園の広報・展示施設	ス	シ	ス	サ	シ	サ

第4問 次の図1を見て，地中海沿岸地域に関する下の問い(**問1～6**)に答えよ。
(配点　17)

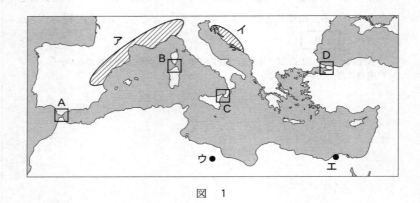

図　1

問1 図1中に示された地域・地点の自然環境について述べた文として下線部が**適当でないもの**を，次の①～④のうちから一つ選べ。　19

① ア地域では，赤色土壌のテラロッサが分布しており，その土壌に適した作物の栽培が行われている。

② イ地域では，秋から冬にかけて，東ヨーロッパからディナルアルプス山脈を越えてアドリア海へ冷涼なフェーンが吹きおろす。

③ ウ地点は，1年を通して亜熱帯高圧帯(中緯度高圧帯)の影響下にあり，砂漠がひろがっている。

④ エ地点は，地中海に流入する外来河川の河口に位置し，大きな三角州(デルタ)が形成されている。

問2 地中海は，沿岸の地域間の交流の舞台となってきた。なかでも海峡は，人々や物資の往来において，また軍事上の要所として重要な役割をになってきた。図1中のＡ～Ｄの地域にみられる特徴について述べた次ページの文章中の下線部①～④のうちから，**適当でないもの**を一つ選べ。　20

大西洋と地中海をつなぐ玄関口にあたるAの海峡には，現在も海峡をはさんで①スペインとイギリスの軍港がおかれている。Bの海峡は，②フランスとイタリアの国境となっており，フェリーなどによる人の往来がある。Cの海峡は，③両岸が同じ国に属している。また，海峡西側の港湾都市のメッシーナ（メッシナ）は，交易の拠点として栄えた。Dの海峡は，アジアとヨーロッパを隔てており，④ギリシャとトルコの国境となっている。

問 3 地中海沿岸地域では，各地の自然環境をいかして農作物が栽培されている。次の図2中の**カ～ク**は，コルクガシ，テンサイ，ナツメヤシのいずれかについて，それらの主な産地を示したものである。農作物名と**カ～ク**との正しい組合せを，下の①～⑥のうちから一つ選べ。 21

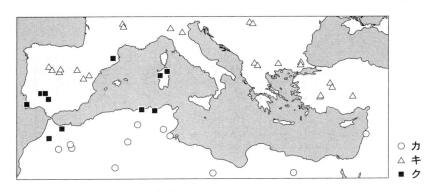

Diercke Weltatlas, 2015により作成。

図 2

	①	②	③	④	⑤	⑥
コルクガシ	カ	カ	キ	キ	ク	ク
テンサイ	キ	ク	カ	ク	カ	キ
ナツメヤシ	ク	キ	ク	カ	キ	カ

問 4 次の図 3 中の**サ〜ス**は，アルジェリア，イスラエル，モロッコのいずれかの国における総輸出額に占める品目別の割合を示したものである。国名と**サ〜ス**との正しい組合せを，下の①〜⑥のうちから一つ選べ。 22

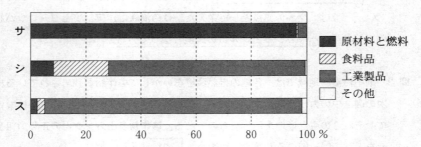

統計年次は，アルジェリアが 2015 年，イスラエルとモロッコが 2016 年。
『国際連合貿易統計年鑑』により作成。

図　3

	①	②	③	④	⑤	⑥
アルジェリア	サ	サ	シ	シ	ス	ス
イスラエル	シ	ス	サ	ス	サ	シ
モロッコ	ス	シ	ス	サ	シ	サ

2019年度：地理Ｂ/本試験　**21**

問 5　地中海沿岸地域の都市の成り立ちや社会経済状況について述べた文として下線部が**適当でないもの**を，次の①～④のうちから一つ選べ。　23

① 北アフリカの中心都市の一つであるカイロでは，19世紀後半から開発された新市街に迷路型の道路網が発達している。

② 古代都市国家として発展したアテネは，近代にギリシャの首都として再出発したが，近年，国の債務危機に端を発する経済の混乱に見舞われた。

③ 長らくフランスの保護国であったモナコでは，19世紀半ばに高級リゾート地として開発がすすめられ，観光収入が国の主要な財源となっている。

④ 貿易中継地として栄えたジェノヴァは，トリノやミラノとともにイタリアの主要な工業地帯を形成し，鉄鋼や造船などの工業の発展で知られる。

問 6　次の表１中の①～④は，イタリア，ギリシャ，スペイン，フランスのいずれかの国について，それらの国の国籍を新たに取得した人の，取得前の国籍の上位３か国とその人数を示したものである。イタリアに該当するものを，表１中の①～④のうちから一つ選べ。　24

表　　１

（単位：人）

	1　位	2　位	3　位
①	アルバニア (54,904)	ジョージア(グルジア) (774)	ウクライナ (665)
②	モロッコ (86,894)	アルバニア (69,953)	ルーマニア (25,231)
③	モロッコ (86,181)	エクアドル (60,686)	コロンビア (57,367)
④	モロッコ (53,823)	アルジェリア (45,927)	チュニジア (18,861)

統計年次は2013～2015年の合計。
OECD, *International Migration Outlook* により作成。

第5問 ウクライナとウズベキスタンは、旧ソ連諸国の中で、国土面積や人口規模が相対的に近い。両国に関する下の問い（問1～5）に答えよ。（配点 14）

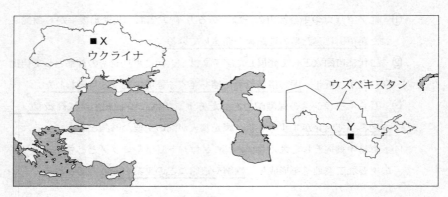

図 1

問1 ウクライナとウズベキスタンの自然環境の違いに関して、次ページの表1中の**ア**と**イ**は、ウクライナとウズベキスタンのいずれかにおける高度別面積の割合を示したものであり、次ページの図2中の**A**と**B**は、図1中の**X**と**Y**のいずれかの地点における月平均気温と月降水量を示したものである。表1中の**ア**と**イ**および図2中の**A**と**B**のうち、ウズベキスタンに該当する正しい組合せを、次ページの①～④のうちから一つ選べ。 25

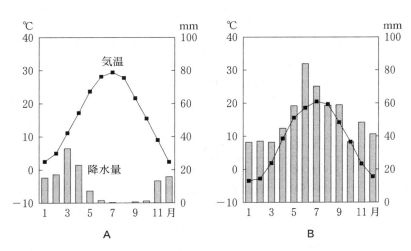

表 1 (単位：％)

標 高	ア	イ
2000 m 以上	2.5	0.0
1500 ～ 2000 m	1.6	0.0
1000 ～ 1500 m	2.7	0.8
500 ～ 1000 m	9.3	2.3
500 m 未満	83.9	96.9

USGS の資料により作成。

気象庁の資料により作成。

図 2

	①	②	③	④
高度別面積の割合	ア	ア	イ	イ
月平均気温・月降水量	A	B	A	B

問 2 次の表2と表3は，ウクライナとウズベキスタンで生産されるいくつかの農産物と鉱産物の生産量を示しており，表2中の**カ**と**キ**および表3中の**D**と**E**は，それぞれウクライナとウズベキスタンのいずれかである。ウズベキスタンの農産物と鉱産物に該当する正しい組合せを，下の①～④のうちから一つ選べ。 26

表　2

（単位：万トン）

国　名	農産物		
	小　麦	ヒマワリ種子	綿　花
カ	2,411（10 位）	1,013（1 位）	0
キ	696	5	111（6 位）

統計年次は 2014 年。
括弧内は世界の中で上位 10 位以内のものの順位を示す。
FAOSTAT により作成。

表　3

国　名	鉱産物		
	鉄鉱石 （万トン）	石　炭 （万トン）	金　鉱 （トン）
D	6,787	4,623	0
E	0	225	100（9 位）

統計年次は 2014 年。
括弧内は世界の中で上位 10 位以内のものの順位を示す。
USGS の資料などにより作成。

	①	②	③	④
農産物	カ	カ	キ	キ
鉱産物	D	E	D	E

問 3 ウクライナとウズベキスタンの経済の変化に関して，次の図3は，1990年以降の1人当たりGDP(国内総生産)の変化を示したものである。両国の経済活動の変化とその要因について説明した下の文章中の下線部①～④のうちから，**適当でないもの**を一つ選べ。 27

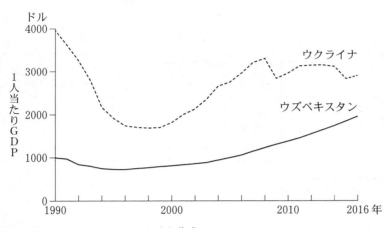

World Development Indicators により作成。

図 3

　1991年のソ連解体直後は，旧ソ連諸国では①<u>市場経済から計画経済への移行期</u>の混乱によって経済活動が低下した。しかし，ウズベキスタンでは政治の安定と国家による経済管理により，ウクライナよりも②<u>経済活動の低下の度合いは小さく，回復も早かった</u>。1990年代末以降は，両国の経済は鉱産物や農産物の価格上昇などによって安定的に成長してきたが，ウクライナでは2008年の国際的な金融危機や，近年の③<u>ロシアとの関係悪化</u>などによって，経済活動は停滞している。ウクライナとウズベキスタンとの経済水準の差は④<u>2011年以降，縮小する傾向がみられる</u>。

26 2019年度：地理Ｂ／本試験

問 4 ウクライナとウズベキスタンでは，食生活の違いに関連して畜産業にも違い
がみられる。次の表４中の**サ～ス**は，ウクライナ，ウズベキスタン，日本のい
ずれかにおける牛肉，鶏肉，豚肉，羊肉の人口１人当たりの年間生産量，およ
び１人１日当たりの食料供給量を示したものである。国名と**サ～ス**との正しい
組合せを，下の①～⑥のうちから一つ選べ。 28

表 4

	人口１人当たりの年間生産量(kg)				１人１日当たりの食料供給量(kcal)
	牛 肉	鶏 肉	豚 肉	羊 肉	
サ	25.9	1.6	1.2	5.7	2,760
シ	9.5	25.8	16.5	0.3	3,138
ス	4.0	16.3	10.3	0.0	2,726

統計年次は 2013 年。
FAOSTAT により作成。

	①	②	③	④	⑤	⑥
ウクライナ	サ	サ	シ	シ	ス	ス
ウズベキスタン	シ	ス	サ	ス	サ	シ
日 本	ス	シ	ス	サ	シ	サ

問5 次の表5は，1～4の数字をいくつかの言語で示したものであり，**タ**と**チ**は，ウクライナ語とウズベク語のいずれかである。また，下の写真1中のGとHは，図1中のXとYのいずれかの地点における街並みを撮影したものである。ウクライナ語とXの地点における街並みとの正しい組合せを，下の①～④のうちから一つ選べ。 29

表 5

	数　字			
	1	2	3	4
トルコ語	bir	iki	üç	dört
タ	bir	ikki	uch	to'rt
ロシア語	odin	dva	tri	četyre
チ	odin	dva	tri	čotiri

一部の言語の文字はラテン文字に置き換えている。
吉村大樹『トルコ語のしくみ』などにより作成。

G

H

写真　1　＊編集の都合上，類似の写真と差し替え。
写真提供：ユニフォトプレス

	①	②	③	④
ウクライナ語	タ	タ	チ	チ
Xの地点における街並み	G	H	G	H

第6問 大阪市に住むヒナタさんは，高校で地理クラブに所属している。ヒナタさんは，祖父母がかつて新婚旅行で訪れた宮崎市とその周辺に興味をもち，連休を利用して地域調査を行うことにした。次の図1を見て，下の問い(**問1～6**)に答えよ。(配点 18)

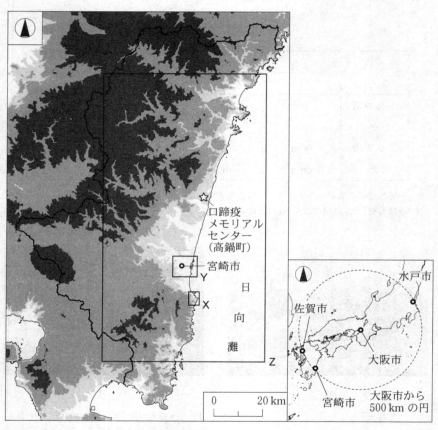

左図の陸地では，色の濃い部分ほど標高の高い地域を示している。

図 1

2019年度：地理Ｂ／本試験　**29**

問 1　ヒナタさんは，祖父母が「新婚旅行で訪れた 1969 年当時は東海道新幹線しか
なくて，大阪から宮崎までは鉄道で長い時間がかかったよ」と言っていたこと
を思い出し，交通の発達による都市のつながりの変化を調べてみた。次の表１
は，大阪市と大阪市からの直線距離がおおむね等しいいくつかの都市との間に
おける，1969 年と 2016 年の鉄道所要時間*を示したものであり，**ア～ウ**は，
水戸市，佐賀市，宮崎市のいずれかである。都市名と**ア～ウ**との正しい組合せ
を，下の**①～⑥**のうちから一つ選べ。　　30

*大阪駅から水戸駅，佐賀駅，宮崎駅の各駅までの乗換時間を含まない最短乗車時間。

表　１

	鉄道所要時間	
	1969 年 4 月	2016 年 4 月
ア	4 時間 58 分	3 時間 36 分
イ	9 時間 22 分	2 時間 55 分
ウ	13 時間 28 分	5 時間 49 分

臨時列車を除く。
『日本交通公社時刻表』などにより作成。

	①	②	③	④	⑤	⑥
水戸市	ア	ア	イ	イ	ウ	ウ
佐賀市	イ	ウ	ア	ウ	ア	イ
宮崎市	ウ	イ	ウ	ア	イ	ア

問 2 宮崎空港に着いたヒナタさんは，「南国」らしさをアピールする観光案内に興味をもち，宮崎市への観光客数の特徴を気候との関係から調べてみることにした。次の図 2 は，宮崎市を訪れる月別の観光客数を宮崎県内と県外で分けて示したものであり，図 3 は，月別の日照時間の平年値を宮崎市と全国平均*について示したものである。図 2 と図 3 から読み取れることがらとその背景について述べた下の文章中の下線部①～④のうちから，**適当でないもの**を一つ選べ。 31

*都道府県庁所在地(47 か所)の平均値。一部を除き 1981～2010 年の平均。

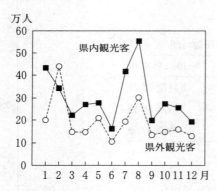

統計年次は 2013～2015 年の平均。
『宮崎市観光統計』により作成。

図 2

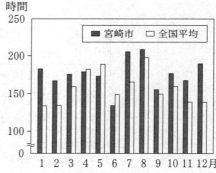

気象庁の資料により作成。

図 3

宮崎市への県内・県外観光客数を合計すると，①冬季の 1・2 月と夏季の 7・8 月に大きく上昇していることがわかる。2 月のみ県外観光客数が県内観光客数を上回っている理由の一つには，②全国平均よりも日照時間が長く，温暖な気候によってプロスポーツのキャンプが行われることがあげられる。冬季におけるこうした特徴的な気候は，主に③南東からの季節風によってもたらされる。一方，④梅雨などによる悪天候は，1 年のうち 6 月に観光客数が最も落ち込む原因の一つになっていると考えられる。

問 3 ヒナタさんはその後，祖父母の思い出の地である青島(あおしま)とその周辺を訪れた。次の図4は，図1中のXの範囲を示した2006年発行の5万分の1地形図（原寸，一部改変）と，A～Dの地点でヒナタさんが撮影した写真，および周辺の自然環境や土地利用について説明した文である。A～Dを説明した図4中の文の下線部①～④のうちから，**適当でないもの**を一つ選べ。 32

A なだらかに見えるゴルフ場は，丘陵部が①切土や盛り土をされることでつくられた。

B 島内の亜熱帯性植物の中には，②黒潮(日本海流)によって種子が運ばれ，温暖な気候のもとで生育したとみられるものがある。

C 多雨の季節では③高潮により冠水する可能性が高く，たびたび通行止めになってきた。

D 特徴的な海岸地形は，砂岩と泥岩が④主に波の営力で侵食されてできた。

図　4　（図は $\frac{85}{100}$ に縮小——編集部）

問 4 宮崎市の市街地の変化に興味をもったヒナタさんは，図書館で GIS（地理情報システム）などを用いて土地利用の変化を確認することにした。次の図 5 は，図 1 中の Y の範囲における 1976 年と 2014 年の土地利用のうち，建物用地，農地，森林を示したものである。図 5 から読み取れることがらについて述べた文として**適当でないもの**を，下の①〜④のうちから一つ選べ。33

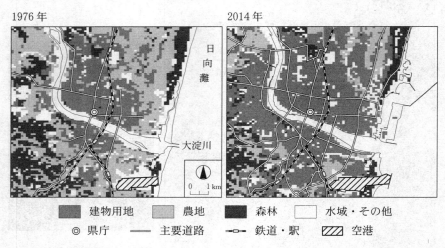

国土数値情報などにより作成。

図 5

① 1976 年時点での市街地周辺の農地が建物用地となり，市街地がひろがった。
② 大淀川の河口部北側では，海岸線の人工的な改変により港湾が整備された。
③ 空港の周辺では，市街地化が進んだ。
④ 森林の伐採は，内陸部よりも海岸部で進んだ。

問 5 県庁近くの朝市で地元産の様々な農林産物を見たヒナタさんは，宮崎県の農林業の地域的特徴を，統計データや図 1 の地形の情報からとらえようとした。次の図 6 は，耕地面積当たり農業産出額*と，乾燥シイタケの生産量，キュウリの作付面積，早場米**の作付面積のいずれかについて宮崎県全体に占める割合を市町村別に示したものである。品目名とカ～クとの正しい組合せを，下の①～⑥のうちから一つ選べ。 34

*畜産物と加工農産物を除く推計値。
**通常の水稲よりも早い時期に作付け・収穫する米。

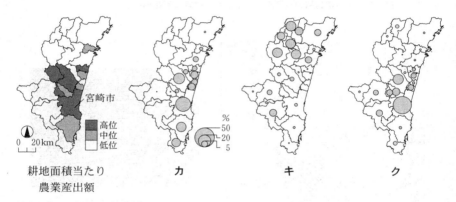

統計年次は，乾燥シイタケが 2014 年，耕地面積当たり農業産出額，キュウリ，早場米が 2015 年。農林業センサスなどにより作成。

図 6

	①	②	③	④	⑤	⑥
乾燥シイタケ	カ	カ	キ	キ	ク	ク
キュウリ	キ	ク	カ	ク	カ	キ
早場米	ク	キ	ク	カ	キ	カ

問6 ヒナタさんは、宮崎県の特産物を調べる中で、2010年に発生した口蹄疫*によって畜産農家が大きな被害を受けたことを知り、高鍋町にある口蹄疫メモリアルセンターを訪れた。次の図7は、図1中のZの範囲における各自治体で口蹄疫が最初に確認された月と主な消毒ポイント**の位置を示したものであり、写真1は、消毒ポイントに設置された消毒設備の例である。図7と写真1に関連する次ページのヒナタさんと職員との会話文中の空欄**サ**と**シ**に当てはまる語の正しい組合せを、次ページの①～④のうちから一つ選べ。 35

*牛・豚などに感染し、発熱や皮膚のただれを引き起こす病気。
**宮崎県による消毒槽の設置場所および消毒噴霧の実施場所。

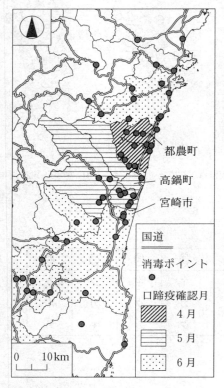

宮崎県の資料などにより作成。

図　7

消毒槽の例

消毒噴霧の例

写真　1

ヒナタ　「この施設に来て，口蹄疫によって多数の牛や豚が殺処分されたこと
　　　　　を知りました。口蹄疫はどのようにひろがるのでしょうか」

職　員　「インフルエンザのように接触や空気中へのウイルス飛散によって感
　　　　　染し，感染力が非常に強いという特徴があります。そのため，農場ど
　　　　　うしが近接している度合いが（　サ　）と，感染してひろがるリスクが
　　　　　高くなります」

ヒナタ　「発生の際にはどのように対応したのでしょうか」

職　員　「まず，家畜の移動・搬出を制限する区域を，発生農場からの距離に
　　　　　もとづいて設定しました。そして，ウイルスは人や自動車の往来で拡
　　　　　散する危険性が高いため，写真1のように消毒ポイントを設置しまし
　　　　　た」

ヒナタ　「消毒ポイントの設置場所にはどのような特徴があるのでしょうか」

職　員　「図7を見てください。2010年の発生時には，都農町で最初に確認さ
　　　　　れた後，県内の複数の自治体に感染がひろがりました。例えば時間的
　　　　　な経過でみると，（　シ　）に最初に確認された自治体では，国道以外
　　　　　の場所でも消毒ポイントがより密に設置されています。このように，
　　　　　地域ごとの発生状況をふまえた対応が大切です」

ヒナタ　「被災から対策を含めて，過去の経験を受け継いでいくことの重要性
　　　　　が分かりました。ありがとうございました」

	①	②	③	④
サ	高　い	高　い	低　い	低　い
シ	4　月	6　月	4　月	6　月

2018

本試験

解答時間 60 分　配点 100 点

地 理　B

(解答番号　1　〜　35)

第1問　次の図1を見て，世界の自然環境と自然災害に関する下の問い（問1〜6）に答えよ。（配点　17）

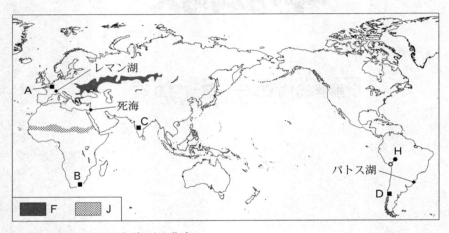

Diercke Weltatlas, 2015 などにより作成。

図　1

問1　図1中のA〜D付近のいずれかにみられる特徴的な地形について説明した文として**適当でないもの**を，次の①〜④のうちから一つ選べ。　1

① Aの盆地では，ケスタがみられる。
② Bの山脈には，活火山が点在する。
③ Cの高原には，溶岩からなる台地が広く分布する。
④ Dの山脈では，氷食地形がみられる。

2018年度：地理Ｂ/本試験　**3**

問 2　湖沼は，様々な自然要因によって形成される。次の表１は，いくつかの湖の特徴を示したものであり，表１中の**ア～ウ**は図１中の死海，パトス湖，レマン湖のいずれかである。湖名と**ア～ウ**との正しい組合せを，下の**①～⑥**のうちから一つ選べ。　2

表　　1

	湖面標高（m）	最大水深（m）	主な成因
ア	372	310	氷食谷を流れる河川が堰き止められた。
イ	1	5	入江が砂州によって閉じられた。
ウ	－ 400	426	地殻変動によって地溝帯が形成された。

『理科年表』などにより作成。

	①	②	③	④	⑤	⑥
死　海	ア	ア	イ	イ	ウ	ウ
パトス湖	イ	ウ	ア	ウ	ア	イ
レマン湖	ウ	イ	ウ	ア	イ	ア

問 3　図１中のＦは，ある土壌の主な分布域を示したものである。この土壌の特徴について説明した文として最も適当なものを，次の**①～④**のうちから一つ選べ。　3

①　風化した火山岩からなる赤紫色の間帯土壌である。

②　風化した石灰岩からなる赤色の間帯土壌である。

③　腐植に乏しい灰白色の成帯土壌である。

④　腐植に富む黒色の成帯土壌である。

問4 次の図2は，図1中のHの線上にみられる植生の分布を模式的に示したものである。図2中の植生の分布とその主な要因について述べた文として**適当でないもの**を，下の①～④のうちから一つ選べ。 4

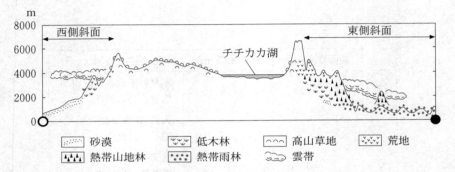

Troll, *Geo-ecology of the Mountainous Regions of the Tropical Americas* により作成。

図　2

① 東側斜面の標高4000 m以下の地域では，主に冬季の豊富な降水によって熱帯林が広がる。

② チチカカ湖より西側の標高4000～5500 mの地域では，主に寒冷で降水量の少ない気候によって草地が広がる。

③ 西側斜面の標高2000～3000 mの地域では，主に湿潤である期間の短い気候によって低木林が広がる。

④ 西側斜面の標高2000 m以下の地域では，主に寒流の影響によって砂漠が広がる。

問5 図1中のJは，サヘルの範囲を示したものである。サヘルにおける干ばつや砂漠化について述べた次ページの文章中の下線部①～④のうちから，**適当でないもの**を一つ選べ。 5

サヘルでは，雨季・乾季が明瞭で，①年ごとの降水量の変動が大きいために，干ばつが起こりやすい。干ばつは，この地域の②砂漠化が進行する要因の一つであり，③環境難民が発生する要因の一つともなっている。サヘルにおける農地の拡大や家畜の増加は，④砂漠化の進行を抑制する。

問6 次の図3は，エルニーニョ現象発生時の12～2月における気温と降水量の明瞭な変化傾向のみられる地域を示したものである。図3から読み取れる，エルニーニョ現象の発生が地域にもたらし得る気象への影響について述べた下の文章中の空欄カとキに当てはまる語の正しい組合せを，下の①～④のうちから一つ選べ。 6

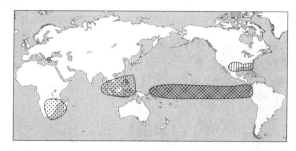

NOAAの資料により作成。

図　3

　エルニーニョ現象は，太平洋東部の赤道付近における海面水温の上昇が数か月から一年以上にわたって生じる現象であるが，気象への影響は低緯度にとどまらず，さらに広範囲に生じる。この時期には，アフリカ南東部にも影響がみられる。エルニーニョ現象の発生時には，太平洋の低緯度地域で（　カ　）が弱まる。その際，南アメリカ北西部から太平洋中部，および北アメリカ南部では（　キ　）の発生する可能性が高まる。

	①	②	③	④
カ	偏西風	偏西風	貿易風	貿易風
キ	干ばつ	洪　水	干ばつ	洪　水

第2問 資源と産業に関する次の問い(問1～6)に答えよ。(配点 17)

問1 スマートフォンは，次の写真1に示すように各種の鉱産資源を原料とする部品が用いられ，また多くの技術が集約された通信機器である。これらの資源や技術に関して，下の図1中の**ア～ウ**は，国際特許出願件数*，アルミ合金ケースの原料となるボーキサイトの生産量，リチウムの生産量のいずれかについて，上位8位までの国・地域とそれらが世界全体に占める割合を示したものである。項目名と**ア～ウ**との正しい組合せを，次ページの**①**～**⑥**のうちから一つ選べ。 7

*世界知的所有権機関の加盟国で有効な特許の出願。

写真 1

写真提供：マイナビニュース

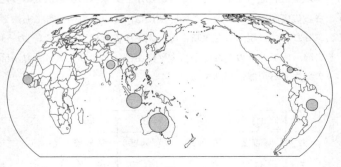

ア

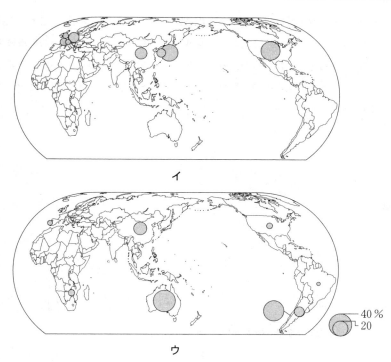

統計年次は2013年。
中国の数値には，台湾，ホンコン，マカオを含まない。
USGSの資料などにより作成。

図　1

	①	②	③	④	⑤	⑥
国際特許出願件数	ア	ア	イ	イ	ウ	ウ
ボーキサイトの生産量	イ	ウ	ア	ウ	ア	イ
リチウムの生産量	ウ	イ	ウ	ア	イ	ア

問 2 スマートフォンに用いられている半導体に関して，次の図2は日本の九州地方(離島など一部を除く)における空港・高速道路・主要メーカーの半導体生産工場の分布を示したものである。図2から読み取れることがらやその背景について述べた下の文章中の空欄カとキに当てはまる語句の正しい組合せを，下の①～④のうちから一つ選べ。 8

『半導体産業計画総覧 2014-2015 年度版』などにより作成。

図　2

「シリコンアイランド」と称されるように九州地方には半導体関連の工場が集中した。九州地方は，良質な水と広大な土地が豊富であるのに加え，東京圏に比べて人件費が安価であり，半導体生産が（　カ　）の立地を示すことが確認できる。図2を見ると，主要メーカーの半導体生産工場の多くが空港に近く，輸送の利便性が高い場所に位置している。これには，半導体が製品として軽量であり，生産費に占める輸送費の割合が（　キ　）ことが影響している。

	①	②	③	④
カ	市場指向型	市場指向型	労働力指向型	労働力指向型
キ	大きい	小さい	大きい	小さい

問 3　産業地域の発展は，技術の革新や移転と関連している。次の①〜④の文は，アメリカ合衆国のシリコンヴァレー，イタリアのサードイタリー(第三のイタリア)，シンガポール，ドイツのルールのいずれかの産業地域について，その特徴を述べたものである。ルールに該当するものを，次の①〜④のうちから一つ選べ。 9

① 技能をもつ職人や中小企業の集積をいかして，繊維や機械などの業種で市場に対応した多品種少量生産が盛んである。
② 大学や研究所から独立したベンチャー企業が多く，半導体やインターネット関連の新しい技術やサービスを生み出す世界的拠点である。
③ 炭田と結びついて鉄鋼業が発展したが，大気汚染や水質汚濁が深刻化し，環境問題に対処する技術を生み出す企業が集積している。
④ 輸出加工区を設けて外国資本を導入し工業化をすすめ，さらに金融センターや知識産業の拠点として成長している。

問 4　次の図3は，2000〜2014年の日本の自動車メーカーの生産台数について国・地域別の割合を示したものであり，①〜④は，日本，アジア(日本を除く)，北アメリカ，中央・南アメリカのいずれかである。アジア(日本を除く)に該当するものを，図3中の①〜④のうちから一つ選べ。 10

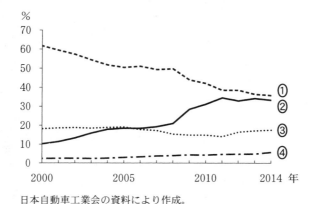

日本自動車工業会の資料により作成。

図　3

10 2018年度：地理Ｂ／本試験

問 5 技術の革新と移転は，自然条件の制約を強く受ける農業分野においても変化
をもたらしている。科学技術の進展と農業の変化について述べた文として下線
部が**適当でないもの**を，次の①～④のうちから一つ選べ。 11

① 遺伝子組み換え作物は生産量が安定することから，自給的農業が盛んな国
で導入がすすんでいる。

② 高収量品種による飼料生産や肉牛を集中的に肥育するフィードロットの導
入など，アグリビジネスの展開にともない生産の大規模化がすすんでいる。

③ 日本の農業生産は機械化による省力化がすすみ，経営耕地面積の小さい農
家では農業以外の収入を主とする副業的な農家が多い。

④ 冷凍船の就航は鮮度を保持しながらの遠距離輸送を可能とし，南半球にお
いて酪農や肉牛生産を発展させる契機となった。

問 6 経済活動の発展にともない，様々な種類のサービス業が成長することがある。次の図4中の**サ〜ス**は，各都道府県における情報関連サービス業，道路貨物運送業，農業関連サービス業*のいずれかについて，事業所数が全国の合計に占める割合を示したものである。業種名と**サ〜ス**との正しい組合せを，下の①〜⑥のうちから一つ選べ。 12

*作物の栽培から出荷までのいずれか1種類以上の作業を請け負う事業。

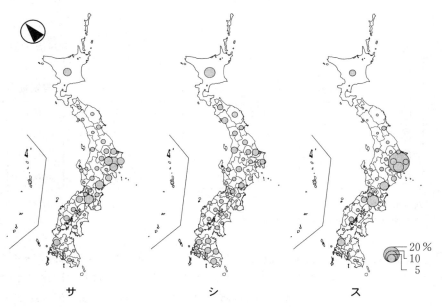

統計年次は2012年。
経済センサスにより作成。

図 4

	①	②	③	④	⑤	⑥
情報関連サービス業	サ	サ	シ	シ	ス	ス
道路貨物運送業	シ	ス	サ	ス	サ	シ
農業関連サービス業	ス	シ	ス	サ	シ	サ

12 2018年度：地理Ｂ／本試験

第3問　生活文化と都市に関する次の問い(問1～6)に答えよ。(配点　17)

問1　次の表1はヨーロッパのいくつかの国における主要な宗教・宗派別人口割
合*を示したものであり，①～④は，ギリシャ，ドイツ，フランス，ポーラン
ドのいずれかである。ドイツに該当するものを，表1中の①～④のうちから一
つ選べ。　 13

*外国籍の住民を含む。

表　1

(単位：％)

| | イスラーム
(イスラム教) | キリスト教 | | | その他・
無宗教 |
		カトリック	正　教	プロテスタント	
①	7.5	60.4	0.6	1.8	29.7
②	5.8	32.9	1.4	33.8	26.1
③	5.4	0.7	87.0	0.3	6.6
④	0.0	92.2	1.3	0.4	6.1

統計年次は 2010 年。
Pew Research Center の資料により作成。

問2　衣服は地域の気候・風土と密接な関係がある。次のア～ウの文は，東南アジ
アの熱帯地域，西アジアの乾燥地域，南アメリカの高山地域のいずれかの地域
にみられる伝統的な衣服の主な特徴について述べたものである。地域名とア～
ウとの正しい組合せを，次ページの①～⑥のうちから一つ選べ。　 14

ア　この地域には，四角形の布の中央に頭の通る穴をあけた外衣があり，撥水
性・断熱性に優れた毛織物でつくられている。

イ　この地域には，横にスリットのある上衣とズボンとの組合せを基本とした
衣服があり，放熱性や吸水性に優れた麻や綿でつくられている。

ウ　この地域には，綿でつくられた袖と裾の長い外衣と，頭部を覆う布があ
り，全身をこれらで覆うことで強い日差しから身を守る役割を果たしてい
る。

	①	②	③	④	⑤	⑥
東南アジアの 熱帯地域	ア	ア	イ	イ	ウ	ウ
西アジアの 乾燥地域	イ	ウ	ア	ウ	ア	イ
南アメリカの 高山地域	ウ	イ	ウ	ア	イ	ア

問 3 多民族国家として知られるマレーシアの取組みを説明した次の文中の空欄**カ**とキに当てはまる語句の正しい組合せを，下の①〜④のうちから一つ選べ。
15

　マレーシアでは，マレー系住民に対して，雇用や教育の面を優遇する（　**カ**　）政策をとることで，国内において大きな経済力をもつ（　**キ**　）系住民とマレー系住民との格差縮小を図っている。

	①	②	③	④
カ	ブミプトラ	ブミプトラ	ルックイースト	ルックイースト
キ	アラブ	中 国	アラブ	中 国

問 4 次の図1は，いくつかの国における総人口に占める首位都市の人口割合と都市人口率を示したものであり，①〜④は，イタリア，インド，カナダ，バングラデシュのいずれかである。バングラデシュに該当するものを，図1中の①〜④のうちから一つ選べ。 16

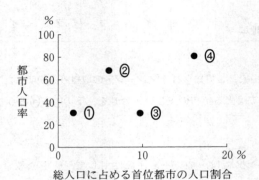

総人口に占める首位都市の人口割合

統計年次は2010年。
World Urbanization Prospects などにより作成。

図　1

問 5 次の図 2 は，城下町としての歴史をもつ日本のある都市の概略を示したものであり，下の ①〜④ の文は，図 2 中の A〜D のいずれかの地点の状況について述べたものである。地点 C に該当するものを，下の ①〜④ のうちから一つ選べ。 17

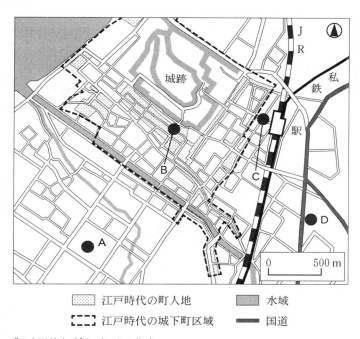

図　2

① 1970 年代以降に開発された地区であり，住宅が建ち並んでいる。
② 江戸時代から続く商業中心地が衰退したことにより再開発がなされ，城下町の雰囲気を醸し出す景観整備が行われている。
③ 近代以降に発展した地区であり，商業施設や銀行などが建ち並ぶ一方，閉店している店舗もある。
④ 自動車交通が便利なため，ロードサイド型の店舗が建ち並んでいる。

16 2018年度：地理Ｂ／本試験

問 6 次の図３中の**サ～ス**は日本の三つの市区の年齢階級別人口構成を男女別に示したものであり，下の**Ｘ～Ｚ**の文は，いずれかの市区の特徴を説明したものである。**サ～ス**と**Ｘ～Ｚ**との正しい組合せを，下の**①～⑥**のうちから一つ選べ。
18

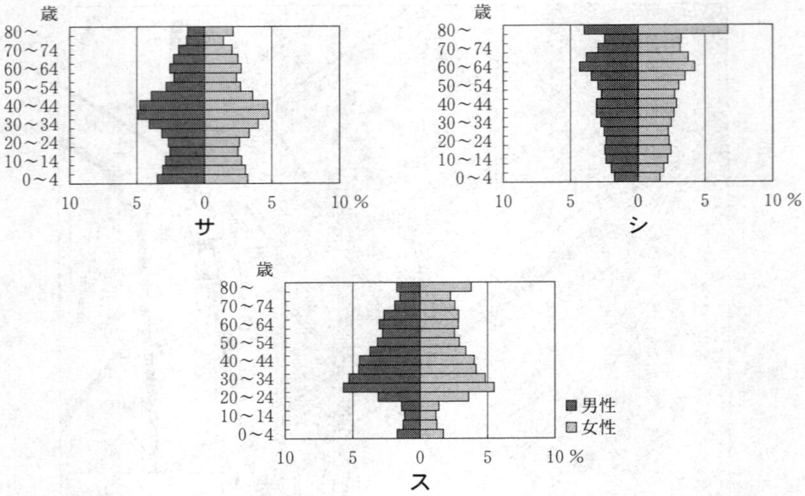

統計年次は2014年。
総務省の資料により作成。

図 3

Ｘ　大都市圏の都心に位置し，オフィスビルや百貨店が立地している。

Ｙ　大都市圏の郊外に位置し，戸建て住宅を中心とした住宅地が多い。

Ｚ　大都市圏の外側に位置し，森林や農地が大半を占めている。

	①	②	③	④	⑤	⑥
サ	X	X	Y	Y	Z	Z
シ	Y	Z	X	Z	X	Y
ス	Z	Y	Z	X	Y	X

第4問 次の図1を見て，西アジアとその周辺地域に関する下の問い(**問1～6**)に答えよ。(配点 17)

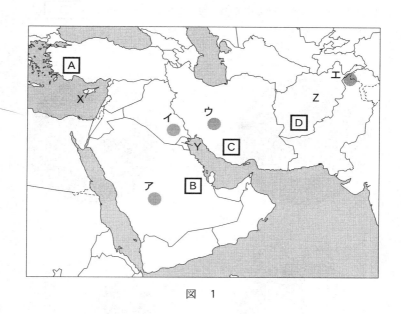

図　1

問1　図1中の**ア～エ**の地域のうち，最も標高の高い地点を含むものを，次の①～④のうちから一つ選べ。19

① ア　　　　② イ　　　　③ ウ　　　　④ エ

問2　図1中に示したA～Dの地域でみられる農牧業について述べた文として下線部が**適当でないもの**を，次の①～④のうちから一つ選べ。20

① A地域では，夏に乾燥する気候に適したオリーブが栽培されている。
② B地域では，大規模な灌漑(かんがい)施設を利用して小麦や野菜が栽培されている。
③ C地域では，ため池の水を利用してコーヒーが栽培されている。
④ D地域では，家畜を飼養して乳製品や羊毛が生産されている。

問 3　次の図 2 中の①〜④は，アラブ首長国連邦，イスラエル，イラン，レバノンのいずれかにおける宗教別人口割合*を示したものである。アラブ首長国連邦に該当するものを，図 2 中の①〜④のうちから一つ選べ。　21

*外国籍の住民を含む。

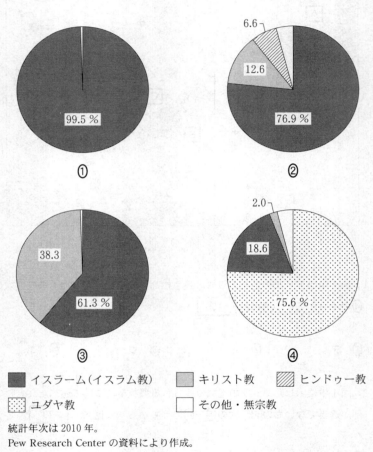

統計年次は 2010 年。
Pew Research Center の資料により作成。

図　2

問 4 次の図 3 中の**カ〜ク**は，西アジアとその周辺における，GDP (国内総生産) に占める農林水産業の割合，人口 1 人当たり GNI (国民総所得)，輸出額に占める石油・石油製品の割合のいずれかの指標について，国・地域別に示したものである。指標名と**カ〜ク**との正しい組合せを，下の**①〜⑥**のうちから一つ選べ。22

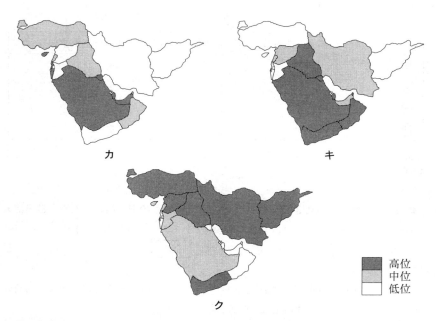

統計年次は，GDP に占める農林水産業の割合が 2012 年，人口 1 人当たり GNI が 2014 年，輸出額に占める石油・石油製品の割合が 2010〜2013 年のいずれか。
FAOSTAT などにより作成。

図 3

	①	②	③	④	⑤	⑥
GDP に占める農林水産業の割合	カ	カ	キ	キ	ク	ク
人口 1 人当たり GNI	キ	ク	カ	ク	カ	キ
輸出額に占める石油・石油製品の割合	ク	キ	ク	カ	キ	カ

20 2018年度：地理Ｂ／本試験

問 5 次の表１中の①～④は，イラク，カタール，サウジアラビア，トルコにおける，外国からの年間訪問者数*と日本からの１週当たり直行航空便数を示したものである。トルコに該当するものを，表１中の①～④のうちから一つ選べ。

  23

*観光客以外の短期入国者を含む。

表　1

	外国からの年間訪問者数（万人）	日本からの１週当たり直行航空便数（便）
①	3,780	14
②	1,577	0
③	261	14
④	89	0

統計年次は 2013 年。
UNWTO の資料などにより作成。

問 6 次の**サ**～**ス**の文は，図１中の **X**～**Z** のいずれかの国で第二次世界大戦後に発生した紛争（戦争）について述べたものである。**サ**～**ス**と **X**～**Z** との正しい組合せを，下の①～⑥のうちから一つ選べ。 24

サ アメリカ合衆国で発生した同時多発テロ事件をきっかけに，イスラム原理主義組織が支配する地域での戦闘が開始された。

シ 北部のトルコ系住民と南部のギリシャ系住民との対立が激化し，ギリシャへの併合の動きに対するトルコ軍の介入によって北部が独立を宣言した。

ス 領土と資源をめぐって隣国の侵攻を受けたことから，アメリカ合衆国を中心とした多国籍軍が介入する大規模な戦争に発展した。

	①	②	③	④	⑤	⑥
サ	X	X	Y	Y	Z	Z
シ	Y	Z	X	Z	X	Y
ス	Z	Y	Z	X	Y	X

第 5 問 東京在住の高校生のヨシエさんは，次の図 1 に示すルートのように，デンマークを経由して，ノルウェー，スウェーデン，フィンランドを旅行した。そして，夏休みの宿題として 3 か国を比較したレポートを作成した。このレポートに関する下の問い (**問 1～5**) に答えよ。(配点　14)

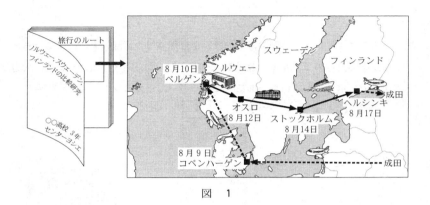

図　1

問 1 ヨシエさんは，3 か国を旅行中に風景や気温の違いを体験し，3 か国の地形と気候の特徴を次の図 2 のようにまとめた。図 2 中の**ア～ウ**は，3 か国の標高 200 m 以下の面積*の割合と，ほぼ同じ緯度にある都市(ベルゲン，ストックホルム，ヘルシンキ)における最寒月と最暖月の月平均気温を示している。国名と**ア～ウ**との正しい組合せを，次ページの**①～⑥**のうちから一つ選べ。

   25

*島嶼部を除く。

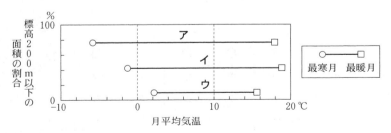

気象庁の資料などにより作成。

図　2

	①	②	③	④	⑤	⑥
ノルウェー	ア	ア	イ	イ	ウ	ウ
スウェーデン	イ	ウ	ア	ウ	ア	イ
フィンランド	ウ	イ	ウ	ア	イ	ア

問 2 ヨシエさんは，3か国の産業の違いが自然環境や資源の違いによると考え，3か国の発電のエネルギー源の割合を調べた。次の図3中の**カ～ク**は，火力，原子力，水力のいずれかである。エネルギー源と**カ～ク**との正しい組合せを，下の①～⑥のうちから一つ選べ。　26

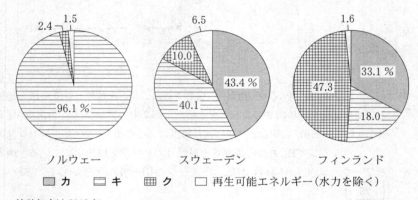

統計年次は2013年。
United Nations Energy Statistics Yearbook により作成。

図　3

	①	②	③	④	⑤	⑥
火　力	カ	カ	キ	キ	ク	ク
原子力	キ	ク	カ	ク	カ	キ
水　力	ク	キ	ク	カ	キ	カ

問 3 ヨシエさんは，3か国を旅行中に工場や店舗を見て，産業の違いに気づき，3か国の貿易について調べた。次の図4は3か国の総輸出額に占める品目別の割合，下の表1は3か国の輸出額上位3位までの国と，それらの国への輸出額が総輸出額に占める割合を示したものである。国名と図4中の**サ～ス**との正しい組合せを，下の①～⑥のうちから一つ選べ。 27

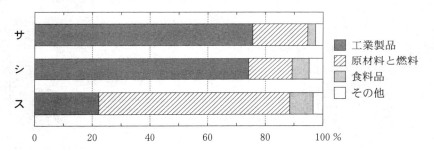

統計年次は2014年。
『国際連合貿易統計年鑑』により作成。

図 4

表 1

(単位：%)

順 位	サ		シ		ス	
1位	シ	(11.1)	ス	(10.4)	イギリス	(24.6)
2位	ドイツ	(9.9)	ドイツ	(9.6)	ドイツ	(15.3)
3位	ロシア	(9.2)	イギリス	(7.0)	オランダ	(11.9)

統計年次は2014年。
『国際連合貿易統計年鑑』により作成。

	①	②	③	④	⑤	⑥
ノルウェー	サ	サ	シ	シ	ス	ス
スウェーデン	シ	ス	サ	ス	サ	シ
フィンランド	ス	シ	ス	サ	シ	サ

問 4 ヨシエさんは，3か国の街を散策して，言語の違いに気づいた。そして，3か国の童話をモチーフにしたアニメーションが日本のテレビで放映されていたことを知り，3か国の文化の共通性と言語の違いを調べた。次の図5中の**タ**と**チ**はノルウェーとフィンランドを舞台にしたアニメーション，**A**と**B**はノルウェー語とフィンランド語のいずれかを示したものである。フィンランドに関するアニメーションと言語との正しい組合せを，下の①〜④のうちから一つ選べ。 28

スウェーデンを舞台にしたアニメーション　　　　　スウェーデン語

「ニルスのふしぎな旅」

© Gakken

　　　　アニメーション　　　　　　　　　　　　　言語

タ　　「ムーミン」　　A　

©Moomin Characters™
＊編集の都合上，類似の画像に差し替え。

チ　　「小さなバイキングビッケ」　B　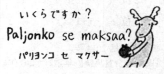

© Z U I Y O
『旅の指さし会話帳㉚ スウェーデン』（情報センター出版局）などにより作成。

図　5

	①	②	③	④
アニメーション	タ	タ	チ	チ
言　語	A	B	A	B

問 5 ヨシエさんは，旅行中に子どもや高齢者を見かけ，3か国の福祉に興味をもった。そして，3か国と OECD(経済協力開発機構)加盟国*の GDP(国内総生産)に対する公的社会支出の割合と GNI(国民総所得)に対する租税負担率を調べた。次の図 6 中の ①〜④ は，二つの指標の平均値を原点として，各国の値を 4 象限に分割したものである。3 か国が属する象限を，図 6 中の ①〜④ のうちから一つ選べ。 29

*トルコを除く。

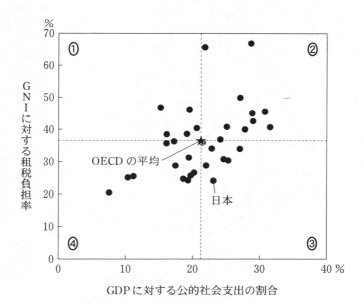

統計年次は，GDP に対する公的社会支出の割合が 2012〜2016 年のいずれか。
GNI に対する租税負担率が 2013 年。
OECD の資料などにより作成。

図 6

第6問 高校生のイズミさんは，岐阜県高山市の自然環境や人間活動にかかわる地域調査を行った。次の図1を見て，イズミさんの調査に関する下の問い（問1〜6）に答えよ。（配点 18）

▨は高山市域を示す。

図 1

問 1 高山市に向かう前に，イズミさんはいくつかの指標から高山市の気候を他都市と比較した。次の表1は，図1中に示した高山市を含む3都市について，気温の年較差，冬季(12～2月)の日照時間を示したものであり，**ア～ウ**は高山市，富山市，浜松市のいずれかである。都市名と**ア～ウ**との正しい組合せを，下の**①～⑥**のうちから一つ選べ。　　30

表　1

	気温の年較差(℃)	冬季(12～2月)の日照時間(時間)
ア	21.1	580.2
イ	23.9	230.2
ウ	25.5	297.4

『理科年表』により作成。

	①	②	③	④	⑤	⑥
高山市	ア	ア	イ	イ	ウ	ウ
富山市	イ	ウ	ア	ウ	ア	イ
浜松市	ウ	イ	ウ	ア	イ	ア

問 2 高山市は 2005 年に周辺の 9 町村を編入合併し，全国で最も面積の大きな市となった。イズミさんは，高山市内の人口の地域的差異について理解するために，統計データを用いて主題図を作成した。次の図 2 は，高山市の標高段彩図と旧市町村別の人口密度，老年人口割合*，平均世帯人員数を示したものである。これらの図から読み取れることがらとその背景について述べた下の文章中の下線部①〜④のうちから，**適当でないもの**を一つ選べ。| 31 |

*総人口に占める 65 歳以上人口の割合。

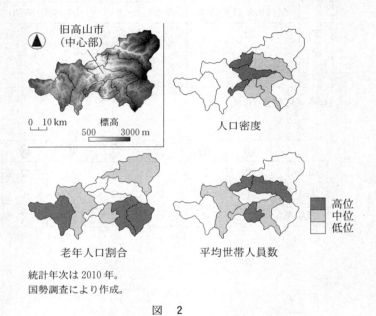

統計年次は 2010 年。
国勢調査により作成。

図 2

人口密度は，①盆地に位置する中心部とその隣接地域で高い値がみられる。老年人口割合は，②中心部から離れた標高の高い東西の地域で高い傾向にある。平均世帯人員数は，中心部と縁辺部において低位にある。その主な理由として，中心部では，③隣接地域と比べて核家族世帯や単身世帯の割合が低いことが予想され，縁辺部では，長期間にわたる④若年層の流出や高齢者の死亡にともなう世帯人員の減少が影響していると考えられる。

問 3 市内の朝市とスーパーマーケットを見学したイズミさんは，高山市の農林水産物の流通に関心をもった。イズミさんは市役所を訪問し，詳しい話を聞くことにした。イズミさんと市役所の職員との会話文中の空欄**カ**と**キ**に当てはまる語の正しい組合せを，下の①〜④のうちから一つ選べ。　32

イズミ　「高山市の農業にはどのような特徴がありますか」

職　員　「高山市の農業産出額は県内最大であり，野菜と肉用牛の産地として有名です。現在は大都市圏を中心に出荷されていますが，交通網の整備される以前には，近郊の農家にとって朝市は農産物を販売する重要な場所でした」

イズミ　「当時は，大都市から離れていたことが，農産物の（　**カ**　）消費を促していたのですね。そういえば，スーパーマーケットで富山など北陸方面からの魚を多く見かけました。海産物は日本海側とのつながりが強いのですね」

職　員　「高山市を含む飛騨（ひだ）地方において，富山のブリは正月料理に欠かせない縁起物でした。さらに，高山まで運ばれたブリは，標高 1000 m を超える山脈の峠を越え，海の魚を食べることが困難な地域にも運ばれていました」

イズミ　「冷凍技術の発達していない時代に腐らないようにどうやって運んだのでしょうか」

職　員　「水揚げされた富山で保存のために塩を加える方法が一般的でした。高山から（　**キ**　）方面に運ばれたブリは『飛騨鰤（ぶり）』と呼ばれ，『鰤 1 本 米 1 俵』と言われるほど高価なものでした」

	①	②	③	④
カ	域　外	域　外	域　内	域　内
キ	名古屋	松　本	名古屋	松　本

問 4 高山市の歴史に関心をもったイズミさんは，市街地を徒歩で観察した。次の図 3 は，高山市の中心市街地周辺を範囲とする 2011 年発行の 2 万 5 千分の 1 地形図（原寸，一部改変）である。図 3 から読み取れるこの地域の歴史的な特徴についてイズミさんの訪問した順路に沿って説明した文として下線部が**適当でないもの**を，下の①〜④のうちから一つ選べ。33

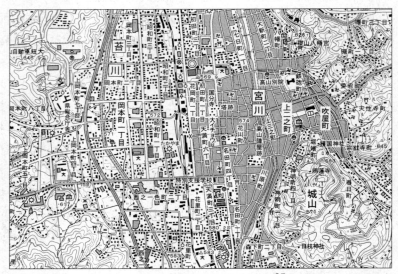

図 3 （図は $\frac{85}{100}$ に縮小——編集部）

① 上二之町から南へ向かう通りでは，城下町の特徴の一つとして，戦時の敵の移動を遅らせるために，丁字路がつくられている。

② 城山にはかつて城が築かれており，市内を南から北へ流れる宮川は外堀の役割を果たしていた。

③ 吹屋町の北側から東側にかけては，寺院が集中しており，寺院に由来する町名のつけられている地区が確認できる。

④ 岡本町一丁目付近は，市街地が西部に拡大するなかで整備された地域であり，特徴の一つとして，苔川と並行する幹線道路に面して工業団地が造成されている。

問5 高山市内をめぐり，観光についての興味を深めたイズミさんは，高山市の観光統計*を整理した。次の図4は高山市の旅行者数の推移を示したものであり，表2は2015年の高山市と全国の外国人旅行者の地域別割合を示したものである。図4と表2から読み取れることがらとその背景について述べた下の文章中の下線部①～④のうちから，**適当でないもの**を一つ選べ。 34

*高山市は，旧高山市の値。

図 4

高山市の資料により作成。

表 2

		高山市	全 国
外国人旅行者数(万人)		26.8	1,973.7
地域別割合(％)	アジア	58.7	84.3
	ヨーロッパ	25.1	6.3
	南北アメリカ	9.2	7.0
	オセアニア	6.6	2.2
	その他	0.4	0.2

高山市の値は，宿泊客のみの数値。
統計年次は2015年。
高山市の資料などにより作成。

　高山市の旅行者数は全体的に増加傾向にあり，その背景には，鉄道の高速化やトンネル・高速道路の開通などが考えられる。ただし，①交通条件の改善は旅行者数の維持を保証するものではない。

　2015年の高山市を含む岐阜県全体の日帰り客数は3,731万人，宿泊客数は629万人となっており，高山市は②県内市町村の中でも相対的に宿泊をともなわない通過型の観光地としての性格が強い。

　日本では国をあげて外国人の誘客に努めており，③2015年の高山市の宿泊客数の約2割を外国人旅行者が占めている。外国人旅行者の地域別割合をみると，高山市は全国に比べて，④ヨーロッパやオセアニアの割合が高い。

問 6 高山市の観光資源について調べていくなかで,イズミさんは長野県との県境にある乗鞍岳に興味をもった。バスの車窓からイズミさんは,標高の高低によって植生に違いがみられることに気づいた。次の図5はイズミさんが乗鞍岳山頂付近の畳平(標高2702 m)にある展示室で植生の分布について学んだことをまとめたメモである。また,下の写真1中のA〜Cは,図5中の各植生帯の代表的な植生を撮影したものである。植生帯とA〜Cとの正しい組合せを,下の①〜⑥のうちから一つ選べ。 35

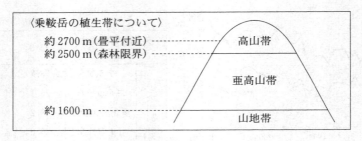

図 5

A

B

C

写真 1

	①	②	③	④	⑤	⑥
高山帯	A	A	B	B	C	C
亜高山帯	B	C	A	C	A	B
山地帯	C	B	C	A	B	A

2017

本試験

解答時間 60 分　配点 100 点

地 理 B

（解答番号 １ 〜 35 ）

第１問 次の図１を見て，世界の自然環境と自然災害に関する下の問い（**問１〜６**）に答えよ。（配点 17）

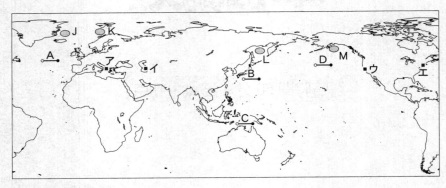

線Ａ〜Ｄの実距離は等しい。

図　１

問１ 地球には多様な海底地形がみられる。次ページの図２中の①〜④は，図１中の線Ａ〜Ｄのいずれかに沿った海底の地形断面を示したものである。線Ｂに該当するものを，図２中の①〜④のうちから一つ選べ。ただし，深さは強調して表現してある。　１

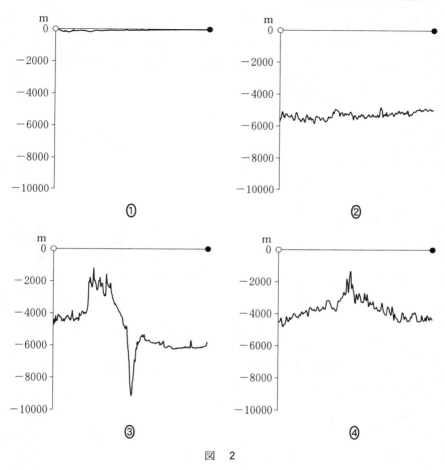

図　2

問 2 北半球の高緯度の海域では，海氷の分布に違いがみられる。図1中に示した海域 J ～ M のうち，海氷に覆われにくい海域の組合せとして最も適当なものを，次の①～⑥のうちから一つ選べ。　2

① J と K　　② J と L　　③ J と M
④ K と L　　⑤ K と M　　⑥ L と M

問 3 次の図3は，いくつかの地点における最寒月と最暖月の月平均気温，および最少雨月と最多雨月の月降水量を示している。図3中のP〜Sは，図1中に示した地点ア〜エのいずれかである。エに該当するものを，下の①〜④のうちから一つ選べ。 3

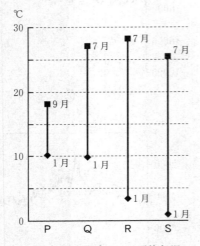
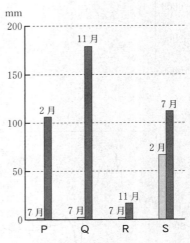

最寒月と最暖月の月平均気温　　最少雨月と最多雨月の月降水量

気象庁の資料により作成。

図　3

① P　　　② Q　　　③ R　　　④ S

問 4 次の図 4 は，アドリア海沿岸のヴェネツィア（ベネチア）周辺の地形を示したものである。図 4 に関連したことがらについて述べた下の文章中の下線部①〜④のうちから，**適当でないもの**を一つ選べ。 4

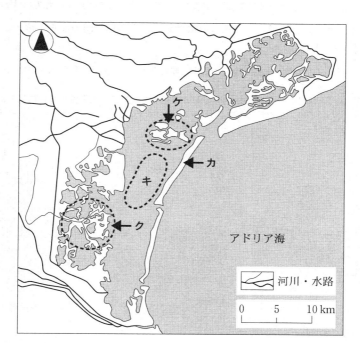

図 4

　ヴェネツィア（ベネチア）周辺には，河川や海の営力によって形成された様々な地形がみられる。沿岸流で運ばれた砂や泥などによって構成される**カ**の①砂州がみられ，それによってアドリア海と隔てられた**キ**の水域は②潟湖（ラグーン）に位置する。この水域には，河川が運搬した砂や泥などによって形成された**ク**のような③陸繋島がみられる。**ケ**の島々に立地する旧市街地は，砂や泥が干潮時に現れる④干潟の高まりを利用して形成された。

問5 自然災害にともなう被害は、各地域の自然環境とともに社会・経済状況などに影響される。次の図5は、1978年から2008年の期間に世界で発生した自然災害*について、発生件数**、被害額、被災者数の割合を地域別に示したものであり、図5中のX～Zは、アジア、アフリカ、南北アメリカのいずれかである。X～Zと地域名との正しい組合せを、下の①～⑥のうちから一つ選べ。

5

*死者10人以上、被災者100人以上、非常事態宣言の発令、国際救助の要請のいずれかに該当するもの。
**国ごとの件数をもとに地域別の割合を算出。大規模自然災害の場合には、複数の国または地域で重複してカウントされる場合がある。

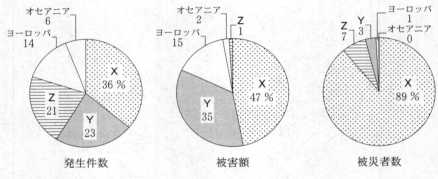

『防災白書』により作成。

図 5

	X	Y	Z
①	アジア	アフリカ	南北アメリカ
②	アジア	南北アメリカ	アフリカ
③	アフリカ	アジア	南北アメリカ
④	アフリカ	南北アメリカ	アジア
⑤	南北アメリカ	アジア	アフリカ
⑥	南北アメリカ	アフリカ	アジア

問 6　次の図 6 は，ある地域の火山防災マップである。図 6 から読み取れることがらを述べた文として下線部が**適当でないもの**を，下の ①～④ のうちから一つ選べ。　6

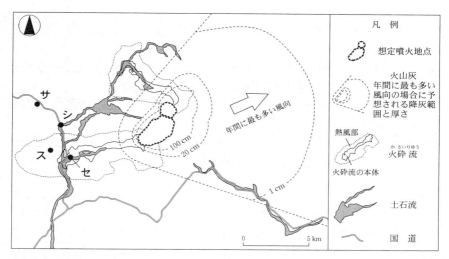

図　6

① 地点 **サ** の農地では，火山噴火が生じた場合，火山灰が降って農作物に被害が出る可能性がある。

② 地点 **シ** の国道では，火山噴火が終わった後にも，土石流が発生して通行ができなくなる可能性がある。

③ 地点 **ス** の家屋は，火山噴火にともなって生じる火砕流の熱風で焼失する可能性がある。

④ 地点 **セ** の家屋は，土石流の影響によって損壊する可能性が低いのに対して，火砕流の被害を受ける可能性は高い。

第2問 資源と産業に関する次の問い(問1〜6)に答えよ。(配点 17)

問1 日本の農業とそれに関連したことがらについて述べた文として下線部が**適当でないもの**を，次の①〜④のうちから一つ選べ。 7

① 外国産の安価な農産物の輸入増加を受け，政府は農業経営の効率化を支援している。
② 消費者が食料品の生産地を知ることができるように，牛肉についてはトレーサビリティ(生産履歴追跡)制度が整備されている。
③ 世界的に遺伝子組み換え作物の生産量が増えており，それらを使用した加工食品が輸入されている。
④ 輸送技術の発達により冷凍野菜の輸入量は増加しているが，生鮮野菜は鮮度を保つことが困難であるため輸入量は伸びていない。

問2 次の図1は，いくつかの地域について，農林水産業*従事者1人当たりの農地面積とGDP(域内総生産)に占める農林水産業の割合を示したものであり，①〜④は，アジア，アフリカ，オセアニア，北アメリカのいずれかである。アジアに該当するものを，図1中の①〜④のうちから一つ選べ。 8
*狩猟業を含む。

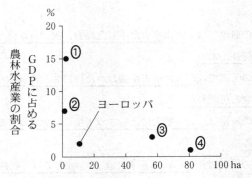

統計年次は2010年。
FAOSTATなどにより作成。

図 1

問 3 バイオマスエネルギーとその利用について述べた文として**適当でないもの**を，次の①～④のうちから一つ選べ。 9

① EU(欧州連合)では，環境負荷を減らすために木くずなどを発電用の燃料として利用することが推進されている。

② 食用の穀物がエネルギー源として利用されることもあるため，食料価格の高騰をまねくおそれがある。

③ 大規模な発電施設の開発を必要とするため，発展途上国ではほとんど利用されていない。

④ 燃焼しても大気中の二酸化炭素の総量に与える影響が小さいため，カーボンニュートラルなエネルギーとされる。

問 4 次の表1は，いくつかの国について，エネルギー輸入依存度*と鉱工業就業人口の割合を示したものであり，①～④は，イギリス，オーストラリア，ドイツ，日本のいずれかである。ドイツに該当するものを，表1中の①～④のうちから一つ選べ。 10

*1次エネルギーの総供給量に対する輸出入量の比率で，マイナス値は輸出量が輸入量を上回っていることを示す。

表 1

(単位：%)

	エネルギー輸入依存度	鉱工業就業人口の割合
①	93.7	17.9
②	60.5	21.0
③	38.9	11.5
④	− 147.4	11.7

統計年次は，エネルギー輸入依存度が2012年，鉱工業就業人口の割合が2013年。
World Development Indicators などにより作成。

問 5　次の図 2 中のア～ウは，石炭の生産量，輸出量，消費量のいずれかについて，上位 8 か国・地域とそれらが世界に占める割合を示したものである。指標名とア～ウとの正しい組合せを，次ページの①～⑥のうちから一つ選べ。 11

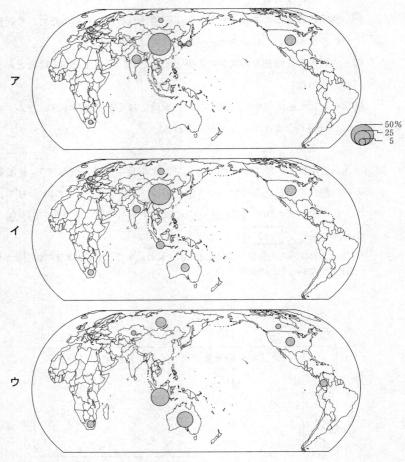

中国の数値には台湾，ホンコン，マカオを含まない。
統計年次は 2013 年。
IEA, *Coal Information* により作成。

図　2

	①	②	③	④	⑤	⑥
生産量	ア	ア	イ	イ	ウ	ウ
輸出量	イ	ウ	ア	ウ	ア	イ
消費量	ウ	イ	ウ	ア	イ	ア

問6 次の**カ～ク**の文は，デトロイト，バンコク，ロッテルダム（ユーロポート）の
いずれかを中心とする工業地域の特徴をそれぞれ述べたものである。地域名と
カ～クとの正しい組合せを，下の①～⑥のうちから一つ選べ。　12

カ 20世紀中頃に貨物輸送のための港湾施設が河川沿いに整備され，石油化
学コンビナートが立地する大規模な臨海工業地域として発達した。

キ 水運をいかして，周辺地域で生産された粗鋼やエネルギー資源と結びつ
き，20世紀初頭から大量生産方式により自動車が製造されてきた。

ク 都市の郊外に工業団地がつくられて外国からの投資による工業化が進展
し，1990年代以降は自動車組立工業が発達した。

	①	②	③	④	⑤	⑥
デトロイト	カ	カ	キ	キ	ク	ク
バンコク	キ	ク	カ	ク	カ	キ
ロッテルダム（ユーロポート）	ク	キ	ク	カ	キ	カ

第3問 都市・村落と生活文化に関する次の問い(問1〜5)に答えよ。(配点 15)

問1 次の写真1中の**ア〜エ**は,世界の都市でみられる住宅景観を示したものである。写真1中の**ア〜エ**を説明した文として下線部が**適当でないもの**を,下の①〜④のうちから一つ選べ。　13

写真 1　＊編集の都合上,類似の写真に差し替え。
写真提供:ユニフォトプレス

① **ア**はモスクワであり,建物が整然と配置された集合住宅地区が郊外に形成されている。
② **イ**はロサンゼルスであり,庭や車庫を持つ低層の戸建て住宅地区が都心部に形成されている。
③ **ウ**はアモイ(中国)であり,さまざまな大きさや高さの建物が高密度に混在している。
④ **エ**はニュルンベルク(ドイツ)であり,教会などの歴史的建築物や高さのそろった中層の建物からなる旧市街が保存されている。

問 2　都市や村落の成り立ちについて述べた文として最も適当なものを，次の①〜④のうちから一つ選べ。　14

① 唐の長安を模して，放射・環状の街路網を特徴とする計画都市が，古代の日本にも建設された。
② 江戸時代の日本では，社会が安定したことで，主要な街道の中継点や分岐点に自治権をもつ自由都市が形成された。
③ 西部開拓時代のアメリカ合衆国では，タウンシップ制のもとで，直交する道路に沿って家屋が隣接する集村が形成された。
④ 近代には，産業革命の進展にともなって，マンチェスターやエッセンなどの工業都市が成長した。

問 3　次の図1は，いくつかの国における人口の偏在の度合い*と1人当たり総生産の国内地域間格差を示したものであり，①〜④は，オーストラリア，オランダ，南アフリカ共和国，メキシコのいずれかである。オーストラリアに該当するものを，図1中の①〜④のうちから一つ選べ。　15

*総人口のうち，人口密度の高い上位10％の地域に住む人口の比率。

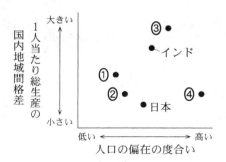

統計年次は，人口の偏在の度合いが2012年，1人当たり総生産の国内地域間格差が2010年。
OECD, *Regions at a Glance 2013* により作成。

図　1

問 4 次の図2は,いくつかの時期における東京圏(島嶼部を除く東京都,神奈川県,埼玉県,千葉県)の市区町村別人口増加率を示したものであり,カ～クは,1985年～1990年,1995年～2000年,2005年～2010年のいずれかである。図2中のカ～クについて古いものから年代順に正しく配列したものを,下の①～⑥のうちから一つ選べ。 16

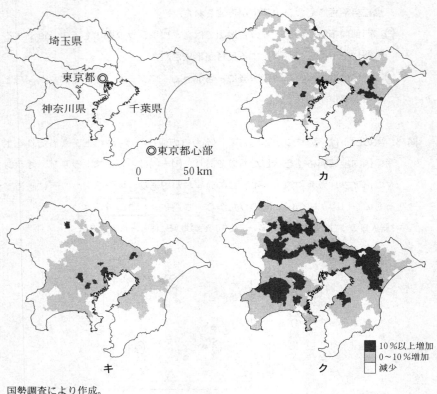

国勢調査により作成。

図 2

① カ→キ→ク ② カ→ク→キ ③ キ→カ→ク
④ キ→ク→カ ⑤ ク→カ→キ ⑥ ク→キ→カ

問5 次の図3は，老年人口率*，老年人口の増加率，老年人口1,000人当たりの養護老人ホーム**定員数を都道府県別に示したものである。図3に関することがらについて述べた下の文章中の下線部①〜④のうちから，**適当でないもの**を一つ選べ。 17

*総人口に占める65歳以上の人口の割合。
**自宅での介護が難しい高齢者が入所する介護施設。

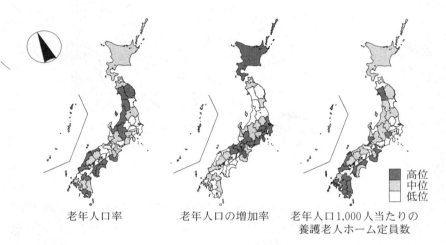

老年人口率　　　老年人口の増加率　　　老年人口1,000人当たりの
　　　　　　　　　　　　　　　　　　養護老人ホーム定員数

統計年次は，老年人口率，老年人口1,000人当たりの養護老人ホーム定員数が2010年，老年人口の増加率が2000〜2010年。
国勢調査などにより作成。

図　3

　日本では高齢化が進んでいるが，高齢化の進展には地域差がある。①老年人口率は，三大都市圏よりも非大都市圏で高い。また，非大都市圏に比べ，②老年人口の増加率が高い地域は三大都市圏に多く，③老年人口1,000人当たりの養護老人ホーム定員数も三大都市圏で多い傾向がある。三大都市圏では④高度経済成長期に流入した当時の若年層が高齢期に入り，さらなる老年人口の増加が見込まれる。

第4問 次の図1を見て，中国に関する下の問い（問1～6）に答えよ。（配点 17）

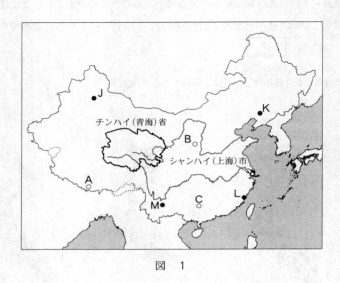

図 1

問1 次のア～ウの文は，図1中のA～C付近のいずれかにみられる特徴的な地形について述べたものである。ア～ウとA～Cとの正しい組合せを，下の①～⑥のうちから一つ選べ。 18

ア 風で運ばれたレスが厚く堆積している高原がみられる。
イ 石灰岩が侵食されたタワーカルストがみられる。
ウ 氷河によって形成されたモレーンがみられる。

	①	②	③	④	⑤	⑥
ア	A	A	B	B	C	C
イ	B	C	A	C	A	B
ウ	C	B	C	A	B	A

問2 次の図2中の①〜④は，図1中のJ〜Mのいずれかの都市における月平均気温と月降水量をハイサーグラフで示したものである。Mに該当するものを，図2中の①〜④のうちから一つ選べ。19

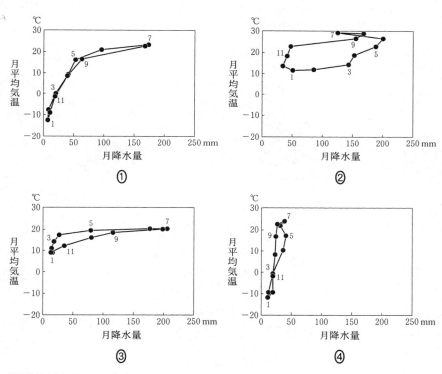

『理科年表』などにより作成。

図　2

問3 次の図3は、いくつかの農作物の作付面積について、中国*全体に占める省**ごとの割合を上位10省まで示したものであり、カ～クはイモ類、茶、野菜のいずれかである。カ～クと品目名との正しい組合せを、下の①～⑥のうちから一つ選べ。 20

*台湾、ホンコン、マカオを含まない。
**省に相当する市・自治区を含む。

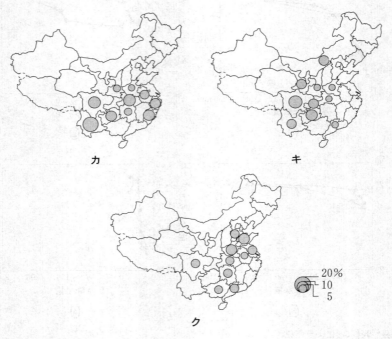

統計年次は2011年。
『中国統計年鑑』により作成。

図 3

	①	②	③	④	⑤	⑥
カ	イモ類	イモ類	茶	茶	野菜	野菜
キ	茶	野菜	イモ類	野菜	イモ類	茶
ク	野菜	茶	野菜	イモ類	茶	イモ類

問4 次の図4は，中国各地の観測地点における，冬季の大気中の硫黄酸化物濃度を示したものである。図4から読み取れることがらとその背景について述べた下の文章中の下線部①〜④のうちから，**適当でないもの**を一つ選べ。 21

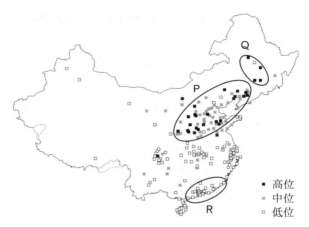

観測値は2015年2月のもの。
Harvard University Center for Geographic Analysis の資料により作成。

図　4

　中国では大気汚染が深刻化しており，原因物質の一つである硫黄酸化物の排出には，石炭の燃焼が大きく影響している。冬季の硫黄酸化物濃度をみると，①古くから重工業が盛んなP地域に値の高い地点が多く，②冬季に暖房の使用が多い寒冷なQ地域にも値の高い地点がみられる。また，経済特区の設置により経済発展が進む③温暖な気候のR地域では値が低い。硫黄酸化物濃度の高い地点から拡散する大気汚染物質は，④貿易風の風下に位置する朝鮮半島や日本列島の降水を酸性化させるなど，国境を越えた影響も引き起こしている。

問 5 中国では，沿海部と内陸部の経済発展に違いがある。図1中のシャンハイ（上海）市とチンハイ（青海）省にかかわることがらについて述べた文として最も適当なものを，次の①～④のうちから一つ選べ。 22

① シャンハイ市では，都市出身者と農村出身者の戸籍の違いによる医療などの社会保障の格差は小さい。

② シャンハイ市の経済成長は著しいが，冷蔵庫やカラーテレビの普及率はいまだに低い。

③ チンハイ省では西部大開発が進み，中国最大の油田から沿海部に石油が供給されている。

④ チンハイ省のシーニン（西寧）とチベット自治区のラサを結ぶ鉄道が開通し，省内の経済活動が活発化しつつある。

問 6 中国には，数多くの民族が居住している。少数民族が多く居住する地域にかかわることがらについて述べた文として**適当でない**ものを，次の①～④のうちから一つ選べ。 23

① 学校教育では，少数民族独自の言語の使用が認められていない。

② 漢族の人口が増加し，少数民族と漢族との摩擦や衝突が発生している。

③ 少数民族の風俗習慣には独自性があり，漢族と異なる信仰や食文化もみられる。

④ 地域独自の自然環境や文化が観光資源となり，観光客が増加している。

第5問 スペインとドイツに関する次の問い（**問1～5**）に答えよ。（配点 14）

問1 次の図1はスペインとドイツの国土を模式的に示したものである。また，下の図2中の**ア**と**イ**は，図1中のXとYのいずれかの経線*に沿った標高の分布を示したものであり，次ページの図3中のAとBは，図1中のXとYのいずれかの経線に沿った年降水量の分布を示したものである。図2中の**ア**と**イ**および図3中のAとBのうち，ドイツに該当する正しい組合せを，次ページの**①**～**④**のうちから一つ選べ。 24

*線X・Yの実距離は等しい。

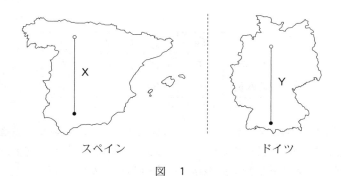

図 1

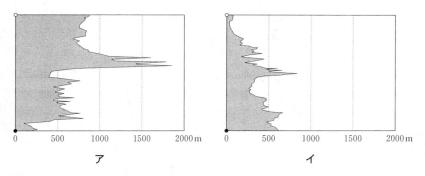

United States Geological Survey の資料により作成。

図 2

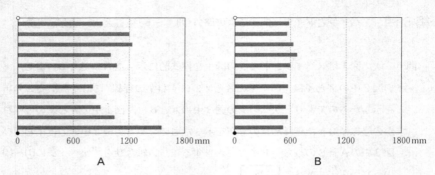

データは緯度0.5度ごと。
NOAAの資料により作成。

図 3

	①	②	③	④
標 高	ア	ア	イ	イ
年降水量	A	B	A	B

問 2 次の図4は、スペインとドイツにおけるいくつかの農作物の主な産地を示したものであり、①〜④はオリーブ、小麦、ブドウ、ライ麦のいずれかである。ブドウに該当するものを、図4中の①〜④のうちから一つ選べ。 25

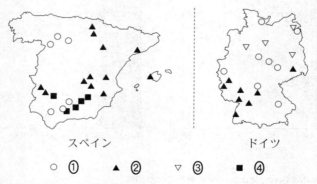

Diercke Weltatlas, 2008により作成。

図 4

問 3 次の図5は，スペインとドイツの国土を四分割*したものであり，下の図6中の**カ**と**キ**は，図5のように分割した範囲に含まれるスペインとドイツのいずれかの人口規模上位20位までの都市について，都市数を示したものである。また，次ページの表1は，スペインとドイツの人口規模上位5都市における日系現地法人数**を示したものであり，**D**と**E**はスペインまたはドイツのいずれかである。図6中の**カ**と**キ**および表1中の**D**と**E**のうち，ドイツに該当する正しい組合せを，次ページの①～④のうちから一つ選べ。 26

*島嶼部を除いた大陸部分の国土を対象に正方位で四分割した。
**日本企業の出資比率が10％以上（現地法人を通じた間接出資を含む）の現地法人数。

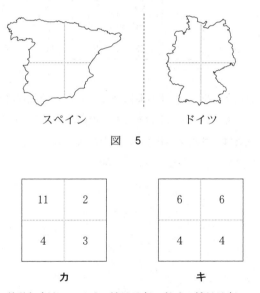

統計年次は，スペインが2012年，ドイツが2013年。
Demographic Yearbook 2013 などにより作成。

図 6

表　1

(単位：社)

	人口規模順位				
	1　位	2　位	3　位	4　位	5　位
D	58	64	2	0	1
E	8	33	32	12	36

統計年次は 2011 年。
『海外進出企業総覧　2012 (国別編)』により作成。

	①	②	③	④
都市数	カ	カ	キ	キ
日系現地法人数	D	E	D	E

問 4　スペインとドイツはともに EU (欧州連合) 諸国と密接な経済関係がある。次の図 7 は，いくつかの国におけるそれぞれの国に対する輸出額を示したものであり，**サ～セ**はスペイン，ドイツ，フランス，ポルトガルのいずれかである。スペインに該当するものを，下の①～④のうちから一つ選べ。　27

単位：10億ドル

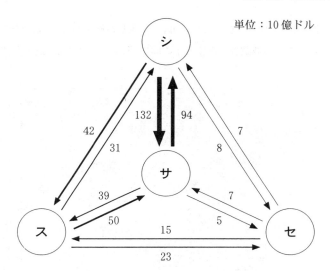

統計年次は2013年。
UN Comtrade により作成。

図　7

① サ　　　　② シ　　　　③ ス　　　　④ セ

問5　スペインとドイツの移民および外国旅行について述べた次の文章中の下線部①～④のうちから，**適当でないもの**を一つ選べ。　28

　スペインには，歴史的経緯や文化の共通性により，①南アジアからの移民が多い。ドイツには②トルコからの移民労働者が多く流入し，西ドイツの経済発展に大きな役割を果たした。
　外国旅行をみると，ドイツもスペインも海外への旅行者の送り出し，海外からの旅行者の受け入れが活発である。外国旅行の送り出し数と受け入れ数を比較すると，③ドイツは送り出し超過であり，④スペインは受け入れ超過である。

第6問 高校生のノゾミさんは，次の図1に示した壱岐島(長崎県壱岐市)の地域調査を行った。この地域調査に関する下の問い(**問1～7**)に答えよ。(配点 20)

◦は各市の市役所の位置。

図　1

2017年度：地理Ｂ／本試験　**27**

問 1　ノゾミさんは，壱岐島に向かう前に，次の図２の20万分の１地勢図(原寸，
一部改変)を使って壱岐島の地形を調べた。図２から読み取れる地形について
説明した下の文章中の下線部①～④のうちから，**適当でないもの**を一つ選べ。
29

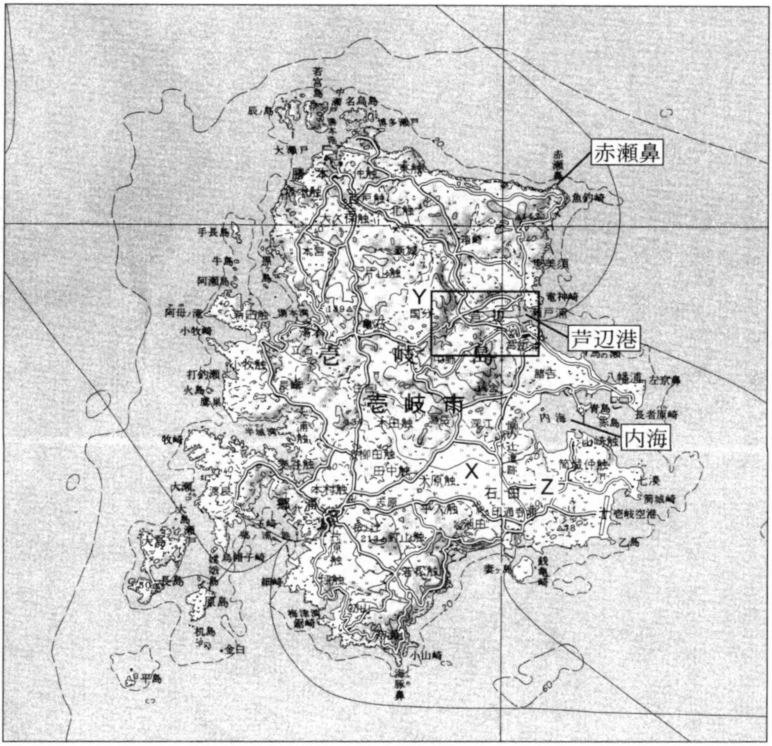

図　２　(図は $\frac{85}{100}$ に縮小——編集部)

　　壱岐島は溶岩台地が広い範囲を占める平坦な島で，①<u>最も高い地点の標高
は100 m以下である。</u>地点**X**付近は島内で最も広い沖積平野であり，②<u>内海
に流入する河川の流域に属する。</u>③<u>島の西部にはリアス海岸がみられ</u>，ま
た，④<u>島の北東部の赤瀬鼻には海食崖が形成されている。</u>

問 2 芦辺港に着いたノゾミさんは周囲の景観を観察した。次の図3は，図2中のYの範囲における1926年と2006年に発行された2万5千分の1地形図(原寸，一部改変)である。図3から読み取れるこの地域の変化について述べた文として最も適当なものを，次ページの①〜④のうちから一つ選べ。 30

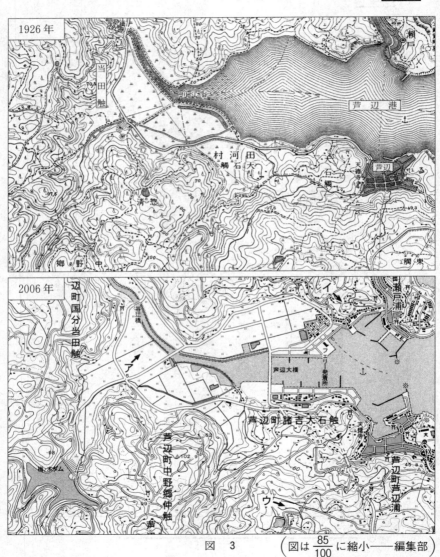

図 3 （図は $\frac{85}{100}$ に縮小――編集部）

① 芦辺から当田触へ向かっていた主要道路は，他の道路の整備によって寸断されている。
② 芦辺港南北両岸の一部水域が新たに陸地化され，そこには両岸とも水田がみられる。
③ 芦辺港の南北を結んでいた渡船が廃止された。
④ 梅ノ木ダムが建設され，水力発電が行われるようになった。

問 3 ノゾミさんは，芦辺港周辺を歩いて観察するうち，地形や農地の景観の違いに気づいた。次の写真１中のA～Cは，図３中のア～ウのいずれかの地点において矢印の方向を撮影したものである。A～Cとア～ウとの正しい組合せを，下の①～⑥のうちから一つ選べ。 31

写真 1

	①	②	③	④	⑤	⑥
A	ア	ア	イ	イ	ウ	ウ
B	イ	ウ	ア	ウ	ア	イ
C	ウ	イ	ウ	ア	イ	ア

問4 バスで壱岐島を回ったノゾミさんは，図2中のZ付近で，背後に樹林をともなった民家が数多くあることに気づき，図書館に立ち寄って収集した資料から，その樹林が背戸山(せどのやま)と呼ばれることを知った。次の図4は，その資料に掲載されていた，背戸山を備える伝統的な民家の模式図である。この背戸山が形成された主な目的を述べた文として最も適当なものを，下の①～④のうちから一つ選べ。32

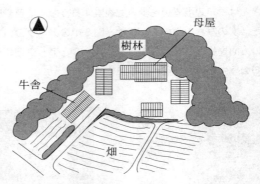

加藤仁美・加藤武弘「壱岐島における散居集落の研究」により作成。

図　4

① 竜巻による被害を軽減する。
② フェーン現象による高温の風を防ぐ。
③ 冬の季節風を防ぐ。
④ やませによる被害を軽減する。

問5 芦辺港に戻って漁港を見学したノゾミさんは，漁業協同組合で話を聞くことにした。次ページのノゾミさんと漁業協同組合職員との会話文中の空欄カとキに当てはまる語の正しい組合せを，次ページの①～④のうちから一つ選べ。33

2017年度：地理Ｂ／本試験　**31**

ノゾミ　「壱岐島では漁業が盛んなのですね。どんなものがとれるのですか」

職　　員　「ウニやマグロ，ブリも有名だけど，最も多いのはやっぱりイカだね。イカ釣り漁船がたくさん見えるだろう」

ノゾミ　「壱岐島の周りは好漁場になっているということですか」

職　　員　「島の北西に七里ヶ曽根というバンク（浅堆）があって，そこが好漁場になっている。また（　**カ**　）が流れ込んでいるのも要因として大きいね。そのおかげで壱岐島では真珠も養殖されている」

ノゾミ　「なるほど。では，壱岐島の漁業経営にはほかにどんな特徴がありますか」

職　　員　「全国的な問題だけど，漁獲減や後継者不足が深刻だね。また表1を見ると，全国に比べて壱岐島の漁家の経営規模は（　**キ**　）といえるね」

表　　1

（単位：％）

		壱岐市	全　国
経営体*の 漁業種区分	海面養殖業	1.2	15.8
	沿岸漁業	93.5	78.5
	沖合・遠洋漁業	5.3	5.7
1経営体*当たり 漁船数**	1 隻	93.6	85.4
	2～4 隻	5.8	13.3
	5 隻～	0.6	1.3

*企業なども含まれるが大半は個人経営の漁家。ただし，過去1年間における漁業の海上作業従事日数が30日未満の個人経営の漁家を除く。

**無動力漁船，船外機（取り外し可能なエンジン）付漁船を除く。

統計年次は2013年。

漁業センサスにより作成。

	①	②	③	④
カ	寒　流	寒　流	暖　流	暖　流
キ	大きい	小さい	大きい	小さい

問6 壱岐島の離島としての特徴に関心をもったノゾミさんは，いくつかの社会的な指標から壱岐市と長崎県内の他の市町とを比較した。次の図5は，長崎県内の人口5万人以上の市の分布と，長崎県におけるいくつかの指標を市町ごとに示したものであり，E～Gは，居住する市町内で買い物をする割合*，小学校の複式学級率**，人口1,000人当たりの医師数のいずれかである。指標名とE～Gとの正しい組合せを，次ページの①～⑥のうちから一つ選べ。34

*購入金額に占める割合。通信販売による購入は他の市町での買い物に含める。
**全児童数に占める複式学級(複数の学年をまとめて授業を行う学級)児童数の割合。

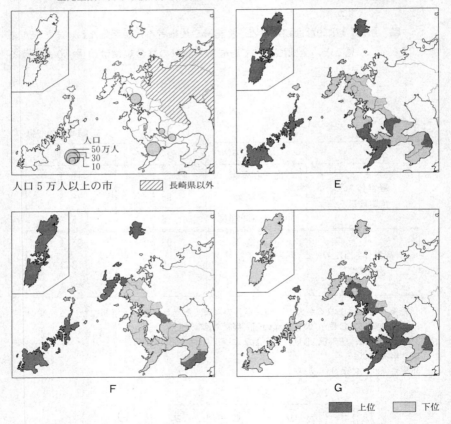

統計年次は2012年。
長崎県の資料により作成。

図 5

2017年度：地理Ｂ／本試験　33

	①	②	③	④	⑤	⑥
居住する市町内で買い物をする割合	E	E	F	F	G	G
小学校の複式学級率	F	G	E	G	E	F
人口 1,000 人当たりの医師数	G	F	G	E	F	E

問 7　ノゾミさんは，壱岐島の自然災害や防災について詳しく調べることにした。調査の目的とその方法について述べた文として**適当でないもの**を，次の①～④のうちから一つ選べ。　35

① 壱岐島と九州本土を結ぶ船が欠航した日の風の強さや波の高さを知るために，気象庁のウェブサイトを参照する。

② 近世以降に発生した災害やその対策について調べるために，壱岐島の郷土史に関する文献を参照する。

③ 近年発生した大雨による災害にともなう被災家屋や被災者の数を知るために，AMeDAS(アメダス，自動地域気象観測システム)のデータを検索する。

④ 将来起きうる津波によって浸水が予測される範囲を調べるために，海岸沿いの地形を観察する。

2016

本試験

解答時間 60 分　配点 100 点

地 理　B

(解答番号　1　～　35)

第1問　次の図1を見て，世界の自然環境と自然災害に関する下の問い（**問1～6**）に答えよ。（配点　17）

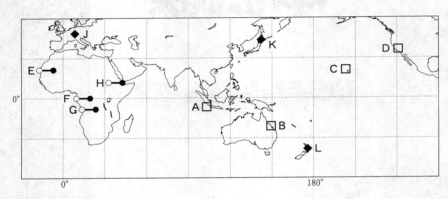

緯線・経線は30°間隔。

図　1

問1　地震の発生頻度や震源の深さは，プレートの運動や火山活動の影響を受ける。次ページの図2は，いくつかの範囲*における地震**の震源分布を深さ別に示したものであり，①～④は図1中のA～Dのいずれかである。Aに該当するものを，図2中の①～④のうちから一つ選べ。　1

　　*緯度・経度ともに6°の範囲。
　　**1981～2012年に発生したマグニチュード4以上の地震。

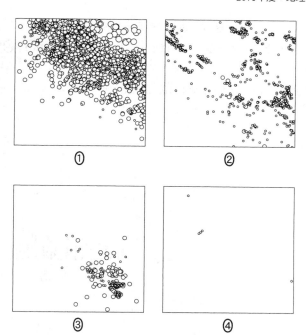

震源の深さ　・20 km 未満　○ 20～100 km　○ 100 km 以上
United States Geological Survey の資料により作成。

図　2

問 2　火山は自然災害を引き起こす一方で，人間生活を豊かにする側面もある。火山地域に関する事象について述べた文として**適当でないもの**を，次の①～④のうちから一つ選べ。　| 2 |

① 美しい風景や温泉などに恵まれているため，観光地化がみられる。
② 地熱エネルギーが豊富であるため，地熱発電による電力供給がみられる。
③ 噴火直後の火山灰に有機物が多く含まれるため，穀物生産に適している。
④ 豊富な地下水が存在するため，生活用水としての利用がみられる。

問3 次の図3中の①〜④は,図1中のE〜Hのいずれかの線に沿った植生の高さ*を示したものである。Hに該当するものを,図3中の①〜④のうちから一つ選べ。 3

*その地域の植生を構成する樹木の最大の高さ。樹木が生育していない地域では0mとなる。

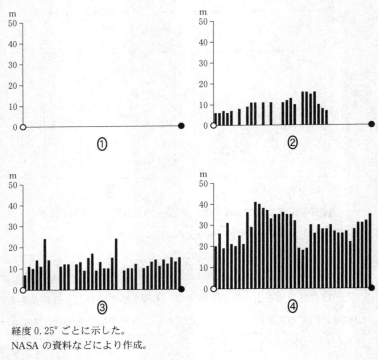

経度 0.25°ごとに示した。
NASA の資料などにより作成。

図 3

問4 湖沼の成因は,湖岸線形状と周辺地形の特徴から特定できる場合がある。次ページの図4は,図1中のJ〜Lにみられるいくつかの湖沼の衛星画像を示したものであり,次ページのア〜ウの文は,J〜Lのいずれかの成因を説明したものである。J〜Lとア〜ウとの正しい組合せを,次ページの①〜⑥のうちから一つ選べ。 4

黒色の部分が水面にあたる。
United States Geological Survey の資料により作成。

図 4

ア 火山噴火によって形成されたカルデラ内に水がたまった。
イ 地すべりや山くずれによる土砂が河川を堰き止めた。
ウ 氷食作用によって形成された谷に水がたまった。

	①	②	③	④	⑤	⑥
J	ア	ア	イ	イ	ウ	ウ
K	イ	ウ	ア	ウ	ア	イ
L	ウ	イ	ウ	ア	イ	ア

問 5 次の図5は，南アメリカ大陸とその周辺地域における風向と降水量を示したものである。WとXは1月または7月の風向を，YとZは1月または7月の月降水量200 mm以上の地域を，それぞれ示している。7月の風向と降水量に該当する正しい組合せを，次ページの①〜④のうちから一つ選べ。 5

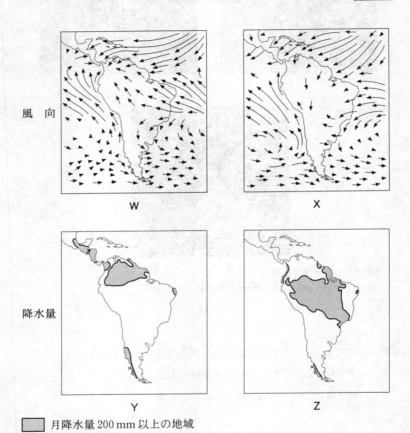

風向

降水量

■ 月降水量200 mm以上の地域

降水量は陸上のみ示した。
Diercke Weltatlas，2008により作成。

図 5

	①	②	③	④
風　向	W	W	X	X
降水量	Y	Z	Y	Z

問 6　次の表1は，いくつかの国における1人当たり水資源賦存量*と，国外水資源賦存量**の割合を示したものであり，①～④はエジプト，中国，チリ，バングラデシュのいずれかである。エジプトに該当するものを，表1中の①～④のうちから一つ選べ。　　6

*理論上，人間が最大限利用可能な水の量を指す。国内水資源賦存量と国外水資源賦存量の合計。
**隣接国から流入する河川水・地下水および国境をなす河川水の量。

表　1

	①	②	③	④
1人当たり水資源賦存量(m³)	722	2,017	7,932	52,849
国外水資源賦存量の割合(%)	97	1	91	4

統計年次は2008年～2012年のいずれか。
AQUASTATにより作成。

第2問 世界の工業に関する次の問い(問1～6)に答えよ。(配点 17)

問1 次の図1中の**ア～エ**は、アメリカ合衆国とヨーロッパにおける主な工業地域を、その成り立ちの特徴ごとに示したものである。**ア～エ**を説明した文として**適当でないもの**を、下の①～④のうちから一つ選べ。 7

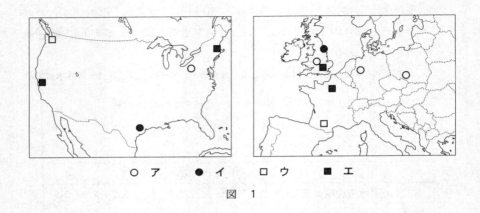

図 1

① アでは、付近で産出される石炭を用いて鉄鋼業が発達した。
② イでは、付近で産出される原油を用いて石油化学工業が発達した。
③ ウでは、近隣に集積した部品製造の企業と結びついて自動車工業が発達した。
④ エでは、近隣に立地する大学や研究機関と結びついて先端技術産業が発達した。

2016年度：地理Ｂ／本試験　9

問 2　工業立地に関することがらについて述べた文として**適当でないもの**を，次の
①～④のうちから一つ選べ。　| 8 |

① アパレル(服飾)製品の企画やデザインを行う事業所は，消費市場の情報を
求めて大都市に立地する傾向がある。

② アルミニウム工業は，大量の電力が安価に得られる地域に立地する傾向が
ある。

③ 電気機械工業は，安価で大量に生産される製品ほど，豊富な労働力を求め
て先進国以外の地域に立地する傾向がある。

④ ビール工業は，原料の大麦やホップが豊富に得られる農山村地域に立地す
る傾向がある。

問 3 次の図 2 中の**カ〜ク**は，技術貿易の受取額*，工業部門の二酸化炭素排出量，産業用ロボットの稼働台数のいずれかについて，上位 8 位までの国・地域とそれらが世界全体に占める割合を示したものである。指標名と**カ〜ク**との正しい組合せを，次ページの**①〜⑥**のうちから一つ選べ。 9

*研究開発により得られた技術など(特許権，商標権，意匠権，ノウハウおよび技術指導)を提供して受け取った金額。

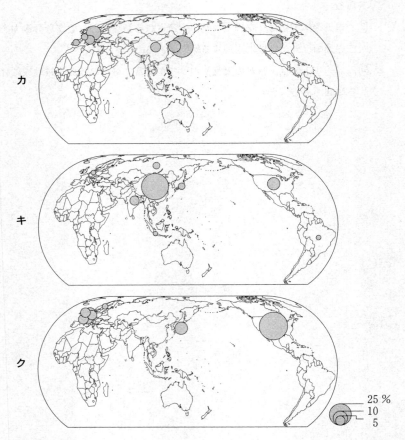

統計年次は 2011 年。
World Development Indicators などにより作成。

図 2

2016年度：地理Ｂ／本試験　11

	①	②	③	④	⑤	⑥
技術貿易の受取額	カ	カ	キ	キ	ク	ク
工業部門の二酸化炭素排出量	キ	ク	カ	ク	カ	キ
産業用ロボットの稼働台数	ク	キ	ク	カ	キ	カ

問　4　次の表１は，いくつかの国について，製造業の雇用者１人当たりの工業付加価値額*と GDP(国内総生産)に占める鉱工業の割合を示したものであり，①～④は，韓国，スイス，中国**，メキシコのいずれかである。韓国に該当するものを，表１中の①～④のうちから一つ選べ。　10

　　*生産額から，賃金を除く原材料費などの諸費用を差し引いた，新たに作り出された価値の金額で，各国の経済発展と関係している。
　　**台湾，ホンコン，マカオを含まない。

表　1

	製造業の雇用者１人当たりの 工業付加価値額 （ドル）	GDP に占める 鉱工業の割合 （％）
①	10,110	21.5
日　本	7,374	20.5
②	6,046	33.5
③	1,482	31.3
④	1,063	39.8

統計年次は 2011 年。
International Yearbook of Industrial Statistics などにより作成。

問 5 次の図3は、輸出入品目の第1位が機械類である、いくつかの国・地域間における貿易額を示したものであり、P〜Rは、ASEAN（東南アジア諸国連合）、アメリカ合衆国、中国*のいずれかである。P〜Rと国・地域名との正しい組合せを、下の①〜⑥のうちから一つ選べ。 11

*台湾、ホンコン、マカオを含まない。

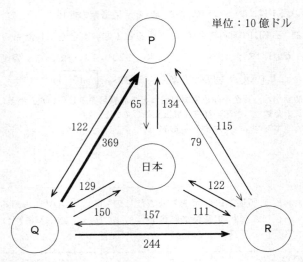

統計年次は2013年。
ジェトロの資料により作成。

図　3

	P	Q	R
①	ASEAN	アメリカ合衆国	中国
②	ASEAN	中国	アメリカ合衆国
③	アメリカ合衆国	ASEAN	中国
④	アメリカ合衆国	中国	ASEAN
⑤	中国	ASEAN	アメリカ合衆国
⑥	中国	アメリカ合衆国	ASEAN

問 6　世界の工業化と産業地域について説明した文として最も適当なものを，次の
①～④のうちから一つ選べ。　12

①　サハラ以南のアフリカでは，内陸部の鉱産資源を用いた重化学工業のコン
ビナートが沿岸部に発達している。

②　中央・南アメリカでは，ベンチャービジネスの集積地域として輸出加工区
が発展している。

③　東南アジアでは，輸出指向型から輸入代替型へ転換することで工業化が進
展している。

④　日本では，アニメや音楽，ゲームなどを制作するコンテンツ産業が都市部
を中心に集積している。

第3問 都市・村落と生活文化に関する次の問い(問1～6)に答えよ。(配点 17)

問1 次の図1は，いくつかの国における1人当たりGDP(国内総生産)と都市人口率の推移を示したものであり，①～④はアルゼンチン，イギリス，ナイジェリア，マレーシアのいずれかである。アルゼンチンに該当するものを，図1中の①～④のうちから一つ選べ。 13

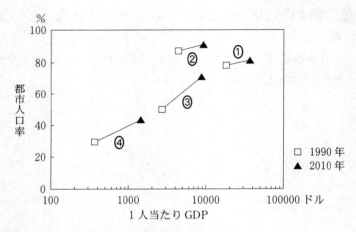

World Urbanization Prospects などにより作成。

図 1

問2 特定の機能が発達した都市について説明した文として最も適当なものを，次の①～④のうちから一つ選べ。 14

① ターチン(大慶)は，石油関連産業が発達した鉱工業都市である。
② ニースは，スキーリゾートを中心とした観光保養都市である。
③ パナマシティは，地中海と紅海を結ぶ運河沿いの交通都市である。
④ モントリオールは，首都として計画的に建設された政治都市である。

問 3 次の図2は，人口約40万人の日本のある都市を対象に，小地域*を単位として人口特性を示すいくつかの指標を地図で表現したものであり，ア～ウは，人口密度，農業・林業就業者割合，老年人口割合**のいずれかである。指標名とア～ウとの正しい組合せを，下の①～⑥のうちから一つ選べ。 15

*おおむね市区町村内の「△△町」「○○2丁目」「字□□」などに対応する区域。
**総人口に占める65歳以上人口の割合。

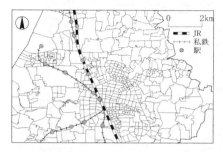

小地域の境界と鉄道路線

ア

イ

ウ

統計年次は2010年。
国勢調査により作成。

図 2

	①	②	③	④	⑤	⑥
人口密度	ア	ア	イ	イ	ウ	ウ
農業・林業就業者割合	イ	ウ	ア	ウ	ア	イ
老年人口割合	ウ	イ	ウ	ア	イ	ア

問4 次の写真1は、富山県の砺波平野の散村を撮影したものである。写真1から読み取れることがらとそれにかかわる散村の特徴について説明した下の文章中の下線部①〜④のうちから、**適当でないもの**を一つ選べ。 16

ⓒ砺波市

写真　1

　日本の伝統的な村落形態の一つに散村があり、砺波平野の散村はその代表例である。砺波平野では、第二次世界大戦後に①<u>耕地の区画や道路の多くが直線状に整備され</u>、その中に②<u>屋敷林を有する家屋</u>が点在するという景観が広がっている。散村は海外でもみられ、その一般的な特徴として、③<u>各農家の耕地が自宅の周囲に配置される</u>ことや④<u>農家の経営規模が小さい</u>ことなどがあげられる。

2016年度：地理Ｂ/本試験　**17**

問 5　地域の気候にあわせた伝統的な住居について述べた文として下線部が**適当で
ないもの**を，次の①～④のうちから一つ選べ。　17

①　カナダ北部の寒さが厳しい地域では，ブロック状に切り出した氷や雪を
ドーム状に積み上げた住居がみられる。

②　北アフリカの乾燥した地域では，石や土を建材に使用し，室内に熱がこも
らないように外壁の開口部を大きくした住居がみられる。

③　朝鮮半島の冬の寒さが厳しい地域では，炊事の煙を床下に通して，床から
室内を暖める仕組みがみられる。

④　東南アジアの高温多湿な地域では，建物を高床式にして通気性を高め，地
面からの湿気などを避けるような工夫がみられる。

問 6　宗教は社会や人々の生活と大きくかかわるとともに，国家の成立にも影響を
及ぼすことがある。次の表1はインドとその周辺諸国における宗教別人口割合
を示したものであり，①～④は，スリランカ，ネパール，パキスタン，バング
ラデシュのいずれかである。スリランカに該当するものを，表1中の①～④の
うちから一つ選べ。　18

表　1

(単位：％)

	イスラーム （イスラム教）	ヒンドゥー教	仏　教	その他
①	96.4	1.9	0.0	1.7
②	89.8	9.1	0.5	0.6
インド	14.4	79.5	0.8	5.3
③	9.8	13.6	69.3	7.3
④	4.6	80.6	10.3	4.5

統計年次は 2010 年。
Pew Research Center, *The Global Religious Landscape* により作成。

第4問 次の図1を見て,ヨーロッパに関する下の問い(**問1～6**)に答えよ。
(配点 17)

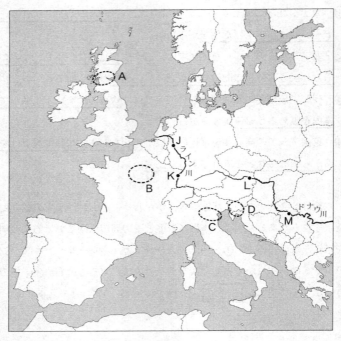

図 1

問 1 次の①～④の文は，図１中のＡ～Ｄのいずれかの地域における自然環境と土
地利用について述べたものである。Ｄに該当するものを，次の①～④のうちか
ら一つ選べ。 19

① 河川の堆積作用によって形成された平野で，稲作を含む穀物生産や酪農を
中心に豊かな農業地域となっている。

② 侵食作用によって緩斜面と急斜面が交互に現れる地形を示し，緩斜面上で
は小麦の大規模栽培が行われている。

③ 石灰岩の分布する地域で，ポリエと呼ばれる溶食盆地が貴重な農耕地と
なって小麦やジャガイモの栽培が行われている。

④ 断層運動によって生じた低地帯では酪農や混合農業が発達し，高地では粗
放的な牧羊などの土地利用がなされている。

問 2 次の①～④の文は，図１中のＪ～Ｍに示したライン川またはドナウ川に面す
る都市について述べたものである。Ｊに該当するものを，次の①～④のうちか
ら一つ選べ。 20

① 強大な帝国の中心地として成長を遂げた都市で，各種工業が栄えたほか，
今日では「音楽の都」として観光客を集めている。

② ヨーロッパでも有数の連接都市（コナベーション）を後背地にもち，外国企
業や金融機関など中枢管理機能の集積がみられる。

③ 隣国との間で帰属の移り変わりがあった都市で，独自の文化が育まれ，多
国籍企業や国際機関を引きつけてきた。

④ 連邦国家を構成していた時代からの首都で，1990 年代の政情不安や紛争
により都市の経済発展は停滞した。

問 3 次の図 2 中のア〜ウは，EU(欧州連合)加盟国について，農業人口 1 人当たりの農業生産額，農地面積 1 ha 当たりの農業生産額，農産物の輸出入比*のいずれかの指標を示したものである。指標名とア〜ウとの正しい組合せを，次ページの①〜⑥のうちから一つ選べ。 21

*輸出額を輸入額で除した値。

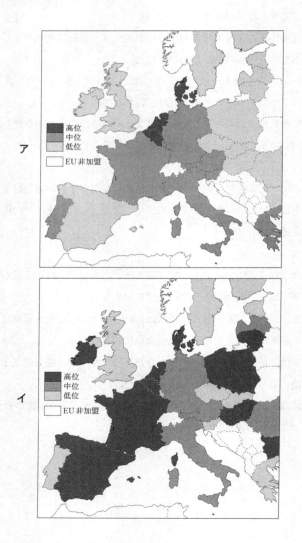

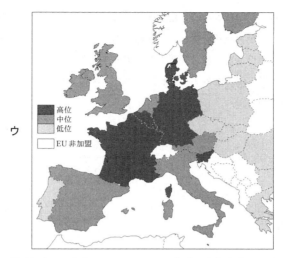

統計年次は，農業人口1人当たりの農業生産額と農地面積1ha当たりの農業生産額が2012年，農産物の輸出入比が2011年。
FAOSTATにより作成。

図　2

	①	②	③	④	⑤	⑥
農業人口1人当たりの農業生産額	ア	ア	イ	イ	ウ	ウ
農地面積1ha当たりの農業生産額	イ	ウ	ア	ウ	ア	イ
農産物の輸出入比	ウ	イ	ウ	ア	イ	ア

問 4　ヨーロッパでは国を越えた労働力の移動が盛んで，外国人労働者の就業状態は各国の置かれた状況に応じて多様である。次の図3は，ヨーロッパのいくつかの国における自国民の失業率と外国人の失業率を示したものであり，カ～ケは，下の①～④の国群のいずれかである。キに該当する国群を，下の①～④のうちから一つ選べ。 22

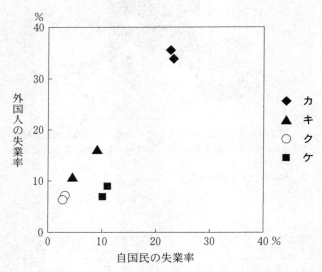

統計年次は2012年。
OECDの資料により作成。

図　3

① オランダ，フランス
② ギリシャ，スペイン
③ スイス，ノルウェー
④ ハンガリー，ポーランド

2016年度：地理B/本試験　**23**

問5　次の**サ～ス**の文は，イタリア，ドイツ，ベルギーのいずれかの国内における
地域間経済格差について述べたものである。国名と**サ～ス**との正しい組合せ
を，下の①～⑥のうちから一つ選べ。　23

　　サ　西側の資本主義経済体制をとる国に，東側の社会主義経済体制をとってい
　　　た国が編入された結果，東西の経済格差が生じている。
　　シ　北部で工業が発達したのに対し，南部では製鉄所などの国営による工場の
　　　建設がすすめられたものの，南部の経済発展が依然として立ち遅れている。
　　ス　北部では羊毛などの繊維工業，南部では石炭産業や鉄鋼業が発達していた
　　　が，南部の産業衰退によって北部の経済的優位が明瞭になった。

	①	②	③	④	⑤	⑥
イタリア	サ	サ	シ	シ	ス	ス
ドイツ	シ	ス	サ	ス	サ	シ
ベルギー	ス	シ	ス	サ	シ	サ

問6　EU（欧州連合）発足後のヨーロッパの地域経済について述べた文として**適当
でないもの**を，次の①～④のうちから一つ選べ。　24

　①　EU域内の人々の移動が自由化され，国境を越えた通勤や買物行動が活発
　　になった。
　②　EUの東欧への拡大によってEU域内の経済関係が強化され，ヨーロッパ
　　域外からの直接投資が減少した。
　③　農業生産性が低い山間部の農業地域では，農業生産以外にも観光などの多
　　面的機能が評価され，地域の活性化が図られている。
　④　古くからの重工業地域に残る産業遺産の文化的価値が認められて，これが
　　地域経済の再生にも活用されている。

第5問 インドと南アフリカ共和国に関する次の文章を読んで，下の問い(問1〜5)に答えよ。(配点 14)

インドと南アフリカ共和国は，三方を海に囲まれるといった⒜自然環境上の共通点をもつ。また，ともに⒝経済成長の著しい国として注目されているが，その背景の一つに⒞豊かな鉱産資源がある。さらに，⒟イギリスの植民地であった歴史をもつことも共通している。その一方で，宗教や人種にかかわる⒠社会制度は大きく異なっている。

問1 下線部⒜に関して，農業は自然環境の影響を受けることが多い。次の図1を見て，インドと南アフリカ共和国の自然環境と農業の特徴を述べた文として最も適当なものを，次ページの①〜④のうちから一つ選べ。 25

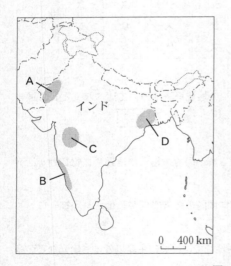
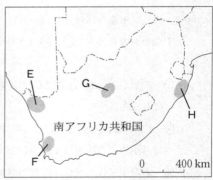

図 1

① AとEではほとんど雨が降らず,灌漑によるカカオ栽培がなされている。

② BとFでは冬に雨が多く,ブドウの大規模栽培がなされている。

③ CとGでは乾燥する期間が長く,綿花のプランテーション栽培がなされている。

④ DとHでは夏に雨が多く,ライ麦の高収量品種の栽培がなされている。

問2 下線部ⓑに関して,近年は経済成長の著しいBRICs(ブラジル,ロシア,インド,中国)に南アフリカ共和国を加え,BRICSと表現することも多くなった。次の図2は,BRICS諸国の1人当たりGDP(国内総生産)と輸出額に占める工業製品の割合を示したものであり,①〜④はブラジル,ロシア,インド,中国*のいずれかである。インドに該当するものを,図2中の①〜④のうちから一つ選べ。 26

*台湾,ホンコン,マカオを含まない。

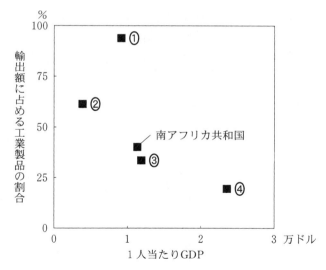

統計年次は2012年。
WTOの資料により作成。

図 2

26 2016年度：地理B／本試験

問3 下線部ⓒに関して，インドと南アフリカ共和国の鉱産資源について述べた次
の文章中の空欄アとイに当てはまる語の正しい組合せを，下の①～④のうちか
ら一つ選べ。 | 27 |

インドと南アフリカ共和国は，ともに鉱産資源の豊富な国である。特に合金
材料に使われる（ ア ）は，インドと南アフリカ共和国で合わせて世界の全産
出量の約50 % を占めている。

ダイヤモンドに関しては両国が世界で重要な役割を果たしているが，その役
割は異なっている。ダイヤモンドは産出とカット・研磨加工との国際分業が進
んでおり，（ イ ）の場合，現在の産出量は少ないが，世界的な加工地として
知られている。

	ア	イ
①	クロム	インド
②	クロム	南アフリカ共和国
③	すず	インド
④	すず	南アフリカ共和国

2016年度：地理Ｂ/本試験　**27**

問 4　下線部@に関して，イギリスとの関係からみたインドと南アフリカ共和国に
　　　共通する点について述べた文として最も適当なものを，次の①～④のうちから
　　　一つ選べ。　28

　　①　イギリスが最大の貿易相手国である。
　　②　イギリス連邦に加盟している。
　　③　英語は使用されているが公用語にはなっていない。
　　④　第二次世界大戦前に独立した。

問 5　下線部ⓔに関して，インドと南アフリカ共和国の社会について説明した次の
　　　文章中の下線部①～④のうちから，**適当でないもの**を一つ選べ。　29

　　　インドのヒンドゥー教社会は，①身分の上下関係と職業の分業が結びつい
　　たカースト制に規定されてきた。都市部では近年，カースト制にもとづかない
　　職業が情報通信技術（ICT）産業に登場するなど，新たな動きが社会に影響を与
　　えている。一方，就業機会を求めて②貧困層が農村部から都市部へ流入する
　　状況がみられる。
　　　南アフリカ共和国では，アパルトヘイト（人種隔離政策）が実施され，③白
　　人の優位が維持されていたが，アパルトヘイトは1990年代初めに撤廃され
　　た。その結果，人種ごとに居住区が分けられていたヨハネスバーグでは都市構
　　造の再編が起こり，④郊外から都心部への商業施設やオフィスの移転が進ん
　　だ。

第6問 東北地方の高校に通うケイタさんは，山地にはさまれた岩手県北上市とその周辺の地域調査を行うことになった。次の図1の20万分の1地勢図(原寸，一部改変)を見て，ケイタさんの調査に関する下の問い(**問1～6**)に答えよ。

(配点 18)

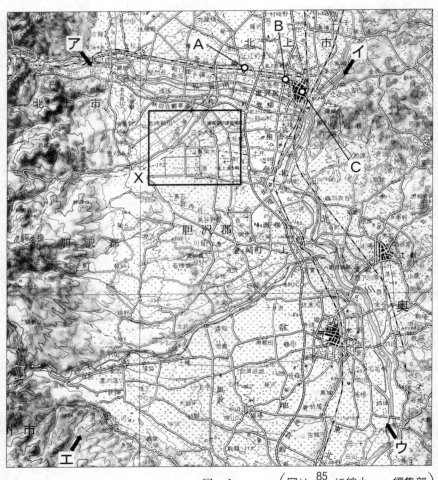

図 1 （図は $\frac{85}{100}$ に縮小――編集部）

問1 現地を訪れる前に、ケイタさんは数値標高データを用いた鳥瞰図*から、北上市周辺のおおまかな地形を確認することにした。次の図2中の①〜④は、図1中のア〜エのいずれかの地点の上空から矢印の方向に見た地形の様子を描いたものである。エに該当するものを、図2中の①〜④のうちから一つ選べ。 30

*高さは強調して表現してある。

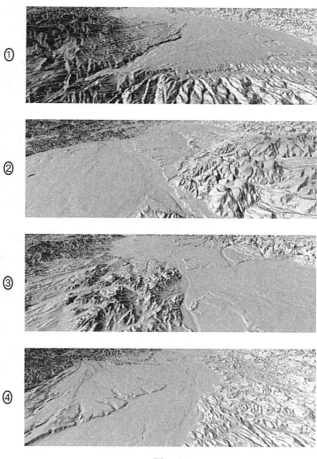

図　2

問 2　ケイタさんが夏油川周辺を調査していると，境塚という史跡を見つけた。そこでその史跡を詳しく調べるため博物館を訪ねることにした。次の図3は図1中のXの範囲を示した2008年発行の5万分の1地形図(原寸，一部改変)である。図3に関する次ページのケイタさんと学芸員との会話文中の空欄カ～ケには，南部藩，伊達藩のいずれかが当てはまる。伊達藩に該当する空欄の正しい組合せを，次ページの①～④のうちから一つ選べ。　31

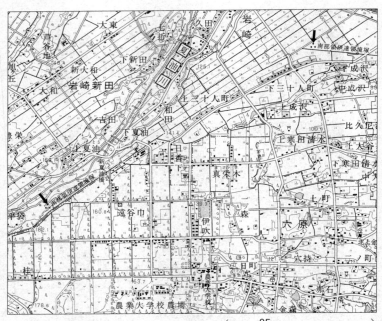

図　3　(図は $\frac{85}{100}$ に縮小──編集部)

ケイタ 「境塚という史跡を見つけたのですが，詳しく教えていただけないでしょうか」

学芸員 「図3を見てください。二つの矢印で示したところに史跡記号があり，『南部領伊達領境塚』という名称が記されています。このあたりは南部藩と伊達藩の領地が接していた地域です。その境界を示すために各所に塚が設けられていたのですが，その塚跡が現在でも残っているんですよ」

ケイタ 「この史跡記号の2か所を結んだ線より北西側がかつての南部藩領，南東側が伊達藩領ということですか」

学芸員 「そのとおりです。図をよく見ると，この線を境に土地区画が異なっていますよね。ここから，（　カ　）側では領内を流れる川を灌漑に利用して農業を営んでいたのに対して，（　キ　）側では主に溜池を利用した農業を営んでいたことが推測できますよ」

ケイタ 「なるほど。近世の土地利用は自然環境とのかかわりが大きいことがよくわかります」

学芸員 「そうですね。しかし，その後は灌漑設備の発達により，水が得にくい場所でも水田が開発できるようになりました」

ケイタ 「（　ク　）側には，方形の農地に沿って植樹がなされていますが，これは風を防ぐためでしょうか」

学芸員 「そのような役割も考えられます。しかし，（　ケ　）側にも方形の農地が広がっていますが，農地に沿った植樹はあまり見られませんね。なぜこのような違いがあるのか調べてみると新しい発見があるかもしれませんよ」

① カとク　　　② カとケ　　　③ キとク　　　④ キとケ

問 3 ケイタさんは北上市内を散策し，場所によって道路沿いの景観が異なることに気がついた。次の写真1中の**サ〜ス**は，図1中のA〜Cのいずれかの地点での景観を撮影したものである。**サ〜ス**とA〜Cとの正しい組合せを，下の①〜⑥のうちから一つ選べ。 32

サ

シ

ス

写真 1

	①	②	③	④	⑤	⑥
サ	A	A	B	B	C	C
シ	B	C	A	C	A	B
ス	C	B	C	A	B	A

2016年度：地理Ｂ/本試験　**33**

問 4　幹線道路沿いに工業団地が造成されていることに気づいたケイタさんは，次に北上市の工業の変遷について調べることにした。次の表1は，1960年，1985年，2010年の各年次について北上市における製造品出荷額の上位5業種と総従業者数を示したものであり，**タ～ツ**は電気機械器具，輸送用機械器具，窯業・土石製品のいずれかである。業種名と**タ～ツ**との正しい組合せを，下の①～⑥のうちから一つ選べ。　　33

表　1

順　位	1960 年	1985 年	2010 年
1　位	木材・木製品 (55.6)	**チ** (30.6)	**チ** (41.8)
2　位	食料品 (17.7)	一般機械器具 (12.6)	**ツ** (14.3)
3　位	**タ** (13.5)	鉄　鋼 (11.6)	パルプ・紙・ 紙加工品 (12.3)
4　位	金属製品 (5.5)	パルプ・紙・ 紙加工品 (11.5)	一般機械器具 (8.7)
5　位	一般機械器具 (1.6)	**タ** (6.1)	金属製品 (8.3)
総従業者数（人）	1,432	8,224	13,909

括弧内の数値は，製造品出荷額全体に占める割合（%）を示す。
業種名は 1985 年時点の分類に統一してある。
『工業統計表』により作成。

	①	②	③	④	⑤	⑥
電気機械器具	タ	タ	チ	チ	ツ	ツ
輸送用機械器具	チ	ツ	タ	ツ	タ	チ
窯業・土石製品	ツ	チ	ツ	タ	チ	タ

問5 交通網と地域の産業や生活とのかかわりをみるために,ケイタさんは岩手県全体の主題図を作成することにした。次の図4は岩手県の主な交通網と,岩手県におけるいくつかの指標を市町村別に示したものであり,マ～ムは1km²当たりの事業所数,1世帯当たりの自動車保有台数,通勤・通学者数に占める他市町村への通勤・通学者の割合のいずれかである。指標名とマ～ムとの正しい組合せを,次ページの①～⑥のうちから一つ選べ。34

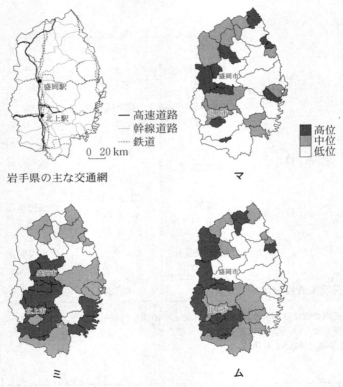

統計年次は,1km²当たりの事業所数が2009年,1世帯当たりの自動車保有台数と,通勤・通学者数に占める他市町村への通勤・通学者の割合が2010年。
岩手県の主な交通網は2010年時点。
経済センサスなどにより作成。

図 4

	①	②	③	④	⑤	⑥
1 km² 当たりの事業所数	マ	マ	ミ	ミ	ム	ム
1世帯当たりの自動車保有台数	ミ	ム	マ	ム	マ	ミ
通勤・通学者数に占める 他市町村への通勤・通学者の割合	ム	ミ	ム	マ	ミ	マ

問 6 調査結果を発表するために，ケイタさんは交通網の発達にともなう地域への影響を統計地図で表現することにした。地図表現の方法について述べた文として下線部が**適当でないもの**を，次の①～④のうちから一つ選べ。 35

① 近隣の花巻(はなまき)空港発着の国際チャーター便就航の影響を表現するため，異なる年次における<u>市内観光地を訪れる外国人客数を図形表現図で</u>示す。

② 自家用車の普及にともなうバス交通への影響を表現するため，異なる年次における<u>地区別バス利用者の割合を階級区分図で</u>示す。

③ 東北自動車道の開通が地域経済に与える影響を表現するため，開通前後における<u>地区別の小売店数をドットマップで</u>示す。

④ 東北新幹線開業にともなう通勤行動への影響を表現するため，開業前後における<u>鉄道各駅周辺の駐車場収容台数を流線図で</u>示す。

############ NOTE ############

NOTE

NOTE

地 理 歴 史 ・ 公 民 解 答 用 紙

注意事項

1 訂正は、消しゴムできれいに消し、消しくずを残してはいけません。
2 所定欄以外にはマークしたり、記入したりしてはいけません。
3 汚したり、折りまげたりしてはいけません。

解答科目欄	
地理歴史	世 界 史 A ○
	世 界 史 B ○
	日 本 史 A ○
	日 本 史 B ○
	地 理 A ○
	地 理 B ○
公民	現 代 社 会 ○
	倫 理 ○
	政 治 ・ 経 済 ○
	倫理,政治・経済 ○

・1科目だけマークしなさい。
・解答科目欄が無マーク又は複数マークの場合は、0点となります。

解答欄

解答番号	1	2	3	4	5	6	7	8	9
1	①	②	③	④	⑤	⑥	⑦	⑧	⑨
2	①	②	③	④	⑤	⑥	⑦	⑧	⑨
3	①	②	③	④	⑤	⑥	⑦	⑧	⑨
4	①	②	③	④	⑤	⑥	⑦	⑧	⑨
5	①	②	③	④	⑤	⑥	⑦	⑧	⑨
6	①	②	③	④	⑤	⑥	⑦	⑧	⑨
7	①	②	③	④	⑤	⑥	⑦	⑧	⑨
8	①	②	③	④	⑤	⑥	⑦	⑧	⑨
9	①	②	③	④	⑤	⑥	⑦	⑧	⑨
10	①	②	③	④	⑤	⑥	⑦	⑧	⑨
11	①	②	③	④	⑤	⑥	⑦	⑧	⑨
12	①	②	③	④	⑤	⑥	⑦	⑧	⑨
13	①	②	③	④	⑤	⑥	⑦	⑧	⑨

解答番号	1	2	3	4	5	6	7	8	9
14	①	②	③	④	⑤	⑥	⑦	⑧	⑨
15	①	②	③	④	⑤	⑥	⑦	⑧	⑨
16	①	②	③	④	⑤	⑥	⑦	⑧	⑨
17	①	②	③	④	⑤	⑥	⑦	⑧	⑨
18	①	②	③	④	⑤	⑥	⑦	⑧	⑨
19	①	②	③	④	⑤	⑥	⑦	⑧	⑨
20	①	②	③	④	⑤	⑥	⑦	⑧	⑨
21	①	②	③	④	⑤	⑥	⑦	⑧	⑨
22	①	②	③	④	⑤	⑥	⑦	⑧	⑨
23	①	②	③	④	⑤	⑥	⑦	⑧	⑨
24	①	②	③	④	⑤	⑥	⑦	⑧	⑨
25	①	②	③	④	⑤	⑥	⑦	⑧	⑨
26	①	②	③	④	⑤	⑥	⑦	⑧	⑨

解答番号	1	2	3	4	5	6	7	8	9
27	①	②	③	④	⑤	⑥	⑦	⑧	⑨
28	①	②	③	④	⑤	⑥	⑦	⑧	⑨
29	①	②	③	④	⑤	⑥	⑦	⑧	⑨
30	①	②	③	④	⑤	⑥	⑦	⑧	⑨
31	①	②	③	④	⑤	⑥	⑦	⑧	⑨
32	①	②	③	④	⑤	⑥	⑦	⑧	⑨
33	①	②	③	④	⑤	⑥	⑦	⑧	⑨
34	①	②	③	④	⑤	⑥	⑦	⑧	⑨
35	①	②	③	④	⑤	⑥	⑦	⑧	⑨
36	①	②	③	④	⑤	⑥	⑦	⑧	⑨
37	①	②	③	④	⑤	⑥	⑦	⑧	⑨
38	①	②	③	④	⑤	⑥	⑦	⑧	⑨
39	①	②	③	④	⑤	⑥	⑦	⑧	⑨

地 理 歴 史 ・ 公 民 解 答 用 紙

注意事項
1 訂正は、消しゴムできれいに消し、消しくずを残してはいけません。
2 所定欄以外にはマークしたり、記入したりしてはいけません。
3 汚したり、折り曲げたりしてはいけません。

・1科目だけマークしなさい。
・解答科目欄が無マーク又は複数マークの場合は、0点となります。

解 答 科 目 欄	
地 理	世 界 史 A ◯
	世 界 史 B ◯
	日 本 史 A ◯
	日 本 史 B ◯
歴 史	地 理 A ◯
	地 理 B ◯
公 民	現 代 社 会 ◯
	倫 理 ◯
	政 治 ・ 経 済 ◯
	倫理,政治・経済 ◯

解 答 欄

解答番号	1	2	3	4	5	6	7	8	9
1	①	②	③	④	⑤	⑥	⑦	⑧	⑨
2	①	②	③	④	⑤	⑥	⑦	⑧	⑨
3	①	②	③	④	⑤	⑥	⑦	⑧	⑨
4	①	②	③	④	⑤	⑥	⑦	⑧	⑨
5	①	②	③	④	⑤	⑥	⑦	⑧	⑨
6	①	②	③	④	⑤	⑥	⑦	⑧	⑨
7	①	②	③	④	⑤	⑥	⑦	⑧	⑨
8	①	②	③	④	⑤	⑥	⑦	⑧	⑨
9	①	②	③	④	⑤	⑥	⑦	⑧	⑨
10	①	②	③	④	⑤	⑥	⑦	⑧	⑨
11	①	②	③	④	⑤	⑥	⑦	⑧	⑨
12	①	②	③	④	⑤	⑥	⑦	⑧	⑨
13	①	②	③	④	⑤	⑥	⑦	⑧	⑨

解 答 欄

解答番号	1	2	3	4	5	6	7	8	9
14	①	②	③	④	⑤	⑥	⑦	⑧	⑨
15	①	②	③	④	⑤	⑥	⑦	⑧	⑨
16	①	②	③	④	⑤	⑥	⑦	⑧	⑨
17	①	②	③	④	⑤	⑥	⑦	⑧	⑨
18	①	②	③	④	⑤	⑥	⑦	⑧	⑨
19	①	②	③	④	⑤	⑥	⑦	⑧	⑨
20	①	②	③	④	⑤	⑥	⑦	⑧	⑨
21	①	②	③	④	⑤	⑥	⑦	⑧	⑨
22	①	②	③	④	⑤	⑥	⑦	⑧	⑨
23	①	②	③	④	⑤	⑥	⑦	⑧	⑨
24	①	②	③	④	⑤	⑥	⑦	⑧	⑨
25	①	②	③	④	⑤	⑥	⑦	⑧	⑨
26	①	②	③	④	⑤	⑥	⑦	⑧	⑨

解 答 欄

解答番号	1	2	3	4	5	6	7	8	9
27	①	②	③	④	⑤	⑥	⑦	⑧	⑨
28	①	②	③	④	⑤	⑥	⑦	⑧	⑨
29	①	②	③	④	⑤	⑥	⑦	⑧	⑨
30	①	②	③	④	⑤	⑥	⑦	⑧	⑨
31	①	②	③	④	⑤	⑥	⑦	⑧	⑨
32	①	②	③	④	⑤	⑥	⑦	⑧	⑨
33	①	②	③	④	⑤	⑥	⑦	⑧	⑨
34	①	②	③	④	⑤	⑥	⑦	⑧	⑨
35	①	②	③	④	⑤	⑥	⑦	⑧	⑨
36	①	②	③	④	⑤	⑥	⑦	⑧	⑨
37	①	②	③	④	⑤	⑥	⑦	⑧	⑨
38	①	②	③	④	⑤	⑥	⑦	⑧	⑨
39	①	②	③	④	⑤	⑥	⑦	⑧	⑨